The Quick Fix
: Why Fad
Psychology
Can't
Cure Our
Social Ills

손쉬운 해결책

자기계발 심리학은 왜 당신의 문제를 해결하지 못하는가

제시 싱걸

신해경
옮김

메멘토

차례

일러두기

- 외래어는 외래어표기법과 국립국어원 용례를 따라 표기했다.
- 국내에 번역 소개된 도서는 번역서 제목을 따랐고, 소개되지 않은 도서는 우리말로 옮기고 원서명을 병기했다.
- 원주는 후주로, 옮긴이 주는 해당 본문 위에 *로 표시하고 각주로 처리하였다.
- 도서명은 『 』로, 논문명은 「 」로, 신문과 잡지는《 》로, 영화·뮤지컬 등 작품명은〈 〉로 표시했다.

행동심리학에 열광하는 사회

인간의 행동에 관한 책을 사서 읽는 독자라면 최근에 교육 불평등이나 인종관계, 여성 혐오 같은 긴급한 사회문제를 해결하는 데 도움이 되겠다 싶은 새로운 심리학 아이디어를 많이 접했을 것이다. 언뜻 들으면 상식에 어긋나는 듯해서 더 흥미로운 그런 아이디어들은 테드TED 강연과 신문 칼럼, 블로그는 물론이요, 행동심리학을 넘어 다른 분야의 서적에서도 접할 수 있다.

아무튼 지금은 대중 행동과학의 황금시대다. 버지니아대 법학과 교수이자 이 분야의 예리한 비평가 겸 감시자인 그레고리 미첼Gregory Mitchell은 2017년에 이렇게 썼다. "콘텐츠에 목마른 대중매체를 먹여 살리는 학술지와 대학의 보도 자료, 맬컴 글래드웰Malcolm Gladwell*을 이을 다음 베스트셀러를 찾는 출판사들, 행동과학을 기꺼이 받아들이는 정부, 사회과학자들이 내놓는 증거에 갈수록 개방적인 법정 덕분에 심리학자들은 사람들이 왜 그렇게 행동하는지에 관한 자신의 연구 결과를 대중에게 교육할 기회를 그 어느 때보다 많이 얻고 있다."[1]

나는 그런 사정을 알 만한 사람이었다. 2014년 3월부터 《뉴욕》 지가 새로 선보인 온라인 사회과학 지면인 '사이언스 오브 어스'의 편집자로 일했으니까. 엄정하게, 때로는 의심하는 태도로 기사로 쓸 만한 새롭고도 흥미로운 행동과학 연구를 찾는 일, 그게 나와 재능 넘치는 동료들이 매일 하는 일이었다.

나는 통계를 많이 다루는 대학원 석사 과정을 마친 덕분에 좋은 연구와 나쁜 연구가 어떻게 다르고, 또 정량적 주장들이 어떻게 호도될 수 있는지를 어느 정도는 알았다. 예상치 못했던 것은 소방 호스로 물 뿌려대듯 매일 내 전자우편함에 들어차는 과장된 연구 논문들과 나와 독자들의 마음을 사로잡아 확실히 방문자수를 올려주겠다고 광고하면서 연구 기관들이 보내는, 온통 대문자로 도배된 '놀라운' 연구 결과들이 적힌 셀 수 없이 많은 보도 자료였다. 나는 스스로 자랑할 만한 기사를 쓰고 편집하여 나쁜 과학의 유혹에 저항하려 애쓰며 최선을 다해 허우적거렸다. 하지만 이 문제의 진상을 완전히 파악했던 듯하지는 않다.

일을 시작한 지 6개월쯤 된 2015년 9월에 변화가 생겼다. 그때

---

* 영국 태생의 캐나다 저널리스트이자 작가이다. 사회학이나 심리학과 같은 여러 사회과학 연구에 숨은 예기치 않은 함의를 즐겨 다루며, 『티핑 포인트』, 『아웃라이어』, 『블링크』를 포함한 여러 저서가 《뉴욕 타임스》 베스트셀러 목록에 올랐다.

가 비영리 정책 연구 기관인 빈곤퇴치혁신기구Innovations for Poverty Action, IPA 홍보담당자이자 마침 (인류학과 사회심리학을 비롯한 여러 학문이 융합된) 비교인간발달학 박사 학위가 있는 제프리 모젠키스Jeffrey Mosenkis를 만난 때였다. 내가 과장된 연구 결과들의 실상을 폭로하는 일을 중요하게 여긴다는 걸 알아챘던지, 그가 작정한 듯이 조언했다. 암묵적 연관 검사Implicit Association Test, IAT의 결함을 한번 들여다보라고.

다들 들어봤을 것이다. 흔히 IAT로 지칭되는 암묵적 연관 검사는 으리으리한 신용 증명서를 가진 주요 인사들이 인종적 편견의 영향력을 줄일 가장 유망한 기술적 도구로 보고 있는 검사다. 기본적인 개념은 여러 글자와 이미지의 조합, 예를 들자면, '행복'이라는 글자와 나란히 놓인 흑인 얼굴, 또는 '위험'이라는 글자와 나란히 놓인 백인 얼굴 조합에 사람들이 반응하는 시간을 측정하여 다양한 인종 집단에 대한 사람들의 무의식적, 또는 암묵적 선입견을 드러낸다는 것이다. 1998년에 처음 소개된 IAT는 엄청난 성공을 거뒀다. 하버드대 웹사이트에 접속하면 누구나 검사를 받을 수 있는데, 여러 심리학계 거물이 포함된 이 검사의 설계자들과 전도사들은 이를 개조하여 온갖 종류의 다양성 훈련 과정을 구성했다. IAT가 학교와 경찰 조직, 기업을 비롯한 다른 많은 기관에 끼친 영향은 아무리 과장해도 지나침이 없을 것이다.

제프리는 전자우편을 통해 기사화를 기다리는 이야기가 있다고 했다. 통계적으로 봤을 때, 이 검사가 허술하고 믿을 만하지 못하다는 것이었다. 일단의 연구자들이 IAT가 현실적으로 의미 있는 '어떤' 것도 제대로 측정하지 못한다는 사실을 상당히 설득력 있게 보여주는 연구 결과를 내놓았다. 그게 사실이라면, 하버드대가 사실상 얄팍한 방법론을 근거로 수백만 명의(글자 그대로 수백만 명의) 사람들을 암묵적으로 편향됐다고 '진단'해왔을 가능성에 관하여, 그리고 갖가지 IAT 기반 훈련에 투입되고 있는 엄청난 돈에 관하여 자연스럽게 몇 가지 의문이 제기될 것이다.

나는 제프리의 전자우편에 흥미를 느꼈고, 곧 그 회의적인 연구자 중 한 명인 당시 코네티컷대에 재직 중이던 하트 블랜턴Hart Blanton과 연락이 닿았다. 그의 주장을 살펴보기 시작하면서 나는 그제야 내가 현실과 전혀 관련 없는 10분짜리 컴퓨터 조작 시험이 현실에 존재하는 민감한 차별의 형태들을 예측해줄 수 있다는 주장이 지나치게 대담하다고 느끼면서도 암묵적 연관 검사의 열혈지지자들이 주장하는 바를 순순히 믿고 있다는 사실을 깨달았다. 나는 별 의심 없이 그런 주장들을 받아들였다. 거의 사회심리학계 전체가 이 혁신을 인종주의에 대항하는 최첨단 장치로 받아들이고 학계 외부의 수많은 조직이 그 선례를 따르고 있는 걸로 봐서, 그 사람들이 하는 말에 일리가 있으리라 여겼기 때문이다. 그걸 깨닫자 왈칵 부끄러움이 밀려왔다. '다들 사실이라고 하니까 믿는다'라는 태도는 과학 저자나 편집자로서 썩 훌륭한 태도가 아니니 말이다.

많은 자료를 분석하고 여러 인터뷰를 거친 뒤에 나는 블랜턴의 말이 옳다고 결론 내렸다. 후속 기사에서 썼듯이 IAT를 만든 사람들의 주장을 뒷받침할 통계적 증거가 절대적으로 부족했다.[2] 그 검사에 관해 사람들이 사실이라고 믿는 것과 증거가 보여주는 것 사이에는 차이가 있었다. IAT가 '그래, 속을 들여다보면 누구나 인종주의자지. 하지만 이 검사가 한 번에 한 명씩 그런 편향을 발견하고 돌이키는 데 도움을 줄 거야!'라는, 인종관계에 관한 특정한 진보적 불안에 잘 들어맞는 낙관적인 좋은 이야기를 들려주었고, 사람들이 그걸 믿고 싶어 했다는 것도 사태의 일부 원인이었다. 수백만 명이 주로 이렇게 듣기 좋은 이야기와 검사 설계자의 으리으리한 신용 증명서를 근거로 IAT를 믿었다면, 그런 건들을 얘기한 우리 태도에는 아무 문제가 없었을까? 경찰 개혁 같은 시급한 과제들에 잘못된 방식으로 접근하고 있었던 건 아닐까? 그리고 보다 넓은 의미에서 지금 행동과학의 전반적인 상태는 어떨까? 나는 또 어떤 것을 놓치고 있을까?

+

나는 곧 우리 사회의 심리학 열광에 어두운 이면이 있다는 걸 눈치챘다. 여러 설익은 아이디어들이, 100퍼센트 터무니없는 소리는 아니겠지만 심하게 과장된 아이디어들이 확실한 근거가 없는데도 열광적으로 전파되고 있다. IAT가 대표적이지만, 그 외에도 수많은 사례가 있다. 그런 아이디어들이 나오기가 무섭게 TED 강의와 대학 산하 출판사, 기자, 팟캐스트 등을 통해 팔려나가는 방식은 물론이고, 그런 아이디어들이 얻는 대중적 인기도 무해하지 않다.

그런 인기 탓에 빠듯한 예산으로 허덕이는 연구자들이 숱한 마당에 과장된 주장을 해대는 연구자들에게 자원이 잘못 배정되는 데다, 행동과학과 유사 행동과학의 경계가 흐려지면서 심리학이라는 제도적 학문의 품위도 떨어지고 있다.

아마 가장 중요한 문제는 하버드대나 펜실베이니아대 연구실과 강의실 같은 데서 나오는 '차세대 혁신'을 받아들이려 열성인 숱한 학교와 기업, 비영리 기구가 자주 이런 아이디어들을 운영에 도입한다는 점일 것이다. 이런 기관의 의사결정자들이 갈수록 과학적 사고에 익숙해지고 또 행동과학자들을 안내자로 삼을 필요성을 인식하게 되면서(좋은 점) 설익은 행동과학의 영향을 받기도 더 쉬워졌다(나쁜 점). 설상가상으로 이런 심리과학에 관한 관심의 폭증은 새롭고 흥미로운 심리학적 주장들을 받아들이는 데 오히려 '더' 조심스러워져야 하는 때에 일어났다. 앞으로 보겠지만, 입문용 교과서에 실린 내용을 포함한 많은 심리학 연구 결과가 재현에 실패하고 있다. 연구자들이 새로운 실험으로 해당 연구 결과를 재현하려 해도 결과가 제대로 나오지 않는다는 뜻이다. 소위 '재현성 위기'는 심리학 전반에 거대한 그늘을 드리웠다. 이 상황에 대한 가장 논리적인 해석은 지금까지 발표된 심리학 연구 결과의 상당 부분이 거짓일지도 모른다고 암시한다('상당 부분'이 얼마나 큰지가 열띤 논쟁거리이지만 말이다). 많은 심리학자가 자신도 모르게 겉으로는 기존 연구 결과라는 탄탄한 기초 위에 세워진 듯 '보이는' 설익은 과학을 홍보하는 데 도움을 주고 있는지도 모른다. 여기서 우리는 아무래도 오늘날 학계에서 교육되고 개발되는, 그리고 흔히 우리 사회의 질병을 치료한다는 매끈한 처방들로 변환되곤 하는 몇몇 대중적인 이론들을 찡그린 얼굴로 돌아보게 될 듯하다.[3]

+

이 책은 일시적으로 선풍적인 인기를 끄는 유행 심리학의 매력과 그 매력이 왜 그처럼 강력한지, 그리고 개인과 조직 양쪽이 어떻게 하면 그 매력에 더 잘 저항할 수 있는지 설명하고자 한다. 행동과학적 정보가 공적 영역에서 유통되는 방식을 더 잘 이해하는 건 중요하다. 건전한 지식만이 우리가 원하는 개선을 안겨줄 수 있기 때문이다. 지구온난화를 부정하면서 성공적인 환경 정책과 에너지 정책을 마련할 수 없고, 안티백신 신화에 대항하지 않고서 전 세계 공중 보건 수준을 개선할 수 없다. 그렇듯이 잘해봐야 반쪽짜리 진실밖에 되지 않는 인간 행동과 교정법에 관한 주장들에 의지한 채 인종주의와 불평등, 교육 격차를 비롯한 오늘날의 수많은 긴박한 사회적 현안들을 해결할 방법이 있을 리가 없다. 설익은 행동과학의 확산은 지금 미국의 정치적, 지적 삶의 상태와 따로 떼어 설명할 수 없다. 미국은 수십 년째 증가하는 불평등과 그에 발맞춘 끝없는 정치적 기능 고장으로 고통받아왔고, 제도들을 뒷받침하던 정당성이 연이어 무너짐에 따라 개인에 초점을 맞추는 경향이 갈수록 강화되었다. 우리는 프린스턴대 역사학자 대니얼 로저스Daniel Rodgers가 2011년에 출간한 귀중한 저서의 제목이기도 한 '균열의 시대'를 살고 있다. 그는 이렇게 설명한다. "맥락과 사회 환경, 제도, 역사로 가득 찼던 제2차 세계대전 이후의 인간 본성 개념이 선택과 행위 능력, 성과, 욕망을 강조하는 인간 본성 개념에 자리를 내주었다. 사회를 가리키던 강력한 은유들이 허약한 것들로 대체되었다. 상상된 공동체Imagined collectivity*들은 쭈그러들었고, 구조와 권력 개념들도 얄팍해졌다."[4] 이런 시대에 떠밀려 우리는 시장 안을 부유하는 단절된 개인이 되고, 갈수록 자신의 안녕에 대한 책임을 스스로 지게 되고, 과거 미국인의 생활에 그처럼 많은 감정과 성격과 의미를 주었던 큰 집단들과 제도들과 공동의 관념들로부터 갈수록 차단되고 있다.(물론 인종이나 젠더나 종교나 성적 지향성 등의 이유로 과거로 돌아가고 싶지 않은 미국인이 많을 것이다.)

미국인들은 또한 정치과학자 제이컵 해커Jacob Hacker가 '위험 대전가危險 大轉嫁, The Great Risk Shift'라 칭한 것의 결과를 감수하고 있다. 나라의 사회안전망이 닳아 해지고, 기업과 정부가 자신이 진 위험을 이미 과도한 부담에 허덕이고 있는 국민에게 전에 없이 대량으로 떠넘긴 결과, 경제적 불안정성이 소득과 자산 사다리를 타고 점점 위로 상승하고 있다. 이런 상황이 누구나 치열하게 자신의 이익을 지키고 또 자칫 덜 유리한 위치로 전락하지 않도록 바짝 경계하도록

---

* 베네딕트 앤더슨(Benedict R. Anderson)의 유명한 저서 제목이자 민족을 새로이 정의한 개념인 '상상된 공동체(Imagined Community)'를 염두에 둔 표현인 듯하다. 앤더슨은 민족 개념이 혈통을 중시하는 유럽이 아니라 여러 인종과 문화, 언어가 혼합된 신대륙, 특히 중남미 크리올 사회에서 연유했음을 밝히고자 했다.

내몬다. 균열의 시대와 위험 대전가의 결합은 지식 시장에서 어떤 종류의 행동과학이 승리하는지에 영향을 주는 듯하다. 그 결합 자체가 개인이 통제할 수 없는 소용돌이치는 거대한 힘들이 개인에게 어떤 영향을 주는지 이해하기보다는 개개인이 스스로를 개선하고 최적화하며 교정하는 쪽으로 초점을 이동시키는 것으로 보인다.

이런 경향이 심리학, 특히 사회심리학 분야에서 내가 '프라임월드Primeworld[5]'라고 부르는 세계관을 낳았다. 이 세계관은 사람들의 행동이 대체로 미세한 힘들에 의해 추동되고 또 바뀔 수 있다는 생각에 천착한다. 즉, 프라임월드의 중심에는 무의식적 요인인 '프라임Prime'이라는 것들이 있는데, 일부 심리학자들에 따르면, 이것들이 놀라울 정도로 강력한 방식으로 우리 행동에 영향을 미친다는 것이다. 한 연구 결과는 손에 따뜻한 음료를 든 사람이 타인을 더 따뜻하게 대한다고 주장한다. 또 한 연구 결과는 노인에 관련된 자극에 노출된 사람이 더 천천히 걷는다고 주장한다. 프라임월드를 옹호하는 사람들은 프라임과 선입견이 어떤 영향을 끼치는지 이해하게 함으로써 개인들을 '교정'할 수 있다고 암시한다. 그들의 주장에는 세 가지 주요 특징이 있다. 하나, 크고 위압적인 사회구조와 체계 들은 보이지 않거나 중요하지 않거나, 아니면 상당히 쉽게 개선될 수 있다. 둘, 프라임과 선입견은 사회적 결과에 어마어마한 영향을 미친다. 셋, 현명한 행동과학자들이 내놓는 개입 프로그램을 통해 프라임과 선입견은 교정될 수 있으며, 이로써 엄청나게 유익한 효과를 낳을 수 있다.

이런 세계관은 복잡한 문제들을 손쉬운 해결책으로 현저하게 개선하거나 해결할 수 있는 문제들로 취급한다. 심리학자들이 제시하는 앙증맞고 비용효율적인 개입들로 말이다. 이 책에서 우리는 인류 역사상 가장 복잡한 문제들을 연구해야 할 훌륭한 연구자들이 프라임월드의 교의를 받아들인 사례를 거듭해서 보게 될 것이다. 백인과 흑인 학생들 간 '교육 격차' 같은 문제를 들여다볼 때 폭넓은 시각을 가진 사회과학자들이 인종 분리적인 학교 정책에서부터 생애 초기 경험과 사교육의 효과에까지 이르는 여러 복잡한 원인이 있다고 설명하는 반면, 프라임월드에 집착하는 이들은 다른 노선을 택한다. 그들은 (예컨대 어려운 과제들을 끈질기게 물고 늘어지는 능력을 의미하는 '그릿' 신장을 통해) 학생이든 (예컨대 암묵적 연관 검사IAT 기반 훈련을 통해) 선생이든 체계에 속한 개인들을 최적화하는 방식으로 문제의 상당 부분을 해소할 수 있다고 강조할 것이다.

프라임월드주의자들이 저 바깥에, 프라임과 선입견 너머에 더 큰 세계가 있다는 사실을 부정한다는 말은 아니다. 물어보면 그들은 재빨리 알고 있다고, 바깥에 더 큰 세계가 있다고 인정할 것이다. 문제는 그들의 저작들이 아주 구체적이고 아주 세밀한 우선순위들을 내세우며 사실은 그렇지 않음을 웅변적으로 보여주고 있다는 점이다. 그 저작들에서 분명하게 드러나는, 프라임과 선입견과 개인 최적화의 가능성을 둘러싼 흥분의 결과, 다른 건 거의 모두 배경에 묻혀 희미해지고 또 너무 쉽게 무시된다. 하지만 프라임월드가 기대에 전혀 부응하지 못한다는 사실은 갈수록 명확해진다. 그들이 선호한 개입들이 자신들의 과대 선전을 전혀 보증하지 못하는 일이 거듭되었다. 또 그런 실패들이 심리적 개입들로는 쉽게 구제될 수 없는, 더 깊고 보다 구조적인 요인들을 살피는 데 태만했기 때문이라고 믿을 확고한 근거들이 있다.

앞으로 보겠지만, 이것이 응용행동과학을 완전히 포기해야 한다는 의미는 아니다. 심리학은 특히 이른바 '넛지'와 개인보다는 기관을 대상으로 하는 개입 방식들 같은, 정밀 검사를 통과한 몇몇 아이디어들을 산출해냈고, 방법론적 개선이 정착된다면 그런 유의미한 아이디어들을 더 많이 산출해낼 가능성이 있다(앞으로 보겠지만, 이미 그런 노력이 시작되었다).

그렇더라도 최근 대중의 관심을 사로잡은 심리학 연구 경향들을 걱정해야 할 이유는 충분하다. 하지만 우리는 손쉬운 해결책에, 설익은 행동과학에 자꾸만 속는다.

자존감 장사

기억나는 건 풍선이다. 유치원 때인지 초등 1학년 때인지, 나는 다른 조그만 인간들과 같이 바닥에 앉아 있고, 선생님이 우리 안에 '자존감'이라는 풍선 같은 것이 있다고 얘기한다. 어느 순간 선생님이 진짜 풍선을 꺼내 든다. 학교에서 좋은 성적을 받거나 다른 사람들로부터 친절한 대접을 받으면 그럴 때의 기분 덕분에 내 마음속에 있는 풍선이 조금 부푼다. 잘 기억은 나지 않지만, 아마 이 대목에서 선생님이 풍선을 조금 불었으리라. 따돌림을 받거나 화가 나거나 꾸중을 들을 때처럼 안 좋은 때도 있는데 그러면 풍선이 줄어든다(선생님이 풍선의 공기를 조금 뺀다). 선생님은 풍선에 든 공기가 많을수록 우리가 더 행복해질 거라고 얘기한다. 풍선에 든 공기가 많을수록 더 똑똑한 결정들을 내리고, 다른 사람들에게 더 친절하게 행동하고, 간단하게 말해서 전반적으로 더 나은 인간이 될 거라고, 이 풍선이 매우 중요하다고 말이다.

그때가 1990년 즈음이었는데, 그때 미국 곳곳의 다른 어린이들도 각자의 교실에서 똑같은 이야기를 듣고 있었다. 1991년에 출간된 『자존감 왕국의 매력덩이들The Lovables in the Kingdom of Self-Esteem』이라는 아동용 도서에 그 시대를 사로잡은 자존감 강박의 전반적인 취지가 썩 인상적으로 포착돼 있다. 다이앤 루먼스Diane Loomans가 쓰고 킴 하워드Kim Howard가 그린 이 책은 단순하고 교육적인 메시지를 전한다. 바로 '이 책을 읽거나 듣고 있는 아이야, 넌 아주 특별해'라는 메시지이다.

책 안의 광고 문구는 다음과 같다.

나는 매력덩이!
나는 매력덩이!
나는 매력덩이!
나이에 상관없이 이 마법의 주문을 외는 독자에게는 자존감 왕국의 문이 활짝 열립니다. 자존감 왕국에는 저마다 유용하고 특별한 재주를 가진 스물네 마리의 동물 매력덩이들이 살고 있어요. 원숭이 모나는 귀여워요. 올빼미 오언은 유능해요. 비버 버디는 주변을 돌봐요. 염소 그레타는 자신을 믿어요.

이 책이 특별히 유별나서는 아니다. 1980년대나 1990년대에 어린이였거나 어린이를 길렀던 사람이라면 이런 메시지들을 기억할 것이다. 그 시대에 이런 특정한 사회적 기풍이 세워졌다. 자존감은 사회가 어린이에게 줄 수 있는 가장 중요한 것이자 성공과 파멸을 가를 수 있는 결정적인 특성이었고, 그래서 학교가 학생들에게 자존감을 주입하는 건 지극히 중대한 일이었다.

그러나 학생들만도 아니었다. 유행이 극에 달했을 때는 최고경영자들부터 사회복지 대상자들까지 거의 모두가 인상적인 자격증을 가진 심리학자들로부터 자존감이 성공의 '문을 열' 수 있다는 얘기를 자주 들었다. 이는 개인을 향한 주장인 동시에 정치적인 주장이었다. 캘리포니아를 중심으로 한 이 운동은 사람들의 자존감을 높이면 범죄와 10대 임신과 수많은 다른 사회적 질병과 심지어 공해도 줄일 수 있다고 주장했다. 그리고 이런 주장이 일단 인기를 얻자 정책 입안자들에게도 상당히 진지하게 받아들여져, 여러 주가 납세자들이 낸 세금을 자존감 프로그램에 따로 배정할 정도였다.

자존감 유행에는 여러 기원이 있지만, 각급 학교의 교육과정으로 제도화된 것은 대체로 매우 괴벽스러운 캘리포니아주 정치인 존 바스콘셀로스John Vasconcellos 단 한 사람의 공적이었다. 2014년에 타계한 그는 38년간(30년은 주 하원에서, 8년은 주 상원에서) 실리콘밸리를 대표한 민주당 소속 주의회 의원이었다. 《산호세 머큐리 뉴스》는 부고 기사를 내면서 그를 "잘 알려진 바와 같이 공과가 뒤섞인 저돌적 인사"라 설명하며 "화려하고, 재치 있고, 명석하고, 늘 화가 나 있고, 지적이고, 우아하게 입이 거칠었다"[1]라고 말했다. 그러나 그는 무엇보다 관습을 따르지 않는 사람이었고, 한번은 3년이나 머리를 깎지 않고 그냥 놔둔 적도 있었다. 그의 비순응주의는 확실히 캘리포니아적인 색채를 띠는 경우가 많았다. 바스콘셀로스가 인간에게는 아직 발견되지 않고 계발되지 않은 탁월함이 있다고 확신한 이상주의자이긴 했지만, 부분적으로 그의 이상주의는 열정과 아울러 바스콘셀로스 본인의 분노 조절 문제를 다스리려는 오랜 싸움으로 추동되었다. 그는 분명치 않은 형태의 심리치료에서부터 빅서에 위치한 '뉴에이지 에설런 연구소*'의 가르침에 이르는, 자신이 행한 다양한 자기계발 시도를 상당히 공개적으로 드러냈다.

새크라멘토 일대에서는 '바스코'라 불리는 바스콘셀로스는 글자 그대로 '탐구자'였다. 영국의 언론인 윌 스토Will Storr는 저서 『셀피』에 "바스코의 지적 탐험은 아주 멀리까지 이어져, 터무니없어 보이는 몇몇 아이디어들로 그는 주 의회 의사당 안팎에서 악명을 얻었다. 예를 들어, 그는 특정한 형태의 '대안 출산법'으로 아이를 낳으면 아이가 덜 폭력적인 인간으로 자랄지도 모른다고 생각했다. 또 부모와 자식 간 성교가 사실은 아이에게 해롭지 않고 오히려 자연스럽고 건강하다는 주장에 최소한 호기심 정도는 가졌던 것이 분명했다. 그는 아버지와의 성교로 처녀성을 잃은 것을 자랑스러워하는 여성들에 관한 기사들을 읽었고, 소아성애를 옹호하는 자들을 자신의

---

*   에설런(Esalen)은 캘리포니아주 빅서에 소재한 비영리 명상 및 수련 단체이자 시설로 명사들과의 대화에서부터 음악이나 춤을 이용한 명상까지 다양한 심리치료 및 명상 프로그램을 운영한다. 1970년대와 80년대에 개인적 변화와 치유를 통해 사랑과 빛의 새로운 시대를 추구하는 느슨한 종교적 운동이었던 뉴에이지 운동에서 중심적 역할을 했다.

'성sexuality에 관한 네트워크'에 초청했다.[2]"라고 썼다.

아마 에설런 인맥을 통했겠지만, 그런 과정에서 바스콘셀로스는 에인 랜드Ayn Rand, 1905~1982*의 문하생(이자 애인)이며 랜드와 마찬가지로 자존감의 중요성에 집착했던 심리치료사 너새니얼 브랜든Nathaniel Branden의 글을 발견했다. 브랜든이 1969년에 출간한 책『자존감의 심리학The Psychology of Self-Esteem』은 100만 권 이상이 팔렸다.[3] 자존감의 중요성에 관한 한 브랜든의 입장은 더없이 명확하고 강력하다. "인간에게 자신이 자신에게 하는 평가보다 더 중요한 가치판단은 없으며, 심리 발달과 동기에 그보다 더 결정적인 요소도 없다."[4] 그는 나중에 자기로서는 "불안과 우울에서부터 친밀한 관계나 성공에 관련된 공포, 알코올 및 마약 중독, 가정폭력과 아동 성추행, 자살과 폭력 범죄들까지, 낮은 자아 개념의 문제로 거슬러 올라가지 않는 심리적 문제는 단 하나도 생각"[5]할 수 없다고 단언했다.

브랜든의 책은 대체로 논쟁적이고 일화적이지만 바스콘셀로스가 접했을 때는 그 책의 주장을 뒷받침하는 것처럼 보이는 일련의 심리학적 연구 결과들이 있었다. 일반적으로 말해 그런 연구들은 특정 집단에 속하는 사람들의 자존감과 몇 종류의 행동적 또는 인지적 성과를 측정한 다음, 두 가지가 얼마나 밀접하게 상호 연관되는지를 측정한다. 자존감은 다양한 자가진단 도구로 측정되는데, 가장

---

*   러시아 출신 유대계 미국인 작가이자 철학자인 앨리스 오코너의 필명으로 원래 이름은 알리사 지노브예브나 로젠바움이다. 베스트셀러 소설인『파운틴헤드』와『아틀라스』로 유명하고, 윤리적 자기중심주의를 합리화하는 객관주의 철학 체계를 정립했다.

인기 있는 도구는 '로젠버그 자존감 척도Rosenberg Self-Esteem Scale(1965년
에 처음으로 발표)'로, 응답자에게 "나는 가끔 내가 잘하는 것이 없다
고 생각한다"나 "나는 대다수의 다른 사람들만큼 일을 잘해낼 수 있
다" 같은 문항들을 제시하며 동의하는 정도를 4점 척도로 평가하도
록 요구한다.[6]

몇몇 연구 결과가 자존감이 높은 사람이 낮은 사람에 비해 다양
한 문제에 더 적절하고 유연한 방식으로 반응한다고 주장했다. 이
주제를 연구한 영향력 있는 사회심리학자인 로이 바우마이스터Roy
Baumeister는 자존감이 "[반복해서 시도하는] 과제의 첫 번째 시도에
서 실패했다는 결과를 알렸을 때 [피험자들]이 얼마나 호의적으로
반응하는지"와 상관관계가 있는 듯하다고 말했다. 실험 참가자의
자존감이 높을수록 해당 과제에 매달릴 가능성도 커지는 듯했다. 출
판된 다른 연구 결과들은 자존감과 현실에서 중요하게 평가되는 성
과들 사이에 연관성이 있음을 논증하는 듯이 보였다. 예를 들어, 자
존감이 높을수록 학업과 업무 성과가 좋았다.

그러자 옹호자들과 연구자들은 그런 연구 결과들을 자존감이
개인의 성공에 중요한 인과적 요인이라는 주장을 뒷받침하는 증거
로 삼을 수 있게 되었다. 바스콘셀로스에게 브랜든의 책과 이 책의
주장을 뒷받침하는 듯이 보이는 연구 결과들은 자신의 정치 경력을
걸 만한 발견들이었다. 논리는 간단했다. 낮은 자존감이 그처럼 많
은 부적응적 반응들과 다양한 형태의 부진 및 악행과 연관되어 있다
면, 아이들(과 성인들)의 자존감을 높이기만 하면 자연스레 일일이

열거할 수 없는 많은 개선 효과들이 나타날 것이 분명했다. 바스콘셀로스는 곧 공공 정책과 자존감의 관계성을 연구하는 주 단위의 위원회를 발족시키기 위해 새크라멘토시와 '듀크(공작公爵)'라는 별명으로 불리는 오랜 정적이자 공화당 소속 주지사인 조지 듀크메지언 George Deukmejian에게 로비를 벌였다. 그는 크고 작은 입법 실패로 여러 차례 곤경을 겪고 거기에다 심각한 심근경색을 앓은 다음, 유권자들에게 "동맥을 타고 다니며 콜레스테롤을 제거하는 아주 작은 솔이 있다고 상상해보라고 설득"[7]하는 편지를 보낸 뒤에야 원하던 위원회를 얻었다. 1986년에 듀크메지언 주지사가 '자존감과 개인적·사회적 책임감 신장을 위한 특별위원회' 설립 법안에 서명한 것이다. 특별위원회의 목표는 다양한 사회문제에 자존감 개념을 적용하는 방법을 탐색하는 것이었으며, 주 정부는 연간 24만 5000달러의 예산을 책정했다. 당연히 위원장은 바스콘셀로스였다.

온 나라가 비웃음으로 응답했다. 개리 트루도Garry Trudeau는 연재 만화 「둔즈베리」에서 주기적으로 이 개념을 웃음거리로 삼았는데, 자존감 특별위원회를 그대로 옮긴 만화 속 위원회에 어리석은 뉴에이지풍 등장인물인 붑시가 위원으로 임명되는 설정이었다.(나중에는 위원들이 섬뜩하게 입을 맞춰 '우리는 여러분이 스스로에게 만족스러워하는 것이 만족스럽다!'라고 공표하며 위원회가 성공적이었다고 선언하는 에피소드가 나온다. 붑시가 끼어든다. "실례합니다만, 저의 영적 교류자인 고대 전사 홍크-라가 이의를 제기하고 싶다는데요."[8]) 전국적인 조롱거리가 되든 말든 특별위원회 위원들은 일을 시작했다. 엉터리 술사 같은 사람들은 아니었다.《워싱턴 포스트》기사에 따르면, 위원단은 "근본주의 기독교인, 성소수자 활동가, 법 집행관, 교육자, 상담사" 등으로 구성되었는데, 예상대로 "뉴에이지 신자들"이었다. 그들은 하나같이 그 새로운 프로젝트의 성공을 확신했다.《워싱턴 포스트》에서도 말했듯이 그들은 실제로 "이 개념이 직무에 태만한 경찰관들과 교도소 신축에 들어가는 주 정부 예산을 줄일 수 있다는 걸 알게 되면 다른 주들도 따라 할 것"이라 장담했다.[9]

특별위원회가 시작할 때 특별히 신속하거나 효율적이지는 않았다. 애초에 실용적인 '자존감' 정의를 내놓는 데에만 1년 이상이 걸렸으니 말이다. 결국 최종적으로 '나 자신의 가치와 중요성을 올바르게 인식하는 것, 그리고 나 자신에게 당당하고 타인에게 책임감 있게 행동하는 품성을 갖는 것'이라는 정의가 도출되었다. 하지만 위원회는 이내 약간의 추진력을 얻었고, 대중들은 갈수록 자존감에 관련된 기본적인 아이디어를 받아들이는 듯했다. 정말로 모든 종류의 사회적 문제가 직접적으로 낮은 자존감에서 연유한다면 어떻게 될까? 그렇다면 자존감은 대항 문화적 정서를 가진 진보주의자들뿐만 아니라 정부 지출에 민감한 보수주의자들에게도 잘 먹힐, 아주 쉬운 문제 해결 방법을 제시해줄 것이다. 당파를 초월하는 이런 성격이 자존감 아이디어가 대중적으로 성공하여 광범위하게 적용될 수 있었던 본질적 요소였다. 예를 들어, 위원회에 속한 한 공화당원은 AP 통신과의 인터뷰에서 자존감 프로젝트가 사회문제들을 해결한답시고 "소위 쥐구멍에 돈을 쏟아붓는" 전통적인 접근 방식의 대안이라고 설명했다. "우리는 계속해서 범죄와 폭력에 돈을 쓰고 있습니다. 약물 중독에도 계속 돈을 쓰고 있고요."[10] 그의 생각은 정부가 적은 비용으로 높은 자존감을 주입할 수 있는 좋은 방안을 찾기만 하면 그런 지출의 상당 부분을 사전에 방지할 수 있다는 데로 이어졌다.

자존감을 만병통치약으로 보는 아이디어가 인기를 얻은 데는 이처럼 과학적 근거가 튼튼해 보일 뿐만 아니라 정책적으로도 유망해 보인다는 이유가 있었다. 하지만 그뿐이 아니었다. 이 아이디어는 올바른 마음을 가지기만 하면 긍정적인 (어떤 이야기들에 따르면, 기적적인) 결과를 낼 수 있다는, 오래된 미국식 믿음에 닿아 있기도 했다. 벤저민 프랭클린은 『가난한 리처드의 달력』에서 고대 철학자들의 지혜를 설명하며 "행복은 외적 환경보다는 마음의 내적 처분에 달려 있다"라고 말했다.[11]

이런 믿음 중에서 가장 흥미로운 갈래는 아마도 19세기 후반에 일어난 소위 '신사고New Thought' 운동일 것이다. '신사고'는 당시에 '동양철학'이라 불리던 것을 비롯한 여러 사상이 복잡하게 융합된 것인데, 신사고 계열의 신흥 종교인 '크리스천 사이언스' 창시자 메리 베이커 에디Mary Baker Eddy를 지도하고 '치유'한 시계 제조공이자 최면술사인 피니어스 파크허스트 큄비Phineas Parkhurst Quimby와 저명한 시인이자 사상가인 랠프 왈도 에머슨Ralph Waldo Emerson을 필두로 한 미국의 여러 초월주의자에게 큰 빛을 지고 있었다. 하지만 신사고 운동은 독특했다. 신사고 운동 비판자인 예일대 역사학자 앨프리드 휘트니 그리스월드Alfred Whitney Griswold가 1934년에 서술했듯이, 그 운동은 "물질이 정신화되어 온전히 사고의 지배를 받을 수 있으며, 역으로 모든 사고도 물질이 될 수 있다고 생각하는 고성능 텔레파시 체계"였다. 당연히, 미국은 미국이니까, 그 텔레파시는 대부분 개인의 영달이라는 목표에 맞춰졌다. "(그 운동의 지지자) 절대다수가 거기서 얻을 수 있는 것을 보고 참여했는데, 그건 돈이었다. 그들은 온 마음All-Mind과 교감하기보다는 성공하기를, 부유해지기를, 출세하기를 원했다"라고 그리스월드는 썼다. 인간의 사고 자체에 아직 개발되지 않은 엄청난 힘이 들어 있다는 이런 생각이 '신사고'를 "이 비인간적인 세상에서 (제 지지자들을) 인간으로 만들어주겠다는 약속"으로 물들였다.[12]

형이상학적으로 볼 때 신사고 운동은 자존감 운동보다 더 우스꽝스럽지만, 일부 내용은 놀라울 정도로 자존감 운동과 유사하다. "이 책에 기반한 모든 일에서, 그리고 삶의 모든 측면에서 성공한다는 마음가짐을 끊임없이 견지해야 한다." 신사고 운동 지도자인 프랭크 C. 해덕Frank C. Haddock은 1903년에 출간되어 『의지력』, 『개인의 상황』, 『용기 키우기』 같은 책들과 함께 '자기계발서 시리즈' 중 하나로 자리 잡은 『왕의 성취, 또는 사람의 마음을 끄는 생생한 자력 문화를 통한 성공의 힘The King's Achievements; or, Power for Success Through Culture of Vibrant Magnetism』에 이렇게 썼다. "이는 '나는 성공하기로 했다. 나는 반드시 성공할 것이다'라는 말이 영구적인 믿음이 되고 영혼이 기대하는 바가 될 때까지 확언하는 방법으로 성취할 수 있을 것이다."[13] ("나는 매력덩이! 나는 매력덩이! 나는 매력덩이!")

그리스월드가 1934년에 이미 신사고 운동을 과거형으로 비판한 것에서도 알 수 있듯이, 신사고의 전성기는 오래가지 않았다. 그러나 핵심적인 사고 중 일부는 계속해서 사회 전반에 영향을 미쳤다. 역사학자 대니얼 호로위츠Daniel Horowitz가 언급했듯이, 신사고 운동의 '지적·영적 후계자'는 노먼 빈센트 필Norman Vincent Peale, 1898~1993* 목사다. 필이 더 자유분방한 '신사고'의 비약적인 내용 일부의 어조를 좀 누그러뜨리긴 했지만, 전반적인 의도는 온전하게 남았다. 1952년에 출간한 유명한 베스트셀러 『긍정적 사고의 힘』은 '첫 문장'에서 "여러분은 어떤 것에도 질 필요가 없으며, 마음의 평화와 더 건강한 몸과 절대 마르지 않는 샘솟는 에너지를 가질 수 있다"라고 약속한다. 그저 올바른 태도를 지니기만 하면 말이다.

필의 책은 주요 주장을 뒷받침하는 일화들을 차례로 내놓고, 의심하던 사람들도 그 아이디어의 기세에 쉽게 휩쓸린다. 필은 '최고를 기대하고 성취하라'라는 제목이 달린 장의 마지막에 이런 일화를 내놓는다. "내게는 늘 최악을 예상하는 오래된 친구가 있는데, 몇 달 전에 그 친구에게 이 원칙들을 얘기해준 적이 있다. 그는 이 장에 간략하게 설명된 원칙들에 강한 불신을 드러내면서 내 주장이 잘못

---

* 미국의 개신교 목사이자 '긍정적 사고' 개념을 널리 알린 베스트셀러 『긍정적 사고의 힘』의 작가이다. 국내에는 현재 『긍정적 사고방식』이라는 제목으로 출간된 번역본이 있다. 꾸준하게 정치활동에 관여하여 구설에 오르기도 했는데, 리처드 닉슨과 개인적 친분을 쌓았고 존 F. 케네디의 대통령 선출에 반대하는 정치 모임을 이끌기도 했다.

됐음을 증명하기 위해 직접 실험해보겠다고 제안했다." 하지만 친구는 '세상에서 가장 강력한 법칙 중 하나는 (……) 불신하기 대신에 신뢰하기로 마음의 버릇을 바꾸는 것'을 중심으로 하는 필의 제안을 따른 뒤에 자신이 잘못 생각했음을 깨달았다. "난 이제 확신해." 나중에 그 친구가 필에게 말했다(적어도 필의 말에 따르면 말이다). "이런 게 가능하리라고 믿지 않았지만, 이건 분명한 사실이야. 최고를 기대하면 뭔가 이상한 힘 같은 걸 받게 되고, 그 힘이 원하는 결과를 도출해내는 환경을 만들어."[14]

필의 후계자들은 어디에나 있다. 21세기가 시작되는 초기에 오프라 윈프리는 '끌어당김의 법칙', 또는 '생각하는 대로 이루어진다'라는 아이디어에 기초한 론다 번Rhonda Byrne의 유명한 책 『시크릿』을 홍보한 일로 몇몇 사람들로부터 비난을 받았다. 『시크릿』으로 수백만 달러를 벌어들인 번이 독자들이 그 책의 요점을 글자 그대로 받아들이도록 어떻게 의도했는지는 아무리 강조해도 지나치지 않다. 번의 웹사이트에 공개된 증언 중 하나는 마음속으로 원하는 꿈의 자동차를 그리던 여성이 작성한 것으로, 오래지 않아 바로 그 차를 (무담보 대출의 도움을 받아) 갖게 되었다는 내용이다.[15] 또한 번의 웹사이트는 참 유용하게도 『시크릿』이 과학적인 근거가 있는 사상이라고 설명해준다. 무엇보다 "첨단 과학은 실험실 환경에서 모든 사고가 에너지로 이루어져 있으며, 각각의 고유한 주파수가 있다는 사실을 확인했습니다"라는 것이다.[16]

그러니까 긍정적인 사고가 개인의 운명을 개선할 수 있다는 생각이 편안한 담요처럼 미국 역사를 감싸고 있는 셈이다. 하지만 뉴에지 운동의 색채를 띤 바스콘셀로스의 영적 여정이 암시하듯이, 자존감 운동은 대단히 그 시대 특유의 것이기도 했다. 그때 우리 시대 사람들에게는 깊은 심리적 상처들이 있으며, 그 상처들이 완전히 행동으로 드러나기 전에 해결할 필요가 있다는 원칙을 강조하는 『아임 오케이 유어 오케이』(1967) 같은 책들이 베스트셀러가 되었다. 자존감 광풍이 불기 시작할 즈음, 그런 책들을 읽은 사람들은 자신의 자아 개념 문제가 자신의 성공에 걸림돌이 되고 있지만 고칠 수 있다는 믿음을 마음속 깊이 내면화하고 있었을 것이다. 그렇다면 자존감 광풍은 미국적 문화의 강력한 두 흐름, 즉 긍정적 사고의 힘에 대한 오랜 믿음과 각자가 안고 있는 깊은 정신적 상처를 해결해야 한다는, 보다 최근에 생긴 믿음이 결합한 것으로 볼 수 있다. 간단히 말하자면, 이렇다. '맞다, 당신은 망가졌다. 하지만 자신을 더 기분 좋게, 더 긍정적으로 느끼기 시작할 때, 당신은 고쳐질 수 있다.'

많은 부분이 신비주의적이거나 지나치게 감상적이라고 느껴지겠지만, 필이 전격적으로 무대에 등장한 즈음이 여러 연구자와 사회 이론이 좀 더 진지한 방식으로 자존감 개념을 살피고 이론화한 뒤라는 점은 주목할 만하다. 윌리엄 제임스William James는 1890년에 『심리학 원리 제1권』에 이렇게 썼다. "폭넓게 확장된 경험적 자아와 지위, 부, 친구, 명성과 함께 늘 성공을 가져다주는 힘을 가진 사람은 어릴 때 느끼던, '내가 여태 쌓아온 것이 거대한 바빌론은 아니겠지?'라는 자신에 관한 병적인 불신과 의심을 다시 겪지 않을 것이다. 반면에 연이어 큰 실수를 해온 데다 중년의 나이에도 여전히 실패에 둘러싸여 산 밑에 누운 사람은 자기 불신으로 쉽사리 병들뿐더러 사실은 자기 힘으로 감당할 수 있는 시련에도 움츠러들 것이다."[17]

그렇다면 바스콘셀로스의 특별위원회는 상당히 튼튼한 문화적 토대 위에 서 있었던 셈이다. 위원회 자체도 대의를 떠받치기 위해 다채로운 일화들을 생산해내는 홍보 작업을 진행했다. 위원회는 캘리포니아주 곳곳에서 경찰관과 사회복지사, 전과자 등을 포함하는 다양한 사람들이 자존감의 중요성을 증언하는 일련의 행사를 개최했다. 그렇다. 어느 사진가가 포착한, 위원회 위원들이 점심을 먹고 나서 손을 잡고 둥그렇게 선 모습처럼 당황스럽고 거북한 순간도 있었다. 하지만 전반적으로 봤을 때 위원회는 마약과 범죄를 포함한 여러 사회악에 관한 전국적인 논의의 장에 자신의 자리를 마련하는 데에 놀라울 정도로 성공적이었다.

자존감 광풍이 대중적 인기를 얻고 그처럼 오래 지속된 데에는 복잡한 제도적 이유도 있었다. 우리는 1년 내내 캘리포니아 기록보관소를 뒤지고 수많은 핵심 관계자를 취재한 영국 언론인 윌 스토의 저작 덕분에 상세한 내용을 알고 있다. 『셀피―우리는 어떻게 이처럼 자기중심적이 되었으며, 자기중심성은 우리에게 어떤 영향을 미치는가』에서 그는 자존감 위원회가 구성된 뒤에 바스콘셀로스가 캘리포니아대를 설득하여 연구자들을 소집해 자존감을 연구하는 자체 위원회를 구성하고 그 연구 결과를 캘리포니아대 출판부를 통해 출판하게 하는 데 성공했다고 설명한다.[18] 캘리포니아대 버클리 캠퍼스의 사회학과 명예교수인 닐 스멜서Neil Smelser가 전체적인 작업을 조율했다. 연구 결과의 출판이 바스콘셀로스와 자존감 운동에 '결정적으로 중요'하다는 건 누구나 이해하고 있었다. 결과에 따라 전문가들은 자존감의 중요성에 관한 저 높은 분들의 주장을 지지하게 되거나 아니면 아니게 될 터였다. 바스콘셀로스와 위원회는 샌프란시스코시 남쪽 외곽에 있는 '엘 란초 인 호텔에서, 1988년 9월 8일 오후 7시 반에' 결과를 알게 될 예정이었다.[19]

그 지점에서 이야기는 두 방향으로 갈라진다. 공식 판본에서는 엘 란초 인 호텔에서 들은 소식이 바스콘셀로스와 위원회 위원들에게 제대로 가고 있다는 확신을 주었다고 한다. 자존감이 엄청나게 중요하다는 연구 결과가 나왔기 때문이다. 바스콘셀로스와 위원회가 몇 달 뒤에 발표한 보고서에 적힌 내용으로는 그랬다. AP 통신의 한 아부성 기사는 캘리포니아대 버클리 캠퍼스의 연구자들이 "'낮은 자존감이 알코올 중독과 약물 남용, 범죄와 폭력, 아동 학대, 10대 임신, 매춘, 만성적인 사회복지 의존과 아동의 학습 부진과 밀접하게 연관되어 있다'라는 위원회의 설립 전제에 정당성을 부여"했다고 독자들에게 설명했다.[20] 다른 한 무더기의 뉴스 보도도 같은 취지를 전달했다. '이봐, 놀리고 싶으면 놀려, 하지만 이건 이제 정당한 과학이야. 과학자들이 제 입으로 그렇다고 했으니까.'

그렇다면 실제로 그 회의에서 무슨 일이 벌어졌을까? 스토는 인터뷰와 스스로 발굴해낸 녹음테이프들과 다른 기록들을 통해 사실은 스멜서가 특별위원회에 과학이 그런 주장을 뒷받침한다고 말하지 않았음을 밝혀냈다. 오히려 스멜서는 자체적으로 진행한 연구들에 대해 훨씬 모순적인 시각을 드러냈다. 스토가 찾아낸 한 녹음테이프에서 스멜서는 자존감에 관한 단편적인 한 연구에 관해 "이 상관성 결과는 정말이지 상당히 긍정적이고 상당히 흥미롭다"라고 언급했고, 이 발언이 이후 보도에 인용되기도 했으나, 그는 재빨리 방향을 틀어 "다른 영역에서는 상관성이 그처럼 크지 않은 듯한데, 우리로서는 이유를 알 수 없다"라고 말한다. 알코올 중독에 관해서는 이렇게 묻는다. "이 사람들은 전부터 있던 자기 의심, 자기 비하, 무가치성 등등 때문에 술을 마시게 되나? 아니면 그 반대인가?"[21] 즉 술을 너무 마시는 탓에 자신이 무가치하다고 느낄 수도 있다는 말이다. 녹음된 발언의 끝에 스멜서는 자신의 의견을 명확하게 표명한다. 캘리포니아 주 의회에 캘리포니아대의 연구가 분명하고 단도직입적으로 자존감 주장을 뒷받침하는 방향의 답을 내놓았다고 말하는 건 "과대광고의 죄"가 될 것이라고. 그는 특별위원회를 향해 말했다. "그런 일을 하고 싶은 사람은 아무도 없다. 여러분도 그러고 싶지 않을 것이다. 분명히, 우리는 그러고 싶지 않다."

당시에 이런 비판적인 언급들은 엘 란초 인 호텔 회의실 밖으로 나오지 못했다. 대신에 특별위원회는 그 회의를 요약하면서 "정말이지 상당히 긍정적이고 상당히 흥미롭다"라는 파편적인 발언만 인용해 스멜서가 했던 말의 진정한 의미를 왜곡하면서 그를 자존감주의자들의 주장을 강력하게 지지하는 인물로 거짓 포장했다. 데이비드 샤나호프-칼사David Shannahoff-Khalsa에 따르면, 그런 전개에 너무 불쾌해진 한 특별위원회 위원은 최종 보고서에 서명을 보류하며 의도적으로 진행을 방해하려 시도했다. 바스콘셀로스를 포함한 다른 진정한 신자들은 캘리포니아대 연구자들이 도출한 결과들을 정직하게 공개하면 자존감 프로젝트들에 자금을 대야 할 주 정부의 의욕이 꺾일 수 있다는 사실을 알았다. "아, 그건 정말로 부정직한 짓이었어요." 샤나호프-칼사는 스토에게 말했다.[22] "새빨간 거짓말이었죠."[23] (스토의 책에는 이 발언을 한 사람의 이름이 표기되어 있지 않지만, 나의 확인 요청에 발언자가 샤나호프-칼사가 맞다고 스토가 직접 확인해주었다.)

스멜서는 왜 그런 식으로 이용당하고도 가만히 있었을까? 스토의 표현에 따르면, "그는 매우 치밀한 정치 게임을 벌일 수밖에 없었던 것"[24]으로 드러났다. 2017년 10월에 사망한 스멜서는 스토에게 자신은 캘리포니아대가 건전한 과학서를 출간했으면 하는 바람과 새크라멘토시라는 복잡하게 돌아가는 기계에서 극도로 중요하면서도 걸핏하면 성을 내는 부품 같은 바스콘셀로스의 비위를 맞춰야 하는 필요 사이에서 균형을 잡아야 했다고 설명했다.

바스콘셀로스는 주 하원 세입위원회 위원장으로서 캘리포니아대에 지원되는 예산을 좌지우지하고 있었다. 스멜서가 너무 크게 목소리를 높여, '어이, 그건 내가 회의에서 한 말이 아니잖아!'라는 식으로 대응했다면, 자신이 속한 교육기관에 크나큰 불행을 가져다줄 수도 있었다. 그래서 그는 타협했다. 사적으로는 특별위원회에 진실을 전달했지만, 자존감주의자들이 의도적으로 자신의 의도를 희석하고 곡해한 뒤에도 공개적으로는 침묵을 지켰다.

사심 없는 객관성이라는 과학의 이상이 얼마나 현실과 동떨어진 것일 수 있는지, 이보다 더 적나라하게 보여주는 사례를 생각해내기도 어려울 것이다. 세상이 지금의 현실보다 더 순수했다면, 스멜서는 분명 바스콘셀로스의 그릇된 설명에 반대하고 나섰을 테고, 과학은 특별위원회가 주장하는 결과를 보여주지 않았다고 소리 높여 거듭 설명했을 것이다. 하지만 스멜서에게는 이쪽을 가리키는 과학적 무결성이라는 유인과 함께 저쪽을 가리키는 공립대 예산 확보의 정치학이라는 또 다른 유인이 있었다. 그는 스토에게 말했다. "그런 측면에서, 내가 한 일은 성공적이었다고 생각합니다. 왜냐하면 대학이 비판을 받은 적은 없으니까요."[25] 엘 란초 인 호텔에서 회의가 있은 지 1년 만에 캘리포니아대 출판부는 『자존감의 사회적 중요성The Social Importance of Self-Esteem』이라는 책을 출간했는데, 세 명의 편집자 이름에 바스콘셀로스와 스멜서가 등재되었다. 심리학자 바우마이스터에 따르면, 그 책의 결론들은 별 감명을 주지 못했다. "그러니까, 찾아낸 게 별로 없었어요." 책은 많이 팔리지도 않았다.[26]

+

그러나 당시 1980년대 후반에는 이런 흥미로운 뒷이야기가 전혀 공개되지 않았고, 전혀 문제시되지도 않았다. 중요한 건 1988년

회의의 내용을 각색한 버전이 이겼고, 그것이 특별위원회의 자체 보고서 『존중의 주州를 향하여Toward a State of Esteem』[27]의 출간에 박차를 가하는 데 도움이 되었다는 점이다. 1990년에 공개된 이 보고서에는 해당 연구를 보다 긍정적으로 보는 시각이 담겼고, 당연하게도 훨씬 큰 문화적 흔적을 남겼다. 스토는 이렇게 썼다. "『존중의 주를 향하여』는 그 굴욕적인 탄생을 목격한 사람이라면 누구나 당연히 예상했을 결과를 훨씬 뛰어넘는 성공을 거뒀다. 바스콘셀로스와 자존감 프로젝트를 은밀히 비웃었던 아칸소 주지사 빌 클린턴이 이제는 공개적으로 지지하고 나섰고, 바버라 부시와 콜린 파월을 포함한 다른 거물들도 마찬가지였다. 당연히 그 보고서가 미국 언론계의 모든 구성원을 설득하지는 못했겠지만, 대다수는 무릎을 꿇었다."[28]

그 보고서가 공식적으로 발표되기 전부터 경솔한 보도 기사들이 퍼져나갔다. 그 강렬한 일화들과 자신만만한 인용들은 거의 아무 반발도 사지 않았다. 캘리포니아주 법무장관 특별보좌관인 브라이언 토퍼Brian Taugher가 'UP 인터내셔널' 기자에게 말했다. "저는 수백 건의 범죄 자료를 읽었습니다. 어떤 사람들은 단순히 자신이 싫어서 심각한 범죄를 저지르는 신세가 됩니다."[29] 더욱 당황스러운 문제는 동시대의 기사들이 자존감 개입에 다른 것을 섞는 경우가 잦았다는 점일 것이다. 예를 들자면, 1989년에 《볼티모어 선》 기사는 산호세시의 '자존감 원칙에 기반한 교과과정'을 이렇게 설명했다. "학생들뿐만 아니라 교사들에게도 적용되는 이 체계는 안전 의식과 정체성, 소속감, 목적의식 및 개인 역량을 계발하는 데 기초한다. 예를 들어, 지리 과목에 서툰 학생에게는 수업 시간에 학습 파트너를 대동하거나, 상급생이나 선생님과 같이 공부하거나, 방과 후 자습실을 이용할 기회가 주어진다."[30] 그러나 학생에게 학습과 관련한 추가적인 도움을 주는 조치가 자존감을 키우는 조치는 아니다. 정확하게 말하자면, 적어도 직접적으로는 아니다. 그건 그냥 학습과 관련한 추가적 지원책일 뿐이다.

바스콘셀로스와 동료들 역시 직접적으로 자존감을 겨냥하지 않는 더 전통적인 사회적, 교육적 지원 사례들까지 포함하여 온갖 종류의 사회적 프로그램들이 '자존감'이라는 큰 틀에 포함되는 듯이 설명하는 경향이 있었다. 여기서 원래의 의도와 목표가 조금씩 변화되었고, 그것이 문제를 고약하게 만들었다. 이런 프로그램들이 개선된 결과를 낳은 것은 사실이지만 그게 반드시 자존감 요소들 덕분은 아니었기 때문이다. 이것이 앞으로도 계속해서 보게 될 설익은 아이디어들의 또 다른 특징이다. 이런 아이디어들은 기체처럼 퍼지는 경향이 있어서 대화에 존재하는 모든 빈자리를 채워버리고 만다. 확고한 기반과 명확한 개념적 경계가 없는 아이디어가 대중의 상상력에서 힘을 얻으면 얻을수록, 사용될 때의 수사학적 정확성은 가면 갈수록 떨어진다. 그러면 그 아이디어가 호출될 기회는 더 많아지고 결과적으로 그 아이디어는 더욱 널리 퍼진다.

자존감을 두고 일었던 이 모든 흥분의 결과는 갈수록 거대해지는, 진입장벽이 낮은 하나의 산업이었다. 이 업계의 진짜 규모(자존감 산업을 포함하는 더 넓은 범위의 자기계발 산업은 2016년에 100억 달러를 벌어들였다[31])를 추정하기는 어렵지만, 그 범위를 포착한《뉴욕타임스》의 1990년 기사가 있다. 리너 윌리엄스Lena Williams 기자는 이렇게 썼다. "수백 학군 교육청에서 자존감 동기 부여 교재를 교과과정에 추가했다. 미국의 고용주들은 갈수록 자존감 기법들로 고용인들의 사기와 업무 성과를 높일 수 있다고 주장하는 컨설턴트들에 의지하고 있다. 자존감과 관련된 주제들을 가르치는 데 전념하는 새 기업들이 생겨났으며, 자존감과 자아고양에 관한 책이 수백 종 출간되었다."[32]

가장 성공적인 자존감 기업가들은 수백만 달러를 긁어모았다. 샌타바버라에 소재한 '자존감 세미나' 창립자인 잭 캔필드는 시청각 자료와 운동 프로그램을 포함한 자존감 세미나를 제공한다(캔필드는 초베스트셀러이며 여러 속편과 각종 파생상품의 제국을 세운『영혼을 위한 닭고기 수프』의 저자이기도 하다). 일부 주에서는 사회복지 대상자들에게 자존감을 높이는 목적으로 제작된 문제집이 지급되었으며, 당연히 기업들도 그런 교재들을 생산해야 했다. 자존감이 진입장벽이 낮은 하나의 산업이 되면서 자존감 교재 행상인들뿐만 아니라 이미 그런 것에 돈을 들인 교육기관과 기업 의사결정자까지 포함하여 많은 사람이 그 개념을 지나치게 회의적인 시선으로 보는 것이 더 어려워졌을 것이다.

자존감 광풍은 다른 어떤 기관보다 미국 학교들을 강타했다. 그리고 일단 강타하고 나서는 교실에서 쓸 다채로운 교육 도구들을 끊임없이 만들어냈다. 초등학생들을 위한 단체 활동 중에는 '쿠시 공

Koosh ball' 놀이가 있다. 한 아이가 다른 아이에게 공을 던지고 칭찬을 한다. '셔츠가 멋져.' 그러면 공을 받은 아이가 다른 아이에게 공을 던지고 또 칭찬을 한다. '넌 축구를 잘해.' 좋은 기분이 쿠시 공과 함께 이리저리 왔다 갔다 돌아다닌다. 1990년에 《글로브 앤드 메일》이 토론토의 한 교실 풍경을 그리며 묘사한 '매직 서클'이라는 활동과 약간 유사하다.

오전 9시 30분, 윈체스터 공립학교 6호실에서 '매직 서클' 수업이 시작된다.

3학년 학생 10여 명과 선생님인 옥새너 호올이 낡은 깔개에 책상다리로 앉아 있다. 선생님이 차례차례 학생들에게 인사하고는, 오늘 주제가 '친구를 위해서 한 좋은 일'이라고 알려준다.

아이들은 몇 분간 생각에 잠긴다. 리디아가 얘기할 게 있다는 신호로 합장을 하고는 입을 연다. "애들이 제 친구를 괴롭혀서, 친구를 꼭 안아주었어요."

다른 아이들도 비슷한 선행을 얘기한다. 아이들이 서로를 칭찬한다. 옥새너(학생들은 선생님을 이름으로 부른다)는 학생 한 명 한 명의 이름을 부르며 고맙다고 말하고, 나중에는 '서클'이 어땠느냐고 묻는다.

"제 느낌을 다른 친구들과 나눌 때 기분이 좋았어요." 한 어린이가 대답한다.[33]

빨간 펜 사용을 중단한 학교들도 있었는데, 받아쓰기 시험지에 빨간색이 많이 칠해진 것을 보면 아동의 자존감이 손상될 수 있다는 이론 때문이었다. 일부 학교는 '당신은 지금 세상에서 가장 특별한 사람을 보고 있습니다' 같은 글귀가 적힌 거울을 설치했다.[34]

일부 활동은 무해했다. 특히 달리 셈법을 배울 일이 없었을 5세 아동들을 대상으로 한 활동은 확실히 무해했다. 그러나 사회 비평가 스티브 살레르노Steve Salerno에 따르면, 자존감 광풍에서 생긴 특정 개념들은 교육을 나쁜 방향으로 변화시켰다. 그는 논쟁적이지만 충실한 조사를 통해 쓴 책인 『가짜―자기계발 운동은 어떻게 미국을 망쳤는가Sham: How the Self-Help Movement Made America Helpless』에서 쿠시 공과 낯간지러운 문구가 적힌 거울이 다가 아니었음을 보여준다. 많은 학교에서 학업의 어려움과 그에 따른 보상에 관한 기존의 가정들이 바뀌었다. 살레르노가 내게 설명해준 바에 따르면, 그 생각은 이렇다. "무엇에 대해서든 아이들을 기분 나쁘게 만들지 말라. 기분이 나쁘면 성적도 나빠질 테니까." 자존감은 또한 논란의 여지가 있는 비생산적인 방식으로 전국의 사회적 불평등에 관한 장기적 논의 안에 자리를 잡았다. 살레르노는 말했다. "도심 슬럼 지구가 뒤처진다는 느낌이 있었어요. 특히 도심 슬럼 지구의 흑인 아동들이 다른 아동들만큼 잘하지 못한다는 느낌 말이에요. 그리고 그게 그 아동들의 자존감이 부족하기 때문이라는 가정이 있었지요." 그 아이들의 자존감을 높일 수 있다면, 학력 격차를 좁힐 수 있다. 이 이론의 좋은 점은 교육 시스템을 근본적으로 손볼 필요가 별로 없다는 점이라고 살레르노는 지적했다. 손쉬운 출구 같은 것이었다. 많은 경우에 "(자존감 옹호자들은) 더 좋은 교사를 채용하고, 현실의 학교와 교육에 더 많은 돈을 쓰기보다는 자존감에 초점을 맞췄어요. 그것이 실제로 좋은 효과를 낼 수도 있었을 무언가의 대체물이 되었지요". 이후의 유행들에서도 그런 유형이 반복되었다. 요구하는 것이 제일 적은 개혁이 제일 확산되기 좋은 법이니까.

+

밝혀졌듯이, 그리고 거의 잊힌 『자존감의 사회적 중요성』이 암시했듯이, 1980년대와 1990년대에 누구나 내세우고 있던 자존감에 관한 인과적 주장은 타당성이 거의 없었다. 우리가 이렇게 확신할 수 있는 이유는, 자존감 프로그램들이 북미 전역에서 꽃을 피운 지 한참 지난 후인 세기 전환기 즈음에 심리학계가 이 주제에 관한 기존 연구를 보다 비판적이고 심도 있게 살펴보기로 한 덕분이다. 로이 바우마이스터와 다른 세 명의 연구자가 미국심리과학협회의 초청을 받아 자존감이 정말로 광고된 대로 '효과가 있는지' 밝힐 목적으로 포괄적인 문헌 자료 검토에 들어갔다.

다른 사람들과 마찬가지로 바우마이스터도 원래는 자존감 개선의 직접적 중요성을 믿는 사람이었고, 그 영역에서 직접 논문을 몇 편 발표하기도 했다. 그러나 그는 갈수록 눈을 가늘게 뜨고 그 운동을 살펴보게 되었다. "1984년과 1985년부터 반대 증거에 신경이 쓰였고, 상황이 생각했던 만큼 장밋빛이 아니라는 사실을 알아차리기 시작했지요." 바스콘셀로스와 옹호자들이 하고 있던 주장은 너무 큰 데다 터무니없었다. 그들의 말은 하나같이 기본적인 방어책조차 염두에 두지 않았고, 설사 두었다 해도 바우마이스터에게는 분명하게 보인 데이터에 드러난 확실한 차이나 불일치를 좀처럼 인정하지 않았다. 예를 하나 들어 보면, 자존감 전도사들은 자존감을 높이면 범죄율이 낮아질 것이라 주장했지만, 바우마이스터는 몇몇 연구를 통해 사실은 범죄자들이 법을 잘 지키는 사람들보다 자존감이 높다는 사실을 발견했다.[35] 또 다른 예를 보자면, 그 프로젝트가 적어도 일부는 미국이 낮은 자존감 '유행병'으로 고통받고 있다는 흔히 들을 수 있는 주장에서 힘을 얻고 있었지만, 바우마이스터와 동료들이 1989년에 그 문제를 조사했을 때는 반대의 결과가 나왔다. 적어도 연구자들이 사용한 진단 도구들에 따르자면, 미국인 대부분은 자존감이 높았다.[36]

바우마이스터는 동료 심리학자들인 제니퍼 캠벨Jennifer Campbell, 요아힘 크루거Joachim Krueger, 캐슬린 보스Kathleen Vohs와 팀을 이루어 작업했고, 그 노력의 결실이 2003년《공익 심리학》에 실린 매우 중요한 논문 「높은 자존감이 더 나은 성과나 성공적인 대인 관계, 행복, 더 건강한 생활양식의 원인인가?Does High Self-Esteem Cause Better Performance, Interpersonal Success, Happiness, or Healthier Lifestyles?」였다. 2년 후에 그 논문과 짝을 이루는 보편적 이해관계에 관한 논문을《사이언티픽 아메리칸》에 실었는데,[37] 자존감 광풍에 연료를 대주었던 주장들 대부분의 실체를 설득력 있게 폭로했다.

자존감 운동의 옹호자들은 수십 년 동안 그 주제에 관한 과학적 문헌들이 한결같이 자존감이 매우 중요한 것이라는 이야기만 한다는 듯이 취급했다. 하지만 바우마이스터 팀은 그 문헌들을 훨씬 비판적으로 취급했다. 쓰레기들 틈에서 값진 골동품을 건져낼 수 있는 잘 훈련된 눈이 필요한, 갖가지 낡은 장신구와 자잘한 소품과 가구로 콱콱 들어찬 창고라도 되는 듯이 말이다.

그런 눈이 필요한 때가 많다. 우리는 다르게 생각하고 싶어 한다. 과학적 진보가 일직선으로 이뤄지며 모든 연구가 우리 지식에 뭐라도 보태준다는 식으로 말이다. 그러나 출판된 연구의 많은 수가 아주 좋지는 않다. 세심하게 설계되지 않은 탓에, 아니면 불과 몇 년 후면 명확히 보이게 될 방법론적 발전의 혜택을 받지 못한 탓에, 아니면 그 외의 여러 이유 탓에 연구들은 잘못된 방향을 가리키는 결과를 맞는다.

바우마이스터와 동료들의 연구는 사회과학과 사회과학이 엇나갈 수 있는 여러 방법에 매혹된 이들에게는 기묘하게 설득력 있는 전율을 불어넣는다. 그 연구는 기본적으로 입수할 수 있는 자존감 관련 문헌들을 검토한 것뿐이다. 하지만 그 검토 과정이 너무나 명석하고, 너무나 조심스럽고, 너무나 과학적이라서 우리는 겉으로 보기에 다소 건조한 주제를 다루는 그 문서를 결국은 추리소설처럼 읽게 된다.

그들이 발견한 것 중 가장 중요한 건 아마도 자존감을 조사하는 방법에서 상대적으로 사소해 보이는 차이들이, 특히 객관적인 성과 측정치와 주관적인 성과 측정치 간의 차이가 최종적인 결과에서 엄청난 차이를 만들어내는 듯하다는 점일 것이다. 예를 들어, 자존감과 학교 성적을 연관시키려 할 때, 여러분이라면 학생들에게 학교 성적이 어떠냐고 물어보겠는가, 아니면 학생들의 성적표를 실제로 보고 평가하겠는가? 답은 분명해 보이겠지만(당연히 성적이 어떻다는 말보다는 실제 성적을 보는 편이 낫다) 실제로 연구하는 연구자들에게 그 방법이 늘 실제적인 건 아니다. 성적 증명서를 보내주는 학생을 많이 찾지 못하면 어떻게 될까? 그냥 학생들에게 각자의 성적을 알려달라고 하는 편이 훨씬 쉽다. 연구 과정에서 번거로운 단계 하나를 완전히 없앨 수 있기 때문이다. 그것이 일부 연구자들이 다년간 취해온 일종의 지름길이었다. 미 국방부 장관을 지낸 도널드 럼스펠드의 표현을 바꿔 말하자면, 때로 우리는 원하는 데이터가 아니라 있는 데이터로 심리학을 연구한다.

놀랄 일은 아니겠지만, 자존감이 높은 사람들은 다양한 삶의 영역에서 자신을 높게 평가하는 경향이 있는데 어느 라디오 드라마에 나오는 '모든 여자는 힘이 세고, 모든 남자는 잘생기고, 모든 아이는 평균 이상인' 가상의 마을에나 어울리는, 현실과 괴리된 판단일 때가 많다. 알고 보니 이런 효과가 자존감을 긍정적인 성과와 연관시킨 일부 연구 결과를 심각하게 왜곡시키고 있었다. 예를 들어, 1993년에 한 연구자가 과거 연구 결과들을 요약하다가, 바우마이스터와 동료들의 표현에 따르면 "신체적 매력도가 자존감에 끼치는 영향력이 70퍼센트 이상이라고 설명한다"[38]라는 결과를 발견했다. 그게 사실이라면, 파티장에 들어서도 고개 돌려 쳐다봐주는 이 없는 우리 같은 사람들에게는 망연자실하고 침울한 결과가 아닐 수 없다. 왜냐하면 그 말은 우리가 스스로를 좋게 또는 나쁘게 느끼는 이유 대부분이 우리 외양과 관련돼 있다는 뜻을 내포하기 때문이다. 다행히 본인이 얘기하는 자기 매력도를 액면 그대로 받아들이기보다 제삼자가 사진을 기반으로 매력도를 평가하게 하는, 더 객관적인 방식으로 이 상관관계를 측정한 연구들은 다른 결론에 도달했다. 신체적 매력도는 개인 간 자존감 편차에서 기껏해야 2퍼센트 정도를 설명할 뿐, 많은 부분이 다른 요인들의 영향력으로 설명되어야 할 여지로 남았다.[39]

간단하게 말하자면 이것은 '자존감이 중요하다'와 '자존감이 사실은 그렇게까지 중요하지는 않다' 간의 차이다. 바우마이스터 팀은 이렇게 썼다. "우리는 문헌을 조사하는 동안 연구자들이 객관적인 데이터에 의지할 때보다 자가 보고한 데이터에 의지할 때 자존감의 효능에 관해 더 인상적인 증거를 확보한다는 사실을 반복적으로 발견했다."

공정하게 말하자면 바우마이스터 팀은 몇몇 경우에 자존감과 객관적으로 측정된 긍정적인 성과 사이에 약하거나 중간 정도의 상관성이 있다는 결과를 얻었다. 한 가지 예는 자존감과 학교 성적 간에 여전히 존재하는 '긍정적이지만 약한' 상관관계이다. 하지만 그런 (약하거나 아니면 다른) 상관관계 자체가 바스콘셀로스를 포함한 수많은 사람이 주장하는 것처럼 자존감이 중요하다는 증거는 아니다. 그들의 핵심 주장은 자존감이 어떤 긍정적인 성과들과 상관관계가 있다는 것이 아니라, 자존감이 그 성과들의 원인이라는 것이다. 여기서 사회과학의 고전적인 문제가 등장한다. 상관관계와 인과관계가 다르다는 것, 그리고 상관관계가 인과관계를 의미하지 않는다는 사실 말이다. 바우마이스터와 동료들이 말했듯이, "X와 Y 간에 상관관계가 있다는 말은 X가 Y의 원인이라거나, 아니면 Y가 X의 원인이라거나, 또는 뭔가 다른 변수가 X와 Y 둘 다의 원인이라는 의미가 될 수 없다".

그중에 Y가 X의 원인이 되는 사례를 들어 보자면, 내가 놀라운 사실을 알아냈다며 이런 말을 한다고 가정해보라. 'NBA에서 선수로 뛰면 사람 키가 갑자기 쑥 커진다.' 그리고 증거랍시고 NBA 선수들의 평균 키가 약 200.66cm로 평균적인 미국인 남성보다 22.86cm가 더 크다는 사실을 댄다면 어떨까?[40] 이런 주장은 하면 어디 가서 어리석다는 말을 듣기 십상일 것이다. 당연히 NBA에서 뛰어서 사람 키가 커지는 게 아니라 그 반대, 키가 커서 NBA에서 뛰고 있을 가능성이 더 크다. 이건 극단적이고 명백한 사례이지만, 보통 때는 신중한 연구자들도 이런 함정에 속아 사실은 Y가 X의 원인인데도 X가 Y의 원인이라고 생각하는 경우가 많다.

바우마이스터 팀은 꼼꼼한 문헌 조사를 통해 높은 자존감이 좋은 성적의 원인이 아니라 좋은 성적이 높은 자존감의 (다소 약하기는 하지만) 원인일 가능성을 강력하게 제시한다. 아마 좋은 성적을 받을수록 자기 능력에 대한 믿음이 더 많이 생기기 때문일 것이다. 예를 들어, 한 연구에서 두 명의 노르웨이인 연구원은 "1년 동안 학교 성적이 좋으면 다음 해에 자존감이 높아지지만, 높은 자존감이 좋은 성적으로 이어지지는 않는다는 증거를 발견했다".[41] 하지만 심지어 여기서도 증거는 엇갈린다. 세밀하게 수행된 다른 연구들에서는 딱히 상관관계라고 할 만한 것이 발견되지 않았다.

어떤 경우에는 '뭔가 다른 변수'가 X와 Y를 동시에 움직이게 만드는 원인인 경우가 있다. 연구자들이 이 변수를 찾아내는 데 실패하고, 대신에 X가 Y의 원인이라고 가정하는 경우가 있는데, 이를 '누락 변수 편향' 또는 '제3의 변수 편향'이라고 부른다. 내가 자란 매사추세츠주 소도시에서 겨울에 구름이 많은 날씨와 공립학교 휴교 간에 통계적으로 상당한 상관관계가 있음을 발견했다고 해보자. 나는 여기서 때로 구름이 학교를 닫는 원인이 된다는 결론을 내린다. 이는 부정확한 인과적 주장인데, 왜냐하면 실제로 휴교의 원인이 되는 세 번째 변수를 누락하고 있기 때문이다. 구름은 눈의 원인이고(그러므로 둘은 상관관계가 있다) 눈은 휴교의 원인이지만(마찬가지로 둘은 상관관계가 있다) 구름이 직접적으로 휴교의 원인은 아니며, 그러므로 이 두 변수는 인과적 관계는 없어도 상관관계는 있다고 나오게 된다.

바우마이스터 팀은 자존감과 관련된 일부 연구 결과들이 '누락 변수 편향'에 해당한다는 증거를 발견했다. 밝혀진 바와 같이 이러한 소위 '교란 변수들'을 주의 깊게 통제한 몇몇 연구자들은 이 사실을 내내 발견하고 있었다. 예를 들어, 1977년에 있었던 한 연구에서 연구자들은 "가족 배경과 가정 형편, 초기 학업 성취도를 포함하는 복수의 원인이 자존감과 이후의 교육적 성취도에 영향을 미치고 둘 간의 상관관계에 책임이 있었다"라고 결론지었다.[42] 물론, 이런 다른 변수들을 측정하지 않고 통계 분석 자료에서 이들을 주의 깊게 고려하지 않는다면, 우리는 자존감과 학업 성취도 사이에서 분명해 보이는 인과적 관계를 '발견'할 것이다. 눈을 고려하지 못한 채 구름이 휴교의 원인이라고 결론짓는 것과 아주 유사한 방식으로 말이다.

바우마이스터 팀은 그 과정에서 일부 자존감 연구자들이 "복잡한 연쇄 인과관계에 관한 이론들을 시험하는 통계적 기법"인 '경로 분석' 기법을 이용했다는 사실 또한 알아냈다.[43] 경로 분석은 변수들 사이에서 단순한 상관관계를 발견하기보다 인과적 영향의 가능성을 더욱 분명하게 조명하기 위해 설계되었다. 이론적으로 보자면, 경로 분석을 이용한 연구는 'A와 B는 서로 상관관계에 있으며, 둘은 각각 C가 높아지거나 낮아지는 원인이 되며, 이는 이어서 D가 높아지거나 낮아지는 원인이 된다'라는 식의 주장을 보다 자신 있게 내놓을 수 있다.

연구자들이 자존감 문제에 이 기법을 적용했을 때는 빈손으로 끝나는 경향이 있었다. 한 연구에서는 "자존감에서 성취에 이르는 직접적인 인과 경로가 없었다". 다른 연구에서는 "고등학교 때의 자존감과 이후의 교육적 성취도 사이의 직접적인 연관은 (……) 관계가 있다 하더라도 극도로 약하다는 사실을 나타낸다".[44]

전체적으로 봤을 때, 「높은 자존감이 더 나은 성과나 성공적인 대인 관계, 행복, 더 건강한 생활양식의 원인인가?」는 왜 그렇게 많은 사람이 속아 넘어가 자존감에 관한 특정 주장들을 믿게 되었는가에 대한 놀라울 정도로 상세한 법의학적 분석서이며, 자존감 논란뿐만 아니라 더 넓게는 설익은 과학적 주장들을 이해하고자 하는 모든이에게 더없이 유용한 논문이다. 바우마이스터 팀이 수행한 문헌 검토는 경고 신호들을, 그것도 줄잡아 몇십 년 전에 발표된 논문의 형태로 존재하는 경고 신호들이 많다는 사실을, 그리고 자존감에 관한특정한 인과관계와 상관관계 주장들이 과장되었을 가능성이 있음을보여준다.

그러나 어떤 의미에서는 이 모든 것이 이론에 국한되었다. 자존감 프로그램의 폭발적인 증가에도 불구하고, 바우마이스터 팀은애초에 "자존감 프로그램이나 다른 개입 조치들이 자존감에 어떻게 영향을 미치는지에 대한 증거는 상대적으로 거의 찾아내지 못했다". 광풍이 시작된 지 수십 년이 지났지만, 이 근본적인 질문을 다룬 견실한 연구는 턱없이 부족했고, 존재하는 수많은 프로그램이"자존감뿐만 아니라 학습법, 시민권, 갈등 감소 및 다른 변수들까지겨냥하기" 때문에, 자존감의 역할만 따로 떼어내는 방식으로 결과들을 해석하기가 어려웠다.[45] 따라서 자존감이 (예를 들자면) 학업성과의 원인이라는 명확한 인과관계가 있었다 하더라도, 자존감을강화할 수 있는 증명된 개입 방법은 없다.

바우마이스터 팀은, 심리학자들을 포함하는 자존감 광풍에 힘을 보탠 이들을 용서한다. 그들은 이렇게 썼다. "모든 데이터가 입수되기 전에 자존감을 띄우기 시작한 것이 합리적이었을까? 어쩌면. 우리는 많은 실무자와 응용심리학자가 관련 연구가 다 끝나기도 전에 문제에 대처할 수밖에 없다는 사실을 인정한다."[46] 사실 심리과학계에서 이런 일은 흔하다. 수중에 현실 세계에서 중요한 결과를 '만들어낼 수 있는' 어떤 상관관계를 지시하는 논문이 몇 개 있는데, 다른 특정한 상관관계도 참일 것이라 추정되는 상황을 생각해보자. 하지만 그 다른 특정한 상관관계가 참인지 아닌지 결론을 내기까지는 시간이 걸리고, 그새 다른 사람들, 최고 수준의 사회과학자들만큼 과학적 엄밀함에 목매지 않을 사람들, 또는 긴급한 현실 세계의 문제들을 해결하고자 하지만 동료 평가를 거친 더 많은 증거가 들어오기를 기다릴 여유가 없는 사람들이 정말로 믿을 수 있는 판결이 나오기 전에라도 그 아이디어를 시험해보자고 결정할 수 있으리라.

여기서 일어난 일이 바로 그랬다. 자존감과 긍정적인 성과들을 연결하는 정말로 탄탄한 인과적 증거의 토대가 없어도, 그건 저항할 수 없을 만큼 매력적인 이야기였다. 바스콘셀로스처럼 쉬이 흥분하는 정치인 입장에서 볼 때, 그 아이디어는 자명한 사실이라서 확실한 증거 같은 것이 필요치 않거나, 아니면 그 정도 증거도 그 아이디어를 밀고 나갈 정도로는 '충분'했으리라. 브레이크를 걸어줄 수 있었을 스멜서 같은 유력 인사들에게는 그 자리의 유일한 반대자가 되지 말아야 할 동기가 있었다. 자존감 운동을 또 하나의 사카린 선언, 즉 미국적 강인함의 토대를 갉아먹는 연약한 자기계발 헛소리로 본 보수적 사회평론가 찰스 크라우트해머Charles Krauthammer와 로라 슐레

징어Dr. Laura Schlessinger [47] 박사를 포함한 다른 회의론자들이 있긴 했지만, 자존감을 향한 그 엄청난 열광에 쉽게 침몰해버리고 말았다.

'자존감을 높이면 사람들의 삶과 생산성을 크게 개선할 수 있다' 같은 간단하고도 전염성 높은 메시지가 실제로는 쉽게 해결할 수 없는 복잡다단한 문제들에 손쉬운 해결책을 제시하며 유행할 수 있는 이유가 바로 그래서이다.

+

그러면 이것이 이야기의 끝인가? 우리는 자존감이 중요하다는 견해를 정말 형편없는, 완전한 유사 과학이라고 간단하게 치부해버려야 할까? 아니다. 그건 그것대로 너무 지나친 단순화일 것이다.

심리학자들의 측정 도구에 포착된 자존감과 바스콘셀로스가 관심을 가졌던 삶의 여러 성과 간에 명확한 인과관계가 있다는 증거가 거의 없는 것은 사실이다. 말이 났으니 말이지만, 장기적으로 자존감을 높이는 것으로 증명된 개입 방법도 없다. 하지만 사람이 자신에게 너무 실망하면 좋은 성과를 내거나 행복해지는 데 해가 되거나 방해가 될 수 있으며, 특정한 종류의 노력을 기울여 그렇게 되지 않도록 방지할 수 있다는 아이디어에는 어느 정도 진실이 있어 보인다.

이러한 믿음들을 뒷받침하는 증거의 상당 부분이 마인드셋 이론과 인지행동치료라는 연관된 아이디어들에서 나온다. 스탠퍼드대 캐럴 드웩Carol Dweck이 개척한 마인드셋 이론은 특정 유형의 사건들에 대한 사람들의 태도와 귀인歸因, attribution*이 '성장형 마인드셋'

을 가지고 있느냐 아니면 '고정형 마인드셋'을 가지고 있느냐에 따라 크게 영향을 받는다고 상정한다. 이런 아이디어들이 가장 철저하게 연구되는 학교 환경에서 보자면, 성장형 마인드셋을 가진 사람들은 지능과 성과가 시간이 지날수록 향상될 수 있다고 믿는다. 성장형 마인드셋을 가진 사람들은 특정 과제에서 실패하거나 낮은 점수를 받으면 자신의 연습 부족이나 경험 부족을 이유로 들고, 그 부정적인 결과를 유용한 피드백이자 다음번에 더 나아지고 좋아질 수 있는 기회로 본다. 반면에 고정형 마인드셋을 가진 사람들은 지능과 기술이 대체로 타고난 능력에서 비롯되며 연습을 통해서는 실제로 개선될 수 없다고 믿는다. 그들은 실패를 달리 해석한다. '나는 수학을 못하기 때문에 D를 받았다. 그냥 그뿐이다.'

드웩은 오랫동안 특정 개입을 통해 사람들, 특히 학생들의 마인드셋을 고정형에서 성장형으로 효과적으로 바꿀 수 있고, 또 그 결과로 그들의 성과가 개선될 수 있다고 주장해왔다. 어떤 면에서는 드웩을 비롯한 그 아이디어의 옹호자들이 과장을 해왔다고 강력하게 주장할 근거가 있다. 캐럴 드웩은 『마인드셋―원하는 것을 이루는 '태도의 힘'』에서 마인드셋에 관해 배우는 것이 독자에게 미치는 영향을 설명하며 이렇게 썼다. "마인드셋에 들어가는 것은 새로운 세계에 들어가는 것이다. 우리는 불현듯 과학계와 예술계, 스포츠계, 산업계의 위대한 인물들과 위대한 인물이 될 뻔한 사람들을 이

---

* '원인의 귀착'이라는 뜻으로 심리학에서 한 개인이 사건이나 행동의 원인을 어떻게 설명하느냐와 관련하여 쓰인다. 하나의 결과에 대해 사람마다 다른 귀인을 나타낼 수 있다.

해하게 된다. 우리는 우리 배우자를, 우리 상사를, 우리 친구들을, 우리 아이들을 이해하게 되고, 우리 잠재력과 우리 아이들의 잠재력을 펼치는 법을 알게 될 것이다."[48]

과학적 증거는 이런 주장은 물론, 드웩을 포함한 여러 연구자가 마인드셋 개입에 관해 수년째 제기해온 다른 숭고한 주장들도 지지하지 않는다. 하지만 2019년에 마인드셋 개입들에 대한 가장 방대하고 확고한 연구 결과가 《네이처》에 발표되었는데, 적어도 특정한 그룹들에서는 비용 대비 효과 측면에서 약간의 가능성이 있다고 드러났다. 드웩을 포함하여 스물다섯 명으로 구성된 연구팀은 1만 2490명의 미국 공립학교 9학년 학생들을 무작위로 지정하여 성장형 마인드셋을 주입하도록 설계된 2부로 구성된 교육 프로그램(각 부는 25분 길이로, 시간은 총 50분이었다)에 노출시켰다. 설계자들은 이렇게 설명한다. "그 교육 프로그램은 기억하기 쉬운 한 가지 비유를 전달하는데, 뇌가 근육과 같아서 엄격한 학습 과정을 견디면서 더 강해지고 더 똑똑해진다는 비유다. 청소년들은 학습의 신경과학이라는 맥락에서 그 비유를 듣고, 학교 공부를 통해 자신의 뇌를 강화하는 방법을 생각해보게 되며, 학년 초에 고군분투하고 있을 미래의 9학년 새내기에게 그 내용을 가르쳐봄으로써 메시지를 내면화한다."[49]

자, 자존감 교과과정의 많은 부분이 그냥 아이들에게 '너는 잘한다' 또는 '너는 똑똑하다'라고 말한다면, 마인드셋 개입은 아이들에게 '너는 그런 사람이 될 수 있다'라고 말한다는 점에서 둘은 명백하게 차이가 있다. 하지만 마인드셋 개입도 여전히 유사한 특성을 겨냥하며, 그러면서도 어느 정도 효과를 나타내는 것으로 보인다. 종합적으로 봤을 때, 이 개입은 "미국 청소년들이 학년말에 졸업 요건을 갖추는 데 실패하는 비율을 3퍼센트 감소시켰다".[50] 이 연구 결과가 유효하다면, 마인드셋 개입은 학업적으로 취약한 일부 학생들에게 미미하지만 정당한 향상 효과를 제공한다고 주장될 수 있고, 그 향상 효과는 적어도 어느 정도 자존감과 연관된다.

정신과 의사 애런 T. 벡Aaron T. Beck이 1960년대에 시행한 연구로 거슬러 올라가는 인지행동치료Cognitive Behavioral Therapy, CBT는 더 튼튼한 증거 기반을 갖추고 있는데, 역시 바스콘셀로스가 관심을 가졌던 힘들 일부와 닿아 있는 듯하다. 인지행동치료사들은 고통이 단순히 한 개인에게 일어난 일에 기인하는 것이 아니라, 그 부정적인 사건의 의미를 어떻게 해석하는가에 기인한다고 주장한다. 내가 고통스러운 이별을 겪은 다음, 그것이 내가 사랑받을 만한 사람이 아니며 다시는 결혼할 사람을 찾지 못할 증거라고 해석한다면, 그저 관계란 복잡해질 수도 있고 때로는 둘 다 잘해보려고 최선을 다해도 잘되지 않는다는 증거라고 해석하는 것보다 적응력이 떨어지는 반응이 분명하다. 마인드셋 개입이 학생들의 귀인 방식을 '나는 바보라서 성적이 나쁘다'와 같은 진술을 '나는 열심히 공부하지 않아서 성적이 나쁘지만, 다음번에는 분명히 더 잘할 수 있다'와 같은 진술로 바꾸는 것을 목표로 삼듯이, 인지행동치료는 사람들에게 각자 경험한 부정적인 사건들을 더 건강하게 설명하고 해석하는 방식을 주입하고

자 한다. 그리고 종종 이 접근 방식이 불안이나 우울로 고통받는 사람들의 증상을 완화한다는 상당히 확실한 증거가 있다.[51]

그렇다, 자기 자신을 완전히 무가치하고 좋은 일이라곤 절대 생기지 않을 멍청한 인간이라 믿는 그런 곤란한 상황은 우리 삶을 필요 이상으로 힘들게 만들 수 있다. 올바른 치료적 접근을 (그리고 때로는 약물 치료를) 통해 그런 생각을 개선하고 그 결과로 기분이 나아질 가능성은 충분하다. 그러나 온갖 종류의 다양한 사회적 문제들의 뿌리가 자존감이고, 아주 특정한 정신건강 문제를 가진 사람들을 겨냥하는 일대일 치료보다 자존감을 개선하는 보편적인 프로그램들이 다양한 결과치를 개선할 것이라 말하는 건 다른 문제다. 설익은 행동과학 아이디어들의 많은 수가 그렇듯이, 문제는 실증적으로 입증할 수 있지만 복잡하고 맥락 중심적인 주장들에서 과학적으로는 의심스럽지만 듣기에 그럴듯하고 흥미로운 데다 무엇보다 단순한 주장들로 비약하는 것이다.

+

자존감 광풍의 잔재는 지금도 여전하다. 캘리포니아뿐만 아니라 다른 지역에서도 1990년대의 그 도가 지나친 개입들을 볼 가능성은 크지 않다. 대부분의 교실이 그 단계는 넘어갔기 때문이다. 하지만 유행은 주법州法에 흔적을 남길 정도로 강력했다. 자존감 광풍 시절에 많은 주가 특히 교육 분야에서 노골적으로 자존감을 언급하는 법률안들을 통과시켰다.[52] 예를 들자면, 내 고향인 매사추세츠

주에는 여전히 장부상으로 다음과 같은 법령이 있다. "각 공립학교 교실에서는 모든 학생이 안전감이나 자존감을 위협받지 않고 의미 있고 재미있는 고유한 활동으로서의 배움에 완전히 참여할 수 있는 환경이 제공되어야 한다."[53] 다른 법령들도 자존감 고양이 교육 현장의 우선적 목표가 되어야 한다는 아이디어를 법률에 성문화했다. 물론 현장의 실제 상태는 지역마다 다르지만 말이다.

바스콘셀로스로 말하자면, 『존중의 주를 향하여』로 3년짜리 특별위원회 임무를 성공적으로 완료한 뒤에도 자존감에 관한 그의 관심은 사라지지 않았다. 그의 자존감 옹호가 계속해서 주의 입법 우선순위에 영향을 미쳤다. 2001년에 그가 추진한 법안에 대해《샌프란시스코 크로니클》은 법안이 통과될 경우, "보호관찰 공무원들이 청소년 가해자 중 자존감이 낮은 이들을 식별하고 '개인적 안전감, 자아감, 소속감, 사명감과 성취감' 고취를 통해 문제를 교정하는 법에 관한 추가 훈련을 받을 것'"이라 설명했다. 이 기사 한구석에 어느 주 교정국 공무원의 짜증 섞인 인터뷰 내용이 묻혀 있다. "우리는 그 법안이 통과되면 과학적인 연구에 기반한 훈련이 특정 개인의 의견에 따른 훈련으로 대체될 수 있다는 나쁜 선례가 되리라 생각합니다."[54] 그 법안은 당시 주지사였던 그레이 데이비스Gray Davis에 의해 거부되었다.[55]

바스콘셀로스는 마지막 임기에 주 상원 교육위원회 의장을 맡았고, 그 기간은 그의 정치 경력을 정의하는 실용적 협상과 뉴에이지 이상주의의 조화로 훌륭하게 요약될 수 있다. 그의 공문서 아카이브에 대해 주 정부 안내문은 이렇게 언급한다. "(그 임기의) 첫해에 그는 캘리포니아주에서 가장 성과가 낮은 학교의 학생들에게 매년 (원문대로) 2억 달러를 제공하는 법안에 서명했다."[56] 그러나 임기 마지막 해에 추진했던, 캘리포니아주에 거주하는 14세 이상 미성년자들에게 제한적인 주 선거 투표권을 부여하는 법안이자 몹시 바스콘셀로스다운 법안으로 이해되는 '시민권 훈련 기구' 법안을 통과시키는 데는 실패했다.[57]

그가 남긴 많고도 복잡한 유산의 다른 측면들은 제쳐두더라도, 존 바스콘셀로스가 자존감의 사회적 중요성을 높이겠다는 자신의 목표를 달성하는 데 성공했다는 사실은 부인하기 어렵다. 그 과정에서 그는 전국적인 조롱거리에서 미래의 미국 대통령으로부터 찬사를 받는 대상이 되었다. 취약한 과학에 광범위한 영향력을 버무린 자존감 운동은 앞으로 올 여러 개입의 본보기가 되었다.

2 청소년 슈퍼 범죄자 설

1995년 즈음 미국은 청소년 폭력 범죄 때문에 나날이 공포에 질려가고 있었다. 아이들은 놀랄 만한 비율로 죽이고 또 죽임을 당했다. 1985년과 1993년 사이에 살인 혐의로 검거되는 청소년 비율이 거의 세 배가 되었고,[1] 같은 기간에 14세와 17세 사이 남성 집단의 살인율은 10만 명당 7.0건에서 14.4건으로 급증했다.[2]

미국에서 전반적으로 살인율이 높은 건 새로운 일이 아니었다. 살인율은 1960년대 중반에 급증한 뒤로 줄어들지 않았으니까.[3] 하지만 청소년 살인 범죄가 폭발적으로 증가하는 건 새로운 현상이었다. 그 결과로 뉴스 소비자들은 아이들이 연루된 당황스러울 만큼 비극적인 온갖 살인사건 이야기에 거듭 충격을 받았다. 극도로 사악한 무언가가 이 나라의 아이들을 사로잡고 있다는 느낌이 널리 퍼졌다. "소도시 10대 조직폭력단 치명적인 폭력 사건 일으켜"와 같은 기사 제목들이 일상적이었다.

어디를 가나 때로는 폭력 조직과 관련되고 때로는 '묻지마' 식으로 보이는, 차마 말로 표현할 수 없는 폭력을 저지르는 어린 사람들 이야기가 있었다. 예를 들어, 1993년에 워싱턴 D.C.에서는 17세 소년이 어느 공동주택 가정집에 화염병을 투척하여 한 살배기 아기를 죽인 혐의로 두 번의 종신형을 선고받았다. 여러 명이 공격에 가담했는데, "경찰에 따르면 용의자 10대 다섯 명 중 한 명이 택시 운전사의 돈을 빼앗고 총으로 쏘는 장면을 들키자 목격자인 여성의 입을 막으려고 벌인 엉성한 시도였다".[4] 그리고 1992년 2월에는 뉴저지에서 열네 살짜리까지 포함된 다섯 명의 10대가 17세 로버트 A. 솔리민 주니어에게 성모송을 암송하게 한 다음 교수형에 처한 사건이 발생했다. 경찰에 따르면, "용의자들은 몇 달 동안 종교와 할리우드 갱스터 영화의 요소들을 본뜬 주간 회의를 거치며 차근차근 범죄를 계획했다".[5] 이 시대에는 정말로 입이 다물어지지 않는 범죄 기사들이 나오곤 했는데, 1994년 《뉴욕 타임스》에 실린 이 기사 같은 것들이다. "목요일 밤 한 공영주택 건물 14층 창문으로 다섯 살짜리 남자아이가 추락해 사망했다. 살해 용의자인 연상의 두 소년은 사탕을 훔쳐 오라는 지시를 거부했다는 이유로 동생을 구하려고 필사적이었던 피해자의 형이 보는 앞에서 아이를 창밖으로 던졌다."[6]

로버트 '여미' 샌디퍼보다 그 시대의 공포를 더 극적으로 드러내는 사례는 드물다. 1994년 9월 시카고의 어느 '이상하게 쌀쌀한' 밤에 고작 열한 살인 데다 키가 140센티미터도 안 되는 여미가 '검은 사도' 갱단이 쏜 총을 뒤통수에 맞고 숨졌다.[7] 그 시대에 세간의 이목을 끈 많은 살인사건이 그랬듯이, 살인자들은 나이가 어렸다. 살인 혐의로 체포된 크랙 하더웨이는 당시에 열여섯 살이었고, 도주 차량을 운전한 혐의로 체포된 동생 데릭은 고작 열네 살이었다.

열한 살짜리 아이가 살해된 사건은 어느 것이든 다 비극이지만, 여미 사건을 전국적인 뉴스로 만든 건 여미 자신이 불과 2주 전에 다른 살인사건에 연루되었다는 사실이다. 여미 역시 '검은 사도'의 조직원이었고, 얼마 전에 나이 많은 조직원들로부터 경쟁 관계에 있는 폭력 조직을 공격하라는 지시를 받았다. 아이는 명령에 따랐다. 시카고 파사우스사이드 지역에서 두 무리의 어린 사람들이 서로 총질을 하던 중에, 여미는 실수로 구경하고 있던 열네 살 새번 딘을 죽이고 다른 두 명에게 상처를 입혔다. 《타임》의 낸시 깁스Nancy Gibbs는 이렇게 썼다. "경찰이 갱단을 습격하자 여미는 '검은 사도'에게 부담스러운 존재가 되었다."[8] 경찰이 소년을 찾으려고 수색에 나섰으나, 당국은 사흘 뒤에 소년의 동료 조직원들이 그를 먼저 찾았음을 알게 되었다. 시카고 주재 《뉴욕 타임스》 기자가 썼듯이, 수색은 "벽에 낙서가 휘갈겨진 축축한 지하보도에서 소년이 진흙과 피로 범벅이 되어 죽은 채로 발견되면서" 종료되었다.[9]

"죽이기에는 너무 어린/죽기에도 너무 어린"이라는 제목 위에 날카로워 보이는, 적어도 그처럼 어린애치고는 날카로워 보이는 소년의 사진이 실린 커버스토리에서 깁스는 사실 여미에게는 기회가 전혀 없었다고 설명했다. 아이의 어머니는 마약 중독자였고 아버지는 여미가 살해될 즈음에 감옥에 있었으며 여미는 셀 수도 없이 자주 사법 체계와 충돌했지만, 사법 체계는 미성년자라는 아이의 지위 때문에 심각한 벌을 줄 수 없었다. 깁스는 썼다. "아이는 아기였을 때 화상을 입고 구타를 당했다. 학생으로서는 출석한 날보다 결석한 날이 더 많았다. 아이는 자라나는 폭력배로서 수용 시설과 단기 소년원과 범죄 조직의 은신처를 오가며 살았다." 식료품 가게 주인은 보통은 열한 살짜리에게 쓰지 않을 말들로 여미를 묘사했다. "그놈은 비뚤어진 개자식이었어." 사회가 모든 단계에서 여미를 지키지 못한 것은 분명했다. 쿡 카운티 공공후견인인 패트릭 머피는 이렇게 말했다. "여기 이 애는 태어나 세 살쯤 되었을 때 반사회적 이상성격자로 변해버렸어요."

깜짝 놀랄 만큼 어린애들이 서로를 살해하는 것도 충분히 나쁜 일이지만, 1990년대에 청소년 범죄에 대한 공포를 과열 상태로 부추긴 건 그 폭력이 인종의 경계를 넘어 그때까지 증가하는 청소년 범죄로부터 대체로 안전하게 격리돼 있던 백인들을 위협할 가능성이었다. 미국에서는 늘 그렇지만, 그 시기 백인들은 흑인보다 폭력 희생자가 될 가능성이 작았다. 예를 들어, 1994년에 흑인은 백인보다 폭력 범죄의 희생자가 될 가능성이 20퍼센트 컸다.[10]

이런 인종주의적 공포는 실제 사건에다 열광적이고 생생한 추측을 뒤섞은 소문들을 통해 퍼져나가는 경우가 많았다. 예를 들어,

'와일딩Wilding*'에 대한 공포를 보자. 이 공포는 전국적인 뉴스거리가 된 또 다른 범죄 사건에서 비롯했다. 《타임스》의 최초 보도에 따르면, 1989년 4월 19일 센트럴 파크에서 달리기를 하던 여성 투자 은행가가 폭행당해 사망한 채 유기된 사건의 용의자들은 "서른두 명의 남학생들로 구성된 느슨한 형태의 범죄 조직" 소속으로 "거의 두 시간이 넘도록 아무 이유 없이 닥치는 대로 행인을 폭행하여 최소 여덟 명에 이르는 다른 피해자들을 두려움에 떨게 했다".[11] 이 사건의 가장 악명 높은 결과는 당시 나이가 열네 살에서 열여섯 살 사이였던 다섯 명의 무고한 흑인 및 라틴계 청소년이 체포되어 이른바 '센트럴 파크 5인조'로 불리며 유죄 판결을 받은 것이었다. 그들은 강압에 못 이겨 유죄를 인정했으나 수년 후에 진짜 범인이 체포된 덕에 석방되었고, 이후 민사 소송 합의를 통해 뉴욕시에 상당한 손해를 안겼다.(도널드 트럼프는 뉴욕의 유력 일간지 네 곳에 이들의 사형을 요구하는 전면 광고를 냈으며,[12] 놀랍게도 2016년 대통령 선거 직전에도 자신은 그 아이들이 유죄라고 생각한다며 다시 확언했다. 당시는 그 아이들이 석방된 지 수년이 지난 뒤였다.)

이 사건을 조사하는 동안 뉴욕시 경찰국은 청소년들을 대규모로 소환하여 심문했다. 그때 일부 아이들이 한 말에서 '와일딩'이라는 용어가 기원했는데, 한 형사는 "우리는 와일딩하고 있었다"라는

---

* 원래 야생 사과나무나 경작지를 벗어나 야생화된 작물을 이르는 용어였으나, 1980년대 후반부터 청소년들이 떼로 몰려다니며 무고한 사람을 무차별적으로 폭행하는 행태를 이르는 용어로 쓰이기 시작했다.

표현이 그 아이들이 저지른 무차별적인 공격 행위를 말하는 것이 분명하다고 설명했다.[13] 순식간에 그 용어가 전국의 신문들을 뒤덮었다. '와일딩'이라는 용어는 지나가는 사람을 무차별적으로 공격하는 아이들 무리, 특히 그 용어가 적용되는 범위를 인종 관점에서 본다면 그러한 흑인 아이들 무리가 있다는 의미였다. 그 용어는 곧바로 뉴욕 신문들의 병적인 집착 대상이 되었다. 럿거스대의 세 연구자가 나중에 보고하겠지만, 1989년부터 1997년까지 뉴욕의 4대 주요 일간지는 와일딩 개념을 언급하는 156편의 기사를 게재했다.[14] 잘못 정의된 용어였는데도 그랬다. 강간과 폭행에서부터 야유에 이르는 모든 것을 지칭하는 데에 그 용어가 쓰였지만, 정작 와일딩을 하고 있을 법한 아이들 또는 와일딩을 하는 친구나 급우가 있을 성싶은 아이들은 그런 말을 들어본 적 없다고 기자들에게 답했다.[15] 하지만 그 용어가 모호하다는 사실, 그리고 그게 그처럼 많은 기사를 쏟아내야 할 정도로 중요한 문제라고 설득력 있게 설명해주는 사람이 아무도 없다는 사실은 중요하지 않았다. 백인들이 통제를 벗어난 흑인 청소년들의 공격을 받는다는 느낌만으로도 그 용어가 대중의 뇌리에 박히기에는 충분했다.

+

그러니 1995년 즈음의 미국 사회가 청소년 범죄에 관한 극적인 주장들, 특히 인종적 색채를 띤 주장들을 수용할 만반의 준비가 되어 있었음은 분명하다. 프린스턴대의 젊은 정치학자 존 J. 디울리오

John J. DiIulio가 미국에 '슈퍼 범죄자Superpredator' 개념을 소개한 것이 바로 그때였다.

디울리오는 점차 강화되는, 자신이 보기에는 위험한 정치적 올바름의 시대에 단호하고 진지하게 진실을 말하는 사람이라는 자신의 이미지를 만들어냈다. 1990년대 중반 즈음에는 범죄학자들과 활동가들을 위시한 많은 사람 사이에, 사법제도가 유색 인종에게 불리하게 편향되어 있으며 그들에게 너무 가혹하게 집행된다는 믿음이 광범위하게 퍼져 있었다. 하지만 디울리오의 관점에서 봤을 때, 그런 불평에 동조하는 사람들은 미국의 범죄 문제가 얼마나 심각한지 이해하지 못하는 얼간이들이었다. 제임스 트라웁James Traub은 1996년 《뉴요커》에 디울리오를 설명하는 인물 기사를 실으며, "디울리오는 모든 면에서 (개혁주의자들과) 맞지 않는다. 그는 우리 사법제도가 충분히 징벌적이지 '않다고' 생각한다"[16]라고 썼다.

프린스턴대 사회과학자로서는 상당히 특이한 이력을 가진 디울리오는 그 배경을 이용해 스스로를 학계의 아웃사이더 같은 존재로 포장했다. 그는 필라델피아 남부 슬럼가에서 법 집행관으로 일하는 아버지와 백화점에서 일하는 어머니 밑에서 자랐고,[17] 갖은 고생을 하며 펜실베이니아대에서 학사 학위를, 하버드대에서 박사 학위를 받았으며, 딱 서른이 되는 해에 프린스턴대 종신 교수 재직권을 받았다. 그는 1987년에 부분적으로 더 선하고 인간적인 교도소 관리를 요구하는 책인 『교도소 관리—교정 관리 비교 연구Governing Prisons: A Comparative Study of Correctional Management』를 출간하여 경력 초기부터 찬

사를 받았다.[18]

그러나 디울리오는 다른 어떤 아이디어보다 슈퍼 범죄자 개념으로 더 잘 알려지게 되었다. 그는 만나는 사람마다 인구통계에 비춰 볼 때 곧 불균형적으로 많은 청소년 인구의 물결이 밀려올 예정이므로 미국은 걸어 다니는 살인 기계와 다를 바 없는 비도덕적인 청소년 군단의 침략을 받게 될 것이라고 말했다. 충격적인 말로 들리지만 이 아이디어는 상당히 온당해 보이는 두 가지 가정에 기초해 있었다. 첫 번째는 가정환경이 청년들의 범죄 성향에 영향을 준다는 가정이었다. 다른 조건들이 모두 같다면 안정적이고 교육적인 환경에서 자란 사람일수록 범죄를 저지를 가능성이 작다. 가족의 소득 수준도 큰 영향을 미친다. 국립 청소년사법센터National Center for Juvenile Justice가 2014년에 내놓은 보고서에 따르면, "자원이 빈곤한 가족 또는 공동체에서 자라는 청소년은 유복한 환경에서 자라는 청소년보다 범죄를 저지를 위험을 더 많이 지고 있다. 매우 가난하거나 만성적으로 가난한 청소년들은 심각한 비행을 저지를 더 큰 위험을 지고 있는 것으로 보인다. 빈곤에 노출되는 시기가 특히 중요"하다. 빈곤에 처한 아동의 나이가 어릴수록 청소년기에 비행을 저지르게 될 가능성이 커진다.[19]

물론, 부유한 아이들이 범죄를 저지르지 않는다거나 범죄를 저지르는 사람들이 모두 빈곤한 가정에서 자랐다는 뜻은 아니다. 게다가 아이들까지 포함하여 저소득층이 고소득층보다 더 면밀하게 감시당하는 경우가 많으므로 그것으로도 부분적으로나마 통계적 격

차의 일부를 설명할 수 있다. 하지만 전반적인 상관관계의 문제로
만 보자면 여기서는 우리의 상식과 과학적인 연구 결과가 일치한다.
다양한 이유로 가난한 아이들이 부유한 아이들보다 소년사법제도를
대면할 가능성이 크다. 이유가 다 밝혀지지는 않았지만 감독하는 사
람 없이 보내는 시간의 양에서부터 문제 행동을 했을 때 도움을 받
을 가능성, 안전하지 않은 총기에 쉽게 접근할 가능성, 집이나 가까
운 주변에 마약이 있을 가능성까지 이유는 다양할 듯하다.

합리적 근거가 있는 두 번째 가정은 다른 모든 조건이 동일할
때 인구 집단에서 젊은 남성의 비율이 높을수록 범죄와 무질서가 더
많이 발생한다는 가정이다. 젊은 남성 집단이 다른 어느 집단보다
범죄를 저지를 가능성이 커 보이기 때문이다(개인의 측면에서 보면,
나이가 드는 것 자체가 범죄를 저지를 가능성을 낮춘다. 비미국적 맥락에서
도 이 주장을 일반화할 수 있는가에 관해서는 논란의 여지가 있지만, 범죄
학자들은 '나이가 들어서' 범죄를 덜 저지르게 된 범죄자들 얘기를 자주 한
다[20]). 밝혀진 바에 따르면, 한 국가의 청소년 인구 규모와 범죄율
간 실제 관계는 다소 복잡해서 앞서 말한 단순 상관관계가 늘 적용
되는 것도 아니다. 그러나 전문가들은 '청소년 급증'이 사회문제를
일으킨다는 일반적인 생각을 매우 심각하게 받아들이는데, 예를 들
자면 CIA 분석가들은 다른 나라의 정치적 불안정성을 이해하는 하
나의 기준으로 이 요인을 검토해왔다.[21]

따라서 두 가정, 가정환경과 생활환경 요인이 범죄율과 관련된
다는 가정과 청소년 급증이 전반적인 범죄율에 영향을 줄 수 있다는

가정은 예나 지금이나 별다른 비판을 받지 않으며 논란의 대상이 되는 일도 거의 없다. 그리고 다시 말하지만, 디울리오는 떠들썩한 선동가 같은 사람이 아니라 프린스턴대라는 이름을 뒤에 달고 다니는, 인정받고 존경받는 젊은 정치학 교수였다. 그는 극단적인 우익 인사처럼 보이지 않았다. 오히려 상당히 비정통적인 정치적 견해를 가지긴 했지만, 민주당원이었다. 그는 빌 클린턴의 복지 예산 삭감에 반대했고, 나중에는 조지 W. 부시 밑에서 '신앙에 기반한 지역공동체 정책실' 최고 책임자로 일했다.[22]

디울리오는 1995년 《위클리 스탠더드》에 발표한 「슈퍼 범죄자의 도래」라는 제목의 소논문에서 '슈퍼 범죄자'라는 용어를 일반 독자들에게 소개했다. 디울리오는 슈퍼 범죄자가 "이해할 수 있는 특정한 동기 없이 충동적으로 사람을 죽이거나 불구로 만드는" 범죄자 부류라고 썼다. 그의 글에 따르면, 슈퍼 범죄자들은 중요한 한 측면에서 다른 사람들과 다르다. "그들은 완전히 지금을, 지금만을 위해 산다. 그들에게는 사실상 글자 그대로 미래라는 개념이 없다. 몇몇 연구자들이 발견하기도 했지만, 요즘 대도시의 젊은 살인자들에게 '미래'에 관한 생각을 물어보라. 그러면 많은 수가 질문이 무슨 뜻인지 이해가 안 된다고 대답할 것이다." 즉각적인 충동 이외에는 어떤 필요에도 주의를 기울이지 못하는 이런 무능의 결과로 슈퍼 범죄자들은 "희생자들의 생명에 어떠한 가치도 두지 않으며, 반사적으로 희생자들을 비인간화한다".[23]

무엇이 이런 슈퍼 범죄자들을 만들어내고 있는가? 이 논문을 비롯한 여러 글에서 디울리오는 주로 '도덕적 빈곤'이라는 개념을 활용하는데, 그가 《위클리 스탠더드》 논문에 쓴 표현을 보면, 도덕적 빈곤은 "옳고 그름을 가르쳐주는 다정하고 유능하고 책임감 있는 어른이 없는 상태이다. 이것은 타인의 기쁨에서 기쁨을, 타인의 고통에서 고통을, 옳은 일을 했을 때 행복을, 그른 일을 했을 때 후회를 느끼도록 길들여주는 부모나 다른 권위자가 없는 빈곤이다. 이것은 일상에서 본을 보임으로써 도덕을 가르쳐주는 사람과 그 본을 따르도록 압박하는 사람이 사실상 없는 환경에서 자라는 빈곤이다". 디울리오의 글은 이렇게 이어졌다. "극단적으로 보면 도덕적 빈곤은 학대와 폭력이 자행되고 아버지가 없고 신이 없고 직업이 없는 환경에서, 사회의 상식에서 벗어난 태만한 범죄자 어른들에게 둘러싸인 채 자라나는 빈곤이다." 이런 시각에서 보면, 제대로 기능하지 못하는 가족과 이웃과 도시가 도덕적 빈곤을 야기하고 이어서 그 도덕적 빈곤이 슈퍼 범죄자들을 낳는 셈이다.

디울리오는 특정한 시점에서 일어나는 특정한 범죄율 증가를 설명하기 위해서 이론을 전개했지만 그 과정에서 당시에 이미 도시 붕괴에 관한 전국적 논란의 고정 레퍼토리였던 '하류층' 개념을 토대로 삼고 또 차용하기도 했다. 하류층은 더 넓은 범위인 미국의 빈곤층 중에서도 주류 사회와 완전히 단절되는 것으로 다른 집단과 구분되는, 특히 불안정한 하위 빈민 집단으로 이해되었다.

하류층 개념의 경계가 어디인지를 놓고서는 끝없는 논쟁이 이어졌다. 사회학자 캐럴 마크스Carole Marks는 1991년 《연간 사회학 비평》에 게재한 유용한 논문에서 여러 사상가가 하류층 개념의 경계를 정하기 위해 채택한 몇 가지 다른 정의를 제시했다. 켄 올레타Ken Auletta는 하류층이 네 가지 아류형으로 구성된다고 제시했다. "적대적인 생계형 또는 전문 범죄자들, 숙련된 지하경제 사업가들, 정부지원을 받는 수동적 희생자들, 심한 정신적 외상을 입은 자들." 니컬러스 리먼Nicholas Lemann은 그 용어가 간단하게 "빈곤, 범죄, 부실한 교육, 의존, 10대 혼외 출산"에 빠진 이들을 포함한다고 주장했다. 마크스는 이렇게 썼다. "(사회과학자 크리스토퍼) 젠크스Christopher Jencks가 좀 더 요점을 잘 짚었는데, '일반적인 합의에 따르자면 (하류층에는) 언급할 가치도 없는 빈자들만 포함된다'라고 언급했다."[24] 이 말이 핵심을 짚었다. 하류층은 언급할 가치도 없으니 정의를 둘러싼 말싸움은 제쳐두라는 것이다. 자원이 부족하지만 근면하게 노동하고 규칙을 준수하고 위협적이지 않은 (대체로 존경할 만한) 사람들은 그냥 가난한 사람들이지만, 하류층 사람들은 결점을 보충할 만한 이런 자질들을 지니고 있지 않다. 그들은 더 곤란을 겪는 무리다.

하지만 왜 곤란을 겪는가? 이 질문에 대해서는 예나 지금이나 상당한 의견 불일치가 존재한다. 마크스는 논문에서 자신들의 문화적 결손(부족한 근로 의지, 성충동 자제력 결여 등등)에 대한 하류층의 태도를 비난하는 '문화주의' 주장들과 하류층이 통제할 수 없는 경제구조와 사회적 변화에 비난을 집중하는 '구조주의' 주장들 사이에서 들끓는 논쟁을 요약한다. 그녀는 논문에서 이 문제를 이것 아니면 저것이라는 식으로 취급하는 건 과도한 단순화라고 지적하면서, 사회학자들과 다른 이론가들이 이 이분법을 뛰어넘기를 희망한다. 결론으로 향하며, 그녀는 유명한 사회학자 윌리엄 줄리어스 윌슨William Julius Wilson의 저서를 인용한다. "구조적 기원을 가진 문화적 병리 현상"이라는 개념을 상정한 윌슨의 견해는 "지금까지 강력한 회의론에 직면해왔지만, 지금의 상황이 이런 과정의 첫 단계를 알리는 신호일지 모른다".(과도하게 단순화된 사례이긴 하지만, 이 혼합적 개념이 얼마나 직관적인지 보여주는 예를 하나 들어보자. 부유한 동네에 사는 열다섯 살짜리 백인 아이의 학습 태도가 좋은 데 반해, 가난한 동네에 사는 열다섯 살짜리 흑인 아이는 그렇지 않다면, 명백한 이유 하나는 전자가 주변에 열심히 공부한 덕분에 높은 소득을 포함한 여러 부수적인 사회적 성공을 얻은 사례가 많은 환경에서 사는 데다 학생의 학습 의지를 적극적으로 수용하는 열성적인 교사와 교육 자원이 풍부한 학교에서 공부하지만, 후자는 그렇지 않기 때문일 것이다. 아이들이 처한 환경적 구조는 아이들의 습관 형성에 영향을 주는데, 다른 말로 하자면, 그런 습관이 역으로 아이들 미래의 성공 가능성에 영향을 준다. 이런 경우에, 구조적 요인이 개인의 행동을 형성하는 데 막대한 영향을 주었다 하더라도, 개인의 행동과 구조적 요인 중 어느 하나가 전체를 설명한다고 말하는 것은 정확하지 않을 것이다.)

　이 싸움이 오늘날에도 계속되고 있다는 정도만 알면 족하겠지만, 우리 목적에 비춰봤을 때 가장 문제가 되는 것은 디울리오가 하류층에 대한 문화주의적 해석에 아주 심하게 경도되어 있으며, 그가 제기한 슈퍼 범죄자 개념에 문화주의자들의 주장이 상당수 채택돼 있다는 점이다. 그의 주된 혁신은, 혁신이라 부를 수 있는지도 모르겠지만, 이미 고통받고 있는 한 집단의 행동과 전망에 대해 훨씬 더 비관적인 평가를 제시한 것이었다. 견고한 보수적 문화주의자들은 당연히 하류층의 행동을 단호하게 비판했지만, 그들조차 일반적으로 하류층이 인간적 감정과 이성으로부터 완전히 분리됐다는 디울리오 같은 주장을 하지는 않았다. 그렇다면, 슈퍼 범죄자들은 청소년 하류층의 가장 나쁜 사례로 볼 수 있었다.

하류층에 대한 다른 많은 문화주의자와 마찬가지로, 디울리오도 슈퍼 범죄자 개념에 인종적 색채는 없다고 주장하며, 잊지 않고 "인종이나 신념, 피부색에 상관없이, 아이들은 도덕적으로 빈곤할 때 범죄로 타락할 가능성이 가장 크다"라고 언급했다. 곧 나타날 슈퍼 범죄자들의 위협에 시달리는 도시에 비하면 훨씬 덜 강조하기는 했지만, 디울리오는 슬럼이 아닌 환경에서도 슈퍼 범죄자들이 나타날 수 있다고 지적했다. 그는 《위클리 스탠더드》 논문에 이렇게 썼다. "흑인들이 밀집 거주하는 슬럼에서 제일 심각하기는 하겠지만, 다른 곳들도 급성장하는 청소년 범죄 문제들을 안고 있음은 분명하며, 이 문제들은 상류층이 거주하는 도심 구역들과 도심 슬럼을 둘러싼 주변 지역들은 물론, 심지어 지방 중심지들로까지 번져 나갈 것이다." 그는 원할 때는 이처럼 인종주의 색깔을 싹 뺀 언어로 말할 수 있었다.

그러나 현실을 보자면, 대중의 상상에 슈퍼 범죄자들은 하류층과 마찬가지로 대개 흑인으로 각인되었으며, 이는 부분적으로 디울리오의 초점이 명확하게 흑인 슈퍼 범죄자에게 집중되었기 때문이다. 그는 도덕적 빈곤 문화로부터 가장 큰 타격을 받는 층이 젊은 흑인들이라고 주장했다. 그는 흑인을 제약하는 것은 사회적 구조나 억압이 아니라 스스로의 문화적, 행동적 결점이라는 보수적인 문화주의 입장을 견지했지만, 이 문제에 대한 그의 생각들은 때로 상충하기도 했다. 1996년 《시티 저널》에 실린 「나의, 그리고 우리의 흑인 범죄 문제My Negro Problem—and Ours」(이 제목은 1963년 《코멘터리》에 실린 노먼 포드호레츠의 유명한 글 「나의, 그리고 우리의 니그로 문제」를 참조했다)를 포함하여, 이 주제를 다룬 몇 편의 글에서 디울리오는 억압에 직면해온 흑인들에 대한 공감과 형사 사법제도에서 흑인들이 받는 차별에 집중하는 특정한 자유주의적 관념에 대한 회의적 시각 사이에서 춤을 춘다. 그는 불공정한 대우에 불평하는 아프리카계 미국인들에 관해 이렇게 썼다. "나는 실증적인 연구 논문들에서 그들의 공포와 좌절을 정당화해줄, 인종에 따른 판결의 차이를 거의 찾아낼 수 없었다. 하지만 그렇다고 해서 사람이라면 누구나 가장 중요하게 생각하는 자신과 가족, 친구들의 경험 등을 포함해 그들의 공포와 좌절에 아무런 실증적 근거가 없다는 의미는 아니다."[25]

디울리오는 이 점을 더욱 강조하기 위해 어릴 때 피자 가게에서 일할 때 동료였던, 당시 마흔 살쯤 된 글을 모르는 흑인의 경우를 언급했다. 어느 날 경찰이 들이닥쳐 아무 설명도 없이 그 흑인을 벽에 밀어붙이면서 디울리오에게 "'미안하지만, 얘야, 누가 도둑질을 하고 있다는 연락을 받았거든'이라고 말했다. 하지만 경찰이 붙잡은 유일한 '누구'는 흑인이었고 미안하다고 사과한 대상은 백인 소년이었다". 그는 어릴 때 다른 인종 간에 싸움이 벌어지면 "경찰이 오면 모두 달아났다. 하지만 우리 백인 애들은 잡혀봤자 경찰관들에게 순순히 복종하기만 하면(헐떡거리며 뛰어온 경찰에게 욕을 하지만 않으면), 한바탕 설교를 듣거나, 머리카락을 뽑히거나, (기껏해야) 아버지가 호출되는 정도로 끝나리라는 걸 알았다. 우리는 흑인 애들이 잡히면 그보다 더한 것들을 당하리라는 걸, 뺨을 맞거나, 곤봉 찜질을 당하거나, 어쩌면 체포될 수도 있다는 것도 알았다". 간단하게 말해서 디울리오는 흑인에 적대적인 사회구조가 누적되어 있음을 인정한다. 하지만 "더없이 훌륭한 연구들이 대부분 제시하는 요점은 미국의 사법제도가 불과 한 세대 전만 해도 인종차별적이었다는 건 의심할 여지가 없지만, 적어도 지금은 아니라는 것이다".

그렇게 디울리오는 그 이전에도 이후에도 끊이지 않고 있었던 숱한 현대적 인종주의 보수주의자들과 마찬가지로, 그리고 하류층 논쟁에 참여한 문화주의자들과 마찬가지로 아프리카계 미국인들에게 본질적으로 열등한 것은 없다고 주장했다. 그는 구조적인 장애물들이 이미 극복되었기 때문에 아프리카계 미국인들이 다른 가치들을 수용하기만 하면 백인들만큼 성공적일 수 있다고 믿었다. 그러나 자신도 어렸을 때 심각하다고 인지했던 구조적 문제들, 특히 인종차별적인 법 집행 문제가 어떻게 그렇게 빨리 해결될 수 있었는가에 대해서는 명확하게 설명하지 않았다.

《위클리 스탠더드》 논문이 디울리오가 내놓은 슈퍼 범죄자 밥상의 전채 요리라면, 주요리는 로널드 레이건 정부의 교육부 장관이자 조지 H. W. 부시(아버지 부시) 정권의 마약 반대 운동 최고 책임자였던 윌리엄 J. 베넷William J. Bennett과 당시 미국 범죄위원회 위원장이던 존 월터스John Walters와 함께 써서 1996년에 출간한 책이었다. 『전사자 수—도덕적 빈곤과 미국이 범죄와 마약과의 전쟁에서 승리하는 법Body Count: Moral Poverty...... and How to Win America's War Against Crime and Drugs』은 대체로 청소년 범죄자에 관한 무서운 이야기들과 세 명의 저자가 범죄와 사법제도에 관한 자유주의적(일부는 보수주의적) 헛소리라고 판단한 주장들의 정체를 폭로하는 이야기들로 구성되었다. 하지만 무엇보다 중요한 점은 이 책이 디울리오가 《위클리 스탠더드》에서 했던, 미국이 곧 밀려오는 슈퍼 범죄자들에게 포위될 것이라는 주장을 그대로 반영하고 있다는 사실이다. 슈퍼 범죄자 밈의 핵심은 뭔지는 잘 모르지만 어쨌든 완전히 새로운 현상이 일어나고 있다는 생각이었다. 미 전역의 거리를 더럽히는 폭력의 증가는 예전으로 돌아갈 수 있는 어떤 일시적이고 순간적인 현상이 아니라 충격적이고도 영구적일 수 있는 변화였다.

실제로 『전사자 수』의 저자들은 상황이 더더욱 나빠질 것이라고 주장했다. 다가오는 대량 살인은 간단한 인구통계로 '째깍거리는 범죄 시한폭탄'으로 예고되어 있으며, 그 증거는 '압도적'이라는 주장이었다. '범죄 시한폭탄'이라는 표현이 잡지와 신문에 실린 슈퍼 범죄자 관련 기사에서 다양하게 변형되어 반복적으로 사용되었다.[26] 그들의 주장은 단순했다. 도덕적 빈곤에 허덕이며 자란 젊은 남성의 일정 비율이 슈퍼 범죄자가 되었고, 앞으로 올 10년 동안 도덕적 빈곤에 허덕이며 자란 젊은 남성들이 갈수록 더 많아질 예정이다. 따라서 상황은 대재앙이 무색하게 폭력적으로 변하도록 정해져 있다.

디울리오의 이런 무서운 아이디어가 퍼지는 데 도움을 준 유명 인사가 몇 명 있었다. 제일 중요한 인물은 디울리오의 하버드대 박사 논문 지도 교수이자 당시에는 캘리포니아대 로스앤젤레스 캠퍼스에 있던 (그리고 지금은 작고한) 제임스 Q. 윌슨James Q. Wilson이었다. 윌슨은 오늘날에도 역사상 가장 중요한 사회과학자, 또는 가장 중요한 범죄학자 중 한 명으로 꼽히는 정치적 보수주의자였다. 그는 정치적 이념을 초월하여 많은 사회과학자로부터 꼼꼼하고 엄밀한 사상가이자 작가로 자주 칭송을 받아왔다(그가 개발에 참여한 '깨진 유리창' 감시 이론이 과도하게 많은 저소득층과 사회적 소수자를 '삶의 질' 범죄 명목으로 감옥으로 보내는 데 일조했다고 믿는 사회과학자들이 많아서 그의 업적에 대한 평가가 복잡해진 것은 분명하지만 말이다). 슈퍼 범죄자 개념이 등장한 즈음에 윌슨의 논문과 (『수사 행태의 종류』와 『조사관—FBI와 마약류 단속 요원 관리하기』 같은 제목들을 단) 저서들은 이미 한 세대에 달하는 범죄학자들과 다른 여러 분야의 사회과학자들에게 깊은 영향을 미치고 있었다. 윌슨이 슈퍼 범죄자 밈을 홍보하는 데 도움을 주었다는 사실이, 또는 설사 그렇게 직접적으로 도움을 주지는 않았어도 그의 이름이 자주 연관되어 언급되었다는 사실이 그 밈이 퍼지는 데 엄청난 도움이 되었을 것이다(1999년에 윌슨이 그렇게 한 것이 잘못이었던 것 같다고 말했음을 언급할 필요가 있겠다[27]).

윌슨은 그때나 지금이나 미디어에 정통한 노스이스턴대 범죄학자인 제임스 앨런 폭스James Alan Fox를 끌어들이기도 했다. 디울리오, 폭스, 윌슨은 인구통계와 범죄 통계의 증거가 다가오는 대량 살인을 지시한다고 확신했고, 언론은 아이비리그가 보증하는 전문가들이 제시한 이 아이디어를 열렬하게 증식시키며 어린 살인자들을 인간 이하의 존재로 치부하는 언어를 한껏 즐기는 듯이 보일 때가 많았다. "'슈퍼 범죄자'가 온다―우리는 이 신종 악동들을 가둬야 하나?"《뉴스위크》는 이렇게 물었다.[28] 설사 인간 이하의 존재는 아니라 해도, 폭력적인 10대들은 선동적이고 폭발적이었다.《타임》이 자체 커버스토리에서 표현했듯이, 슈퍼 범죄자들은 '10대 시한폭탄'을 대표했다.[29]

그러면 어떻게 해야 하는가? 기폭제가 된《위클리 스탠더드》논문과『전사자 수』를 포함한 다른 저작들에서 디울리오와 동료들은 범죄 퇴치에 관한 구조주의 접근법들에 깊은 회의를 표명했다. 제임스 트라웁은《뉴요커》기사에서 "『전사자 수』는 일자리나 주거, 보건 문제에 관해서는 사실상 아무 말도 하지 않는다"라고 언급했다. 하지만 구금과 종교의 중요성에 대해서는 할 말이 엄청나게 많아서, 디울리오는 슈퍼 범죄자들에 관한 글을 쓰거나 강연을 할 때 그런 주제들을 자주 되풀이했다. 예를 들자면, 그는《위클리 스탠더드》논문을 다음과 같은 간단하고도 적나라한 표어로 끝맺었다. "감옥이 아니라 교회를 지어라. 아니면 우리는 우리 자신의 도덕적 파산이 불러온 회오리바람을 맞을 것이다."

그러나 교회에 다니는 것과 위기 청소년들의 긍정적 성과 사이에 인과관계가 있다는 견해를 수용하는 연구자들은 이보다 좀 더 미묘한 시각을 가지고 있다. 1986년 책의 한 장에서 디울리오는 경제학자인 리처드 프리먼Richard Freeman의 글을 인용했다. 프리먼은 "(자신이 발견한) 효과는 일부나마 교회 출석이라는 요인과 실질적인 인과적 상관관계에 있다"[30]라고 쓰면서도, 상당한 주의를 기울여가며 그 결과를 과장하거나 지나치게 단순화해서는 안 된다고 명시한다. 나중에 《브루킹스 리뷰》(브루킹스 연구소가 발간하는 계간지)에 실은 글에서 디울리오는 다른 저작을 요약하면서 "교회 출석을 비롯한 다른 종교적 영향이 도시의 빈곤한 흑인 청소년들의 삶의 전망을 개선할 잠재력은, 교회 출석을 포함하는 신앙 생활의 요소들이 청소년들이 시간을 보내는 방식, 긍정적인 방식으로 구성된 활동에 참여하는 범위, 책임감 있는 어른들의 지원을 받는 정도에 어떤 영향을 미치는지에 일정 부분 달려 있다"[31]라고 말한다. 이것이 사실이라면, 이 말은 '근본적 원인'을 따지는 접근 방식을 거부하는 대신 종교를 선호하는 디울리오의 시각이 잘못임을 의미한다. 즉 중요한 문제가 어른의 감독을 받는 구조화된 활동들에 접근할 수 있느냐 없느냐이고, 그런 측면에서 빈곤한 도심 슬럼들에 교회가 아닌 선택지들이 부족하다면, 종교적이든 아니든 그런 종류의 다양한 프로그램들에 자금을 지원하면 되지 않는가?

어쨌든 슈퍼 범죄자 신앙은 명백한 정책적 처방으로 이어졌다. 청소년 폭력 범죄에 더 단호하게 대처하는 것이었다. 《위클리 스탠더드》 논문에서 디울리오는 "학계에서 나보다 더 투옥을 선호하는 사람은 없다"라고 자랑했다. 그의 추산에 따르면, 미국은 "앞으로 몇 년 안에 최소한 15만 명의 청소년 범죄자를 투옥해야 할 것이다. (……) 우리에게는 슈퍼 범죄자들에 대해 더욱 성실하고 단호하게 법을 집행하는 전략을 추구하는 방법 외에 다른 선택의 여지가 거의 없다. 하지만 그 아이들의 일부는 아직 기저귀를 차고 있으며, 여전히 구원받을 가능성이 있다".

+

밝혀진 바에 따르면, 디울리오와 입이 거친 그의 동료들은 거의 모든 면에서 틀렸다. 1990년대에 살인벌killer bee*이나 Y2K버그** 같은 다른 근거 없는 걱정거리에도 법석을 떨었던 미국은 '슈퍼 범죄자들'에 대해서도 예외가 아니었다. 디울리오와 동료들이 무시무시한 예언을 하고 있던 때 이후의 청소년 폭력 범죄 그래프를 보면, 궤도가 무서울 정도로 가파르게 상승하는 것이 아니라 오히려 완만하게 하강한 뒤로 다시는 오르지 않는다.[32]

청소년 폭력 범죄가 왜 감소했는지 정확히 아는 사람은 없다.

---

* 브라질 과학자들이 아프리카 꿀벌과 유럽 꿀벌을 교배시켜 만들어낸 꿀 생산성이 좋은 유럽 꿀벌의 한 종으로 공격적인 성향이 강해 살인벌이라는 별명을 얻었으나 실제 치명률은 일반 꿀벌보다 떨어지는 것으로 나타났다.

** 2000년 문제. 20세기 컴퓨터 산업계에서 데이터 양을 줄이기 위해 연도에서 '19'를 생략하고 코딩한 결과, 2000년이 되면 컴퓨터들이 연도를 제대로 인식하지 못하는 문제가 발생할 것으로 예상되어 세계적으로 시스템을 점검하고 교체하는 열풍이 불었다. 2000년이 되자 Y2K버그를 해결하지 않은 일부 컴퓨터에서 문제가 발생하긴 했으나 심각한 사고는 일어나지 않았다.

1990년대 초반에 왜 폭력 범죄가 전반적으로 감소하기 시작했는지에 대해서도 의견이 일치하지 않는다. 코카인의 일종인 크랙 거래가 사라진 것에서부터 (충동적이고 폭력적인 행동을 유발할 수 있는) 납 성분이 든 페인트를 규제한 것, 상대적으로 튼튼했던 1990년대의 경제 상황과 고용 시장, 아마도 가장 논란이 많은 원인으로는, 낙태가 쉬워진 것의 장기적 결과(원치 않는 아이가 적다는 것은 폭력적인 행위를 저지를 위험이 있는 아이가 적어진다는 것을 의미)에 이르기까지 다양한 이론이 제기되고 있다.

애초에 1980년대 후반과 1990년대 초기에 왜 청소년 살인 범죄율이 상승했는가를 보면, 그 문제를 면밀하게 검토해온 범죄학자들 대부분은 증가율의 상당 부분이 대체로 크랙 거래를 놓고 경쟁하던 범죄 조직들이 서로 군비 경쟁을 벌이면서 총기에 접근하기가 쉬워진 탓이라 판단한다.[33] 그 사업의 경쟁이 갈수록 치열해지자 하급 판매책들조차 자신을 보호하기 위해 총을 소지해야 한다는 느낌을 받게 된 것이다. 그리고 10대들의 수중으로 총이 더 많이 들어간다는 건 누가 봐도 자명한, 더 많은 유혈 사건을 부르는 처방전이나 다름없다. 디울리오가 제기한 더없이 충격적인 주장들과는 반대로, 이미 출판된 그 시기 청소년 폭력 범죄에 관한 연구 결과들은 사실 그 유혈 사건들이 디울리오가 말한 식의 '이해할 수 없는' 것이라는 견해를 지지하지 않는다. 무모하고 비극적이고 사춘기적이며 어리석지만 대부분의 유혈 사건에서 10대들이 근본적인 도덕적 파산 때문에 무작위로 다른 사람들을 공격하는 것은 아니었다. 오히려 그런 살인사건들은 마약 폭력에 얽힌 끔찍한 연쇄 효과의 맥락 속에서 발생하는 경향을 보였다.

뒤이은 범죄율 하락의 원인이 무엇이든 간에 디울리오와 그 동료들이 어떤 주장들을 했는지, 그리고 어떤 방식으로 주장했는지 돌아보면 충격적인 조잡함 같은 것이 드러난다. 그들의 주장들은 진지하게 설명된 적은 없으면서 논쟁만 부추겼다. 핵심적인 사례 하나를 들자면, 디울리오와 윌슨이 내놓은 무시무시한 예측은 전국적으로 청소년의 6퍼센트가 심각한 폭력 범죄자가 될 수 있다는 아이디어에 일부분 기반하고 있었다. 이 아이디어는 소위 '필라델피아 출생자 코호트 연구'에서 기인한 것으로 1945년에 태어난 거의 만여 명에 달하는 소년들을 10세부터 18세까지 추적하며 경찰 접촉 사례들을 살핀 연구였다. 슈퍼 범죄자 전도사들은 그 연구에서 무조건 다섯 번 이상 경찰과 접촉한 대상자를 추려 모두를 심각한 범죄자라고 가정하고서 단순하게 이론을 전개했다.

그들은 그렇게 해서 도출한 6퍼센트라는 수치를 사용하여 앞으로 올 폭력 범죄자의 대략적인 비율을 예측할 수 있다고 주장했다. 윌슨이 1995년에 범죄학자 조앤 피터실리어Joan Petersilia와 공저한 『범죄Crime』에 "1990년대 말이 되면 14세에서 17세 사이의 인구가 지금보다 1백만 명이 더 많아질 것 (……) 추가되는 1백만 명 중에 반이 남성이다. 그중 6퍼센트는 반복적으로 범죄를 저지르는 심각한 범죄자가 될 텐데, 어린 강도, 살인자, 도둑이 지금보다 3만 명 더 많아지는 것이다. 준비를 하자."[34]라고 썼듯이 말이다. 그 예측은 《위클리 스탠더드》에도 모습을 드러냈다. 디울리오가 "제임스 Q. 윌슨을 비롯한 저명한 범죄학 박사들은 2000년에 14~17세가 될 소년들이 50만 명이 더 있다는 것은 지금보다 적어도 3만 명이나 많은 살인자, 성폭행범, 도둑이 길거리를 돌아다니게 됨을 의미한다고 자신 있게 예측한다"라고 쓴 것도 그 6퍼센트에 근거한 것이었다.

한 도시에 기반한 추정치를 전국으로 확대하는 무리한 시도는 제쳐두더라도, 문제는 원래 연구가 사실은 필라델피아 남성 청소년의 6퍼센트가 심각한 범죄자라는 결론을 내리지 않았다는 데에 있다. 연구 결과를 놓고 경찰과 다섯 번 이상 접촉했다는 이유만으로 아이들을 범죄자라고 가정한 건 전적으로 윌슨의 잘못이었다. 범죄 집단을 연구하는 제임스 C. 하월James C. Howell은 나중에 이렇게 말했다. "사실, 경찰과 접촉한 아이들의 3분의 1만 체포로 이어졌고, 그중 절반만이 법원의 유죄 판결로 이어졌다."[35] 즉 그 코호트에서 어떤 형태의 범죄로든 유죄 판결을 받은 비율은 6퍼센트보다 훨씬 낮았고 유죄 판결을 받은 아이들의 상당수도 폭력과는 전혀 상관없는 범죄로 유죄 판결을 받았다. 1995년에 데이터를 다시 분석한 결과, "(연구에서) 습관적인 범죄자들이 다른 이들보다 사소한 범죄를 자주 저지르기는 하지만 '이것저것 잡다한' 방식의 청소년 비행들에 관련되며, 일반적으로 생각되는 것만큼 위험하지 않다"라는 결과가 나왔다.[36] 간단히 말해서, 디울리오와 윌슨 등은 필라델피아 출생자 코호트 연구 대상자 중에서 심각한 범죄를 저지른 대상자의 비율을 심각하게 과대평가했고, 그 오해에 기초하여 무시무시한 예측치를 추론해냈다.

슈퍼 범죄자 개념에는 더 근본적인 다른 문제들이 있다. 우선, 디울리오와 동료들은 정말로 근본적으로 나쁜 짓을 하고도 양심의 가책을 보이지 않는 어린 사람이라는 개념을 제외하고는 슈퍼 범죄자가 무엇인지 완전하게 정의조차 하지 않았다. 이것이 설익은 아이디어들이 퍼져나갈 때 일반적으로 나타나는 현상이다. 그런 아이디어들은 개념적 모호함을 특징으로 하는 경우가 많다. 즉 문제의 아이디어를 자세히 살펴보면 명확한 경계와 정의가 없는 것처럼 보인다. 그런 아이디어들은 특히 비전문가들이 봤을 때 그럴듯하게 느껴지는 경우가 많고, 특히 문외한인 청중들이나 그 아이디어가 이데올로기적으로 유용하다고 판단하는 사람들 사이로 전파될 만큼 직관적으로는 말이 되지만, 조금만 아이디어를 찔러보고 들춰보면 그렇지 않다는 사실이, 끝까지 잘 익지 않았다는 사실이 금방 드러난다. 손을 대면 조각조각 갈라지거나 아니면 아예 부스러져버리는 아이디어들이다.

학계 또는 공공 정책 영역에서 '슈퍼 범죄자' 같은 단어가 쓸모가 있는지도 모르겠지만 어쨌든 그런 단어를 쓰려면 자세하고 명확하게 정의해야 한다. 범죄학자라면 누구나 언제나 그지없이 평범한 사람들이 끔찍한 일을 저지르고, 특히 청소년들은 충격적으로 무모하고 근시안적일 수 있다는 얘기를 들려줄 것이다. 그렇다면 그런 청소년 중 한 명이 뭔가 충격적으로 무모한 짓을 했을 때, 그 아이가 슈퍼 범죄자인지, 아니면 그냥, 그러니까, 평범한 10대인지 누가 알 수 있는가? 크고 나서 청소년기에 저지른 어떤 일을 후회하고 당혹해하는 어른들이 숱하듯이 결손가정에서 자란 어느 열네 살짜리가 크랙 거래에 연루됐다가 누군가를 죽였는데 당장은 그 아이가 후회의 감정을 보이지 않았더라도 더 크고 나서 자신이 한 짓을 깊이 후회한다면, 그 아이를 원칙적으로 정상적인 인간적 감정을 가질 수 없는 슈퍼 범죄자로 낙인찍는 것이 정당한가, 또는 범죄학적으로 유용한가? 도덕적으로 말해서, 그 아이를, 이를테면 소년병과 다르게 취급해야 할 이유는 무엇인가? 끔찍한 행위를 저지르는 다른 이들이 많은데, 그들과 슈퍼 범죄자는 무엇으로 구별하는가? 슈퍼 범죄자는 어떻게 진단하는가? 그 아이들은 처벌이나 사회적 제재의 위협에 대해 사랑받으며 자란 아이들과는 다르게 반응하는가? 디율리오는 이런 중요한 문제들을 진지하게 조사할 생각조차 하지 않았다.

철학자 버나드 윌리엄스Bernard Williams가 도입하고 토머스 네이글Thomas Nagel이 대중화한 '도덕 운moral luck'이라는 개념은 우리의 여러 도덕적 판단에서 운이 담당하는 역할이 어떻게 무시되는지 주목할 것을 요청하면서, 슈퍼 범죄자 아이디어가 가진 어떤 문제들을 조명하는 데 도움을 준다. 네이글이 '상황적' 도덕 운이라고 부르는 것이 이 상황을 설명하는 데에 가장 적절할 것이다. 그가 『치명적 질문들Mortal Questions』에서 지적했듯이, 나치가 정권을 잡은 후 독일 시민들은 매일 심각한 도덕적 시험에 직면했다. "그들 대부분은 이 시험에서 낙제한 책임을 져야 하고 (……) 반면에 다른 국가의 시민들은 이 시험을 치르지 않았다. 만약 유사한 상황을 겪어야 했다면, 다른 국가의 시민들, 또는 그 일부도 독일인들만큼 나쁜 성적을 얻었을 것이라는 결과가 나오더라도, 다른 국가의 시민들은 그런 시험을 치르지 않았으므로 책임질 필요도 없다."[37] 운이, 그리고 운만이, 나치 협력자가 되는 삶과 그처럼 도덕적으로 극악한 행위를 저지르지 않고 사는 삶 간의 차이를 일부나마 설명해준다. 다른 많은 것과 마찬가지로, 도덕적 삶을 살 수 있는 기회도 불공평하게 분배된다. 그 아이가 어떤 해를 입혔든지 간에, 크랙 거래에 연루된 무장한 열세 살 소년에게 다른 아이들처럼 선을 행할 기회가 동등하게 주어지지 않았던 것은 분명하다. 슈퍼 범죄자 이론이 정말로 충분한 고민을 거쳤다면, 이런 현실 문제들을 어떻게 다루고 형벌과 형평성 문제에는 어떻게 적용해야 할까?

이런 질문들을 생략하는 건 개념적 모호함을 약속하는 것이나 마찬가지일 텐데, 디울리오와 동료들이 이론화를 시도하는 슈퍼 범죄자 개념에는 그런 모호함이 가득하다. 하지만 그건 중요하지 않았다. 슈퍼 범죄자 개념은 대중이, 그리고 결정적으로는 입법자들이 빠져들 만큼 무시무시하고 자극적이었다. 돌이켜보면 결점들이 명백한데도 불구하고, 그 아이디어는 나름대로 매우 떠들썩하고 영향력 있는 삶을 살았다. 그리고 핵심적인 문제는 슈퍼 범죄자 개념을 지지한 주요 인사들이 진짜 전문가들의 진짜 검증 시험을 피해 갔다는 점이다. 뒤늦은 정체 폭로와 '슈퍼 범죄자'라는 용어가 널리 퍼지게 된 방식에 대한 문화적 분석 건들을 제외하면, 동료 평가를 거치는 학술지에서 슈퍼 범죄자에 관해 논한 경우는 사실상 거의 없다시피 했는데, 온 나라에 하류층 중에서도 하류층인 이 무시무시한 집단의 침략을 받을 것이라고 마음 깊이 확신한 사람이 얼마나 많았는가를 생각하면 놀라운 일이다.

터프츠대 국제정치학 교수인 대니얼 드레즈너Daniel Drezner는 통찰력이 돋보이는 저서 『이념 산업―비관론자, 당파주의자, 금권정치가의 이념 시장 개조법The Ideas Industry: How Pessimists, Partisans, and Plutocrats Are Transforming the Marketplace of Ideas』에서 학계 인사 등이 대중에게 이념을 제시하는 두 가지 일반적인 방식이 있다고 단정한다.[38] "'사상적 지도자thought leader'는 매우 자신감 있는 인물로, 특별히 분석적이거나 비평적이지는 않지만, 세상을 바꿀 수 있다고 확신하는 자신의 '한 가지 큰 이념'에 집중하는 경향이 있다. 반면에 '대중적 지식인'은 상황을 뭔가 좀 더 미묘하고 복잡한 관점에서 본다. 그들은 자기 기준에 부족하다고 판단되는 이념들에 대해서 보다 비판적이고, '이 하나의 이념으로 세상을 설명할 수 있다'라는 틀 자체에 대체로 회의적이다."

설계상 중간 부분을 생략한 단순화된 설명이지만, 드레즈너 모델이 조명해주는 뭔가가 있다. 그리고 사상적 지도자형 담화 태도와 대중적 지식인형 담화 태도 사이를 오가는 누군가의 상황을 파악하는 데 유용하게 활용될 수 있다. 여러 면으로 봤을 때, 디울리오의 학문적 저작들은 대체로 신중하고 엄밀한 편이지만, 슈퍼 범죄자에 관한 공개적 선언들은 그런 면에서 신중함이 한참 모자랐다. 학계의 동료 평가가 (앞으로 보겠지만) 결코 완벽할 수는 없지만, 그가 슈퍼 범죄자에 관한 연구 결과를 동료 평가를 거쳐 발표하려 했다면, 문외한 청중은 제기하지 않을 듯한 질문들에 답해야 했을 것이다. 그 용어가 정확하게 무엇을 의미하는지, 그 용어의 사용이 청소년 폭력 범죄자들에 관한 선행 이론 및 실증 연구 자료들과 잘 맞물리는지, 그가 의존하고 있던 그 인구통계학적 예측이 견고한지 등등의 질문들 말이다. 디울리오는 사용하는 용어를 엄밀하고 일관성 있게 정의했어야 했을 것이다. 그러나 그러는 대신에 그는 대체로 대중을 겨냥하는 글쓰기에 집중했고, 일차적으로는 정책 입안자들과 정치인들을 대상으로 삼았던 듯하다. 그 글의 대상들은 대부분 개념의 일관성에 관해 곤란하거나 회의적인 질문을 던질 지적 도구들은 갖추지 못했지만, 많은 수가 그가 파는 것을 살 의향이나 사야 할 정치적 동기들은 갖추고 있었다. 디울리오는 대중적 지식인보다는 범죄와 싸우는 1990년 중반의 사상적 지도자에 어울리는 언어로 말하는 법을 알아냈고, 그에 따르는 보상을 받았다.

그리고 대중과 정치인들이 의심하지 않았기 때문에, 슈퍼 범죄자 개념은 그처럼 얄팍하면서도 청소년 범죄에 관한 전국 단위 논의에 중대하고도 해로운 영향을 미쳤다. '범죄 강경대응파' 의원들이 재빨리 이 개념을 이용하여 자신들이 바람직하다고 판단하는 정책들, 즉 투옥, 투옥, 투옥을 늘리고 더 끔찍한 청소년 범죄의 물결이 임박했다는 공포를 자아냈다. 공정하고 효과적인 형사사법 제도를 위한 비영리기구인 '센턴싱 프로젝트The Sentencing Project'의 수석 분석가 애슐리 넬리스Ashley Nellis는 저서 『정의로의 회귀―사법제도가 청소년에 접근하는 방식을 재고하다A Return to Justice: Rethinking Our Approach to Juveniles in the System』에서 범죄에 대한 공포가 널리 퍼지면서, "입법자들은 학문적 증거에도 꿈쩍하지 않았다"라고 썼다. "그 결과, '슈퍼 범죄자'와 같은 용어들이 마치 날조된 신화가 아니라 실질적인 현상을 설명하는 용어라도 되는 듯이 국가의 입법 현장에 자리를 잡았다." 넬리스는 이어 몇 가지 예를 드는데, 1996년에 "갈수록 더 폭력적인 청소년 범죄자들, 즉 '슈퍼 범죄자'를 다루기 위한 법안을 정비"하기 위해 법안을 도입한다고 했던 뉴멕시코주 상원의원 피트 도메니치Pete Domenici의 사례와 1996년 대통령 선거를 치르면서 이 용어를 사용하고 또 그 끔찍한 인구통계학적 예측을 언급한 밥 돌Bob Dole의 사례를 언급한다.[39]

그러나 넬리스의 말에 따르면, 슈퍼 범죄자 밈을 가장 열성적으로 이용한 사람은 아마 플로리다주 제8선거구를 대표하는 공화당 의원이자 하원 범죄소위원회 위원장인 빌 매콜럼Bill McCollum일 것이다. 넬리스는 그가 1996년 하원 유아·청소년·가족 위원회 앞에서 한 진술 일부를 인용한다.

최근 몇 년 사이 전반적인 범죄율이 소폭 감소하는 것으로 보입니다. (……) 그러나 전반적인 감소 경향은 이제 막 탄력을 받기 시작한 청소년 폭력 범죄의 전례 없는 폭증을 가리고 있습니다. 지금의 범죄 감소는 폭풍 전야의 고요일 뿐입니다. (……) 자, 여기 정말로 나쁜 소식이 있습니다. 이 나라에는 곧 지난 수십 년간 유례가 없을 정도로 많은 청소년이 있게 될 겁니다. 1990년대의 마지막 몇 년과 21세기의 첫 10년 동안 미국은 '에코 붐', 즉 지금 나이가 들어가는 베이비 붐 세대의 자녀들로 이루어진 인구 폭증을 겪게 될 것입니다. 지금의 엄청난 5세 아동 코호트는 내일의 청소년들이 될 겁니다. 다른 어떤 연령대보다 10대 후반 청소년들이 더 많은 폭력 범죄를 저지른다는 걸 생각하면, 이것은 불길한 소식입니다. 그런 청소년들이 편모 가정에서 그 어느 때보다 많이 나올 것이고, 동시에 그런 청소년들의 마약 문제도 급격히 악화될 것입니다. 이 인구통계학적 사실들을 염두에 두고 다가올 '슈퍼 범죄자' 세대에 대비하십시오. [40]

이런 이야기를 공화당원만 하지는 않았다. 정당에 상관없이, 1990년대의 '범죄 강경대응' 물결에 저항할 수 있는 정치인은 많지 않았고, 어쨌든 이 시기에는 민주당 의원들의 많은 수도 범죄나 복지와 같은 사안에서 더 중도적이고 보수적인 노선을 견지하고 있었다. 그렇게 디울리오의 유사학문적 아이디어는 민주당 의원들의 사무실에도 자리를 잡았다. 1996년 《뉴욕 데일리 뉴스》 속보는 "하원의 한 연구 자료에 따르면, 전국적으로 어린이들이 살인과 다른 폭력 범죄들을 저지르는 비율이 점점 증가하고 있으며, 이런 경향은 뉴욕시 10대 청소년들 사이에서 두려울 정도로 높게 나타나고 있다"라고 지적했다. "13세에서 17세까지의 청소년들이 다른 어떤 연령대 인구보다 폭력 범죄를 저지를 가능성이 크고, 다음 10년 동안 예상되는 13~17세 '위험군' 인구의 증가는 '이 나라가 극적인 범죄 증가를 보게 될 것'을 의미할 것이다." 이 연구 자료를 발표한 의원 사무실은? 민주당 찰스 슈머Charles Schumer 의원의 사무실이었다.[41] 예정된 인구통계학적 추세에 놀란 슈머는 "청소년 범죄 기록을 공개하고 판사와 경찰이 이전의 폭력 범죄 이력을 알 수 있도록 청소년 범죄기록법을 개정할 것을 제안했다". 그러고는 힐러리 클린턴 영부인이 1996년에 비영리 공공방송인 C-SPAN[42]으로 방송된 연설에서 "범죄와 범죄 조직과 마약으로부터 우리의 거리를 되찾아야 한다"라고 호소하는 도중에 슈퍼 범죄자를 언급했는데, 이 언급은 나중에, 특히 2016년 대통령 선거 기간에 시민권운동 단체들의 분노를 샀다. 그리고 정확히 그 용어를 사용하지는 않았지만, 조 바이든도 1993년 연설에서 '포식자들'을 언급하며, "혼외 관계에서 태어나, 부모도, 감독하는 이도, 어떤 체계도, 어떤 양심의 발달도 없는 수만 명이나 되는 청소년 집단 (……) 이들은 글자 그대로 사회화되지 않기 때문에, 글자 그대로 아무 기회가 없다"라고 말했다.[43]

슈퍼 범죄자 개념이 널리 퍼질 당시에 미국의 여러 주는 이미 수년째, 예를 들자면 아동을 성인 법정에 세우기 쉽게 만드는 등, 누가 더 청소년 범죄에 강경하게 대응하는가를 겨루는 경쟁에 차례로 말려 들어가 있던 터라, '슈퍼 범죄자' 개념이 정확하게 입법에 '어떤' 영향을 미쳤는지 설명하기란 간단치가 않다. 하지만 직접적인 연관이 있다고 믿는 전문가들이 많다. 작고한 범죄학자 마크 클레이면Mark Kleiman은 2016년 《워싱턴 먼슬리》 기고문에 이렇게 썼다. "10여 개 주가 (밝혀진 바와 같이) 사람의 눈을 현혹하는 과학 쪼가리에 근거하여 청소년을 성인과 마찬가지로 심리하고 판결하도록 허용하는 법안들을 통과시켰고, 결과는 예상대로 비참했다."[44] 그리고 비영리 인권 감시 기구인 휴먼 라이츠 워치Human Rights Watch가 1999년 한 보고서에 쓴 표현대로, "'슈퍼 범죄자들이 온다'라는 현대의 전설은 확고한 사실과 엄밀한 과학적 연구 결과를 무시한 채 청소년과 형법 제도에 접근하도록 입법자들을 몰아붙였다".[45]

슈퍼 범죄자 밈이 실제 입법 활동에 미친 정확한, 딱 꼬집어 말하기 힘든 영향이 무엇이었든 영향을 미친 것은 확실하다. 공식적인 범죄 통계와 미국인 대다수가 가진 인식 간의 크나큰 단절, 뒤이어 올 개혁 노력을 지연시켰을지도 모르는 그 단절을 생각해보라. 슈퍼 범죄자 공포 확산이 정점에 달했던 1990년대 중반에 이미 범죄율 하락의 신호들이 데이터상에 나타나기 시작했지만(슈퍼 범죄자 아이디어를 옹호하는 지지자 중 일부는 이를 그저 상황이 완전히 통제를 벗어나기 전에 나타나는 일시적인 통계적 현상일 뿐이라고 일축했다), 그런 사실은 대중 여론에 반영되지 않았다. 사람들은 여전히 범죄를 극도로 두려워하며 범죄가 증가하고 있다고 확신했다. 예를 들어, 넬리스가 인용한 1996년 한 여론조사를 보면, "응답자의 84퍼센트가 전년도에 폭력 범죄가 증가했다고 생각했지만 실제로는 감소"했고, 인용한 또 다른 여론조사를 보면, "2000년대 초반에 실시된 〔여론조사는〕 1993년부터 2000년 말 사이에 살인 혐의로 체포되는 청소년 비율이 69퍼센트나 감소했음에도 미국인의 62퍼센트는 여전히 증가 중이라 믿고 있음을 보여주었다".[46]

특정한 통계적 변화와 그 변화에 대한 대중의 인식 간에 약간의 시차가 있는 것은 당연하지만, 슈퍼 범죄자처럼 충격적이고 감정적이며 전염성 강한 밈은 청소년 범죄와 미국인들의 현실에 대한 직관 사이에 예외적으로 큰 격차를 만든 것으로 보인다. 넬리스는 "범죄가 자기 동네 문제라고 믿는다는 응답자는 거의 없었는데, 이는 응답자들의 유추가 개인적인 경험에 근거한 것이 아님을 시사한다"[47]라고 지적했다. 그러나 슈퍼 범죄자 밈은 통제할 수 없는 무차별적인 살인 범죄라는 개념을 직접적으로 그런 위험의 영향을 받을 일이 없는 대다수 미국인조차 아주 쉽게 인식적으로 접근할 수 있게 만들었다. 이것은 여러 가지 사건들이 일어날 가능성에 관해 잘못 생각하도록 만드는(얼마나 쉽게 여객기 추락 사고를 생각할 수 있는지와 실제 여객기가 추락할 통계적 가능성을 비교해보라), 잘 알려진 인지적 결함인 '가용성 휴리스틱availability heuristic'(X의 사례들이 쉽게 떠오르는 걸 보니 X는 아주 일반적인 것이 틀림없다)의 한 예다. 앞으로 보겠지만, 이후 몇 년 사이에 청소년 범죄 공포 시대에 제정된 과도한 입법안들 일부는 원안으로 복구되었다. 그러나 슈퍼 범죄자 광풍이 불지 않았다면, 더 빨리 복구되지 않았을까? 합리적인 가정이다.

청소년 슈퍼 범죄자 밈의 역사에 관련하여 한 가지 흥미로운 사실은 이 밈을 원래 자리로 돌려보낼 수 있었을 전문가들이 상대적으로 조용했다는 점이다. 디울리오와 윌슨, 폭스가 제기한 주장들에 관해 학계 인사들이 쓴 회의적인 칼럼 몇 편 말고는 대중적인 논쟁이 많지 않았기에, 슈퍼 범죄자 개념은 그처럼 급속하게 유포될 수 있었다. 캘리포니아대 버클리 캠퍼스 법대 교수이자 드물게 이 개념을 대놓고 비판한 동시대 비평가인 프랭클린 짐링Franklin Zimring이 2013년에 쓰기를, 학계 범죄학자들과 인구통계학자들 사이에서는 회의적 시각이 팽배했지만, "(그 사람들을) 존중해서든 아니든 간에, 대부분은 (……) 인구통계학적 시한폭탄이라는 용어에 대한 학계 반응은 침묵이었다".[48] 2017년에 직접 대화할 때, 그는 청소년 범죄학이 딱히 연구자가 많은 분야가 아니다 보니 폭로자가 되려는 사람 자체가 많지 않다는 사실에 비난의 화살을 돌렸다. "사람들은 각자 다른 일들로 바빴어요. 그 일은 정치적으로 위험하거나 그런 것도 아니었고, 수요가 없는 것도 아니었고, 언론이 들어주지 않을 것도 아니었어요. 그냥 그런 일이 일어나지 않았을 뿐이지요. 이 분야는 사람이 많은 분야가 아니에요. 만약 존 디울리오가 그런 통계를 들고 지구온난화 판에 들어갔다면, 0.1초도 안 돼서 엄청난 숫자의 박사들이 반박문을, 그것도 엄청나게 공식적인 반박문을 들고 행진해올 겁니다."

하지만 전문가들의 폭로가 없었다는 건 이야기의 일부일 뿐이다. 사회가 가짜 이야기를 받아들일 때는 근본적으로 그 이야기가 그 사회가 듣고 싶어 하는 무언가, 또는 당시에 일어나고 있던 어떤 것을 설명해주는 듯한 무언가를 들려주기 때문일 때가 많다. 디울리오는 '슈퍼 범죄자'라는 개념이 근본적으로 인종에 관한 것이 아니라고 설명하고 싶어 했겠지만, 그 개념의 확산에는 처음부터 인종주의적 의미가 팽배했다. 그 밈이 많은 미국 백인들이 쉽게 믿을 수 있는 논리에 잘 맞았기에 그처럼 널리 퍼졌다는 강력한 논거가 있다. 그 논리는 이와 같다. '흑인 범죄는 근본적으로 백인 범죄와 다르며, 백인 범죄와는 다르게 더 가혹하게 다뤄져야 할 필요가 있다. 그것이 지금 우리가 처한 이 끔찍한 난장판에서 우리를 구해줄 유일한 방법이다.'

+

사람들은 대체로 정상적인 인간이 정말로 끔찍하게 행동할 수 있다는 생각을 받아들이기 어려워한다. 맞다, 정신적으로 장애가 있어서 큰 걱정 없이 한쪽으로 몰아 그들만의 행동학적 범주에 넣어둘 수 있는 범죄자들도 있다. 예를 들어, 진짜 사이코패스들이나 망상이나 환각의 결과로 타인을 해치는 정신분열증을 앓는 사람들이 있다. 그런 범죄자들은 몇 년씩 면담해봐도 그들이 저지른 극악한 행위들에서 일반적인 사람들에게 적용해볼 만한 통찰은 거의 얻어내지 못할 것이다.

그러나 그런 극소수의 범죄자들을 제외하면, 우리 종의 슬픈 진실은 어느 모로 보나 멀쩡한 구성원 중 많은 수가 폭행하고 살인하고 강간한다는 것이다. 때로는 르완다에서 투치족을 죽이는 후투족이고, 때로는 1950년대 디트로이트시 교외 지역을 통합시키기 위해 흑인이 거주하는 집 앞마당에 무장하고 나타난 백인 교외 거주자들이고, 때로는 이라크 민간인들을 살해하는 민간군사기업 블랙워터의 용병들이고, 때로는…… 음, 꼼꼼하게 기록돼 있는 피비린내와 비탄의 수천 년 역사에서 뭐든 원하는 사례를 꺼내 대입해보라. 역사는 깊이 자리 잡은 심각한 병리나 기능 장애가 없어 보이는 인간들이 저지른 온갖 끔찍한 일들로 가득하다.

이것은 질서와 의미와 우주가 공정한 곳이라는 느낌에 굶주린 우리를 매우 불편하게 만드는 종류의 사실이다. 왜 많은 사회가 범죄를 저지르지 않는 정상적이고 좋은 사람들과, 범죄를 저지르는 겉으로 보기에 사악하고 타락했고 뭔가에 씐 영혼들 사이에 굵고 진한 선을 긋기 위해 그렇게 먼 길을, 때로는 창의적으로 가학적이기까지 한 길을 갔는지 설명해줄 수 있는 사실이기도 하다. 두 집단 사이에 겹치는 부분이 아주 많다는 사실은 대충 숨기고 모르는 체하는 경향이 있다. 이런 구분의 면면을 유지하려면, 범죄자들은 갇히거나 표시되거나 추방되거나 변형되어야 하는데, 이는 카프카의 단편소설 「유형지에서」가 열두 시간에 걸쳐 아주 고통스럽고도 공개적인 방식으로 죄인의 몸에 죄인이 어긴 법률이나 규정을 새김으로써 사형을 집행하는 기괴한 기계장치를 묘사하는 장면이 시각적으로 보여주는 요점이기도 하다.

많은 경우에, 범죄자를 표시하고 분리해놓으려는 욕구는 효과적인 방범 수단이라기보다는 심리적 보호 장치에 더 가까울 것이다. 이 충동은 심리학자들이 '근본적 귀인 오류fundamental attribution error'라고 부르는, 더 광범위한 인간의 심리적 경향성과 연결되어 있다. 다른 모든 조건이 동일하다면, 우리는 일반적으로 타인의 행동을 설명할 때 내집단in-group 구성원과 외집단out-group 구성원을 매우 다르게 취급한다. 우리나 우리와 가까운 누군가 나쁜 행동을 하면, 우리는 그 행동을 완전히 정도를 벗어난 충격적인 사건으로 받아들이는 경우가 많다. 그 사건에 대해서는 무수한 맥락적 설명이 가능하다. 그 사람이 피곤했거나 배가 고팠거나 진짜 악의적인 다른 행위자의 영향을 받았다거나 하는 식이다. 우리는 그 행위가 행위자의 본질적인 성격을 보여준다고 결론 짓지 않는다. 반면에 저쪽에 있는 믿을 수 없는 사람들이 저지른 나쁜 행동으로 말하자면, 우리는 무슨 일이든 본질적인 뭔가가 원인이라고 생각할 가능성이 더 크다. '그 사람들은 원래 그런 사람들이니 살인을 저지른다 해도 놀랍지 않지. 무엇보다, 옛날부터 살인을 밥 먹듯이 하는 사람들이었으니까.'

시대를 초월해 사랑받는 뮤지컬 〈웨스트 사이트 스토리〉에 나오는 희극적인 노래인 〈아이고, 크럽키 경관님!〉이 이 원칙을 깔끔하게 설명해준다. 이 노래는 경찰이 뒷골목 불량배 패거리인 '제트'의 두목에게 당장 체포하지 말아야 할 이유를 한 가지라도 대보라고 요구하면서 시작된다. 놀랍게도 제트 단원들은 이유를 줄줄이 대는데, 하나같이 자신들은 자신들이 통제할 수 없는 힘의 희생자라는 주장에 근거한다.

이 노래는 청소년 비행에 대해 겉으로만 동정하는 태도를 가볍게 비꼬려는 의도인 것이 분명하지만, 근본적 귀인 오류를 설명하는 역할도 겸하고 있다. 크럽키 경관이 보기에 그 불량배들은 훈육이 필요한 썩은 사과다. 불량배들이 보기에 자신들은 무고한 희생자이거나, 아니면 적어도 무고한 희생자 역할을 할 줄 안다. 제트파 두

목이 노래로 탄원을 시작한다. "우리 어머니들은 모두 마약쟁이고 / 우리 아버지들은 모두 주정뱅이지 / 어머나 저런, 자연히 우린 불량배!" 노래는 마약상인 할머니에서부터 여자 옷을 입는 형제(이 작품이 1950년대에 만들어졌다는 걸 고려하자)에 이르기까지, 자신들이 왜 그렇게 고통을 겪는지에 관한 이론들을 끝도 없이 늘어놓지만, 전반적인 요점은 확실히 자신들이 아닌, 누군가 '다른 사람'의 잘못이라는 것이다.

우리에게 제트파 식으로 내집단을 용서하는 경향이 있듯이 우리에게는 외집단을 요점만 추려서 보려는 경향이 있다. 당연하지만, 범죄학의 주요 목표는 언제나 사람들이 범죄를 저지르는 이유를 파악하는 것이었고 과거에 취했던 형태 중에는 범죄자형犯罪者型을 식별하려는 때로는 강박에 가까웠던 집착이 있었다. 범죄자형이란 범죄, 특히 강력 범죄를 저지를 가능성이 있다고 사전에 특정할 수 있는 사람들의 범주이다. 디울리오의 '슈퍼 범죄자' 범주는 하류층 개념과의 명백한 연관성에 더해 '천성이 범죄자인 사람들, 그래서 우리와 완전히 같다고 볼 수 없는 사람들'이라는 폭넓은 범주를 세우려 시도한 숱한 이론의 긴 역사에 포함될 수 있다.

디울리오의 슈퍼 범죄자는 생물학이 아니라 환경에서 유래하지만, 오랫동안 범죄자형 수색을 주도한 것은 생물학적 결정론이었다. 범죄자에게는 보통 인간들과 구분할 수 있는 표시인 동시에 비정상적 행동의 원인이 되는 어떤 타고난 특징들이 있다고 가정되었다. 범죄학의 아버지로 여겨지는 이탈리아인 연구자 체사레 롬브로소

Cesare Lombroso보다 더 공격적으로 이 개념을 추구했던 사람도 없을 것이다.

1835년에 유대계 이탈리아인으로 태어난 롬브로소는 의사 교육을 받았으며, 사람들 사이의 측정할 수 있는 신체적 차이에 매료되어 있었다. 그는 연구 에너지의 많은 부분을 산 사람이든 죽은 사람이든 상관없이 사람을 단순 측정하는 데 쏟았으며, 정신 이상자와 범죄 성향이 있는 사람들의 몸에 특별한 관심을 두게 되었다. 1860년대와 1870년대에 여러 정신병원 병원장직을 역임한 그에게 그런 범주의 신체에 접근할 기회는 전혀 부족하지 않았다.[49]

롬브로소는 범죄 성향이 깊이 뿌리박힌 사람들이 다른 사람들보다 더 동물을 닮았고, 그들의 신체적 특징들을 측정함으로써 그 점을 밝힐 수 있다는 생각에 특히 이끌렸다. 그의 시금석이라 할 저서 『범죄적 인간Criminal Man』 제5판과 마지막 판이 출판될 즈음, 그는 이미 여러 범죄자형에 대한 분류 체계를 정립해두고 있었다. 어떤 사람들은 뿌리 깊은 결함 같은 것이 아니라 정상을 참작할 수 있을 만한 상황의 결과로서 범죄적 행위를 저질렀다. 롬브로소적 세계관에서 뿌리 깊은 결함이 없다는 것은 더 근본적인 형태의 범죄성을 나타내는 지표인 신체적 비정상성이 없다는 것으로 증명되었다. 예를 들어, '열정형 범죄자들'은 감정에 못 이겨 범죄를 저지르고는 재빨리 사과하는 유형이었다.(아마도 19세기 이탈리아판 제트파는 이렇게 노래했을 것이다. "크럽키 경관님, 이해해주세요 / 문제는 저의 열정 / 감당할 수 없는 열정.")

반면에 '생래형 범죄자'는 훨씬 더 중요하고 위험한 유형의 범죄성을 나타낸다. 메리 깁슨Mary Gibson이 저서 『타고난 범죄자— 체사레 롬브로소와 생물학적 범죄학의 기원Born to Crime: Cesare Lombroso and the Origins of Biological Criminology』에서 표현했듯이, 그런 범죄자들은 "진화적 관점에서 보면 퇴화였고 근대 유럽 문명에 난데없이 재등장한 저 자신의 잔인한 과거였다". 그들은 완전한 인간이 아니기 때문에 가혹하게 취급될 필요가 있었다. 그들은 정상적인 성숙한 인간들이 외부적 유인誘因에 반응하는 방식으로 반응하지 않았고 양심의 가책을 느끼지도 않았다. 롬브로소와 그 시대 사람들이 어떤 인종들은 다른 인종들보다 더 진화했다고 믿었으며, 유색 인종은, 깁슨의 표현을 따르자면, "원시적인 신체적 특징들"을 가질 가능성이 훨씬 큰 동시에 제 감정과 폭력적인 충동을 통제하는 능력이 떨어진다고 믿었던 것도 놀랄 일은 아니다.[50]

깁슨은 "인종 간 차이를 강조한 롬브로소의 주장은 수많은 생물학자와 인류학자, 통계학자가 인종적 차이를 과학으로 둔갑시키려고 애쓰고 있던 19세기 후반 유럽에서는 독창적이지도 예외적이지도 않았다"[51]라고 지적한다. 인종 간 차이에 대한 이 집착은 범죄학, 특히 미국의 범죄학에 심원한 흔적을 남겼다. 칼릴 지브란 무하마드Khalil Gibran Muhammad가 『흑黑에 내리는 유죄 선고The Condemnation of Blackness』에서 설득력 있게 보여주듯이, 1890년에 인종별로 구분된 체포 건수 데이터가 포함된 미국 인구조사 통계가 처음으로 공개된 이후로 사회과학자들은 끊임없이 그 데이터를 가공하여 흑인들의 본성이 근본적으로 열등하고 더 게으르다고 주장하는 흥미로운 이야기들을 뽑아냈고, 백인 청중들은 그런 이야기에 열심히 귀를 기울였다.

실제로 폭력 범죄와 관련하여 인종 격차가 있다는 사실을 무시할 수는 없다. 다른 인종 집단을 과감하게 단순화하여 배제하고 나면 흑인은 백인보다 폭력 범죄를 저지를 가능성과 폭력 범죄의 희생자가 될 가능성이 크다. 가해 건수의 격차 자체는 신화가 아니며 어떤 형태로든 오랫동안 존속해왔지만, 이는 정치적으로 민감한 주제이자 잘못 이해되기 쉬운 주제이기도 하다. 특정 변수들을 통제하면 흑백 범죄 건수의 격차가 극적으로 좁혀진다는 중요한 증거가 있다. 예를 들어, 두 명의 사회학자가 쓴 한 논문은 1990년 이후로 백인과 흑인, 라틴계의 폭력 범죄 비율 추세를 살펴보았고 "예상했던 대로, 구조적 불이익이 인종적/민족적 폭력 격차의 수준과 변화를 나타내는 가장 강력한 예측 인자 중 하나임"을 발견했다.[52] 어떤 식으로 측정하더라도 흑인이 백인보다 훨씬 많은 구조적 불이익에 직면해 있다. 경제학자 다이어니시 앨리프랜티스Dionissi Aliprantis는 다른 방향을 택하여, "공식 보고된 폭력 '노출' 빈도를 조건으로 했을 때, 젊은 남성이 폭력 행위에 가담할 가능성은 흑인과 백인이 동일하다"라는 사실을 발견한다.(강조는 필자)[53] 앨리프랜티스가 지적하듯이, "미국 흑인 남성의 26퍼센트가 만 열두 살이 되기 전에 누군가 총에 맞는 걸 본 적이 있다고 보고한다"라는 걸 고려하면 범죄율 격차는 놀랄 일이 아니다.

이런 논문들과 그 외의 유사한 논문들은 인종별 범죄율 격차 문제에 단정적으로 답하지 않으며, 실제로 그렇게 하기에는 심각한 방법론적 어려움이 있다. 내가 앨리프랜티스에게 전자우편을 통해 누군가가 소득이나 가족의 자산 정도와 범죄를 저지르는 경향성을 연관시키는 대규모의 전면적인 인종 간 상관관계 연구를 한 적이 있느냐고 물었을 때, 그는 미국에는 인종 간 부의 불평등 문제가 너무 심각하다 보니, 그런 분석을 건실하게 할 수 있을 정도로 잘 사는 흑인 가정의 숫자 자체가 충분치 않다고 지적했다.

이렇게 연구 결과들을 훑어보고 얻은 주된 요점은 인종 간 범죄 격차에 관해 엄밀한 방식으로 이야기할 수 있다는 사실, 즉 그 숫자들을 맥락 속에서 이야기할 수 있다는 사실이다. 사실은, 그렇게 하는 것이 필수적이다. 그러나 무하마드가 자기 책에서 설명했듯이 이러한 통계들은 특히 19세기 말 즈음에 생물학적 인종주의가 인기를 잃으면서부터 종종 인종주의적 아이디어들을 지지하는 데에 이용돼 왔다. 그는 "1880년대 즈음에 아프리카계 미국인들의 신체적 열등성을 증명하려던 최선의 과학적 노력이 실패로 돌아갔다"라고 썼다.[54] 그런 상황은 (막연한 의미에서) 보다 정교하고 문화적이고 행동학적인 일련의 새로운 흑인 열등성 주장들로 이어졌다. 머리뼈 모양과 크기를 재는 쓰레기 과학은 나가고, 혁신적으로 보이는 정량적인 표들이 들어왔다. 그 표들로 편리하게 증명되듯이, 흑인들은 동등한 시민으로 취급되기에 적당하지 않다고 주장하는 더 새롭고 더 '미묘한' 주장들이 들어온 것이다. 백인우월주의자이자 고생물학자 겸 지질학자인 너새니얼 샐러Nathaniel Shaler는 1890년《애틀랜틱》에 실은 글에서, "통계적 관점을 통해 이 분야를 광범위하게 살펴봄으로써 우리 결론들을 훨씬 확고한 토대 위에 세울 수 있게 될 것이다"라고 썼다.[55]

샐러의 시각을 디울리오의 시각과 직접 비교하는 건 불공평할 것이다. 그러나 디울리오의 슈퍼 범죄자 연구는 비슷한 목적지로 가는 다른 길을 택한 것으로 보였다. 두 사람이 쓰는 언어를 비교해보자. 무하마드가 지적하듯이, 샐러는 "흑인은 성적 충동을 통제할 수 없다. 공동의 목적을 위해 협력하지 못하며, 가장 중요하게는, 만족을 보류하고 미래를 계획하는 능력이 없다"[56]라고 믿었다. 디울리오 역시 흑인은 만족을 보류하는 능력이 없다는 견해를 언급했고, 무고한 사람들을 희생양으로 삼는 도덕성 없는 괴물 '무리'라는 언급을 했다. 1896년에 또 한 명의 저명한 백인우월주의자인 프레드릭 호프먼Frederick Hoffman은 아프리카계 미국인들이 거주하는 일부 도시 구역에서는 "인간 발달에 미치는 유일한 영향력이 악덕과 범죄"라고 썼다.[57] 한 세기 후에 디울리오는 도심 슬럼가에서 많은 흑인이 "일상에서 본을 보이며 도덕성을 가르치고 그 본을 따르도록 훈육하는 사람이 사실상 부재한 가운데 성장"하고 있다고 썼다.

흑인이 열등하다고 선언한 샐러 이후로 수년, 수십 년이 흐르는 사이에 백인 범죄와 흑인 범죄는 성질이 다르다는 추정이 셀 수도 없을 만큼 많은 중요한 정책 결정을 이끌었다. 백인 아이들은 소년원이 생긴 초기부터 이용할 수 있었지만 흑인 아이들은 아니었다.[58] 백인 이민자들의 범죄는 사회의 가혹한 취급이 만들어낸 부산물로서 용서가 되었지만 흑인 범죄는 아니었다. 맞다, 아일랜드인과 이탈리아인을 온전한 인간이 아니라고 여긴 냉혹한 백인 인종주의자들도 있긴 있었지만 그런 편견이 사회를 밀어붙이는 보편적인 힘은 아니었다. 오히려, 특히 '혁신주의 시대' 개혁가들 사이에는 마침 섈러가 통계적 인종 과학에 대한 흥분을 피력하고 있던 즈음에 처음 세워진 '인보관隣保館, settlement house*' 같은 제도들을 통해 온전한 시민을 길러낼 수 있다는 공감대가 있었다. 당연히 인보관을 포함한 다른 많은 세기 교체기의 사회 서비스에서 흑인들은 노골적으로 배제되었고 흑인 거주 지역들은 동등한 물자를 받을 수조차 없었다. 그리고 범죄 수치는 그런 무시를 손쉽게 정당화해주었다.

+

간단하게 말하자면, 유사심리학적이든 통계적이든, 어떤 범죄학 이론들은 확실한 증거보다 범죄자들을 타자화하려는 오래된 인간의 보편적 충동과 그보다는 최근에 발달한 인종적 위계의 결합에 더 많이 기인하는 듯하다. 어떤 '특정 유형의 인간'이 범죄자가 될

---

* 1884년 런던에서 처음 시행된 제도로서 바네트 신부가 이민자들의 열악한 주거, 노동 환경을 개선하기 위해 세운 토인비 홀(Toynbee Hall)이 시초이다. 미국에서는 1889년 제인 애덤스가 시카고 빈민가에 헐 하우스(Hull House)를 세우면서 시작되었다. 인보관에서 일하는 사람들은 공동 숙식하며 지역 사회의 주택, 위생, 노동 문제 등에 공동으로 대응하였다. 인보관은 지역사회운동의 중심이 되었고, 젊은 사회운동가들의 단련장이자 활동 공간이 되기도 했다.

가능성이 크다고 믿는 사람이 있다면, 그 범죄자 유형이 정상적인 측정 방식으로 구분되거나 통제될 수 없을 때, 결국은 인종적 위계가 그 '특정 유형의 인간'이 누구인지에 대한 유용한 실마리를 제공하게 될 것이다.

이는 범죄학자들이 개발하는 공식적인 이론들과 범죄에 관한 민간 이론들 모두에 적용된다. 또 이슬람 신앙에는 개혁과 근대화에 반대하게 만드는 뭔가 독특한 것이 있으므로 이슬람 신자들은 현세의 관계나 유인에도 흔들리지 않는 폭력적인 테러리스트가 될 가능성이 훨씬 크다는, (여러 가지 기준으로 봤을 때, 이 집단 구성원의 범죄율이 토박이 시민의 범죄율보다 낮다는 사실을 무시하는) 자주 등장하는 수사에서부터 미등록 이주민들이 저지르는 범죄에 대한 도널드 트럼프의 유명한 집착에 이르기까지, 인종적 편견은 범죄에 관한 다양한 공론의 장에 주기적으로 튀어나오는 경향이기도 하다.

존 디울리오로 말하자면, 그가 인종적 편견을 강화하기 위해 노골적으로 자신의 이론을 의도했다고 믿을 이유는 별로 없다. 사실, 그는 나중에 조지 W. 부시 정부의 '신앙에 기반한 지역공동체 정책실' 책임자로 일한 공로로 몇몇 흑인 지도자들의 갈채를 받기도 했다. 그 정책 자체를 정교분리 원칙 위반이라고 본 많은 자유주의자 사이에서 엄청난 논쟁과 불안이 일었던 반면, 일부 흑인 종교 지도자들과 신자들은 디울리오가 맡은 그 조직에 상당히 열광했다(부분적으로는 그 조직이 흑인 기독교 단체들에 연방 기금을 받을 수 있는 기회를 안겨주었기 때문이다).[59] 디울리오가 그 조직에서 일할 때 친구이자 매우 존경받는 아프리카계 미국인 종교인 겸 활동가인 유진 F. 리버스Eugene F. Rivers 목사가 교회를 통해 사회문제를 해결하기 위해 함께 일한 것이 하나의 실례이기도 하다.[60]

그러나 여기서 현실을 무시해서는 안 된다. 20세기에 어떤 진전이 있었든, 세기가 끝날 때까지도 미국 사회의 다수는 허술한 통계적 증거를 기반으로 사법제도와 마주친 많은 흑인을 구제할 수 없는 괴물처럼 취급하도록 만든 설익은 아이디어를 기꺼이 받아들이는 지경에 머물렀다. 그런 이야기들은 아무리 옷을 바꿔 입고 나와도 어느 시점에는 같은 메시지가 옷을 뚫고 비치게 마련이었다. 흑인은 백인과 다르고 흑인 범죄는 백인 범죄와 다르다는 메시지이다. 통계가 증명한다. 그리고 본성 중심적 설명으로도(흑인들은 생물학적으로 열등하다), 양육 중심직 설명으로도(흑인 문화와 가치들은 열등하다), 또는 어떤 혼합적 설명으로도 이 결론에 도달할 수 있다. 요점은 늘 똑같았다. 그런 사실들에 비추어 보면, 디울리오가 백인 슈퍼 범죄자들의 존재를 인정했음에도 백인 슈퍼 범죄자에게 관심 같은 걸 보인 사람조차 거의 없었다는 사실이, 또는 백인 하류층에 대한 사회적 관심이 상대적으로 부족했다는 사실이 놀랄 일도 아니다(그래도 공정하게 말하자면, 찰스 머리Charles Murray와 J.D. 밴스J.D. Vance 같은 몇몇 중도 우파 작가들과 사상가들은 적어도 부분적으로 문화주의적 이론들을 채택해 백인 하류층의 행동을 설명해왔다). 슈퍼 범죄자 담론의 대부분은 흑인 거주 지역과 흑인에 관한 것이었으며, 그 때문에 많은 백인이 도심 슬럼가가 온전한 인간이 아닌 폭력 청소년들로 들끓고 있으며, 그런 아이들이 더 많이 떼로 몰려오고 있다고 확신했다.

+

2012년에 존 디울리오와 제임스 앨런 폭스, 제임스 Q. 윌슨은 슈퍼 범죄자 개념을 완전히 부정하는 대법원의 법정 조언자 보고서에 서명했다.[61] 프랭클린 짐링과 다른 주목할 만한 슈퍼 범죄자 회의론자들이 공동으로 작성한 다른 법정 조언자 보고서와 나란히 놓인 그 보고서는 열네 살 때 발생한 살인사건에 연루된 혐의로 (법률에 따르면 가석방 없는) 종신형을 선고받고 상고 중인 두 흑인 청년, 에반 밀러와 컨트릴 잭슨을 지원하기 위한 보고서였다(밀러는 살인에 직접적으로 관여했지만, 잭슨의 경우는 밀러와 함께 강도질을 시도하다 미수에 그쳤고, 그 과정에서 방아쇠를 당긴 범인은 밀러였는데도 함께 살인죄로 기소되었다). 법정에서 제기된 문제는 미성년자에게 의무적 종신형을 규정하고 있는 법률이 잔인하고 이례적인 처벌에 해당하는가 하는 여부였다.

법정 조언자 보고서 전체를 관통하는 어조는 단도직입적이다. "슈퍼 범죄자 세대가 온다는 공포는 근거가 없는 것으로 판명됐다"라고 저자들은 주장한다. "1990년대 초중반 동안에 있었던 폭력 범죄의 증가 추세와 그 이후의 감소 추세를 분석한 실증적 연구는 청소년 슈퍼 범죄자 설이 신화에 불과했으며 그에 따르는 청소년 폭력 범죄에 관한 예측이 근거가 없는 것이었음을 보여준다. '우리 법정 조언자들'은 지난 10년 동안 발표된 학술 연구 자료 중에서 청소년 슈퍼 범죄자 개념을 뒷받침하는 자료를 '전혀' 확인하지 못했으며, 그 용어를 처음 고안한 학자는 자신의 설명과 예측이 틀렸다고 인정했다. 그 학자는 이 보고서를 제출하는 '우리 법정 조언자' 중 한 명이다."

법정은 미성년자들에게 가석방 없는 종신형을 선고하는 법률은 실제로 잔인하고 이례적이라는 판결을 아슬아슬하게 내렸다. 그 판결 외에도 21세기 미국 연방대법원은 가혹한 소년법 규정들을 줄이기 위해 여러 번 판결을 내려야 했다. 다른 판결들은 청소년에 대한 사형 선고와, 살인을 포함하지 않는 범죄에 대한 의무적 종신형 선고를 폐지했다.[62] 이런 판결들은 모두 발달심리학과 신경과학이 내놓은 최근의 증거에 근거하여 어린 사람들에 관해 우리가 알게 된 것들, 즉 그들은 더 충동적이고, 자기 행동에 따르는 득실을 잘 따질 줄 모르며, 앞뒤 가리지 않고 충격적인 행위들을 할 수 있다는 사실에 더 잘 부합하도록 사법제도를 바꾸려는 폭넓은 운동의 일환이었다. 누군가가 열여섯 살에 '슈퍼 범죄자'처럼 보이는 행위를 저지른다고 해서 자동으로 그 아이가 구제 불능이라거나, 도덕성이나 인간성과 관련하여 어떤 종류의 영구적인 손상을 겪고 있다는 의미는 아니다.

디울리오는 2001년에야 《타임스》와의 대담[63]에서 자신이 완전히 틀렸다고 인정했다. 그러면서도 아주 명확하게는 아니지만, 그 아이디어에 대한 "반응 속도를 자신의 글쓰기 속도로는 제어할 수 없었다"라고 주장했다. 통제하려고 최선을 다했지만 맹렬한 사회적 반응이 소용돌이치며 자신의 통제력 밖으로 빠져나가는 듯했다고 그는 묘사했다. 디울리오는 《타임스》에 이렇게 말했다. "의도하지 않았던 모든 결과에 대해 유감스럽게 생각합니다. 하지만 저는 청소년 투옥에 책임이 없습니다." 이야기의 이쪽 부분은 미완인 듯하다. 다른 면에서는 신중한 학자인 디울리오가 왜 자신이 제기한 핵심 용어를 완전하게 정의하거나 동료 평가를 거친 슈퍼 범죄자에 관한 연구 자료를 발표하지도 못하면서 그처럼 극적이고 무시무시한 주장들을 했을까? 그가 충분히 설명한 것 같지는 않으니, 한번 알아보면 흥미로울 듯했다. 나는 펜실베이니아대학 학과 사무실을 통해 그와 이야기를 나눌 수 있는지 물었고, 그가 건강 문제 때문에 인터뷰에 응하지 않는다는 대답을 들었다.

여기서 얻을 수 있는 더 큰 교훈에 관해서는 두 가지 요점이 눈에 띈다. 첫째, 존경받는 대중 지식인이 사상적 지도자의 역할에 빠질 때 발생할 수 있는 위험이다. 어떤 아이디어에 '아이비리그 전문가들이 믿는'이라는 도장이 찍히면, 대개 그것만으로도 날개를 달고 유포되기에 충분한데, 그 아이디어가 우리 몸에 밴 문화적 또는 사회적 상례에 잘 맞기까지 하면야! 때로 아이비리그 전문가들도 틀릴 때가 있고, 때로 그들도 자기 전문 영역 바깥으로 뛰쳐나가는 모험을 한다는 사실은 무시될 때가 많다. 언론인들과 정책 입안자들은, 예컨대 주어진 수치(예: 이 장의 앞부분에서 나온, 전국적으로 청소년 6퍼센트가 심각한 폭력 범죄자가 될 수 있다는 통계)를 원천 자료까지 추적해 들어가 파악하면서 정말로 타당한 주장인지 확인할 시간이나 전문성이 부족한 경우가 많다.

　슈퍼 범죄자 사례는 또한 개념적 모호함을 배격하고 특히 새롭거나 감정적으로 주의를 끌거나 혹은 둘 다인 용어들이 신중하고 일관적이고 반증 가능한 방식으로 정의되어야 한다고 강력히 주장할, 힘 있는 위치에 선 사람들이 필요하다는 점을 보여준다. 슈퍼 범죄자 개념의 역사를 검토해보면, 그 개념이 얼마나 허술하게 정의되었는지, 그리고 그 수석 설계사에게 엄밀한 질문을 던진 사람이 얼마나 적었는지, 놀랄 정도다. 느슨하게 정의된 용어들이 주변에 굴러다닌다면, 그 용어가 월요일에는 이런 의미, 화요일에는 저런 의미로 받아들여진다면, 거의 확실히 설익은 행동과학적 사고가 일어나고 있다는 징후다. 그리고 슈퍼 범죄자 밈보다 더 큰 해악을 끼친 설익은 행동과학적 사고의 사례는 흔치 않다.

3 전장으로 간 긍정심리학

인간의 어리석음에 대해 더없이 날카로운 통찰을 제시해준 노벨상 수상 심리학자 대니얼 카너먼Daniel Kahneman이 인터뷰에서 즐겨 하는 이야기가 있다. 그의 저서 『생각에 관한 생각』에도 나오는 이야기다.

오래전에 한 대형 금융사 최고투자책임자를 만나러 간 일이 있는데, 나를 보더니 방금 포드 자동차 주식에 수천만 달러를 투자했다는 게 아닌가. 내가 왜 그런 결정을 했는지 물으니, 최근에 자동차 전시회에 갔다가 깊은 인상을 받았기 때문이라고 했다. "이야, 그 사람들은 진짜 차를 만들 줄 안다니까!" 그게 그의 설명이었다. 그는 자신의 직감을 믿고 또 자신의 결정에 만족한다는 사실을 매우 분명하게 드러냈다. 그가 경제학자라면 유의미하다고 할 단 하나의 질문, 즉 '포드 주식이 지금 저평가되어 있는가?'라는 질문을 전혀 고려하지 않았다는 사실이 나는 놀라웠다. 대신에 그는 직관에 귀를 기울였다. 그는 자동차를 좋아했고, 그 회사를 좋아했고, 그 회사의 주식을 소유한다는 생각을 좋아했다. 주식 투자를 할 때 신중하게 종목을 골라야 한다고 믿는 사람이라면, 그 투자책임자가 아무 생각 없이 거액을 투자했다고 생각하는 것이 합리적이리라. [1]

"이야, 그 사람들은 진짜 차를 만들 줄 안다니까!"라는 어린애 같은 외침 탓에 더 놀랍게 느껴지는 일화다. 카너먼이 지적했듯이, '그 특정 시점에 포드 사에 막대한 돈을 투자하는 것이 합리적인가'라는 질문에 그보다 더 동떨어진 대답을 내놓기도 어려우리라.

카너먼이 제기하는 요점은, 다른 때에는 똑똑한 유력인사들조차 정확한 상황 이해가 아니라 직관적인 판단에 기반해 결정을 내릴 때가 있다는 것이다. 이것을 '미숙한 직관'이라 부르도록 하자. 그 중역은 투자할 주식 종목을 선정하면서 기술을 도입하지 않고, 진짜 유능한 투자자라면 무시했을 직감에 따라 포드 사에 투자했다. [2] 미숙한 직관은 우리 모두에게 스며 있다. 인간의 두뇌가 자주 우리를 속이고 주의를 흐트러뜨리기 때문에, 우리는 하나같이 잘 모르는 분야에서 자기 능력을 과대평가하는 경향인 더닝-크루거 효과the Dunning-Kruger effect*에 취약하다.

---

* 인지 편향의 하나로 능력이 부족한 사람이 잘못된 판단으로 잘못된 결론에 이르나 능력이 부족하기에 실수를 알아차리지 못하는 현상.

그처럼 위험도가 높지는 않지만, 일상의 숱한 상황에서도 이런 일이 일어난다. 차가 구동되는 원리도 잘 모르고 차의 엔진 표시등에 대해서 정비사가 하는 말도 잘 못 알아듣겠지만, 왠지 그 정비사가 믿을 만한지 아닌지에 대한 강한 느낌이 올 때, 그것이 바로 미숙한 직관이다. 그러나 조직 차원에서 보자면, 조직에 해를 입히거나 하다못해 성공 가능성이 없는 프로젝트에 자원을 투자하게 만들 위험이 제일 큰 요인이 미숙한 직관이다. 조직에서 결정권을 가진 사람들이 믿을 만한 정보가 한 줌도 안 되는 상황에서 확보된 증거를 엄밀하게 평가하는 법조차 모르는 채, 생소한 분야에 관한 중대한 결정을 내려야 할 때가 많기 때문이다.

조직심리학자이자 세인트루이스대 경영전문대학원 전략연구소장인 매슈 그래위치Matthew Grawitch가 전자우편으로 이 개념을 잘 설명해주었다. "리더들은 일반적으로 저마다 업계 특정 분야의 전문가이기 때문에 그 위치에 오릅니다. 그러나 판매되는 상품이나 서비스가 아니라, 그런 것과는 거의 접점이 없는 문제들(예를 들자면, 결근율을 줄이는 법, 이직률을 줄이는 법, 근무환경을 심리적으로 더 건강하게 만드는 법)을 해결해야 하는 상황이 되면, 대개는 가장 최근에 나온 가장 대단한 만병통치약을 여기저기 팔아대는 컨설팅 업체에 의존하게 되지요. 컨설팅 업체는 잘해봐야 자신이 제안하는 개입/접근이 어떻게 문제를 해결하는지 그럴듯하게 설명할 뿐이고, 나머지는 리더들의 선입견이나 경험적 지식, 부족한 전문성이 채우게 됩니다."

우리는 진리인 척하는 심리학 연구 결과들이 실제로는 얼핏 봤을 때와는 달리 현실 세계의 문제를 해결하는 것과는 관련이 없을 수 있다는 사실을 앞에서 이미 보았다. 심리과학을 응용하려면 매우 특정한 연구 상황에서 도출된 결과들을 현실 세계라는 훨씬 크고 복잡한 환경에 맞춰 변환하는 과정이 포함되어야 할 때가 많다. 버지니아대 법학자 그레고리 미첼은 다음과 같이 주장한다. "아마 많은 사람이 알아차리지 못하는 것은 (……) 제시되는 심리학적 지혜가 대부분 아주 제한적인 연구 결과에 기반해 있으며, 심리과학이 대체로 연구의 외적타당성external validity을 검증하는 일에는 거의 가치를 두지 않는다는 사실이다." '외적타당성'이란 간단하게 말해서 실험에서 나온 연구 결과를 현실 세계에도 적용할 수 있느냐 하는 문제이다.[3]

설익은 심리학적 주장과 정말로 유망한 주장을 구분하려면 특히 높은 수준의 기술과 지식이 필요한데, 평범한 회사의 인사팀장이나 학교 교장이나 다른 의사결정권자가 그런 기술과 지식을 가지고 있기를 기대하는 건 비현실적이다. 종합해보자면, 이런 유의 전문직업인들에게 컨설팅 업체가 내미는 심리적 개입 카탈로그가 건네졌을 때, 미숙한 직관이 고개를 내밀 가능성이 특히 크다고 하겠다.

그렇다면 응용심리학은 주장이 과대 선전될 위험, 부적절한 것에 돈이 낭비될 위험, 긴박한 문제를 해결해야 하는 중요 인사들이 좀비 이론에 습격당할 위험 등등의 특정한 위험들을 동반한다. 행동과학 분야 중에서도 가장 최근에 확립된 심리학의 하위 분야이자 미 육군을 필두로 한 많은 기관에 미심쩍은 이론들을 아주 큰 금액으로 성공적으로 팔아치우며 갈수록 대중적 인기를 얻고 있는 긍정심리학의 시도보다 이런 위험을 더 잘 보여주는 분야도 없을 것이다.

+

긍정심리학은 펜실베이니아대의 전설적인 연구자 마틴 셀리그먼Martin Seligman이 창시했다(미하이 칙센트미하이Mihaly Csikszentmihalyi도 핵심적인 역할을 담당하여, 2000년에 출판된 혁신적인 논문을 함께 썼다[4]). 그쪽 계통에 있는 사람은 다 아는 셀리그먼은 이론심리학 역사에 한 획을 그은 상징적인 인물이다. 경력 초기만 봐서는 그가 긍정성에 헌신하는 분야의 대부가 되었다는 사실이 뜻밖으로 여겨지리라. 그의 초기 연구는, 음, 뭐랄까, 좀 어두웠다. 개에게 여러 방법으로 충격을 주는 실험을 통해, 셀리그먼은 '학습된 무기력'이라는 매우 중요한 심리학 개념을 발전시켰다. 그 개념은 유기체가 스스로 주변 환경을 통제할 수 없는 상황에서 표준적인 자기 보존 행위를 멈추는 현상을 지칭한다. 셀리그먼과 동료들은 그 개념을 인간에게로 확장했다. 특정한 상황에서, 특정한 사람들은, 대체로 포기한다. '학습된 무기력'은 이내 심리학의 교과서적 개념이 되었다.

하지만 셀리그먼은 나중에 연구의 초점을 극적으로 바꾸었다. 연설과 인터뷰 등에서 여러 번 설명했지만, 그는 심리학이 병리 현상, 즉 망가진 사람들을 고치는 데에 너무 집중한 탓에 사람들의 저항력을 기르는 데에, 기본적으로 건강한 사람들이 저마다의 잠재력을 극대화할 수 있도록 돕는 데에 덜 집중한다는 사실을 깨달았다. 셀리그먼은 미국 심리학계를 변화시키고 싶었다. 가장 좋은 방법은 미국 심리학계를 대표하는 조직인 미국심리학회의 회장이 되는 것이었다. 롭 허츠Rob Hirtz가 《펜실베이니아 가제트》 기사에서 밝힌 바에 따르면, 그렇게 해서 셀리그먼은 1990년대 중반에 "심리학은 정신질환 치료에 집중된 근시안적 시야를 넓혀 정신건강 증진까지 포괄해야 한다"라고 주장하며 미국심리학회 회장 선거에 출마하게 되었다.[5]

셀리그먼의 정신건강 증진 아이디어는 전반적으로 개인의 자기계발을 중심으로 삼았다. 1975년 발간된 책에 그는 "가난은 금전적인 문제일 뿐만 아니라, 더 중요하게는 개인의 자기 인식, 존엄, 자존감 문제다"[6]라고 썼다. 그는 사람들이 거대한 구조적 힘의 위력 앞에서 어느 정도 무력해진다는 좌파 공통의 믿음에 그다지 공감해 본 적이 없다. 그는 그런 정서를 자기연민으로 본다. 그는 1999년 인터뷰에서 이렇게 말했다. "일반적으로 말해서 지금 우리 문화는 뭔가 일이 잘못됐을 때 자신의 성격이나 판단 때문에 실패를 자초했다고 믿기보다, 반대로 뭔가 더 큰 위력 탓에 그런 일이 일어났다고 믿는 쪽을 지지합니다. 문제는 그것이 수동성과 포기, 무력감을 만들어내는 원인이라는 것입니다. 그러니 제가 보기에는 책임 떠넘기기가 만연한 거지요."[7]

셀리그먼의 미국심리학회 선거운동은 성공적이었다. 그는 1996년에 회장에 당선되어('현대 들어 가장 큰 득표수'라고 그의 교수 소개란에 기록돼 있다[8]) 1998년에 취임하면서 긍정심리학을 자기 임기의 주제로 삼았다. 시장성 뛰어난 이 새로운 하위 분야는 심리학의 범위를 넓히는 중요한 전환점이 되었다. 바버라 에런라이크_{Barbara Ehren-reich}는 2009년에 긍정적 사고 운동에 대한 비판서『긍정의 배신—긍정적 사고는 어떻게 우리의 발등을 찍는가』에서 이렇게 설명했다.

긍정심리학은 심리학계가 안고 있는 현실적인 문제들에 하나의 해답을 제공했다. 1980년대 말에 효과적인 항우울제가 여러 종류 출시되었고, 1차 진료를 담당하는 의사들이 10분 정도의 진료를 통해 처방할 수 있게 되었으니, 심리학자가 할 일은 무엇이 남아 있을까? 1990년대에 관리의료를 제공하는 기관들과 보험사들이 지루하게 이어지는 대화 요법을 시술하는 심리치료 개업의들의 재원을 효과적으로 차단하면서 전통적인 심리요법에 등을 돌렸다. 미시간심리학회는 심리학을 '멸종 위기 업종'이라 선언했고, 한 캘리포니아주 심리학자는《샌프란시스코 크로니클》에 "관리의료 제도 탓에 소신에 따라 환자들을 치료하지 못하는 임상심리학자들이 많다. 그래도 사람을 돕는 분야에서 일을 계속하고 싶은 이들이 치료에서 코칭으로 옮겨가고 있다"라고 말했다. 아픈 사람을 치료하는 분야에서는 지원을 받을 수 없었던 반면, 평범한 사람을 더 큰 행복과 낙관과 개인적인 성공에 다가가도록 지도하는 분야에는 무궁무진한 기회가 있었다.[9]

이런 관점에서 보면, 긍정심리학은 직업으로서의 심리학 영역

을 크게 확대하여, 심리학자들은 자신을 긍정심리 지도사로 홍보하며 각종 기업과 학교, 그 외의 여러 기관에 진출할 수 있었다. 긍정심리학자들은 고객들을 전통적인 의미로 '진단'하거나 '치료'하지 않았기에 보험사를 개입시킬 필요도 없었다. 거의 모든 사람이 잠재 '고객'이 되었다.

긍정심리학 세계의 본부는 2003년 펜실베이니아대에 설치된 셀리그먼의 '긍정심리학센터'이다. 원래부터 있던 심리학과와는 별개로, 긍정심리학센터에 1년 과정의 응용심리학 석사학위 과정이 개설되었다. 이 과정은 급성장하는 긍정심리 분야에서 긍정심리학 코치와 긍정심리 전문 컨설턴트로 일할 수 있도록 학생들에게 필요 기술들을 가르친다.(응용긍정심리학 석사 졸업자들은 그 자격만으로는 임상심리치료나 심리상담업은 할 수 없다.)

긍정심리학은 기본적으로 사람을 더 행복하고 낙관적으로 만들 수 있는 믿을 만한 방법이 있으며, 그런 변화가 정신건강 증진과 수명 연장과 같은 이점을 가져다준다고 주장한다. 그러나 그 기초를 이루는 과학에는 논란의 여지가 있다. 대니얼 호로위츠가 2018년에 긍정심리학 분야의 문화적·과학적 역사를 다룬 뛰어난 저작『더 행복해진다는 것―미국의 변화를 열망한 한 문화운동의 역사Happier? The History of a Cultural Movement That Aspired to Transform America』에 썼듯이, "사실상 고려 중인 긍정심리학의 모든 연구 결과는 내부와 외부 양쪽에서 이의가 제기되어 논란 상태에 있고 (……) 주요 결론들이 의심받거나, 수정되거나, 심지어 폐기되었다".[10]

사람이 행복해서 더 오래 사는지, 아니면 건강한 덕분에 오래 살아서 행복한지와 같은, 상관관계가 뒤바뀐 것이 아니냐는 질문에 관련된 결정적 쟁점들이 아직 완전히 해명되지 않았는데, 이 문제뿐만 아니라 다른 여러 문제도 듣기에 그럴듯한 긍정심리의 서사에 밀려 무시되는 경우가 많았다. 예를 들어, 일부 긍정심리학자들이 오랫동안 주장해온, 개인의 행복도와 면역력 간의 관련성을 뒷받침하는 증거는 아주 허약하다. 요즘에는 자주 들리지 않지만, 그 주장은 셀리그먼을 포함해 많은 사람이 공감했던 주장이었다. [11]

긍정심리학에서 나온 가장 기발한 주장 중에는 긍정적 사고와 부정적 사고의 적절한 비율인 '결정적 긍정성 비율'이라는 것이 있어서, 그것이 행복한 삶과 큰 연관성을 갖는다는 주장이 있다. 두 명의 비평가가 설명한 바에 따르면, 바버라 프레드릭슨Barbara Fredrickson 과 마르시얼 로사다Marcial Losada가 처음으로 제기한 이 개념에서 "비선형적 동역학계 수학을 사용하여 물리학에서 유명한 로렌츠 방정식으로 도출된 것으로 짐작되는 그 비율은 정확하게 '2.9013'으로 정의되었다". [12] 프레드릭슨과 로사다는 이 명확한 숫자가 문화와 인종, 성별 차이에 상관없이 불변하는, 진정한 인간의 보편적인 기준이라고까지 주장했다. 셀리그먼은 그들의 일부 주장을 완전히 수용하고 홍보를 돕기도 했다. 그는 프레드릭슨의 책 『긍정의 발견—긍정과 부정의 3:1 황금 비율』을 열렬히 격찬하며 말했다. "바버라 프레드릭슨의 발표를 처음 들었을 때, 옆에 앉은 유명 심리학자가 외쳤다. '저건 진짜야!'" 그는 독자들에게 그 책이 "더 행복해지는 법에 대한, 철저한 과학과 현명한 조언이 완벽하게 조화를 이룬 책이다. 바버라 프레드릭슨은 긍정심리학 운동의 천재다"[13]라고 장담했다.

역시 긍정심리학이 내놓고 셀리그먼이 열심히 추어올렸던, 겉으로 보기에는 더 그럴듯한 다른 공식 하나도 실상을 들여다보면 어째 위태위태하다. 긍정심리학자 소냐 류보머스키Sonja Lyubomirsky 팀이 2005년에 출판한 논문은 인간 행복의 편차가 50퍼센트는 유전, 10퍼센트는 환경, 40퍼센트는 개인 선택의 결과인 '개인이 통제할 수 있는 요소'로 설명된다고 주장했다. 이 논문은 상당히 많이 인용되었다.[14] 이 고무적인 '행복 파이' 개념은 입소문을 타고 퍼져, 류보머스키는 쇄도하는 출간 계약과 강연 요청을 포함한 다양한 직업적 보상을 얻었다. 셀리그먼은 자신의 저작에서 그 개념을 'H=S+C+V'라는 '행복 공식'으로 변형시켰다. 즉 행복 H는 S(유전적 설정값)+C(환경)+V(개인의 자발적 통제권 아래 있는 것들)와 같다. 그는 부분적으로 류보머스키의 연구 결과에 기초하여 보통 사람에게도 훨씬 더 행복해질 수 있는 상당히 큰 잠재력이 있다고 주장했다.

놀랍게도 누군가가 류보머스키의 이 명랑한 주장을 동료 평가를 거치는 수준 높은 학술지에서 비판적으로 평가하는 데 거의 15년이 걸린 듯하다. 닉 브라운Nick Brown과 줄리아 로러Julia Rohrer가 2019년 4월에 《행복 연구 저널》에 출판한 논문을 쓰기 위해 그런 작업에 착수하고 보니, 류보머스키 팀의 연구에서 통계적 문제가 속출했다.

그중에서 하나만 꼽자면, "행복의 유전성 수치를 (정확하게) 50퍼센트로 낮춰 잡은 이유를 설명해주는 증거가 아주 제한적이다. 그 결과로서, 만성적 행복에서 의도적 행위가 원인이라 여겨지는 추정치가 40퍼센트라고 믿을 만한 이유가 거의 없는데, 예를 들어, 류보머스키를 포함한 저자들이 일련의 다른 (하지만 우리가 보기에는 똑같이 그럴듯한) 추정치를 선택했다면, 만성적 행복에서 아주 작은 (5퍼센트) 편차만이 의지적 행위에서 기인할 수 있다고 쉽게 결론 지었을 것이다".[15] 행복 편차에서 개인이 통제할 수 있는 분량이 5퍼센트라고 말하는 것과 40퍼센트라고 말하는 것에는 결정적인 차이가 있으며, 그 차이에 다양한 긍정심리 책과 개입의 유용성 같은 명확한 파급효과가 결부돼 있다는 정도만 얘기해도 충분할 것이다. 아니면, 루스 휘프먼Ruth Whippman이 『갈망하는 미국America the Anxious』에서 말했듯이, "팔 책이나 제안할 코칭 프로그램이나 판촉에 나설 행복 기술이 있는 사람이라면 누구나 선취하고 싶어 하는 것이 바로 이 40퍼센트이다".[16]

이런 사실들에 비추어 봤을 때, 학계 내외부에서 여러 비평가가 긍정심리학이 보증되지 않은 주장들을 한다고 비판해온 것도 당연하다. 2011년에 긍정심리학자 토드 B. 캐슈단Todd B. Kashdan과 마이클 F. 스테거Michael F. Steger는 이렇게 썼다. "엄밀한 시험을 거친 긍정심리학 데이터가 최근에야 학술지에 첫선을 보이기 시작했다. 그러나 이미 몇 년 전부터 긍정심리학을 '응용'하는 무언가가 계속 있었다. 이런 사실은 긍정심리학의 과학적 노력에 관해 어떤 의미를 전달할까? 긍정심리학이 자주 '행복학'으로 치부되거나 짐 존스Jim Jones*가 싸구려 종이컵에 담아 건네는 천국의 약속처럼 여겨지는 것이 이상한 일일까?"[17] 호로위츠가 『더 행복해진다는 것』에 썼듯이, "대중화 위험에 깊이 관련된" 일부 긍정심리학자들의 주요 관심사는 조잡한 주장들을 마케팅하기 위해 매끄러워 보이도록 다듬는 일이다.[18]

그러나 이 분야의 엄밀함을 둘러싼 이런 심각한 의문들도 긍정심리학이 대중에게 제 상품들을 꽤 성공적으로 팔아치우는 것을 막지 못했다. 긍정심리학은 언론의 엄청난 주목과 존 템플턴 재단과 같은 기부자들로부터 수백만 달러에 달하는 설립 지원금을 끌어내었고, 전방위적인 성공에 따르는 여러 부수입을 누렸다. 하버드대는 긍정심리학 수업이 수백 년에 이르는 대학 역사상 가장 인기 있는 강좌가 되었다고 선전했다.[19] 한편으로 셀리그먼의 긍정심리학센터는 센터를 유치한 펜실베이니아대 측에 홍보와 재정 양쪽 측면에서 도움이 되었다. 2018년 연례보고서에서 셀리그먼은 "긍정심리학센터는 재정적으로 독립적이며 펜실베이니아대에 상당한 간접비를 기부하고 있다"라고 언급했다.[20]

+

* 1955년부터 1978년까지 '인민사원'이라는 신흥 종교 운동을 이끈 사이비 교주이자 정치 운동가로, 1978년 가이아나 존스타운 밀림 안에 세운 공동체 마을에서 청산가리가 든 음료를 나눠 주어 900명이 넘는 신도를 강요된 자살로 밀어 넣은 다음 권총 자살했다.

긍정심리학센터는 수년에 걸쳐 경찰청에서 의과대학에 이르는 인상적인 고객 명단을 꾸준하게 늘려왔지만, 그중에서도 가장 중요한 고객은 아마 미 육군일 것이다. 2008년 미 육군이 군인들 사이에서 문제가 된 외상 후 스트레스 장애Post-Traumatic Stress Disorder, PTSD와 자살 위기를 해결하기 위해 셀리그먼에게 도움을 요청했는데, 그 대가로 셀리그먼의 학문적 보루에는 수백만 달러 규모에 달하는 미 육군과의 계약이 보상으로 주어졌다.

앞으로 보겠지만, 긍정심리학센터와 계약하기로 한 육군의 결정은 적어도 어떤 각도에서 보면 이해할 만했다. 그러나 긍정심리학센터의 제안과 홍보 방식을 예리하게 주시해온 관찰자에게는 이 제안이 수상쩍게 여겨질지도 모른다. 셀리그먼과 긍정심리학센터는 자신들이 제공하는 교육 활동들에 관해 검증된 증거를 넘어서는, 인상적으로 들리는 주장들을 펼쳤다.

한 사례가 소위 말하는 '스트라스 헤이븐 긍정심리학 커리큘럼' 개입인데, '스트라스 헤이븐'은 필라델피아시 교외에 있는 한 고등학교의 이름이다. 셀리그먼의 연구팀은 《옥스퍼드 교육 리뷰》에 출판된 논문에 그 교육 활동의 "주요 목표가 (……) 1) 학생들이 자기 성격의 특징적인 강점을 확인하도록 돕고, 2) 학생들이 그 강점을 일상생활에 더 많이 활용하게 하는 것"이라고 썼다. 그리고 뒤에서는 "이 개입은 이러한 목표들 외에도 회복탄력성과 긍정적 감정, 그리고 삶의 의미나 목적에 관한 학생들의 의식을 증진하기 위해 노력한다"라고 설명했다.[21]

이 접근법은 대체로 셀리그먼과 심리학자인 고故 크리스토퍼 피터슨Christopher Peterson이 상정한, 성격과 행복한 삶 간의 관계에 관한 아이디어들에 기초한다. 전반적인 주장은 무엇보다 용기나 정직, 유머 같은, 성격의 특정한 측면들이 문화의 차이를 뛰어넘어 모든 문화권에서 긍정적으로 받아들여진다는 것과 각자가 다른 사람과는 상당히 다를 수 있는 저만의 성격적 강점을 인식하고 배양하는 법을 배우면 개인의 행복도와 성과가 개선될 수 있다는 것이다.

여러 가지 긍정심리학적 개입을 요약하고 있는 《옥스퍼드 교육 리뷰》 논문에서 셀리그먼 연구팀은 스트라스 헤이븐 고등학교에서 실행한 시범 적용의 성과를 "청소년을 위한 긍정심리학 커리큘럼의 첫 번째 임상 연구이다. 우리 연구단은 교육부에서 280만 달러를 지원받아 최근에 고등학교 긍정심리학 커리큘럼에 대한 무작위 대조군 실험 평가를 완료했다"라고 기술한다. 연구자들이 설명한 바에 따르면, 9학년 학생 347명이 그 커리큘럼을 포함하는 수업("9학년 학생들을 대상으로 1년 동안 80분짜리 수업을 약 20~25차례 제공")과 평소와 같은 정규 수업이 제공되는 대조군에 배정되었다. 저자들은 "학생과 학부모, 교사들은 프로그램이 시작되기 전과 끝난 후, 그리고 이후 2년간의 관찰 기간에 표준 설문지를 작성했다"라고 썼다. "설문지는 학생들의 강점(예를 들면, 학구열, 친절함)과 사회성, 비행, 학교생활에 대한 흥미도를 측정했다. 또, 우리는 학생들의 성적도 살펴보았다."[22]

놀랍게도 연구진은 무작위 대조군 실험을 통해 자신들이 주장하는 교육 활동의 효과를 평가하기 위해 거의 300만 달러에 달하는 정부 보조금을 받아놓고서도, 실험 결과를 완전하고 포괄적인 형태로 발표한 적이 없다. 《옥스퍼드 교육 리뷰》논문에 포함된 해당 프로그램에 관한 간략한 토론 내용이 일부 잠정적인 결과들을 알려주긴 하지만, 완전하게 공개된 평가에서 기대할 수 있는 통계적 세부 내용은 거의 없었다. 저자들은 한 하위 집단에서 성적 향상이 관찰되었다는(아마도 다른 집단에서는 관찰되지 않은 듯하다) 다소 모호한 주장을 하지만, 이를 뒷받침하는 어떤 통계도 제공하지 않는다.[23] 그래도 전반적인 결과가 실망스러웠다는 사실은 명확하다. "긍정심리학 프로그램은 우울과 불안 증상과 성격적 강점, 방과 후 활동 참여도에 관한 학생들의 설문 답변과 같은, 우리가 측정한 다른 결과들에서 개선 효과를 발생시키지 않았다."[24]

하지만 셀리그먼의 실적을 알고 싶은 학교 관리자라면 누구나 펜실베이니아대 웹사이트에 소개된 '교육자를 위한 회복탄력성 훈련' 페이지에서 프로그램에 대한 훨씬 긍정적인 평가를 만날 수 있다. 거기서 셀리그먼은 스트라스 헤이븐 프로그램이 "긍정적인 감정을 늘리고 부정적인 감정을 줄일 뿐만 아니라, 성격적 강점들과 관계, 의미를 형성한다"라고 주장한다. 셀리그먼이 동료 평가를 거친 논문에는 프로그램이 "성격적 강점들을 (……) 개선하지 못했다"라고 쓰고서, 자신의 학문을 알리는 웹사이트에는 왜 "성격적 강점들을 개발한다"라고 썼는지는 불명확하다. 내가 긍정심리학센터에 프로그램의 평가 과정에 관한 정보를 더 얻을 수 없느냐고 문의

하자, 센터는 긍정심리학센터와 직접적인 관련은 없지만 프로그램의 설계를 도왔고 과거에 셀리그먼과 함께 일한 적이 있는 (《옥스퍼드 교육 리뷰》 논문의 공저자이기도 한) 스와스모어대 심리학자 제인 길햄Jane Gillham을 연결해주었다. 길햄은 프로그램에 관해 동료 평가를 거친 완전한 평가 결과가 발표된 적이 없다는 사실을 확인해주었다. "그 건은 지역 교육청과 협력하여 진행한 조사 연구였습니다. 결과는 셀리그먼 등의 2009년 논문으로 출판되었고, 두 장章에 걸쳐 설명되어 있습니다. 셀리그먼 논문은 전문가 검토를 거쳤으나, 그게 전형적인 실증적 연구 보고서는 아니라는 말은 맞습니다"라고 길햄은 썼다.

과하게 부풀린 주장을 해대는 셀리그먼의 경향성은 '펜실베이니아대 회복탄력성 프로그램Penn Resilience Program', 즉 PRP의 경우에서도 볼 수 있다. PRP는 긍정심리학센터가 내놓은 가장 성공적인 '히트작'이다. 이 프로그램은 전 세계 학교에 팔렸고, 앞으로 보겠지만 다양한 교육 외 환경에 맞게 응용되기도 했다.

길햄이 1990년대에 처음 만든 PRP는 10세에서 14세까지를 대상으로 하며, 특히 우울증에 대한 저항성을 높여 학생들의 정신건강을 개선하는 것을 목표로 삼는다. 길햄 연구팀이 어느 책의 한 장에서 설명하는 바에 따르면, PRP는 애런 T. 벡의 우울증 모형에 기초한다. 애런의 우울증 모형은 "자기 자신과 세계, 미래를 전반적으로 부정적인 방식으로 바라보는 경향성이 행동적 대처 능력의 부족과 결합하여 사람을 우울과 불안의 위험에 빠뜨린다고 제시한다".[25]

이런 시각에 따르면, 인지행동치료를 통해 우울증을 일으키는 원인의 많은 부분에 대응할 수 있다.

우리는 1장에서 인지행동치료, 즉 CBT를 만났다. 인지행동치료의 유일한 핵심 개념은 세상을 이해하고 해석하는 양식들에서 환자가 더 적응적이고 현실적인 양식을 채택하도록 단련시키는 것, 소위 말하는 더 나은 '설명 양식' 쪽을 향하도록 환자를 독려하는 것이다. 길햄 연구팀은 이렇게 썼다. "비관적인 설명 양식을 가진 청소년은 과학 시험을 망치면 속으로 '나는 멍청해' 또는 '난 수학이나 과학에는 소질이 없어'라고 생각한다. 반면에 과학 시험에서 우수한 성적을 받으면, '이번 시험은 쉬웠으니까'라고 생각할 것이다."[26] 이 청소년의 설명 양식을 개선하면 생각하는 방식도 개선될 것이고, 그 결과로 자신에게 일어나는 일들에 대한 통제감이 강화될 수 있다.("이번 시험은 잘 못 봤지만, 어떻게 하면 다음번에 나아질 수 있는지 아니까, 이번 시험 결과가 내가 완전히 멍청하다는 의미는 아니야.") 그리고 인지행동치료가 불안과 우울증에 효과적인 치료법임을 나타내는 확실한 근거가 있다.

그러나 보통 인지행동치료와 같은 개입들은 훈련받은 치료사가 이미 불안이나 우울증을 앓고 있는 사람들을 대상으로 시행한다. 그러나 일반적으로 제공되는 방식의 PRP는 두 지점 모두에서 인지행동치료와는 완전히 다르다. 긍정심리학이 하나의 아이디어이자 하나의 제도로서, 심리학이 심리적으로 건강한 사람이 잠재력을 펼치는 데에도 도움을 주어야 한다는 믿음을 중심으로 구축되었다는 사실을 떠올려보라. 따라서 PRP는 이렇게 진행된다. 목표는 장기적인 관점에서 지금 건강한 젊은이들에게 우울증과 불안을 예방할 수 있는 인지 습관과 기술을 심어주는 것이다. (이미 정신건강에 경고 신호를 보이는 아동 집단에 맞춘 응용형들도 있긴 하지만) 일반적으로 봤을 때, 이는 정신건강 문제를 치료하거나 관리하는 것보다는 예방하는 것을 의미한다. 이것이 왜 그렇게 매력적인 발상인지는 누구나 쉽게 알 수 있을 것이다. 사실, 뭐가 됐든 정신적 질병에 대항할 수 있도록 청소년 집단에 예방 주사를 놓을 수 있는 효과적인 방법이 있다면, 엄청나게 많은 고통을 (그리고 그 과정에서 엄청나게 많은 돈을) 줄일 수 있을 것이다. 훈련에 비용이 든다 해도, 발병 이후에 심리치료나 약물 처방으로 관리하는 것보다는 저렴할 수 있다. PRP는 인지행동치료와 달리 대부분의 임상 환경에서 훈련받은 치료사가 훈련을 주도하지 않는다. 그보다는 길햄과 동료들이 썼듯이, PRP 지도자들은 "일반적으로 4~5일 과정의 훈련 실습에 참여하여 먼저 자신의 삶에 PRP 기술을 적용해보고 나서, 그 커리큘럼을 초등 고학년생과 중학생 집단을 대상으로 실행하는 법을 배운다."(정신건강 전문가들이 제공하는 다른 PRP 판본들도 있어서, 여기에도 몇 가지 변형들이 있다.)

　길햄 연구팀이 구상한 펜실베이니아대 회복탄력성 프로그램PRP은 개별 수업의 수와 길이는 다를 수 있지만 6~15명으로 구성된 학생 집단을 대상으로 약 20시간 정도 소요되는 과정으로 제공된다. 주목적은 아이들과 어린 청소년들이 부정적인 혼잣말('이번 시험은 망쳤어. 나는 정말 아무짝에도 쓸모가 없어')과 파국화catastrophization('엄마가 지금쯤 집에 왔어야 하는데, 뭔가 끔찍한 사고를 당한 게 틀림없어')가 주는 잠재적인 악영향과 기본적인 인지행동 원리들을 더 잘 이해하도록 돕는 것이다.

PRP는 이런 경직되고 융통성 없는 사고 패턴을 식별할 수 있도록 학생들을 가르치고, 그런 사고 패턴을 떨쳐버리는 데 도움이 되는 도구들을 제공한다. 예를 들어, PRP 교육 과정에는 '탐정 이야기'를 활용하여 프로그램의 요점을 쉽게 설명하는 부분이 있다. "첫 번째 탐정(머록 웜스)은 특정 용의자를 떠올리고는 '머릿속에 제일 먼저 딱 떠오른 이름'이기 때문에 그 사람이 범죄를 저지른 게 틀림없다고 확신한다. 두 번째 탐정(셜록 홈스)은 용의자 목록을 만든 다음 (대안 산출에 대한 비유) 각각에 증거를 대입하며 부합 여부를 신중하게 검토한다."[27] PRP는 또한 학생들에게 머릿속에 떠오르는 최악의 설명에 최선의 설명('어쩌면 엄마가 복권에 당첨되는 바람에 늦는지도 몰라')을 덧붙이고는 둘 다 일어날 가능성이 작다는 사실을 깨닫게 하는 등, 정신건강을 개선하는 구체적인 기술들을 내놓는다. 이런 훈련을 받은 아이들이 장기적으로 정신건강을 지키는 데 도움이 될, 더 유연하고 적응적인 행동적·인지적 습관을 발달시키게 되리라는 아이디어다.

긍정심리학센터는 명확히 PRP를 센터가 제공하는 최고의 프로그램으로 여겼는데, 청소년들 사이에서 (실증적으로는 논쟁의 여지가 없지 않지만) 뚜렷하게 급증하는 듯 보이는 우울과 불안을 얼마나 많은 부모와 교사와 학교 운영자가 걱정했는지 생각하면 이해할 만도 하다.[28] 웹페이지는 이 프로그램이 '행복감과 낙관적 기분'을 늘리고 '우울과 불안, 비행(뿐만 아니라) 약물 남용과 정신질환'을 줄인다고 자랑한다.[29] 2009년에 열린 미국심리학회 연례총회 연설에서 셀리그먼은 20년에 걸쳐 수행된 19건의 PRP 연구 결과를 발표했다. 미국심리학회가 배포한 보도 자료에 따르면, "연구자들은 학생들이 스스로의 기분을 평가한 자료에 기초하여, PRP가 최장 1년 동안 낙관적 기분을 증가시키고 우울 증상을 감소시킨다는 결과를 내놓았다. 이 프로그램은 또한 절망감과 객관적인 우울과 불안 수준을 감소시켰다. 아울러, PRP는 다른 인종적·민족적 배경을 가진 아동들에게도 마찬가지로 잘 작용했다".[30]

유감스럽게도 셀리그먼은 이 문헌 검토 결과를 어느 학술지에도 게재하지 않은 듯하고(이 건에 관해 전자우편으로 직접 문의했지만, 그는 답장으로 다른 연구 건을 알려주었다), 그가 확인한 효과들이 얼마나 인상적인지, 기존 연구 결과들을 검토에 포함하거나 제외할 때 어떤 기준을 이용했는지 등등은 불명확하다. 그러나 길햄 본인이 공동 저자로 참여한 메타분석 연구로서 더 정규적인 방식으로 수행된 다른 문헌 검토 연구에서는 다른 결론이 나왔다.

물론 메타분석이 만병통치약은 아니다. 전반적인 연구 자체가 특정한 유형의 통계적 편중 현상들을 안고 있다면, 거기서 도출된 메타분석 결과도 비슷한 결함을 지니게 될 것이다. 그리고 메타분석 연구 대상에 어떤 연구 결과가 포함되어야 하고 어떤 연구 결과가 포함되지 말아야 하는지를 놓고 자주 격렬한 논쟁이 일어나는 것으로 보아, 이런 유형의 연구에도 오류에 빠지기 쉬운 인간적 판단이 상당히 많이 개입되는 듯하다. 하지만 대다수 맥락에서, 엄격하게 수행된 한 번의 메타분석이 분명하게 정의된 포함 기준이나 품질관리 기준 없이 고른 여러 편의 연구들보다 낫다.

길햄이 공저자로 참여하고 스티븐 브런워서Steven Brunwasser가 주저자로 작성하여 2009년에 출판한 이 메타분석 연구는 PRP에 관한 열일곱 편의 대조 평가 연구, 즉 PRP 집단과 대조 집단의 결과치를 비교한 연구 결과들을 검토했다. 그 결과, PRP에 노출된 학생들의 우울 증상이 감소한 듯 보였으나, 통계적으로 봤을 때 감소량은 미미한 것으로 나타났다. 저자들은 이렇게 결론내렸다. "앞으로의 PRP 연구는 PRP가 우울 증상들에 미친 영향이 실험 참가자들에게 객관적으로 의미 있는 효과로 이어지는지, 이 프로그램의 비용효율이 높은지 (……) 그리고 PRP가 현실 상황에 적용되었을 때 효과적인지 검토해야 한다."[31]

인상적인 증거 기반에 근거하여 이미 여러 학교에 판매되고 있던 프로그램에 대한 평가치고는 인상적이지 않다. 그리고 2016년에 《청소년 저널》에 출판된 PRP에 관한 다른 메타분석 논문은 훨씬 가혹한 판정을 내렸다. 저자들은 이렇게 썼다. "PRP가 우울이나 불안을 감소시키고 설명 양식을 개선한다는 증거가 발견되지 않았다. PRP의 대규모 적용은 권장될 수 없다. 범용 PRP의 내용과 구조는 재고되어야 한다."[32] 길햄은 전자우편을 통해 이 메타분석 연구가

PRP와는 많이 다른 프로그램 연구들까지 한 덩어리로 취급하여 분석에 포함하고 있어서 결과에 동의할 수 없다고 말했다. 그러나 요점은 두 메타분석 연구가 다 PRP의 신뢰성에 손을 들어주지 않는다는 점이다.

셀리그먼은 셀리그먼대로 PRP가 어느 정도 효과가 있다는 결론이 나온 것으로 보이는, 오스트레일리아와 뉴질랜드 연구원들이 수행한 2015년 메타분석 연구를 참조하라고 알려주었다. 그러나 주에서 자세히 다루겠지만, 자세히 들여다보면, 특히 일반인을 짧은 기간 훈련한 다음 지도사로서 (대부분) 건강한 학생들에게 투입하여 잠재적 비용 대비 효과 측면에서 아주 매력적으로 보이는 PRP의 '특색'에 이르면, 그 메타분석 연구가 브런워서와 길햄의 평가에서 도출된 것과 별반 다를 바 없는 이야기를 한다는 사실을 알 수 있다. 사실 공저자들 스스로도 "우리의 연구 결과는 PRP에 대한 다른 검토 결과와 일치한다"라고 밝히며 브런워서와 길햄이 수행한 그 맥빠지는 메타분석 결과를 인용한다. [33]

PRP가 더 효과적이지 않은 이유는 무엇일까? 정확히 아는 사람은 없지만, 지금까지 심리학 연구가 특정한 맥락에 의존하여 진행되었다는 사실에 근거하여 어떤 추론을 해볼 수 있다. 인간은 매우 복잡하고 환경에 따라 매우 다르게 행동(또는 반응)하기 때문에, 특정한 시공간을 점유한 한 집단에 유효했던 발견이 다른 맥락을 가진 집단들에 보편적으로 적용되지 않을 수 있다.(이것이 과거의 수많은 심리학 연구가 소위 '위어드WEIRD' 대상, 즉 서구의Western, 교육받은Educated

대상, 그중에서도 산업화되고Industrialized, 부유한Rich, 민주주의Democratic 국가 출신으로 한정된 대상들에게만 수행된 것에 대한 우려가 점차 커지는 이유 중 하나이다. 이 주제에 관한, 인류학자 조 헨리치Joe Henrich의 연구를 다룬《퍼시픽 스탠더드》의 주요 기사의 제목이 "세계는 하나가 아니다We Aren't the World"인 것처럼, WEIRD 대상에 적용되는 연구 결과들이 다른 대상들에게는 일반화되지 않을 수 있다고 의심할 만한 정당한 이유가 있다.[34])

일반적으로 인지행동치료의 유효성을 뒷받침하는 근거는 이미 우울이나 불안으로 고통받는 개인들을 대상으로 일대일 치료를 시행했을 때의 효과를 분석한 연구 결과들에 있다. 개별적 치료 프로그램에서 얻은 연구 결과들을 '집단 예방' 프로그램으로 일반화할 수 있다면, (긍정심리학센터는 말할 것도 없이) 사회에 도움이 될 것이다. 그러나 한 맥락에서 작용하는 개입이 다른 맥락에서는 작용하지 않을 수 있기에, 이는 어디까지나 시험해보아야 할 가설이지, 명백하게 참인 주장은 아니다.

일대일 인지행동치료와 펜실베이니아대 회복탄력성 프로그램의 차이는 상당하다. PRP 맥락에서 보면 전통적인 인지행동치료 시기와는 달리, 개입을 받는 개인들이 (대부분) 이미 우울이나 불안을 앓고 있는 사람들이 아니며 딱히 개별화된 배려를 받지도 않는다. 이미 특정한 유형의 정신적 질병을 앓으며 일주일에 두 번씩 인지행동 전문가를 만나 전문적인 훈련을 받은 치료사의 완전하고도 집중된 주목 속에서 45분짜리 치료를 받는 14세 소년과, 정신적으로 건강한 데다 고작 4~5일 과정의 훈련을 받은 비전문가가 이끄는 20

시간짜리 단체 활동에 참여하는 다른 14세 소년의 차이를 생각해보라. 근본적으로 맥락이 다른 얘기다. 두 가지 변수가 얼마나 정확하게 영향을 미치는지는 모르겠지만, 길햄도 그것이 아마 자신이 공저한 메타분석 연구가 보여주는 맥 빠지는 결과의 원인일 것이라는 데 동의했다. 그녀는 한 전자우편에 이렇게 썼다. "이 두 가지가 큰 요인일 듯하다는 당신의 말이 옳으리라 생각합니다."

그렇다고 전반적인 PRP 기본 원리들의 근거가 빈약하다는 말은 아니다. PRP의 기본 원리라고 할 수 있는 인지행동치료 자체는 우울증과 불안을 치료하는 수단으로서 임상심리학자들로부터 높은 평가를 받고 있기 때문이다(이 주장의 근거가 과장되었다고 믿는 일부 회의론자들도 있지만 말이다). 인지행동치료는 '결정적 긍정성 비율'이나 '행복 파이'와 같은, 긍정심리학 운동에 연관되는 다른 프로그램들에 비해 훨씬 견고한 아이디어들에 기초한다. 하지만 PRP는 우울과 불안을 예방하기 위한 새롭고도 실험적인 접근법으로서 유효성을 입증할 증거가 필요하다. 그리고 PRP는 장담했던 결과를 보여준 것 같지 않다.

PRP가 기대에 못 미치는 결과를 낸 이유가 무엇이든 2020년 현재 상황을 봤을 때, 긍정심리학센터의 글로벌 고객들은 소식을 전해 듣지 못한 듯하다. 고객들은 계속해서 PRP를 구매하고 있다. 실제로 학교를 대상으로 한 PRP의 점유율은 확대되었다. 긍정심리학센터의 2018년 연례보고서는 센터가 경찰 인력에 맞춘 PRP 개발 명목으로 법무부로부터 2년짜리 보조금을 받았다는 사실과, 다른 많은 고객 중에서도 특히 예일대와 펜실베이니아대 의대에 유사한 프로그램을 개발·납품하기로 계약했다는 사실을 요란스레 떠들어댄다. 셀리그먼은 보고서에서 전체적으로 "2007년부터 우리는 5만 명이 넘는 사람들에게 PRP를 270차례 제공했다"라고 언급했다. PRP가 아이들을 대상으로 기획된 것을 고려하면, 그 프로그램이 성인을 대상으로 제공된다는 사실은 완전히 다른 층위의 불확실성을 추가한다.[35]

왜 여기서는 프로그램의 유효성에 대한 증거가 부족하다는 사실이 별문제가 안 되는 듯이 보일까? 미숙한 직관이 제도적 수준에서 어떻게 작동하는지에 대한 심리학자 매슈 그래위치의 설명을 떠올려보라. PRP는 분명 '자신의 개입/접근법이 어떻게 그 문제를 해결할지에 대한 그럴듯한 설명'을, 그것도 핵심만 보자면, 상당히 널리 인정되는 과학에 기초한 설명 같은 것을 제공한다. "우리는 대체로 인지과학 원리들에 기초한 스무 시간 정도의 훈련을 학생 집단에 제공하는 것만으로 문제가 일어나기 전에 청소년 정신건강 문제를 막을 수 있다." 이 이야기가 학교 행정에는 전문가이지만 청소년 심리학이나 인지행동치료 연구 또는 연구 방법론에 대해서 유효한 질문을 할 정도로는 전문가가 아닌 학교 행정가들에게 얼마나 완벽하게 합리적인 설명으로 들릴지 이해하기란 그리 어렵지 않다. 문제는 그럴듯하게 들리는 이야기가 늘 참인 것은 아니라는 점이다.

+

긍정심리학센터가 미국 교육에도 상당한 영향을 끼치긴 했지만, 그래도 지금까지는 미 육군이 그 아이디어를 채택한 것이 제일 큰 사건이다. 대니얼 호로위츠가 말한 "대중화의 위험"이 가장 명확하게 포착되는 지점도 바로 거기다.

2007년 즈음에 미 육군은 병사들의 정신건강 문제가 위기 수준으로 치닫고 있음을 깨달았다. 이라크와 아프가니스탄 전쟁으로 가뜩이나 부족한 인력이 더욱 부족해지는 바람에 펜타곤은 병력을 유지하기 위해 예전부터 지켜오던 파견 규정을 수정하게 되었다.[36] 이 때문에 파병이 더 잦고 길어지면서 파병 기간 사이의 간격이 줄어들었고, '한 달에 주말 한 번, 1년에 2주일' 휴가를 주는 평시 훈련 규정과 이따금 국내 재해 지역에 파견되어 구조작업을 벌이는 정도를 예상하고 지원한 이들이 다수인 주 방위군과 미 육군 예비군 인력이, 반복적으로 실제 전투 지역에 파견되는 경우가 잦아졌다.[37]

이라크와 아프가니스탄에 파병된 군인들은 베트남에 파병됐던 전임자들과 마찬가지로 말이 통하지 않고 친구와 적을 구분하기도 어려운 타지의 점령군이 되어, 기습적인 매복 공격과 폭발물 함정과 미군이 우위를 점할 수 있는 전통적인 전쟁 형태가 아닌 변칙적 공격 등이 불시에 들이닥칠 것 같은 위협에 시달렸다. 결과는 깜짝 놀랄 정도였다. 한 주요 연구 결과[38]에 따르면, 일반 국민의 외상 후 스트레스 장애PTSD 유병률이 약 6.8퍼센트인 데 반해, 이 시기에 파병된 퇴역 군인의 약 15.7퍼센트, 파병되지 않은 퇴역 군인의 약 10.9퍼센트가 PTSD 양성 판정을 받았다.[39] 2002년에는 분쟁의 충격을 정면에서 받았던 육군 병사들의 자살 사건이 무섭게 증가하기 시작했고, 많은 수가 PTSD 증상들과 직접적 관련이 있는 것으로 드러났다.

PTSD는 어떻게 보면 일부러 치료를 방해하려고 짰다고 할 만큼 치료가 어려운 장애다. 전문가들은 PTSD를 근본적으로 신경계에 가해진 충격의 결과로서, 투쟁-도피 반응의 특정 측면들이 제대로 작동하지 못하게 되는 원인이라고 생각한다. 그래서 신체는 많은 경우에 일상적인 상황에서도 마치 생사가 걸린 상황에 맞닥뜨린 듯이 반응하게 된다. PTSD 피해자들은 평범한 자극에 노출되더라도 트라우마와 관련이 있을 때는 심장이 세차게 뛰는 등의 강렬한 신체적 증상을 동반한 쇠약성 플래시백으로 고통받는 경우가 많다. 다리 위에서 매복 공격을 당한 경험으로 고통받는 피해자는 다리 근처에만 가도 이 장애를 직접 겪어보지 않은 사람에게는 설명조차 하기 어려운 끔찍한 신체적 반응을 겪을 수 있다. PTSD를 앓는 사람들은 또 "트라우마 사건이 끝난 후에도 그 경험과 관련하여 오랫동안 지속되는 강렬하고 불안한 생각과 느낌"으로 고통받으며, 증상 중에는 "플래시백이나 악몽", 분노, 공포, 그리고 "다른 사람들로부터 분리되거나 소외된" 느낌 등이 포함될 수 있다고 미국심리학회는 설명한다.

미국심리학회 사이트는 또한 "PTSD를 앓는 사람들은 트라우마 사건을 상기시키는 상황이나 사람을 피하거나, 큰소리나 우연한 접촉과 같은 일상적인 일에 강한 부정적 반응을 보일 수 있다"라고 언급한다.[40] PTSD의 증상 중 '회피'는 희생자를 고립시키게 되는 기제 때문에 특히 교활하다. 일반적으로 봤을 때, 심리적으로 고통받는 피해자가 다른 사람들로부터, 사회적 지지와 평범한 일상생활로부터 분리되었다고 느끼면 상황은 나아지기는커녕 오히려 나빠질 가능성이 크다. '자기 머릿속에 갇힌'이라는 표현이 판에 박힌 말처럼 들릴지는 모르지만, 이 표현은 최악의 PTSD 사례들을 정확하게 묘사하는 표현이다. PTSD를 앓는 사람들의 설명을 보면, 반복적 회상과 탈진, 자기 몸에 인질로 사로잡힌 듯한 느낌 같은 주제들이 자주 되풀이된다. 아프가니스탄에서 복무했고 PTSD를 앓았던 민주당 소속 전 미주리주 국무장관 제이슨 캔더Jason Kander는 2019년 인터뷰에서 크리스 헤이스Chris Hayes에게 "어딜 가나 출구가 몇 개 있는지 확인하고, 상황이 발생했을 때 (이때의 '상황'은 식당이 정전되는 경우 같은 것을 의미한다) 탈출하는 방법에 관해 네 가지 시나리오를 짜게 되는" 강박을 회상하며 자신이 치러야 했던 '과각성過覺醒'의 대가를 설명했다. 그는 헤이스에게 "저는 12년째 밤잠을 푹 자본 적이 없습니다"라고 말했다.[41]

이라크와 아프가니스탄에서 얼마나 많은 병사가 싸우고 있었는지, 그들 중 얼마나 많은 수가 전투의 잔인한 본성을 경험했는지, 그리고 PTSD와 중독과 폭력 같은 치명적일 수 있는 행위 사이에 어떤 연관성이 있는지 생각하면, 9·11에 뒤따른 전쟁들로 촉발된, 치료되지 않은 PTSD의 확산이 이후 미국 사회에서 벌어진 끔찍한 비극의 흐름으로 이어지는 것이 놀랄 일이 아니다. 통계적으로 봤을 때는 PTSD로 고통받는 이들이 자살로 삶을 마감할 가능성이 훨씬 크지만, 실제로 전 국민의 주목을 받은 것은 퇴역 군인들이 저지른 몇 건의 무자비한 살인 사건이었다. 2008년 초에 《뉴욕 타임스》는 이렇게 보도했다.[42] "미국 전역의 도시마다 신문 주요 기사들이 비슷한 사연들을 담고 있다. 워싱턴주 레이크우드시에서는 「퇴역 파병 군인의 아내 살해, 유가족은 이라크전 비난」, 사우스다코다주 피에르시에서는 「살인 혐의 병사, 전쟁 후 스트레스에 관해 증언」, 콜로라도주 스프링스시에서는 「이라크전 제대군인, 두 건의 살인과 범죄 조직 구성 용의자로 지목」."[43](이 집단에는 압도적으로 남성이 많지만, 이라크와 아프가니스탄에서 싸우는 여성 병사들은 불균형적으로 또 다른 주요 문제인 성폭력의 영향을 받았다. 미국 보훈부 통계에 따르면, 보훈부 진료소에서 면담한 여성 네 명 중 한 명이, 남성은 백 명 중 한 명이 복무 기간 중에 성폭력을 경험했다고 보고했으며, 군대에서의 성폭력은 '일반적으로' PTSD에 '관련된다.')

2007년 10월, 정력적인 9·11 펜타곤 테러 생존자이자 PTSD 피해 당사자이기도 한 질 체임버스Jill Chambers 대령이 이 문제의 해결 방안을 찾는 기념비적 과제를 넘겨받았다. 미 합동참모본부의 새 의장으로 막 취임한 마이클 멀린Michael Mullen 대장은 체임버스 대령을 '제대군인 사안에 관한 의장 특별 보좌관'에 임명하고 간단한 명령을 내렸다. 체임버스 대령은 그 명령을 이렇게 설명했다. "질, 출발하세요, 펜타곤을 벗어나요. 여기를 나가서 사람들과 이야기를 나누고, 우리 병사들에게 그렇게 많은 문제를 일으키고 있는 것이 무엇인지 찾아내세요."

체임버스는 새로운 역할을 흔쾌히 받아들였다. "그 뒤로 전 8개월 동안 세계 곳곳에 출몰했지요." 체임버스는 군 전체를 구석구석까지 접촉했고, 현재진행 중인 전쟁이라는 가장 무거운 짐을 진 이들과 대화하기 위해 전국을 돌아다녔다. "그러다 보니 이렇게 된 것 같아요, '질이 오고 있어, 괜찮은 여자야, 대원들이 그 여자와 얘기할 수 있도록 해줘.'" 체임버스가 자부심을 드러내며 설명했다. 이라크와 아프가니스탄에서 돌아온 병사들이 체임버스에게 병의 징후가 엿보이는 트라우마 이야기를 거듭거듭 풀어놓았다. 어떤 사람은 자다가 깨 보면 겁에 질린 아내의 목을 조르고 있는 일이 계속되어서 내내 차고에서 자고 있었다. 그는 자기 행동이 무섭지만 공개적으로 말하는 것도 무섭다고 말했다. 그는 체임버스에게 이렇게 말했다. "보세요, 당신이 이 얘기를 다른 데 가서 하면, 나는 그런 얘기한 적 없다고 부정할 겁니다."

위기였다. 군이 무언가를 해야 한다는 건 분명했다. 그 '무언가'는 우연히 찾아왔다. 어느 날 체임버스가 남편과 같이 비행기를 타고 워싱턴 D.C.를 출발해 보스턴으로 가는 중에, 컨트리 음악가인 남편 마이클 피터슨Michael Peterson이 체임버스를 쿡 찔렀다. 피터슨은 마틴 셀리그먼이라는 심리학자가 쓴 『낙관성 학습―어떻게 내 마음과 삶을 바꿀까? 긍정심리학의 행복 가이드』라는 책을 읽고 있었는데, 그 책이 그때 체임버스가 하고 있던 일과 관련이 있는 것 같았다. 체임버스는 피터슨이 설명한 주요 논지가 '역경과 대면하기 전에 마음의 펌프에 마중물을 부어 심리적 준비를 하도록 할 수 있다'라는 것이었다고 말했다. 전투 중은 물론 전투 후에도 병사들에게 도움이 되어줄, 그리고 전쟁이 주는 최악의 심리적 피해를 효과적으로 예방해줄 회복탄력성과 낙관성을 주입할 방법이 있을까? "마틴 셀리그먼에게 한번 연락해봐." 피터슨이 권했다. 체임버스는 셀리그먼에게 전화를 걸었다.

2008년 8월, 체임버스와 피터슨은 필라델피아시에 있는 셀리그먼의 자택 정원에서 그를 만나 매우 깊은 인상을 받고 돌아왔다. 몇 차례의 전화 통화와 회의, 그리고 문제를 대충 덮어버리고 싶었던 군 상관들의 반발과 멀린으로부터 직접 명령을 받은 체임버스의 무시(체임버스의 표현에 따르면, "포 스타에게 투 스타나 쓰리 스타는 아무것도 아니니까요")가 이어진 뒤에, 셀리그먼은 합참의장으로부터 검토하라는 명령을 받은 육군 참모총장 조지 케이시George Casey 장군을 만나는 기회를 얻었다.

그 만남에서 케이시는 재빨리 개종했다고 알려졌다. 체임버스는 이렇게 회상했다 "그는 방어적인 태도를 내려놓고 말했어요. '이럴 수가, 우리한테 문제가 있어요. 우린 외상 후 스트레스 장애 얘기를 시작해야 해요.'" 일련의 연구 결과들과 자신의 접근법을 뒷받침하는 엄밀하고도 인상적인 저서들로 무장한 셀리그먼은 그 만남에서 새로이 인정된 이 위기에 대처하는 육군의 주축으로 부상했다. '포괄적 군인 건강Comprehensive Soldier Fitness, CSF' 프로그램을 포함하여 육군이 시행한 여러 정신건강 프로젝트에 참여한 퇴역 대령이자 지금은 서든캘리포니아대 사회복지학 교수인 칼 카스트로Carl Castro는 이렇게 말했다. "누가 또 회복탄력성 강화 프로그램을 갖고 있겠어요? 입증된 프로그램과 데이터를, 회복탄력성 강화와 관련한 데이터를 말입니다. 게다가 돌아가서 문헌을 뒤적여봐도 딱 한 사람 이름밖에 안 나오는데 말이에요."

그렇게 포괄적 군인 건강CSF 프로그램이 탄생했다. CSF 프로그램은 이내 모든 군인의 군 생활에서 필수적인 부분이 되었다. 그 프로그램은 단일 집단에 맞춰진, 인류 역사상 가장 큰 규모의 정신건강 관련 개입이며, 아마도 가장 비싼 개입이 될 것이다.

+

CSF는 세 가지 요소로 구성된 복합 프로그램이다. 하나는 기존에 있던 군 정신건강 프로그램인 '배틀 마인드'를 개조한, 정신건강 증진에 맞춰진 일련의 온라인 학습 모듈이다. 다른 하나는 여러 측정 도구를 짜 맞춰 만든 GAT(전반적 평가 도구, Global Assessment Tool)라고 불리는 의무적인 연례 설문조사 모듈이다. 모든 군인은 매년 GAT 작성과 정해진 시간만큼의 온라인 교육을 이수해야 한다.

하지만 CSF의 핵심은, 적어도 대중에게 광고되는 바로 봐서는 종합적 회복탄력성 훈련Master Resilience Training, MRT 프로그램이었다. MRT는 알려진 바와 같이 펜실베이니아대 회복탄력성 프로그램PRP을 면밀하게 본뜬 '훈련사를 훈련하는' 프로그램이며, 온라인 학습 모듈이나 GAT와 마찬가지로 모든 군인에게 필수적으로 적용된다.

MRT 프로그램은 또 셀리그먼의 긍정심리학센터가 2010년에 미 육군과 수의계약을 맺은 다음에 받은 선금 3100만 달러와 함께 이어질 추가적인 자금 제공의 주요 이유이기도 했다.[44] 펜타곤의 예산 집행과 관련하여, 초기 계약서에는 표준적인 계약 용어로 예산의 수령자가 특정한 서비스를 제공하는 독점 공급자임을 가리키는 조항이 있었다. "제공되는 용역 및 서비스의 고유한 특성으로 인해 신뢰할 수 있는 공급원은 단 하나이며, 다른 공급자나 서비스는 기관의 요구를 충족시키지 못할 것이다." 셀리그먼이 『플로리시』에서 CSF의 초기 시절을 설명한 대목을 비롯해 여러 사람의 다양한 진술로 봤을 때, 군이 주장한 '고유한 특성'은 PRP의 효용성을 뒷받침하는 강력한 과학적 증거 기반에서 비롯된 것이 분명하다고 추정할 수 있다.[45]

셀리그먼의 주장은 포괄적 군인 건강CSF 프로그램이 외상 후 스트레스 장애PTSD와 자살률을 줄이는 데 도움이 될 수 있다는 것이었는데, 여기서 잠시 이 주장이 PRP의 초기 목표와 범위에서 얼마나 많은 단계를 삭제해버린 주장인지 반추해볼 필요가 있다. PRP가 시작될 때, 우울과 불안을 '치료'하는 데에 검증된 도구들로 우울과 불안을 '예방'하려 한다는 점에서 PRP는 새로운 종류의, 검증되지 않은 시도였다. 그래도 PRP는 증거 기반에 비추어 합당한 인지행동치료라는 탄탄한 이론을 전제했고, 주장하는 바도 일부 학생들의 우울과 불안을 예방할 수 있다는 정도가 다였다.

CSF는 더 급진적인 주장에 기초하고 있었다. 개조된 PRP인 이 프로그램은 PTSD를 예방할 수 있고, 그럼으로써 자살을 예방할 수 있다고 주장했다. 2010년 미 상원 세출소위원회에서 케이시 장군은 "우리가 CSF를 도입한 이유가 그래서입니다. 군인들과 군인 가족들과 시민들에게 준비 단계에서부터 더 회복탄력적일 수 있도록, 시작부터 자살과 멀리 떨어지도록 필요한 기술들을 주기 위해서죠. 이 프로그램은 장기적인 프로그램이지만 저는 이것이 마침내 자살률을 줄일 수 있는, 우리가 가진 유일한 방법이라고 생각합니다".[46]

그러나 PRP 자체는 그런 비슷한 목적을 위해서도 설계된 적이 없다. 셀리그먼이 미 육군과 긴밀하게 협력하기 전까지는 누구도 PRP를 그런 목적과 연계시키지 않았고, PTSD나 자살을 막을 수 있다고 주장한 적도 없는 듯하며, PRP를 구축할 당시의 설계자들 머릿속 레이더에 그런 생각이 있지도 않았다. 그러나 셀리그먼과 펜실베이니아대 긍정심리학과 동료인 캐런 레이비치Karen Reivich, 미 육군 소속 섀런 맥브라이드Sharon McBride는 공저한 논문에서 당시에 이미 한 메타분석 연구에서 10~14세 청소년들의 우울을 감소시키는 데에 딱히 효과적이지 않다고 드러난 PRP에 관해 "PRP의 우울과 불안에 대한 예방적 효과는 PTSD를 예방하는 종합적 회복탄력성 훈련MRT 과정의 목표 중 하나에 상응하는데, PTSD가 악성으로 혼합된 우울과 불안 증상들을 보이기 때문이다"[47]라고 썼다.

그러나 PTSD가 우울증이나 불안을 유발할 수 있다는 말이 우울증과 불안 치료가 PTSD를 치료한다거나, 우울증과 불안 예방이 PTSD를 예방할 수 있다는 뜻은 아니다. 감기에 걸리면 기침을 할 수 있지만, 단순히 기침만 치료하다 보면 뒤에 숨은 질병에 대처하는 데 실패할 수 있는 것과 마찬가지다.

('행복 파이'와 '결정적 긍정성 비율' 개념의 정체를 폭로하는 데 도움을 준) 연구자이자 데이터 탐정인 닉 브라운은 개방형 온라인 학술지 《위노어The Winnower》에 게재한 포괄적 군인 건강CSF 프로그램에 대한 비판적 논평에 이렇게 썼다. "PTSD의 많은 부분을 구성하는 증상들은 PRP는 물론이고, 사실은 긍정심리학 범위 안에 있는 어떤 것으로도 예방되지 않는다." 그는 셀리그먼이 미 육군에 팔아먹은 일련의 인과적 주장에 대해 단호하고도 가차 없는 판결을 내렸다. "기껏해야 학령기 어린이들의 우울 증상을 감소시키는 데에 보잘것없는 효과를 보여준 기법들이 인간이 마주할 수 있는 가장 극한 상황에 관련된 증상을 예방할 수 있다는 주장은 실증적 증거로 뒷받침되지 못할 이상한 생각이다."[48]

셀리그먼과 동료들은 거기서 한술 더 떠서, 단순히 PRP를 새롭고 낯선 맥락에 맞게 손보기만 한 것이 아니었다. 그들은 다른 긍정심리학 영역들에서 가져온 요소들로 종합적 회복탄력성 훈련MRT 프로그램을 보강했는데, 많은 요소가 사람들을 전반적으로 아주 조금 더 낙관적으로 만들려는 시도를 포함하고 있었다. MRT 과정에서 쓰는 한 슬라이드에는 "회복탄력성이 높은 사람은 꺾이지 않고 제자리로 돌아온다"라고 적혀 있다. 그 밑에는 그림이 두 개 있다. '나'라고 적힌 테니스공 그림과 '나 아님'이라 적힌 노른자가 흘러나온 깨진 달걀 그림이다. 그 슬라이드에 이어 잠시 후에 연습 문제가 나온다. "〔앞서 나온 슬라이드〕 인용문을 이용하여 회복탄력성과 각자의 개인적 경험, 우리가 지금까지 수업에서 논의해온 것을 토론하시오. 회복탄력성을 높이는 데에 꼭 필요하다고 생각되는 힘과 기술, 능력을 열거하시오." 그 뒤에도 이 학습 모듈은 계속해서 회복탄력성이 "계발될 수 있습니다. MRT 역량을 개발함으로써 누구나 회복탄력성을 높일 수 있습니다"라고 장담한다. 다른 모듈에서는 군인들에게 "좋은 것 찾기"를 해보라고 지시하는데, 살면서 마주치는 좋은 것들을 생각함으로써 낙천성을 유지하라는 의미다.(이 지침은 어쩐지 내가 얘기해본 일부 CSF 비평가들 사이에서 악명이 높았는데, 고작 스무 살 먹은 아이들을 도시 전투가 벌어지는 지옥에 보내면서 '좋은 것을 찾아보라'라고 당부하기 때문인 듯하다.)

PTSD나 자살에 대항하는 효과에 관해서는 어떤 상황에서도 시험해본 적이 없는 것 같은, 앞서 얘기한 성격적 강점들을 찾고 배양하는 이론 같은 긍정심리학의 다른 조각들도 CSF 커리큘럼 안에 욱여넣어졌다. 그런 요소들은 처음에 알려진 것처럼 PRP에서 나온 것이 아니었고, 인지행동학 원리들에 근거한 개입들보다 증거 기반이 훨씬 약했다. 길햄은 전자우편에서 자신이 CSF 자체는 잘 모른다고 전제하면서, "원래 PRP는 긍정심리학 활동들을 포함하고 있지 않았습니다. 나는 개인적으로 원래 형태의 PRP를 긍정심리학적 개입이라 생각하지 않습니다"라고 언급했다.

전반적으로 봤을 때, PRP 자체가 지금 존재하는 형태의 PTSD나 자살을 예방할 수 있다는 증거는 없다. 설상가상으로 밝혀진 증거(다른 말로 하자면, 증거 부족)에 따르면, 셀리그먼과 동료들은 그 과제에 더욱 부적합한 요소들을 추가하기까지 했다.

+

미숙한 직관이 교묘하게 광고되는 행동과학과 만날 때, 문제는 기관들이 제대로 작동하지 않는 접근 방식에 돈을 쓰게 된다는 점만이 아니다. 효과적인 접근 방식을 무시하는 결과가 될 수도 있는 것이다. 과대광고와 열광, 효능 과장은 기관들이 해결해야 할 당면 과제들을 잘못된 길로 인도할 수 있다.

셀리그먼과 동료들의 주장과는 반대로, 효과적인 PTSD 치료는 PTSD를 원인으로 하는 불안이나 우울 증상에 대응하거나 좀 더 일반적인 의미에서 '회복탄력성을 강화'하는 것보다 훨씬 복잡한 일이다. 미 육군이 추구했던 PTSD 예방은 심지어 그보다도 더 어려운 차원의 일이다. 사실 CSF가 시작되던 당시에 모종의 개입을 통해 PTSD를 예방할 수 있다는 증거는 거의 없었으며, 내가 글을 쓰고 있는 지금 2020년 중반에도 연구자들은 겨우 그 목표를 달성할 수 있을지 없을지도 모르는 시범 프로그램을 만들기 위한 첫발을 떼고 있을 뿐이다.

그러나 효과적인 PTSD 치료법들은 있다. 그중 하나가 선도적인 트라우마 연구자인 듀크대의 퍼트리샤 리식Patricia Resick이 개발한 인지처리치료Cognitive Processing Therapy, CPT다. 인지처리치료 자체는 인지행동학적 접근 방식에 근거하지만, 긍정심리학이 시도한 그 어떤 접근 방식보다 더 목표지향적이고 집중적이다. 이 치료법은 PTSD 환자가 자신이 경험한 트라우마와 비극을 이해하는 방식을 바꿀 수 있도록 돕는다. 예를 들어, 자신이 뭔가 잘못하는 바람에 친구가 죽었다는 생각에서 벗어나지 못하는 병사가 있다고 하자. 그러면 치료사는 전쟁이란 정말로 혼란스럽고 무작위적이며 불공정하다는 사실을, 따라서 그런 끔찍한 사건에 대한 책임을 자신에게 지워서는 안 된다는 사실을 더 잘 이해하는 방향으로 서서히 환자를 이끌 수 있다. 인지처리치료는 인지 왜곡을 개선하는 데 중점을 두는데, 결정적인 문제는 이미 PTSD를 앓고 있는 사람들에게만 그렇게 할 수 있다는 점이다. 왜냐하면 이 접근 방식이 환자의 경험과 사고 유형이 뒤얽힌, 환자마다 고유할 수밖에 없는 매듭을 푸는 데 의존하기 때문이다.

펜타곤은 인지처리치료를 PTSD 치료법의 '표준'으로 여긴다. 다른 PTSD 치료법에는 지속노출Prolonged Exposure, PE치료법이 있다.[49] (공교롭게도) 펜실베이니아 의대에 근거를 둔 이스라엘 출신 연구자 에드나 포아Edna Foa가 개발한 지속노출치료법은 PTSD 환자가 스스로를 타인들과 단절시키고 회복된 자아감에 트라우마가 통합되는 것을 저해하기 일쑤인 회피 기제에 빠지지 않도록, 환자가 자신의 트라우마와 그 유발 요인들을 심리적으로 정복하고 처리해내도록 돕는다. 둘 중 어느 것도 완벽하지 않으며, 둘 다 비판을 받고 있다. 그러나 검증된 연구 결과는 PTSD를 앓는 일반적인 제대군인이 지속노출치료나 인지처리치료 과정을 통해 효과를 볼 수 있음을 강력하게 시사한다.

그러나 문제는 군이 오랫동안 제대군인들에게 이런 치료법을 안내하고 꾸준하게 치료받게 하는 데에 성공하지 못했다는 점이다. 2017년 보고서에 따르면 이라크와 아프가니스탄에서 돌아와 PTSD 양성 판정을 받은 참전군인 중 후속적인 정신건강 관리 프로그램에 어떤 식으로든 참여한 비율은 56퍼센트에 그쳤고, PTSD를 앓는 참전군인 중 지속노출이나 인지처리 같은 치료에 참여하는 비율은 수년째 3분의 1 정도에 머물고 있다.[50] 연구에 따르면 제대군인들이 치료를 받지 못하도록 방해하는 장애물은 접근성(일부는 보훈 센터를 포함한 치료 시설에 정기적으로 다닐 수 있는 방도가 없다)에서부터 트라우마 증상들을 드러내놓고 얘기하는 데 대한 편견에 이르기까지 다양하다.[51]

따라서 급속히 확산하는 PTSD 위기에 직면했을 때, 미 육군은 더 명확한 접근 방식을 취할 수도 있었다. 제대군인들이 과학적으로 검증된 치료법에 더 쉽게 접근할 수 있도록 해 주고, 그들이 그런 치료법을 회피하거나 그런 치료법으로부터 거부당했다는 느낌을 받는 이유를 살피는 것이었다. 그러나 그런 일은 일어나지 않았다.

작고한 사회학자 찰스 틸리Charles Tilly는 인간의 합리화 기제와 스토리텔링에 관한 탁월한 책인 『왜?—사람들이 이유를 댈 때 무슨 일이 일어나는가…… 그리고 왜?Why? What Happens When People Give Reasons...... and Why』에서 조직 내에서 일한다는 것이 어떤 것인지, 그리고 그런 환경에서 왜 더 확실한 이야기들보다 미심쩍은 이야기들이 인기를 얻는지를 정곡을 찌르면서도 놀랍도록 동정적으로 설명해낸다. "우리의 주목을 요구하는 일들이 너무 많다! 하지만 요점은 이것이다. 어떤 요구가, 어떤 이유가, 어떤 관계가, 그러므로 어떤 종류의 믿을 만한 정보가 우리에게 도달하는가는 우리의 제한된 관리 능력에 영향을 미치는, 역사적으로 구축된 조직의 일상에 달려 있다."[52]

미 육군 지도부는 특히 '예방'에 대한 조직 차원의 병적인 집착에 이끌려 '회복탄력성'과 PTSD 개입들에 주목하게 된 듯하다. 이유는 알 만하다. 먼저, 상황이 얼마나 나빠질 수 있는지 이해하는 많은 이들은 PTSD를 사후에 치료하는 대신 예방할 수 있다는 전망을 거부할 수 없었을 것이다. '회복탄력성을 키우고 PTSD를 예방한다'라는 주장은 거부하기에는 너무 좋은 약속이었다. 약속이 지켜진다면, 막대한 인간의 고통이 미리 방지될 수 있을 테니 말이다. 거기에 있던 비전문가들에게는 펜실베이니아대 회복탄력성 프로그램PRP에 관한 셀리그먼의 인상적인 주장이 그 접근 방식을 뒷받침하는 증거처럼 보였을 것이다. 그러나 포괄적 군인 건강CSF 프로그램은 한편으로 자기 조절과 자기 효능감을 중시하는 미 육군의 신념과 아주잘 맞았는데, 이는 CSF가 미 육군에게 익숙한 언어로 군 고위 장성들에게 다가갈 수 있다는 의미였다.(특정 회사의 내부 문화를 이해하고 있거나 이미 그것을 자기 것으로 받아들인 판매원이 훨씬 편안하게 그 회사에 무언가를 팔 수 있을 것이다.) 무엇보다, 미 육군에게는 기존에 있는 프로그램을 보강하거나 조정하는 것보다 전면적으로 새 프로그램을 도입하는 편이 흥미진진한 새 정신건강 프로젝트에 참여하는 병사들의 영상 같은 (실제로 그런 영상을 촬영해 배포했다) 뚜렷한 홍보 수단들을 얻기에 더 유리했을 것이다.

CSF 채택을 주도한 사람들은 PTSD 전문가들이 아니었다. PTSD 위기에 대응하기 위해 미 육군이 채택할 수 있는 선택지의 범위를 좁히는 초기 임무를 맡은 펜타곤 참모(체임버스)도, 뭐니 뭐니 해도 가장 열렬한 CSF 옹호자가 된 장군(케이시)도 진짜 PTSD 전문가가 아니었고, 셀리그먼도 마찬가지였다. 하지만 한 번 더 미숙한 직관에 관한 매슈 그래위치의 표현을 빌리자면, 셀리그먼을 친근하게 '마티'라고 부르며 그가 자신들의 문제를 해결해줄 사람이라고 확신했던 미 육군 장성들은 CSF가 어떻게 PTSD '문제를 고치는지'에 관한 '듣기 좋은 이야기'(회복탄력성 강화)로 감싼 '그럴듯한 설명'과 만났다. 인간 조직이 작동하는 방식을 생각해보면 이 모든 것이 전혀 놀랍지 않다.

그렇다고 미 육군의 책임이 없다는 뜻은 아니다. "우리는 PTSD 예방이나 그 프로그램의 효과, 또는 그 프로그램에 대한 자금 지원에 관해서 전문가 의견을 달라는 요청을 받은 적이 없습니다"라는 리식의 얘기에서 알 수 있듯이, 일부 PTSD 전문가들이 전혀 관여하지 못했지만, 그게 문제가 된 것 같지는 않다. CSF를 비롯한 다른 육군 정신건강 프로그램들의 개발과 시행에도 깊숙이 관여했던 퇴역 대령 칼 카스트로는 이렇게 말했다. "덧붙여 말하자면, 셀리그먼의 프로그램이 제시하는 증거 수준에 만족하는 사람은 없었습니다.

셀리그먼의 작업에 쓰인 데이터에 상당한 결점이 있다는 건 다들 알았지만, 그 프로그램은 우리가 얻을 수 있는 최선이었어요." 간단히 말해서, 관련 분야의 대다수 전문가는 CSF 구상을 신뢰할 수 없다고 판단했다. 컬럼비아대 소속의 임상심리학자이자 저명한 회복탄력성 연구자인 조지 보내너George Bonanno는 2019년에 군사 전문 저널리즘 채널인 《워 호스War Horse》에 실린 인터뷰 기사에서 언론인이자 미국학 학자인 대니얼 드프라이어Daniel DeFraia에게 이렇게 말했다. "저는 20년 동안 회복탄력성을 연구해왔지만, 개인의 회복탄력성을 강화하는 법을 보여주는 실증적 데이터에 대해서는 전혀 아는 바가 없습니다."[53]

하버드대 심리학자이자 선도적인 PTSD 전문가인 리처드 맥널리Richard McNally는 내게 셀리그먼과 론다 코넘 장군Rhonda Cornum(CSF 개발에 관계된 또 한 명의 주요 인물)이 참석한 초기 회의와 그 초기 프로그램을 논의하기 위해 긍정심리학센터에서 열린 다른 회의들에도 초대받았다고 밝혔다. 그는 당시에 PRP를 응용하여 접근하는 방식이 성공적으로 PTSD에 대응하리라는 증거가 거의 없다시피 했다는 사실을 누누이 강조했다. 그는 이렇게 회상했다. "제가 셀리그먼과 코넘 장군에게 '먼저 검증 차원에서 이걸 시범 사업으로 시행해보는 건 어떻습니까, 그러고 나서 이게 제대로 작동할지 어떨지 감을 잡을 수 있을 때까지 조정도 하고 개선도 하고 기타 등등도 할 수 있지 않을까요?'라고 제안한 이유가 그래서였죠. 그게 제 주요 논점이었어요. 그 프로그램에 대한 증거가 많지 않았기 때문입니다."

시범 사업을 제안한 핵심은 간단하게 해당 프로그램의 축소판을 원래 계획된 대상의 일부에만 시행해서 효능을 살펴보는 한편 그 프로그램에 역효과가 없는지도 확인하기 위해서였다. 그러나 셀리그먼의 아이디어에 매료된 케이시 장군은 시범 사업 제안과 관련하여 어떤 것도 허가하지 않았다. 셀리그먼은 『플로리시』에서 CSF 도입과 관련된 초기의 한 중요한 대화를 설명하면서 프로그램이 어떻게 작동하는지 보기 위해 초기 시범 사업을 하자고 코넘과 함께 케이시에게 제안했을 때의 일을 밝혔다. 셀리그먼의 표현에 따르면, 장군은 벼락 치듯이 외쳤다. "그만, 나는 시범 사업을 원치 않소. 우리는 셀리그먼의 논문을 꼼꼼히 분석했어요. 비슷한 논문이 열 편도 넘게 출판되었소. 우리는 거기에 만족하고, 그게 우울과 불안과 PTSD를 예방해줄 것이라고 내기라도 걸 수 있어요. 이건 학교에서 하는 실험이 아닙니다. 또 다른 연구 결과는 필요하지 않아요. 이건 전쟁입니다. (코넘) 장군, 이것을 전 군에 시행해주시오."[54]

이것이야말로 미숙한 직관과 과장된 스토리텔링이 빚어낸 진정한 혼돈이자, 과학을 적용하려던 조직이 어떻게 과학을 오해하고 변질시킬 수 있는지 보여주는 충격적인 사례다. "비슷한 논문이 열 편도 넘게 출판되었소." 음, 하지만 그 논문들과 다른 연구 결과들을 메타분석 해보면, PRP는 많은 일을 하지 않는 듯했고, 게다가 그 연구들은 아이들을 대상으로 수행된 것들이었다. "우리는 거기에 만족하고, 그게 우울과 불안과 PTSD를 예방해줄 것이라고 내기라도 걸 수 있어요." PRP에 관한 발표된 문헌 어느 것도 PRP가 PTSD를 예방할 수 있다고 주장하지 않았다. 왜냐하면 PRP가 그런 용도로 설계되지 않았기 때문이다.

당연한 일이지만, 미 육군은 CSF가 효과가 있다는 어떤 실질적인 증거도 내놓지 않았다. CSF의 유효성을 보여준다고 주장하는, 하지만 어느 것도 동료 평가를 받지 않은 네 편의 '기술적 보고서'를 발표했으나(미 육군 웹사이트는 "이들 연구는 종합적 회복탄력성 훈련 프로그램이 효과적이라고 결론짓는다"라고 과대 선전한다.[55]), 이런 분석들은 정밀 검증을 버텨내지 못한다. 예를 들어, 심리학자인 로이 에이델슨Roy Eidelson과 스티븐 솔츠Stephen Soldz는 미 육군의 평가가 선별적인 데이터 취사선택과 기본적인 방법론적 오류들로 얼룩져 있음을 보여주는 투고 전 논문을 공개했다. 예를 들자면, 육군 보고서는 어느 단계에서 파병되지 않은 병사들에 해당하는 결괏값을 파병된 병사들의 결괏값과 비교함으로써, 집단 간 차이가 CSF에서 기인하는지 아니면 파병 자체에서 기인하는지 알 수 없는, 비교 자체가 무의미한 상태가 되어버린다.[56]

그러나 포괄적 군인 건강 프로그램이 개발되고 시행되는 과정에서 성급하게 얼렁뚱땅 진행하는 방식이 가장 여실히 폭로된 경우는 군인들이 매년 의무적으로 작성해야 하는 설문조사인 GAT(전반적 평가 도구)였다. GAT의 목표는 미 육군이 도입한 CSF가 애초에 의도한 효과를 내고 있는지 평가할 수 있도록, 군인들의 행복도와 관련된 데이터를 꾸준히 수집하는 것이었다. 셀리그먼이 2009년 미국심리학회가 발간하는 잡지 《심리학 모니터》에 CSF가 "110만 명의 군인이 참여하는, 심리학 역사상 가장 규모가 큰 연구 건이며, (회복탄력성과 심리학적 적응 훈련의) 효과 여부에 관해 결정적인 데이터를 산출할 것이다"라고 한 말은 GAT가 산출할 데이터를 염두에 둔 말이었다.[57] (셀리그먼이 향후 몇십 년 안에 GAT가 지금의 IQ 테스트처럼 인식되기를 바라지 않았을까? IQ 테스트가 초기에 가장 중요하게 활용된 사례는 미 육군이 제1차 세계대전 중에 신병을 선별하는 도구로 쓴 경우였다.)

에이델슨과 솔츠가 설명했듯이, 문제는 "GAT에 PTSD나 우울, 자살 경향성, 또는 다른 주요한 심리적 장애들을 평가하는 어떠한 입증된(즉 사전에 시험을 거쳐 정확함을 보여준) 측정 수단도 포함되어 있지 않다는 점이다. 심지어 이런 장애들을 예방하는 것이 CSF 프로그램이 명시한 주요 목적임에도 불구하고 말이다".[58] 리처드 프랭클린 티몬스 2세Richard Franklin Timmons II 대령은, 닉 브라운이《위노어》기사에서 그랬던 것처럼, 미 육군참모대 석사 논문에서 에이델슨과 솔츠의 연구 결과를 인용하면서 같은 문제[59]를 제기했다. 하지만 GAT의 심리학적 부분(GAT는 군인들의 신체적 건강 수준 및 가족과의 유대감의 강도와 같은 다른 특질들도 측정한다)은, 그중에서도 특히 성격적 강점에 관한 부분은 주로 긍정심리학에서 빌려와 변용한 도구들로 구성된다. 예를 들어, 11점 척도로 측정되는 일부 질문들은 설문 대상자가 최근 한 달 동안 '용기 또는 담력', '정직' 또는 '열정과 열의' 등이 포함되는 다양한 성격적 강점들을 나타낸 적이 있다고 생각하는지, 있다면 어느 정도로 나타냈다고 생각하는지를 중

점적으로 묻는다. 그러나 이런 설문조사 항목들을 (우울증이나 자살 경향성을 측정하는 검증된 도구와 비교하면) 그 효용성을 뒷받침하는 실증적 증거가 거의 없는데, 예컨대, 한 군인이 자가 평가한 '열정과 열의' 수준이 한 해 사이에 2점 올랐다고 했을 때, 이를 어떻게 해석해야 할지 알 길이 없다. 그러니, 미 육군이 CSF의 PTSD 및 자살 예방 효과를 측정하기 위해 구축한 이 주요한 측정 도구는 맡은 과제를 전혀 수행해내지 못했다. 미 육군은 지대한 관심을 두었던 지표들에 관한 유용한 데이터를 전혀 생성해낼 수 없었다.[60]

미 국립과학원의 당당한 한 분과인 미 의학회도 에이델슨과 솔츠, 브라운, 그리고 군인과 군인 가족의 심리적 행복도를 높이기 위한 군의 여러 시도를 평가한 2014년 주요 보고서에서 CSF를 비판하는 이들과 같은 결론에 도달했다. "동료 평가를 거치지 않고 CSF 개발자들이 자체적으로 시행한 평가들이 일부 GAT 결과 점수에서 통계적으로 유의한 개선을 보여주었지만, 효과의 크기가 매우 작았고, 시험 이전과 이후 점수 간에 임상적으로 유의한 차이는 없었다. 따라서, CSF 개입의 결과로 GAT 점수에 유의한 변화가 있었다고 주장하기는 어렵다." 게다가, 미 의학회 보고서는 실제로 정신과 진단을 받은 장병들의 의료기록을 기반으로 CSF를 평가해보고자 했던 미 육군의 시도에서는, CSF 개입에 참여하지 않은 집단에 내려진 진단과 "(CSF) 개입을 받은 집단에 내려진 진단 간에 차이가 없음"을 발견했다고 언급했다.[61]

어느 것도 비용이 저렴하지는 않았다. 수치가 다소 애매하긴 하지만, 2017년에 미 육군은 대니얼 드프라이어에게 전년도 CSF 비용이 4370만 달러라고 밝혔다. 대충 보자면, 이 규모는 2015년에 《유에스에이 투데이》 기자 그렉 조로야Gregg Zoroya가 CSF가 긍정심리학센터로서는 6년간 2억 8700만 달러를 벌어들일 수 있는 사업이 됐다고 추정한 것과 일치한다(드프라이어와 마찬가지로 조로야도 이 프로그램을 아주 깊숙이 파고 들어간 몇 안 되는 기자 중 한 명이다).[62] 물론 군 입장에서 봤을 때, 그 정도 비용은 약과에 불과하다. F-35 전투기 한 대 비용이 어림잡아 8000만 달러쯤 하니까 말이다. 그러나 숫자에서 알 수 있듯이, 미 육군은 시행된 지 10년이 넘은 CSF에 지금까지 5억 달러가 넘는 비용을 지불했는데(그리고 2011년에 시행되기 시작한 공군형 CSF인 '포괄적 공군 건강 프로그램'까지 생각하면, 펜타곤은 훨씬 큰 비용을 치르고 있다[63]), 단언컨대, CSF가 군인들이 받아야 할 정신건강 관리에 얼마나 기여하는지를 고려하면, 여전히 너무 과하게 어마어마한 돈이다. 단일 정신건강 개입에 이처럼 큰 비용을 치르는 경우는 인류 역사상 다시 없을 것이며, 그 결과로서 미 육군이 보여줄 수 있는 성과는 거의 없다시피 하다.

+

군인들의 PTSD를 치료하는 일은 멋지거나 손쉽거나 사진을 잘 받는 일이 아니다. 퍼트리샤 리식의 환자 중 많은 수가 '7차례, 8차례, 9차례 파병'된 이들이었고 우리로서는 상상도 할 수 없는 트라우마를 견뎠다. 리식은 나에게 이렇게 말했다. "그들은 친구들이 산산이 찢겨 나가는 것을 본 사람들이고, 시체 조각을 주워 모은 사람들이고, 그들 자신도 거의 죽을 뻔한 사람들이고, 뇌진탕후증후군을 앓고 있는 사람들입니다." 그리고 그들이 리식에게 올 때쯤에는 이미 전쟁과 자유의지와 책임에 관련된 특정한 이념을 내면화하고 있는 경우가 많다. 그런 이념은 군에서는 매우 중요하지만, 트라우마 치료라는 목표에는 직접적인 역효과를 낸다. 리식은 자기 환자들이 공통으로 겪는 문제를 이렇게 설명했다. "군대에서 배워 익힌 것들을 해체해서 원래 상태로 되돌려야 하는 문제예요. 정말 어려운 일이죠. 제 연구 대상의 절대다수가 현역으로 근무하는데, 제가 보기에는 여전히 세뇌되고 있거든요."

예를 들어, 리식은 병사들이 전투 훈련을 받을 때 '모두가 맡은 일을 제대로 수행하면, 모두가 집으로 돌아올 수 있다'라는 취지의 이야기를 자주 듣는다고 설명한다. 그러나 이 군대식 좌우명은 어지러운 현실에 쉬이 배반당하고, 실제 전투에서는 아예 거짓말이 돼버린다. 리식은 이렇게 설명했다. "그러니까 모두 귀가하지는 않죠. 그러면 이제 다들 자신을 돌아보게 되고, 옆 사람에게 말하는 거예요. '우리가 무얼 잘못 했지? 누군가 맡은 일을 제대로 하지 않은 거야, 그게 아니라면, 우리는 모두 돌아왔어야 해.' 말도 안 되는 소리예요. 내 말은, 지뢰는 아무도 못 보게 심어놓잖아요. 그건 누가 맡은 일을 얼마나 잘하는지와는 아무 상관이 없어요. (……) 그런데도 맡은 일을 제대로 수행하면 모두가 집으로 돌아온다는 얘기를 자꾸 자꾸 자꾸 자꾸 되풀이해서 주입받으면, 게다가 그런 얘기를 듣는 사람이 겨우 열아홉 살밖에 안 돼서 아직 뇌가 다 발달하지 않은 상태라면 죄책감을 느끼게 되죠." 군인들은 대체로 젊기에 "뇌의 집행 기능*이 아직 다 발달하지도 않은 상태에서 이런 경직된 개념들을 받아들이게 되죠. 우리는 그들이 군대에서 익힌 것들을 해체해서 원래 상태로 되돌리고, 사건의 맥락과 왜 그때 자신이 아무 일도 할 수 없었는지를 제대로 들여다볼 수 있도록 도와야 합니다. '묻혀 있는 사제폭발물은 보이지 않는 게 정상이다. 거기서 그걸 보지 못한 사람이 당신 말고도 많지 않았나? 왜 이 모든 것이 다 당신 탓이라고 하나?'라고 말이에요".

리식의 통찰은 가슴 아픈 만큼 흥미로우며, 제2차 세계대전 참전군인이자 공연예술가인 오디 머피Audie Murphy가 전후 참전군인의 처우에 관해 한 말을 연상시킨다. "전쟁이 끝나자 당국은 군견들을 데려다 민간 생활에 적응할 수 있도록 복귀 훈련을 시켰다. 하지만 군인들은 곧바로 민간인으로 전환하고는 가라앉든가 헤엄치든가 알아서 하라고 내버려뒀다."[64] 실제로 PTSD를 치료하기 위해서는 군대에 대한 신념 자체를 해체해야 할 때가 많다. 자신에겐 혼란스럽고 폭력적이고 이해할 수도 없는 상황을 통제할 수 있는 능력이 실은 없다는 사실을 깨닫게 해야 한다. 개인을 더 나은 전사로 만드

---

* 뇌의 집행 기능(executive function)은 여러 하위 인지 기능들을 제어, 조절하는 기능으로 목적 지향적인 행위를 계획, 관리, 실행하는 고위 인지 기능을 의미하며, 집중력, 인지적 지속성과 유연성, 반응 억제, 계획, 조직화, 결정 능력, 문제 해결 능력, 추리, 추상적 사고 등의 요소를 포괄한다.

는 일을 돕기 위해, 또 그 전사가 그런 상황에서 살아나올 기회를 늘리기 위해 설계된 훈련은 트라우마에서 완전히 회복하는 데 걸림돌이 될 수 있다. 때로 그런 인지 왜곡들은 군 내부에서 기인한다.

친절하고 정력적이고 지적인 여성이며 진정으로 군인들을 돕고 싶어 했던 질 체임버스가 자꾸 떠오른다. 그녀가 전문가들과 또 군인들과 했던 저 온갖 면담들이 자꾸 떠오른다. 그녀가 가장 귀 기울이고자 했던 이들이 누구였는가의 문제를, 그리고 왜 그랬는가의 문제를 자꾸만 다시 생각하게 된다. 미숙한 직관과 우리 이야기 속에서 그 미숙한 직관이 작동한 아주 군대다운 방식들을 말이다. 셀리그먼과 긍정심리학은 미 육군의 언어와 같은 언어를 사용한다. 미 육군은 늘 전달하려 노력해온 신념들, 강인함과 회복탄력성과 낙관주의 신념들을 그저 두 배로 강화하는 것으로 PTSD 위기를 개선할 수 있으리라고 믿게 되었다. 군대 문화를 정의하는 그 단순하고 고무적인 구호들이 셀리그먼과 긍정심리학 분야가 표방하는 것의 상당 부분을 구현하고 있다. 바로 이런 것이다. '개인에게는 자신의 처지와 성공 가능성을 개선할 수 있는 상당한 잠재력이 있다. 근면과 헌신, 긍정적 태도를 기꺼이 받아들이기만 하면 말이다.'

물론 사람들에게 낙관적이고 근면하고 헌신적인 사람이 되라고 말하는 것이 잘못은 아니다. 다른 모든 조건이 동등하다면, 준비가 잘된 사람이 준비가 덜 된 사람보다 운이 좋을 것이 자명하다. 하지만 전시 PTSD는 이런 종류의 논리를 썩 잘 따르지 않는, 적어도 깔끔하게 따르지는 않는 여러 복잡한 인간사 중 하나이다. 사람들에게 회복탄력성이나 낙관주의 기술을 가르쳐주는 것으로 PTSD를 막을 수 있다는 증거는 거의 없다.

펜실베이니아대 회복탄력성 프로그램PRP과 포괄적 군인 건강 CSF 프로그램이 실제로 PTSD를 막는 개입으로 작용한다는 문헌적 증거는 없지만, 다른 접근법들이 평균적으로 (적어도 이미 겪고 있는 트라우마의 치료에 관해서는) 효과가 있다는 증거는 이전부터 있었다. 누구든 물어보기만 했다면 퍼트리샤 리식과 리처드 맥널리, 에드나 포아는 미 육군이 시행하고 있는 것이 어떤 PTSD 전문가의 이해에도 기초하고 있지 않다고 답했을 테고, 의견을 구하러 온 이들에게 실제로 그렇게 답한 적도 몇 차례 있었다. 하지만 그건 중요하지 않았다. CSF는 너무나 선뜻 군대의 이상 속으로 진입했고, 너무나 크고 중요한 데다 초미의 관심사가 된 위기 해결책이었기에 강력한 내적 추진력을 얻었다. 그리고 이내 자신이 했던 과도하게 열정적인 약속을 토대로 눈덩이처럼 덩치를 불려갔다.

또는, 다른 말로 하면 이렇다. 마틴 셀리그먼과 퍼트리샤 리식이 군과의 대규모 계약을 놓고 경쟁한다고 상상해보자. 셀리그먼은 자기 아이디어, 즉 CSF가 군이 이미 중요하게 여기는 가치들인 자기 조절, 근면, 권위에 대한 존중과 신뢰를 강화하는 데 어떤 도움을 줄 수 있는지 설명한다. CSF는 군인들이 수행하는 일상 임무들 틈에 쉽게 끼워 넣을 수 있다. 군인들을 종합적 회복탄력성 강사로 육성할 수도 있다. 상대적으로 간단하고 범용적인 그 개입은 아무것도 건드리지 않으면서 간단하고 편리한 방식으로 군을 더 강하게 만들어줄 것이다. CSF는 생명을 구할 것이다. 무엇보다, 그 프로그램을 채택하면 미 육군은, 군인들이 삶의 질을 높이는 훈련을 받는 감동적인 장면과 CSF 강사들이 전 육군으로 퍼져나가 부대마다 그런 신념을 전달하는 장면을 미 전역에 대대적으로 광고할 수 있게 될 것이다. 그리고 CSF를 도입하면 수없이 많은 비극을 피할 수 있다. CSF는 우후죽순처럼 싹트는 군대 PTSD와 자살 경향성을 꺾을 수 있는 주목할 만한 혁명적인 기회다.

그런 다음 리식이 나와 그 보조금이 인지처리치료CPT에 돌아가야 하는 이유를 설명한다. 리식은 군이 원하는 결과를 달성하는 것이 사실은 방금 셀리그먼이 내놓은 가정처럼 그렇게 수월하지 않다고 말한다. PTSD는 낙관적 태도 부족이나 '좋은 것 찾기' 실패에 관련된 것이 아니다. 그보다 훨씬 복잡한 문제이고, 예방될 수 있다는 증거도 없으며, 치료하려면 군인들의 사고 패턴을 신중하게 해독해야 하는데, 많은 경우에는 군이 가르친 것들을 해체해 원 상태로 돌리는 작업이 필요하다. 결국, 젊은 군인들을 사지로 보내 끔찍한 일들을 겪게 했다면, 신중하고 책임감 있는 자세로 근거에 기반한 방식을 통해 그 후유증에 접근할 필요가 있다. 여기엔 간단한 해결책도 즉효약도 없다. 트라우마는 트라우마이고, 추악한 데다 해독하는데 시간이 걸린다. 그리고 리식이 솔직하다면, 자신의 인지처리치료에 투자하면 미 육군에 멋진 홍보 기회들이 생길 것이라고, 셀리그먼처럼 주장하지는 못할 것이다. 리식의 이야기는 감동적이지 않다. 리식의 이야기에서는 젊은 남자들이 치료사 앞에 앉아 자기 인생에서 최악이었던 시기와 그때 있었던 일들에 관해, 사라지지 않는 죄책감과 분노를 토로한다. 때로는 운다. 그런 장면들이 사진을 잘 받을 리가 없다.

누가 계약을 딸까?

누가 '그릿'을 가졌는가?

　학생들의 '그릿grit(어려운 문제를 만났을 때 포기하지 않고 끈기 있게 덤벼드는 경향성)'을 키우는 것이 학업 성적을 높이거나 고질적인 교육 격차를 좁히는 데 확실히 효과적인 방법이라는 생각을 뒷받침하는 과학적 증거가 얼마나 희박한지 알면 아마 다들 놀랄 것이다. 어쨌든, 다들 정반대 이야기를 들었을 테니까. 그릿은 어디에나 있다. 여러분이 이 글을 읽고 있을 때쯤이면, 그릿이 교육계의 총아가 된 지 줄잡아 10년은 넘었을 것이다. 그릿은 매력적이고 호소력 있는 아이디어다. 그릿은 성공을 예언하고, 그릿은 측정될 수 있으며, 그릿은 개선될 수 있다.

　그릿의 인기 대부분은 그 개념의 발명가이자 수석 전도사인 앤절라 더크워스Angela Duckworth의 연구 덕분이다. 맥아더 장학금을 수상한 펜실베이니아대 사회심리학자 더크워스는 수년간 그릿의 중요성에 관해 매우 대담한 주장들을 펼쳐왔으며, 숱한 유명인사들이 그 주장에 찬동하고 나섰다. 2020년 8월 현재 거의 2100만 회에 이르는 조회수를 기록한 2013년 TED 강의에서 더크워스는 그릿 이론의 기본을 간결하고 설득력 있는 방식으로 제시한다.

저는 연구팀과 함께 웨스트포인트에 있는 육군사관학교에 갔습니다. 거기서 어떤 생도가 훈련을 마칠지 어떤 생도가 중도 탈락할지 예측해보았습니다. 우리는 전국철자맞히기대회에 가서 어떤 어린이가 최종 우승할지도 예측해보았지요. 또 우리는 정말 힘든 지역에서 일하는 초임 교사들을 연구하며 질문했습니다. 어떤 선생님이 학년말까지 남아 있을까? 그중에서 누가 학생들의 학습 성과를 가장 효과적으로 개선할까? 우리는 민간 기업들과 제휴하여 연구하면서 물었습니다. 어느 영업 사원이 계속 일할까? 그리고 누가 돈을 제일 많이 벌까? 이처럼 제각기 다른 환경에서 동일한 한 가지 특성이 성공의 중요한 예측 인자로 드러났습니다. 그런데 그것은 사회 지능이 아니었습니다. 외모도, 체력도, 지능지수IQ도 아니었습니다. 그것은 바로 그릿이었습니다.[1]

더크워스는 또 이 강의에서 그릿을 고질적인 학업 성취도 문제를 바라보는 새로운 방식으로 제안한다. "교육과 관련하여 우리가 제일 잘 측정할 줄 아는 한 가지는 지능지수입니다. 하지만 학교와 인생에서 좋은 성과를 내는 것이 빠르고 쉽게 배우는 능력에만 달린

게 아니라면 어떨까요?"

더크워스는 다른 데서도 비슷한 주장을 했는데, 《뉴욕 타임스》에는 이렇게 얘기했다. "우리 연구실은 특정한 개인이 특정한 상황에서 성공적일지 여부를 예측하는 측면에서, 이 기준이 지능지수와 수학능력평가시험SAT, 체력, 그 외의 다양한 기준을 월등히 능가한다는 사실을 발견했다."[2] 2016년에 출간된 더크워스의 베스트셀러 『그릿—IQ, 재능, 환경을 뛰어넘는 열정적 끈기의 힘』 표지에는 대다수 홍보 담당자는 꿈만 꾸어볼 짤막한 추천사들이 적혀 있다. 하버드대 심리학자이자 행복 연구자인 대니얼 길버트Daniel Gilbert가 열광하며 말한다. "심리학자들은 수십 년에 걸쳐 성공의 비밀을 탐구해왔고, 그걸 찾아낸 사람은 더크워스다."[3] 게다가 성공의 '한' 비밀이 아니라 '유일무이한' 비밀이다.

더크워스의 그릿을 측정하는 도구는 여러 가지가 있는데, 어느 것을 이용해도 측정은 간단하다. 더크워스의 웹사이트에 있는 도구를 사용하면, '나는 뭐든 시작한 일은 반드시 끝낸다', '나는 성실하다. 나는 절대 포기하지 않는다', '나는 새 아이디어와 계획 때문에 하던 일에 소홀해진 적이 있다', '나는 몇 개월 이상 걸리는 일에 계속 집중하기 힘들다'와 같은 열 가지 문항으로 이루어진 설문을 채우는 것만으로 간단하게 3분여 만에 자신의 그릿을 측정할 수 있다.[4] 응답자는 각 문항에 대해 '매우 그렇다', '전혀 그렇지 않다' 또는 그 사이에 있는 어떤 선택지를 표시하는데, 마치고 나면 웹사이트가 응답자의 그릿 점수를 뱉어낸다. 나는 5점 만점에 2.4점을 받았는데, 매우 낮은 점수이다. '당신의 점수는 최근 연구 기준으로 미국 성인의 약 10퍼센트보다 높습니다'라고, 아마도 내 점수에서 좋은 인상은 받지 못했을 알고리듬이 알려주었다. 이런 시험들을 거쳐 그릿의 두 '하위 요소'가 측정되는데, 환경적 어려움에 굴하지 않는 정도를 나타내는 '끈기'와 이 일 저 일로 관심을 분산하지 않는 정도를 나타내는 '관심 일관성'이다.

이 주제에 관한 핵심적인 논문들에서, 더크워스와 동료들은 개인의 그릿 수준을 다양한 삶의 성과들과 상관시키려 했고, 그릿이 기존에 구축된 다른 수단보다 성공 여부를 더 잘 예측할 수 있는지 보려고 했다. 2011년에 출판된 중요한 초기 연구 결과는 '더 강한 그릿을 가진 참가자들이 전국철자맞히기대회에서 성공'한다는 사실을 알아냈다.[5]

2014년에 발표된 또 다른 주요 논문에서, 더크워스와 로런 에스크리스-윈클러Lauren Eskreis-Winkler, 엘리자베스 슐먼Elizabeth Shulman, 스콧 빌Scott Beal이 포함된 팀은 웨스트포인트 사관생도들과 시카고 공립학교 고등학교 2학년생들을 비롯한 다양한 온라인 표본을 채집했고, 논문 제목 그대로 그릿이 '군과 직장, 학교, 결혼 생활의 지속 기간'을 예측했다고 밝혔다.[6] 더크워스는 TED 강의에서 시카고 학교들을 대상으로 한 연구의 결과를 다음과 같이 설명했다. "그릿이 강한 아이들이 졸업할 가능성이 유의미하게 더 큽니다. 가족의 소득이나 SAT 점수, 심지어 학교에서 느끼는 안전성 지수 같은, 제가 측정할 수 있는 모든 특성을 기준으로 대입해봤을 때도요." 그녀는 TED 강의에서 그릿이 특히 "중퇴 위기에 있는 아이들"에게 중요하다고 주장했는데, 그릿이 '(웨스트포인트 사관학교, 영재를 위한 철자맞히기대회 같은) 특별히 힘든 도전'에서 성공하고자 하는 이들뿐만 아니라 환경이 불우하거나 성취도가 낮은 이들에게도 마찬가지로 중요하다는 의미였다.

미국 공영 라디오 방송국인 NPR과 《타임스》와 다른 유력 언론사들이 대체로 호의적인 기사를 낸 것이 의미하는 바가 있다면, 언론이 나서서 더크워스가 뭔가 새롭고 흥미로운 발견을 했다는 인상을 퍼뜨렸다는 점이다. 더크워스의 책은 오래도록 베스트셀러 목록에 머물렀다. 그리고 그런 열광의 일부가 학교로 스며들었다. 그릿은 《타임스》가 2016년 초에 '최근의 연방교육법 개정안에 따르면 각 주는 학업 성과를 판단하는 데에 최소한 한 가지 이상의 비학업적 기준을 포함시켜야 한다'라고 설명한 내용을 만족시킨다.[7] 오바마 정부의 교육부는 그릿에 상당한 열의를 보였고,[8] 캘리포니아주 새크라멘토시에서 발행되는 일간지 《새크라멘토 비》는 2015년에 캘리포니아주 일부 학교가 학생들에게 '그릿' 성적을 매기고 있다고 보도했다. 독립형 공립학교들이 그릿 개념에 상당히 열중하게 되었다.[9] 예를 들어, 전국적으로 200개 이상의 학교가 참여하는 권위 있는 독립형 공립학교 네트워크인 KIPPKnowledge Is Power Program은 재학생들에게 함양해주고자 하는 기본적인 일곱 가지 "성격적 강점" 중 하나로 그릿을 채택했다.[10] 다른 많은 사립학교도 그릿 측정 및 함양 프로그램을 교육 현장과 교과과정에 통합하는 방법을 모색함으로써, 그릿은 교육 전문가들 사이에서 인기 있는 유행어가 되었다.

더크워스는 단지 다른 모든 조건이 동등한 상태에서만 그릿이 중요하다고 주장하지 않았다. 그런 주장이었다면 그처럼 많은 주목을 받지 못했을 것이다. 더크워스는 자신이 개인의 긍정적 성과에 결정적인 특성들을 측정하는 새롭고 유례없이 유용한 척도를 개발했다고, 그리고 그 척도가 다양한 영역에서, 특히 교육 현장에서 학생들의 성과를 개선하는 새로운 기회들을 의미한다고 주장했다. 더크워스가 그릿을 키우는 신뢰할 만한 방법을 발견했다고 명시적으로 주장한 적은 없어 보인다는 사실을 지적해야겠다. 더크워스는 TED 강의 중에 "부모들과 선생님들이 매일 저에게 묻습니다. '어떻게 하면 아이들의 그릿을 키워줄 수 있을까요? 아이들에게 견실한 학업태도를 가르치려면 어떻게 해야 할까요? 어떻게 하면 아이들에게 장기적으로 동기부여를 할 수 있을까요?' 제 솔직한 대답은, '잘 모르겠습니다'입니다"라고 말했다. 그러나 앞으로 보겠지만, 일단 그릿이 본격적인 문화적 현상이 되자, 더크워스 개인이 그릿을 둘러싸고 소용돌이치는 의미 교환들을 통제하기는 어려워졌다. 이역시 앞으로 보겠지만, 어떤 경우에는 실제 연구 결과를 과장하거나 과도하게 단순화한다고 표현해야 마땅한 더크워스 본인의 주장들이, 몇몇 유력인사를 포함한 수백만 미국인이 그릿이라는 개념을 상당히 우호적으로 받아들이는 데 도움을 준 것도 사실이다.

+

그릿 개념이 어떻게 생겨났는지는 이제 잘 알려진 이야기다. 더크워스가 그 주제에 관심을 둔 건 비영리단체 대표와 컨설팅 기업인 매킨지에서 컨설턴트로 일하기 전, 젊은 교사로 일하던 시절부터였다. 더크워스는 학생들의 타고난 지능과 학업 성적 사이에 늘 뚜렷한 상관관계가 있는 건 아니라는 사실에 주목했다. 지능지수가 제일 높은 듯한 아이들이 최고 점수를 받지 못할 때가 많았다. 모종의 비인지적인 힘이 어떤 아이들은 기대보다 높은 점수로 끌어올리고 어떤 아이들은 지닌 잠재력에 못 미치는 점수로 끌어내리는 듯했다.

더크워스는 다른 사람도 아닌 긍정심리학의 대부 마틴 셀리그먼 밑에서 정식으로 그릿 연구를 시작했다. 상대적으로 늦은 나이인 30대 때 펜실베이니아대 박사 과정에 지원했고, 지원서에는 "제 생각에, 문제는 학교뿐만 아니라 학생들에게도 있습니다. 이유는 이렇습니다. '배움이 어렵다.' 사실, 배움은 재미있고 신나고 흔쾌하지만, 위압적이고 소모적일 때가 잦고, 가끔은 낙담하게 만들기도 합니다. (……) 총명한데도 장기간 낮은 성과를 내는 학생들을 도우려면, 교육자들과 부모들은 먼저 지적 능력 못지않게 성격이 중요하다는 점을 인식해야 합니다"라고 썼다.[11]

그릿이 미국인의 삶에서 절대 새로운 개념이 아닌 건 확실하다. 그릿은 오랜 역사를 지닌 미국적 이상이며, 흔히 현저하게 특권층이 결여하고 있는 자질로 소개되었다. 교육 정책을 연구하는 역사학자 이선 W. 리스Ethan W. Ris가 2015년에 《교육 토론 저널》에 출판한 논문에서 이 주제의 역사를 잘 요약하며 설명했듯이, 미국인들은 줄곧 돈이 많은 사람들, 특히 젊고 돈이 많은 사람들에게는 아등바등 사는 가난한 사람들에게 있는 어떤 근성이 부족하다는 불안을 느껴왔다.[12] 자연스럽게, 그런 의미에서의 '그릿'이 최초로 거론된 사건은 저 특권의 화신, 게으른 유럽 지식인들을 표적으로 삼은 사건이었다. 1863년에 너새니얼 호손은 한 영국 시인을 거론하며 "그의 가장 큰 결함은 그릿 부족"이라고 썼다.

리스는 19세기 후반에 도래한 황금기가 '부자병', 또는 '유복한 어린 시절로 인한 약점'에 대한 공포를 가져왔다고 설명한다. 그 공포에 맞서기 위해, "이 시기에 뉴잉글랜드 지역에 세워진 특권층 자녀들을 위한 기숙학교들은 비좁은 기숙사와 찬물 샤워를 갖춘 스파르타식 생활환경을 자랑스럽게 광고했다".[13] 대중 문학이 엄청난 열의를 보이며 그릿의 망토를 받아들여, '가난하지만 그릿이 가득한' 허클베리 핀을 필두로 유사한 플롯의 소설들을 끝없이 내놓았다. 호레이쇼 앨저 주니어Horatio Alger Jr.의 작품들이 가장 유명한데, '대체로 부모로부터 버림받거나 고아인 가난한 소년이 일련의 고난을 견디며 강인한 성격 덕분에 사무원이나 전문직 같은 존경할 만한 직업을 가진 중산층의 지위를 얻는다'라는 정해진 공식을 따른다.[14]

물론 이런 종류의 문학은 격려의 메시지(가난해도 근면한 아이들은 아등바등 노력해서 중산층에 진입할 수 있다)뿐만 아니라 암울한 메시지도 담고 있다. 그릿이 부족한 중산층 또는 부유층 아이들이 쉽게 사회적 지위를 잃고 추락할 수 있다는 메시지였다. 그릿을 주입하고자 하는 바람은 오래전부터 특권과 나태의 결과로 밑에서부터 치고 올라오는 치열한 경쟁을 견디지 못하고 보다 안락한 사회 경제적 계급에서 탈락하지 않을까 하는 두려움과 관련되어 있었다. "1885년부터 1993년까지 계속 발행된, 시골 지역 사회의 긍정적인 소식을 집중적으로 다루는 전국 단위 주간지"인《그릿》은 중산층 가정의 아동과 청소년들이 "돛대 꼭대기를 장식하는 그 자질을 얻도록" 돕기 위해 그들을 배달원으로 삼았다.[15]

리스의 말에 따르면, 그릿에 대한 관심은 20세기 내내 차고 기울며 출렁거렸다. 1960년대와 1970년대에는 상대적으로 낮은 불평등 수준에서부터 베트남 전쟁으로 인한 사회적 분열에 이르는 다양한 이유로 그릿에 대한 관심이 현저히 감소했다. 그러다 2010년경에 전격적으로 무대로 복귀했다. 리스는 빈곤과 불평등에 대한 국가적 관심이 회복되면서 그릿 개념도 힘을 받았다고 믿지만, 주로는 더크워스 덕분이었다.

더크워스가 이룬 주요 혁신은 측정할 수 있는 척도를 개발함으로써 그릿을 과학적인 방식으로 다룬 것이었다. 그리고 더크워스는 곧 그 척도에 맞는 유용한 용도들을 찾아냈다. 박사 과정 2학년 때, 더크워스는 한동안 웨스트포인트에 있는 미 육군사관학교에서 그곳 사관생도들과 관련된 까다로운 질문, '야수의 막사'(또는 줄여서 '야수')로 알려진, 힘들기로 악명 높은 7주간의 생도 기본 훈련 과정을 누구는 성공적으로 통과하고 누구는 그러지 못하는가에 관한 질문을 파고들었다. 더크워스에 따르면, 그릿은 미 육군이 쓰던 도구인 '종합 전형 점수Whole Candidate Score'보다 현저하게 나은 예측 결과를 보이는, "누가 통과하고 누가 통과하지 못하는가를 미리 알려주는 놀랍도록 믿을 만한 예측 인자로 드러났다".[16]

더크워스는 2004년에 웨스트포인트 사관생도들을 대상으로 자신의 그릿 척도를 처음으로 시험했다. 오래지 않아 철자맞히기대회와 고등학교 졸업률에도 그릿 척도를 적용하면서, 그릿 개념은 주류로 진입했다. 더크워스는 2013년 4월에 TED 강의를 했고, 5개월 후에 마흔셋 나이에 '교육적 성취에서 지력과 개인적 자질이 담당하는 역할을 규명'한 공로로 '천재 장학금'이라 불리는 맥아더 장학금을 받았다.

그러나 그릿의 효능에 관한 더크워스의 더없이 강력한 주장들을 뒷받침할 증거는 아직 나오지 않았다. 개념이 도입된 지 15년이 지났지만 그릿이 정말로 우리가 이미 아는 것이 아닌, 더 많은 것을 알려주는 유용한 개념인지 또는 개인의 그릿이 어떤 식으로든 늘어나거나 강화될 수 있는지 아직 확증되지 않았다.

+

더크워스와 동료들이 그릿에 관한 최초의 논문에서 인정하듯이, 성격심리학자들에겐 이미 비슷해 보이는 개념인 '성실성'이 있었다. 성실성은 유명한 'OCEAN' 성격 모델의 다섯 가지 구성 요소 중 하나인데, OCEAN 성격 모델은 1960년대부터 여러 가지 형태로 존재하다가 1990년대 초부터 실질적인 인기를 얻기 시작했다.

OCEAN 모델은 성격의 개인차가 다소 자명한 측정 가능한 자질들인 '빅5'를 통해 유용하게 포착되고 정확히 분류될 수 있다고 주장한다. '빅5'는 (경험에 대한) 개방성, 성실성, 외향성, 친화성, 신경성*을 뜻한다. OCEAN 모델은 성격심리학에 중요한 흔적을 남겼는데, 연구자들에게 계속해서 연구할 만한 유용한 질문을 제기했기 때문이기도 했다. 빅5 자질들에서 보이는 편차가 본성과 양육 각각에서 기인하는 비율은 어느 정도인가(2015년에 발표한 한 메타분석 연구 결과는 그 답에 관해 약 40퍼센트가 유전에, 약 60퍼센트가 환경에 기인한다고 추측했다.[17]) 하는 문제에서부터 이 다양한 자질들이 직장생활과 결혼생활을 비롯한 여러 다른 환경에서의 성공과 상관되는지, 상관된다면 어느 정도로 상관되는지까지 제기된 질문들은 다양하다. 당연히 이런 연구 중 일부는 교육에 중점을 두었다. 특히 성실성은 학업 성취도와 상당한 상관관계가 있는 것으로 밝혀졌으나, 앞으로 보게 되겠지만, 일부 학생들이 다른 학생들보다 성취도가 높은 이유의 아주 작은 부분만을 설명해줄 뿐이다.

더크워스는 그릿이 성실성과 상당히 유사하고, 어떤 의미에서는 둘이 '경쟁' 관계에 있음을 일찍부터 알아차린 듯하다. 그릿이 학업 성취도를 예측한다고 밝혀졌다 해도, (예를 들어) 성실성이 예측하는 수치의 3분의 1밖에 예측하지 못한다면 중요하지 않아 보였을 것이다. 더크워스와 동료들은 2007년에 발표한 첫 논문에서 자

* 부정적인 감정 시스템에 대한 반응성을 나타내는 지표로서 분노, 우울, 부정적 자의식, 충동 등에 민감한 성격적 특성을 나타낸다.

신들이 내놓은 새로운 산물은 성실성과는 뭔가 약간 다른 것을 측정한다고 이론화했다. "그릿은 성과 측면에서 성실성과 겹치지만, 단기적 집중도보다 장기적인 지구력에 중점을 두는 것에서 차이가 있다."[18] 그리고 실제로 '나는 몇 개월 이상 걸리는 일에 계속 집중하기 힘들다'와 같은 그릿 측정 도구의 일부 항목이 장기적 일관성과 관련된 요소를 포착하기 위해 고안된 건 분명했는데, 더크워스와 동료들이 보기에 성실성은 그렇지 않았다.

그릿과 성실성의 중복 가능성에 관한 논의는 그릿이 대중과학적으로 활용되는 현장에서보다는 과학적 문헌들에서 주로 이루어졌다. 더크워스의 TED 강의에도 '성실성'은 등장하지 않는다.[19] 그 강의를 비롯하여, 더크워스가 그릿 개념을 설명하는 다른 공개 행사들에서 내놓는 가장 시선을 끄는 주장은, 우리가 SAT나 지능지수 검사와 같은 것들로 측정되는 타고난 재능을 근면이나 끈기와 같은 성격적 장점들에 비해 상대적으로 과대평가하고 있으며, 그릿이 그 진실을 밝히는 방법을 제공해준다는 주장이었다. 이것이 더크워스가 그릿이 다른 수단들을 '압도'한다고 주장할 때 내세운 요지였다.

어떤 경우에는 더크워스가 자신의 첫 그릿 연구 결과를 과도하게 단순화하거나 오인될 수 있는 방식으로 언급한 것으로 보인다. 더크워스가 크리스토퍼 피터슨Christopher Peterson과 마이클 D. 매슈스Michael D. Matthews, 데니스 R. 켈리Dennis R. Kelly와 공저한 그릿에 관한 최초 논문을 살펴보자. 논문은 학교와 군대, 전국철자맞히기대회와 같은 상이한 환경에서의 성공과 관련된 성과들과 그릿의 상관관계를 입증하기 위한 여섯 가지 연구로 구성된다. 강력하게 들리는 주장이 전체적인 맥락에서 보면 덜 인상적으로 보이는 경우들이 있다. 예를 들어, 더크워스가 주장하는 가장 유명한 발견은 '야수의 막사'라 불리는 웨스트포인트 사관학교의 생도 기본 훈련 과정을 어떤 신입 생도가 성공적으로 통과할 것인가를 예측하는 과제에서 그릿이 보여준 정확도에 집중돼 있다. 가장 주목할 점은, 더크워스가 생도들의 학업능력, 지도력, 신체적 능력을 측정하는 미 육군의 독자적인 평가 프로그램인 '종합 전형 점수'보다 그릿이 통과율 예측에서 더 나은 성과를 보였다고 결론 지었다는 점이다.

이 결과는 학계에 큰 영향을 끼친 최초 그릿 논문에 포함된 4번과 5번 연구에서 도출된 것이다. 4번 연구에서, 그릿은 실제로 누가 야수의 막사를 통과할지 예측하는 과제에서 '종합 전형 점수'와 '단축형 자기 통제 척도Brief Self-Control Scale, BSCS'라는 심리학적 도구를 능가하는 성과를 보였다. 사실, 이런 변수들과 다른 변수들을 고려했을 때, "그릿은 이 엄격한 여름 훈련 과정 수료율을 다른 어떤 예측 인자들보다 정확하게 예측해냈다". 연구자들은 5번 연구에서도 비슷한 결과를 얻어냈는데, 생도들의 자제력을 측정하는 단축형 자기 통제 척도 대신 빅5 성실성을 측정한 것만 제외하면, 4번 연구와 같은 방식으로 구성되었다. 여기서도 통과율을 예측하는 과제에서 그릿이 다른 인자들보다 나은 성과를 보였다. 그리고 2009년에, 더크워스와 패트릭 D. 퀸Patrick D. Quinn은 새로 개발한 단축형 그릿 척도를 새로운 웨스트포인트 신입생도들을 대상으로 실험한 뒤에 이전과

똑같은 연구 결과를 발표했다.[20]

확실히, 그릿의 승리였다. 하지만 간발의 차이였다. 문제는 평균적으로 약 95퍼센트에 이르는 대다수 생도가 야수의 막사를 통과하기 때문인데, 이럴 때는 측정 결과치들이 분산되지 않고 한쪽에 몰리는 분포와 관련된 '범위 제한range restriction'이라는, 잘 알려진 통계적 문제에 비추어 결과를 해석할 필요가 있다(예를 들어, 키를 따질 때 무작위로 선정한 미국인 표본들이라면 무방하겠지만, 무작위로 선정한 NBA 선수 표본들이라면 '범위 제한' 문제에 해당할 것이다). 실험 대상자의 절대다수가 이 실험에서 좋은 점수를 받았다. 야수의 막사를 통과하지 못하기는커녕 대부분이 통과했다. 그래서 그릿이 예측에 관련된 어떤 유용성을 주긴 하지만, 맥락을 따져보면 딱히 그렇게 인상적이지는 않은 것이다. 전체 후보자의 약 95퍼센트가 야수의 막사를 통과하는 데 성공했고, 그릿이 강한 이들은 약 98퍼센트가 성공했다. 더크워스가 그릿 연구의 다른 분야들도 다른 형태의 범위 제한 문제들을 포함하고 있다고 인정한 것은 높이 살 만하다. 예컨대, 더크워스의 일부 연구들은 SAT 성적이 분포의 거의 한쪽 끝에 몰려 있는 펜실베이니아대 학생들을 대상으로 한다. 그리고 범위 제한 문제를 고려하면, 이런 결과들을 다른 환경에 통상적으로 일반화하기는 어렵다.(더크워스는 자신의 책에서 "[웨스트포인트에서] 다섯 명중 한 명의 생도가 졸업 전에 자퇴한다" 그리고 "자퇴생의 상당수가 야수의 막사 기간에 떠난다"라고 언급하는 식으로 야수의 막사를 통과하는 일이 매우 어렵다는 듯이 묘사한다. 스무 명 중 한 명을 '상당수'라고 둘러대도

되는지는 모르겠지만, 원칙적으로는 모두 사실이다. 하지만 저 설명은 생도들 대다수가 야수의 막사를 통과한다는 사실을 생략한다.)

4번 연구에서 더크워스와 동료들이 야수의 막사 통과율만 검토하지는 않았다. 그들은 평균 학점을 나타내는 GPA와 소위 '군대 수행 점수'라 불리는 MPSMilitary Performance Scores로 측정되는, 학업 성적과 다른 여러 성과 측정 기준들을 결합한 후보자들의 종합성적과 그릿의 상관관계도 조사했다. 이처럼 다소 덜 '범위 제한'적인 환경에서는 갑자기 그릿의 유용성이 떨어졌다. 그릿은 GPA와 MPS를 예측하는 데에는 자기 통제 척도 정도의 유용성을 보였지만, 종합 전형 점수의 유용성에는 미치지 못했다. '종합 전형 점수와 자기 통제 척도가 일정하다고 했을 때', MPS에 미치는 그릿의 영향력은 고작 0.8퍼센트로 예측되었고, GPA에서는 영향력이 전혀 없었다. 이는 그릿이 웨스트포인트 사관학교에서의 학업 성취도를 측정하는 데 딱히 유용한 도구가 아님을 시사한다.

더크워스가 다른 분야들에 관해서 하는 주장들도 정밀하게 검토해야 할 필요가 있다. 더크워스에 따르면, 그릿은 다른 수단들보다 특히 어려움이 많은 환경에서 일하는 초임 교사들의 실적을 검토하는 데에 유용하다. 그러나 더크워스와 동료들이 그릿과 교사들에 관해 출판한 두 논문은 모두 그릿이 그 분야에서 쓰이던 다른 전통적인 수단들보다 나은 성과를 보였다는 주장을 충분히 검토하지 않는다. 2009년에 《긍정심리학 저널》에 출판한 논문에서 더크워스와 동료들은 논문 마지막에서 "긍정적 설명 양식, 그릿, 교사 생활

이전의 삶의 만족도"를 교사의 실적(학생들의 성적을 기준으로 측정. 이것이 공정한가라는 질문은 일단 제쳐놓자)과 상관시켰다.[21] 밝혀진 바에 따르면, 그릿과 삶의 만족도는 교사의 실적을 설명해 주는 의미 있는 예측 인자였지만, 긍정적 설명 양식은 그렇지 않았다. 그러나 연구자들은 그릿의 경쟁 상대라고 볼 수 있는 지능과 성실성 같은 전통적인 기준들은 아예 검토하지도 않았다. 그 결과, 그 연구 결과로는 해당 코호트에서 교사들의 실적을 예측하는 데 그릿이 다른 채택 가능한 기준들보다 나은 결과를 보였다고 말할 수 없다. 더크워스가 이 주장을 뒷받침하기 위해 인용한 다른 연구는 완전히 다른 측정법을 사용했는데, 표면적으로 봐서는 그릿과 거의 관련이 없으며, 그러므로 그 환경에서 그릿이 얼마나 유용한지에 관해서는 마찬가지로 할 수 있는 말이 많지 않다(어디서부터 손을 대야 할지 모를 세부적인 내용은 주에서 다루겠다).[22]

시카고 고등학생들 사례는 어떨까? 더크워스는 TED 강의에서 이렇게 말했다. "그릿이 강한 학생일수록 졸업할 가능성이 유의미하게 크게 나타났습니다. 측정할 수 있는 모든 성격적 특성을 대입해봤을 때도 그랬습니다." 사실이다. 하지만 논문을 자세히 보면, 그릿은 졸업률 분산의 0.50퍼센트만을 추가로 설명해 줄 뿐이다. 이와는 대조적으로, SAT 같은 공인 시험 점수는 졸업 가능성의 4퍼센트를 설명함으로써 그릿의 예측 유용성을 크게 능가한다. 그리고 연구자들은 두 가지 측정 도구로 조사한 '학업 성실성과 학업 동기' 항목들에 대한 응답이 포함된 데이터를 분석에 사용했지만, 전통적인 빅5 성실성은 측정하지 않았다. 마지막으로, 웨스트포인트 사관학교를 대상으로 한 연구 결과만 보면 그릿이 (범위 제한 문제는 제쳐 두고) 정말로 다른 수단은 못 주는 무언가를 주는 듯이 보이지만, 비슷한 다른 환경에서는 전혀 인상적이지 않았다. 2014년 연구에서 더크워스와 동료들은 그릿을 포함한 여러 변수와 미 육군 특수작전 부대 선발 과정 통과율 간의 상관관계를 밝히려 했다. 그 선발 과정은 야수의 막사보다 힘들다. 연구에서 사용한 표본으로 보면, 후보자의 42퍼센트가 과정을 마치지 못했는데, 미 육군이 더 나은 성공 예측 인자 개발에 안달했으리라 예상해볼 수 있다. 모든 관련 변수들을 통계 모델에 대입했을 때, 전반적인 지능은 통과율의 2.7퍼센트, 체력은 7.2퍼센트의 편차를 설명하는 반면, 그릿은 약 1.8퍼센트의 편차를 설명하는 데 그쳤다. 연구자들은 이 연구에서도 성실성을 측정하지 않았는데, 그래서 그릿이 성실성보다 통과율을 예측하는 데 더 나은 성과를 보였는지는 알 수 없다. 어떤 쪽이든, 이 연구는 그릿이 '약간'의 통계적 유용성을 제공하긴 하지만, 다른 더 '전통적인' 변수들을 실제로 능가하는 건 아니라는 사실을 보여주는 또 하나의 사례이다.[23]

　이러한 결과들을 볼 때, 그릿을 유행시킨 두 가지 생각, 즉 그릿이 성실성보다 더 유용하다는 생각과 그릿이 '전통적인' 인지 측정 수단이나 군대 훈련과 관련된 환경에서 쓰이던 신체적 기량 측정 수단보다 훨씬 뛰어난 성과를 보인다는 생각을 뒷받침하는 증거를 과학적 문헌에서 많이 찾아볼 수 없는 것은 분명한 사실이다. 그릿이 오래된 더 저명한 수단들을 '월등히 능가한다'라는 더크워스의 진술은 정당화하기 어렵다. 더크워스가 내놓는 많은 사례는 그릿의 예측 유용성을 가장 명백한 경쟁자인 '성실성'과 비교하지 않았거나, 아예 전통적인 수단들만큼의 성과도 내지 못했거나, 아니면 둘 다인 연구들로 구성돼 있다.

그러면 그릿 개념의 정확한 상태는 어떤가? 가장 포괄적인 답변은 마커스 크리드Marcus Crede와 마이클 티넌Michael Tynan, 피터 함스Peter Harms가 2017년에 출판한 메타분석 자료의 형태로 나왔다. 크리드는 통계를 오용하여 설익은 아이디어들을 내놓는 방식을 예리하게 간파하는 개혁 성향의 심리학자다. 그는 자기 분야에서 출판되는 수상 쩍은 연구들을 비판하는 것을 개인적인 사명으로 삼고 있으며, 특히 교육과 직장에서의 성과 문제에 긴한 관심을 두고 있다(그는 심하게 과열됐던 파워 포즈에 관한 주장들에 몇몇 구멍을 내는 데에도 일정한 역할을 했다). 크리드와 동료들은 「그릿 대소동」이라는 제목의 논문에서 그 개념이 지금껏 대체로 주목받지 못한 몇몇 약점을 안고 있다고 주장했지만, 마지막에서는 그 개념이 왜 어느 정도 유용할 수 있는지도 보여주었다.[24]

크리드와 동료들은 "그릿-성실성 연관성이 일반적으로 추정하는 것보다 훨씬 클 수도 있다"[25]라고 볼 수 있는 강력한 통계적 증거가 있다고 썼다. 이전의 연구들은 어쩌다가 그렇게 중요한 점을 놓치고 말았을까? 그릿이나 성실성 같은 것들은 본래 정확하게 측정하기가 어렵다. 기본적으로 잡음이 많기 때문이다. 이 통계적 잡음이 둘의 상관관계 수준을 실제보다 낮게 보이도록 만들 수 있다. 하지만 잡음을 보정할 수 있다면, 보다 진실에 가까운 상관관계 값을 얻을 수 있다. 그리고 크리드와 동료들은 "관찰된 상관관계들의 비신뢰도를 보정했을 때, 그릿과 성실성의 상관관계가 일치에 접근한다고 보고"했다고 썼다.[26] 이 맥락에서 '일치'는 간단히 말해 둘이 완벽한 상관관계에 있는 상황을 의미한다.(이런 유형의 통계적 보정을 이해해보려고 내가 고안해낸 가장 직관적인 비통계적 방식은 다음과 같다. 제각기 다르게 휘고 뒤틀린 줄자 두 개가 있다고 가정해보자. 두 줄자로 내 키를 재면 다른 결과가 나올 것이다. 내게 각각의 줄자가 휜 수준을 부분적으로 보정할 수 있는 방법이 생긴다면, 갑자기 두 줄자는 훨씬 비슷해진 결괏값을 내놓게 될 것이다.)

크리드와 공저자들은 그릿과 성실성이 기저에 있는 동일한 개념을 측정하는 듯하다고 주장한다. 따라서 그들은 그릿의 인기가 실제로는 동일한 두 개념을 단지 다른 이름을 달고 있기에 다르다고 믿는 '쟁글 오류jangle fallacy*'의 결과일 수 있다고 암시하는 셈이다. 다른 말로 하자면, 더크워스가 성실성이 어느 정도까지 학업적 성공을 예측할 수 있음을 보여주는 연구 결과를 발표했더라면, 다른 연구자들이 어이가 없다는 듯이 "당연하지, 다 아는 거잖아"라고 말했으리라는 의미였다. 하지만 귀에 쏙 들어오는 이름으로 겉보기에 새로운 개념을 제시함으로써, 더크워스는 줄곧 과학 문헌의 일부였던 한 개

---

*   이름이 다르기 때문에 같은 것을 다르다고 받아들이는 것이 쟁글 오류이고, 이름이 같기 때문에 다른 것을 같다고 받아들이는 것이 징글 오류(jingle fallacy)다.

넘에서 엄청난 효용성을 뽑아낸 것이다(더크워스가 의도적으로 혼란을 일으켰다는 의미는 아니다). 2016년에 더크워스가 이런 비판에 대응했다고 보도한 미 공영 라디오방송국은 "더크워스는 그릿을 '성실성 그룹의 일원'이면서 독자적인 예측 능력이 있는 것으로 생각하는 편을 선호한다"라고 말했다.[27]

물론, 이렇게 말할 수도 있다. '음, 그릿이 그냥 성실성인지는 모르겠지만, 성실성 자체가 학업 성취에 중요한 데다, 그릿 얘기 덕분에 사람들이 성실성과 학업 성취 간의 관계에 다시 주목하게 됐다면, 그게 그렇게 나쁜 일인가?' 일이 복잡해지는 지점이 바로 여기다. 그리고 '성실성이 학업 성취도를 예측하는가'와 '성실성이 확실하게 향상될 수 있는가'라는 두 질문을 분리하는 것이 중요해지는 지점이기도 하다.

첫 번째 질문을 보면, 성실성과 그릿은 둘 다 학교 성적과 다소 상관관계가 '있는' 것으로 보인다. 아서 포로팻Arthur Poropat이 출판한 메타분석 연구에 따르면, 성실성과 학교 성적 사이에 $r^* = 0.19$[28]의 상관관계가 있다. r값을 제곱**해서 100을 곱하면 다른 모든 변수가

---

* 상관계수 r은 두 변수 간의 관련성을 나타낸 것으로, −1과 1 사이의 값을 갖는다. 상관계수가 음수이면 한 변수가 커질 때 다른 변수는 작아지는 것을 의미하고, 상관계수가 양수이면 한 변수가 커질 때 다른 변수도 커지는 것을 의미한다. 예를 들어, 우울감과 행복감의 관계는 음의 상관관계를 나타낼 것으로 추측할 수 있으며, 우울감과 수면장애는 양의 상관관계를 나타낼 것으로 추측할 수 있다. 상관계수가 0에 가까울수록 두 변수 간의 관련성이 낮다는 것이고 −1이나 1에 가까울수록 두 변수 간 관련성이 높다는 것을 뜻한다.

** 결정계수 R^2은 어떤 변수(예측 변수)로 다른 변수(결과 변수)를 예측하고자 할 때 이것이

일정할 때 특정 변수가 미치는 영향력의 정도(퍼센트로 나타내기 위해 100을 곱한다)를 알 수 있는데, 이 경우에 학교 성적을 예측했을 때 성실성이 미치는 영향력의 비율이 3.6퍼센트(즉 0.19×0.19)로 나온다.* 크리드와 동료들의 메타분석 연구도 유사한 추정치를 도출해 냈는데, 그릿은 학교 성적과 r=0.18의 상관관계가 있었다.

　이런 상황에서 3.6퍼센트 정도는 큰 숫자일까? 잘 모르는 사람이 보면, 어떤 의미에서는 그렇다. 사회과학자들은 간단하게 적용할 수 있는 도구가 학교 성적과 같은 복잡한 결과에 이 정도나 (이 정도나마) 큰 예측력을 보인다면, 일반적으로 그 도구가 인상적이라고 생각한다. 그러나 지능이 훨씬 훨씬 더 강력한 예측 인자이다. 연구자들은 지능지수가 학교 성적 분산의 25퍼센트를 설명한다고 생각한다.[29] 일부 연구에서는 더 높은 수지도 나오긴 하지만, 일단 이 보수적인 예측치를 받아들이기로 할 때, 지능지수는 학교 성적 분산에서 그릿이나 성실성보다 일곱 배나 많은 양을 설명한다. 그러므로 적어도 학교 성적에 관해서는 더크워스가 TED 강좌에 내건 질문, 즉 "학교와 인생에서 성공하는 것이 빠르고 수월하게 배우는 능력이 아니라 다른 것에 달려 있다면 어떨까?"에 대한 가장 정확한 답은 '물론 지능이 다는 아니지만, 우리가 아는 한, 지능이 그릿이나

얼마나 효과적인지를 나타낸다. 결정계수는 0에서 1 사이의 값을 갖는데, 1에 가까울수록 예측 변수가 결과 변수를 효과적으로 설명한다는 것을 의미한다. 결정계수는 상관계수의 제곱과 같은데 본문에서 이 값에 100을 곱한 것은 백분율로 나타내기 위해서다.

* 예를 들어, '지능지수'와 '부모의 재력' 같은 변수가 동일한 학생 두 명의 학업 성적이 다르다면, 성실성이 학교 성적의 차이에 영향을 미치는 비율이 3.6퍼센트라는 뜻이다.

성실성보다 훨씬 중요하다'와 같은 답일 것이다.(IQ로 측정된 지능과 학교 성적 간의 관계가 과목에 따라 크게 다르다는 사실을 유의할 필요가 있다. 한 연구는 "[지능]의 영향력은 과목에 따라 차이를 보이는데, 수학은 58.6퍼센트, 영어는 48퍼센트, 미술과 디자인은 18.1퍼센트라고 보고했다" 라고 밝혔다.[30] 예컨대 뛰어난 예술가들이 전통적인 IQ 검사에서 특출난 결과를 내지 못하는 경우가 있는데, 이런 시험들이 가치 있는 일을 할 수 있 는 인간 잠재력의 아주 작은 부분만을 포착하기 때문이다.)

그릿의 가단성可鍛性*에 관한 질문을 보면, 개입을 통해 성실성 이나 그릿을 강화할 수 있다는 신뢰할 만하고 측정할 수 있는 증거 는 많지 않다. 그렇다고 해서 성실성이 일생에 걸쳐 불변한다는 의 미는 아니다. 일리노이대 어바나-샴페인 캠퍼스 소재 사회행동과 학센터 소장이자 저명한 성격심리학자인 브렌트 로버츠Brent Roberts 는 "다행히 성실성이 나이에 따라 변한다는 사실을 보여주는 연구 가 많다"라고 말했다. "그리고 성실성은 변할 뿐만 아니라 전형적으 로 더 나은 방향, 즉 증가하는 방향으로 변한다. (……) 물론 성실성 이 삶의 경험을 통해 천천히, 점진적으로 변하는 건 좋은 일이지만, '의욕 없는' 아이를 둔 부모들에겐 별 위안이 안 될 수도 있다."(아니 나 다를까, 더크워스의 핵심적인 초기 논문 하나에 이런 일반적인 변화 패 턴을 나타내는, 나이에 따른 평균 그릿의 차이를 보여주는 도표가 들어 있 다.[31])

---

* 고체가 외부의 충격에 깨지지 않고 모양이 변하거나 늘어나는 성질.

그릿 없는 아이를 둔 부모들에게 도움이 될 만한 연구가 '있기는' 할까? 로버츠가 공저자로 참여한 성격 변화에 관한 메타분석 논문에 따르면, 치료를 포함한 여러 비슷한 개입을 통해 빅5의 하나인 신경성이 유의미하게 또 영구적으로 줄어들 수 있는 반면, 성실성이 그와 유사하게 변화할 수 있다는 증거는 거의 없다.[32] 당연히 사람들은 그릿을 영구적으로 주입하기를 원하지만, 그는 2018년에 전자우편을 통해 "성실성 변화에 초점을 둔 연구들이 〔명확히〕 이제 막 등장하기 시작했다"라고 말했다. 오스트레일리아에서 심리학자들이 '성격 코칭' 개입을 시행하며 진행한 연구가 있다. 실험 참가자들이 각자 개선하고 싶은 성격적 특성을 고르면, 담당 심리학자(또는 '코치')가 몇 달 동안 그 과제를 놓고 참여자와 함께 작업을 했다. 후속 관찰 결과에 따르면, 성실성을 비롯해 다른 빅5 특성들도 적게나마 변화할 수 있는 것으로 드러났다.[33] 그러나 소규모로 진행된 그 연구에는 10주에 걸친 개별 코칭이 수반됐는데, 그것을 일반적인 교육 환경에 그대로 적용할 수는 없을 듯하다. 게다가 성실성만 놓고 봤을 때, 그 연구는 무작위로 고른 학생 표본이 아니라 개선하고 싶은 성격적 특성으로 콕 짚어 '성실성'을 고른, 그러므로 예를 들자면, 학교에서 시행하는 일반적인 그릿 강화 활동에 참여하는 학생들보다 성실성을 강화하고자 하는 동기가 강할 가능성이 큰 학생 표본을 대상으로 삼았다.

그릿이나 성실성이 쉽게 변화할 수 있다는 증거가 부족하다는 문제에 관해 더크워스에게 직접 전자우편으로 문의하자, 그런 성격적 특성이 '하룻밤 사이에' 변할 수 있다고 생각하지 않고, 장기적인 노력이 더 희망적이라 생각한다며, 더 자세한 정보는 로버츠에게 문의하라는 답장이 왔다. 하지만 더크워스도 로버츠도 내가 연락해본 다른 사람들도, 특히 애초에 그릿과 학교 성적의 상관관계가 딱히 인상적이지 않다는 사실을 고려했을 때, 요즘 같은 교육 환경에서 그릿이 그렇게 많은 관심을 받을 만큼 가단성 있는 속성이라는 확신을 주는 결과가 포함된 논문을 단 한 편도 알려주지 않았다.

이런 상황에서도 크리드와 동료들은 그릿에서 어떤 가치를 찾아냈다. 그들의 논문은 그릿의 두 측면 중 하나인 '끈기'가 더크워스와 다른 이들이 연구했던 다양한 결과들과 논리적으로 유의미한 상관관계를 갖는다고 제시했다. 다른 한 측면인 ("내 관심사는 매년 바뀐다"와 같은 문항으로 측정되는) 관심의 일관성은 그만큼 유용하지 않았다. 따라서 그들은 "그릿 구성 개념의 유용성은 주로 끈기 쪽에 있는 듯하다"라고 주장한다. 다른 이들이 더 직관적으로 제기해온, '관심사가 때때로 쉽게 바뀐다고 해서 그릿이 없다고 말하는 것이 정말로 맞는가?'라는 질문에 맞는 유용한 요점이다. 예를 들어, 여러 사업을 성공시킨 기업가들은 대체로 시간을 많이 허비하기 전에 잘 안 굴러가는 프로젝트를 현명하게 포기할 줄 알지만, 좋은 결과가 나올 것으로 보이는 프로젝트에는 일주일에 100시간씩이라도 쏟아붓는다. 그리고 다른 수많은 직업도 마찬가지로 이런 종류의 유연성을 요구하는 듯하다. 대니얼 엥버Daniel Engber가 그릿 논란에 관해 《슬레이트》 기사에 썼듯이 말이다. "나는 기자로서 이런 기삿거리에서 저런 기삿거리로 휙휙 이동하며, 그런 유연성 덕분에 살아간다. 나는 내 직업이 그릿 개념에 부합한다고 생각하지 않는다."[34] (도움이 될까 싶어 덧붙이자면, 나도 비슷한 느낌이다.)

크리드와 동료들은 숫자를 넣고 통계를 돌렸을 때, 성실성 기준이 추가되면 그릿은 학업 성취도를 예측해내지 못하지만, 하위 인자인 '노력에 대한 끈기'는 실제로 성취도에 비례하는 결과를 낸다는 사실을 발견했다. 이는 그릿 척도의 끈기 요소가 실제로 학업 성취도를 예측하는 데에서 전통적인 성실성 개념을 근소하게 능가하는 이점을 보일 수 있음을 의미한다. 2018년에 데이비드 디저베이토David Disabato, 팰런 굿먼Fallon Goodman, 토드 캐슈단으로 구성된 다른 연구팀이 《성격학 저널》에 전 세계에서 수천 명이 참여한 대규모 온라인 표본에 기초한 논문을 발표하면서 "'노력에 대한 끈기'가 개인의 행복도, 행복에 관한 소신, 성격적 강점들과 어느 정도 강하게 상관되지만 (……) 관심 일관성은 이들 결과와 약하거나 음의 상관관계를 보였다"라고 밝혔다.[35] 그릿 개념을 구성하는 두 하위 요소 사이에서 발견되는 이런 극명한 차이는 이야기에 흥미로운 반전을 가져다주는 한편, 새로운 연구의 길을 열어줄 수도 있다. 그러나 그릿과 관련된 다른 여러 문제에 비춰봤을 때, 그렇다고 해서 전반적인 상황이 크게 바뀌지는 않는다.

마지막으로, 이 책의 마무리 작업을 하고 있던 2020년 7월에 그릿 관련 과학 문헌의 일부 공백을 메울 수 있는 중요한 논문이 출판됐다. 이스라엘 텔아비브대와 아리엘대의 첸 지스먼Chen Zissman과 요아브 간자크Yoav Ganzach는 《사회심리학과 성격과학》에 출판한 논문에서 미국인을 대표하는 대규모 표본을 검토하여 "지능이 그릿보다 교육적 성취에서는 48~90배, 취업 시장에서의 성공에는 13배 많이 기여한다"라고 밝혔다.[36] 한편, 성공을 예측하는 데에서 성실성은 그릿보다 두 배나 유용했다. 간자크가 전자우편으로 밝힌 바에 따르면, 연구는 대표 표본(모집단을 대표하는 표본으로 범위 제한 같은 문제들이 발생할 가능성이 훨씬 낮음을 의미한다)을 놓고 그릿을 분석한 첫 사례다. 종합하면, 아주 특정한 어떤 영역들에서는 그릿이 유용할 수 있으나 일반적으로 누가 성공하고 누가 그렇지 않을지 예측하는 데에 그릿은 딱히 도움이 되는 개념이 아니거나, 아니면 적어도 우리가 이미 가지고 있는 다른 도구들을 능가하지 못한다.

+

다행히 더크워스는 아이디어를 검증받는 처지가 된 다른 연구자들보다 훨씬 솔직하고 투명하게 그릿 연구들이 가진 한계들에 대체로 열린 태도를 보여왔다. 예를 들어, 더크워스는 자신의 저서를 홍보하면서도 그릿 개념이 응용되는 몇 가지 의문스러운 방식에 관해 목소리를 높이기 시작했다. 2016년 3월에 게재된 《뉴욕 타임스》 사설에서 더크워스는 일부 캘리포니아 학교들이 학생들의 그릿 수준에 점수를 매기겠다는 방침에 대해 경고했는데, 그 주제를 연구한 역사가 너무 짧다는 것도 하나의 이유였다. 더크워스는 사설에서 경고했다. "우리는 성격적 특성에 관한 조사 결과를 교사와 학교의 유효성을 평가하는 잣대로 쓸 준비가 전혀 되어 있지 않으며, 아마 앞으로도 그럴 것이다. 우리는 학생들이 이 측정 수단들에 반응한 결과에 따라 학교를 보상하거나 벌해서는 안 된다."[37] 더크워스는 자신이 그릿 담론에 대한 통제력을 어느 정도 상실했다는 사실에 좌절감을 표했다. 당시 내 동료였던 멜리사 달Melissa Dahl은 2016년에 더크워스를 인터뷰하고 이렇게 썼다. "더크워스는 말했다. '어떤 아이디어를 만드는 데 중요한 역할을 했는데, 그 아이디어가 내 손을 빠져나가 나름의 생명을 창출하는 걸 보는 기분이 참 묘합니다.'"[38] 다시 말하지만, 더크워스는 책과 TED 강의에서 그릿을 강화할 수 있는 구체적인 개입이 있는지는 모르겠지만, 그런 것이 개발될 수 있기를 희망한다고 명시적으로 말했다.

그러나 더크워스는 여전히 약간 무리하게 느껴지는 방식으로 초기에 주장했던 그릿 척도의 유용성을 계속해서 옹호한다. 내가 직접 전자우편으로 《뉴욕 타임스》 기사에 실린 "우리 연구실은 특정한 개인이 특정한 상황에서 성공적일지 예측하는 측면에서, 이 기준이 지능지수와 수학능력평가시험SAT, 체력, 그 외의 다양한 기준을 월등히 능가한다는 사실을 발견했다"라는 구절에 관해 물었을 때, 더크워스는 그 말의 맥락이 자신이 했던 웨스트포인트 사관생도들과 교사들을 대상으로 한 연구와 관련돼 있다고 설명하며, 그 주장을 옹호했다. 그러나 앞에서 봤듯이, 두 사례에서 그릿이 다른 보다 안정된 측정 도구들에 비해 얼마나 유용했는가에 관해서는 심각한 의문들이 존재한다. 일반적인 《뉴욕 타임스》 독자들이나 TED 강의 시청자들이 몇몇 그릿 연구들이 얼마나 어그러지고 모순되는지를 이해하고서 더크워스의 그릿 주장들을 멀리할 것 같지는 않지만 말이다.

더크워스가 논란을 다루는 방식을 어떻게 생각하든 간에, 더 대대적인 그릿 유행을 회의적으로 볼 이유는 충분하다. 그릿은 성실성과 매우 유사해 보인다. 학교 환경에서 성실성이 영구적으로 강화될 수 있다는 확인 가능한 증거는 거의 없다. 그리고 어쨌든 대다수 맥락에서, 성실성과 학업 성취도 간의 상관관계가 그렇게까지 강하지는 않다. 그래서 명백한 질문이 하나 떠오른다. 이것은 학교가 집중해야 할 문제인가? 학교 관리자들에게 다른 선택지가 부족한 듯하지는 않다. 크리드와 동료들이 메타분석 논문에서 지적했듯이, "공부 기술과 공부 습관, 학교 적응도, 수업 참석률 등이 (······) 학업 성취도와 졸업률에 훨씬 강하게 관련돼 있으며, 개입을 통해 이들 구성 인자(특히 공부 기술과 공부 습관)에서 학생들의 수준을 개선할 수 있다는 믿을 만한 증거가 있다." 그릿에는 없는.[39] 그저 좀 재미가 없을 뿐이다. 강연 제목을 '학습 기술은 중요하고 개선될 수 있다'라고 붙인다면 강연장이 썰렁하지 않겠는가.

그렇다면 미국인들이 그처럼 믿을 만한 증거가 거의 없다시피 한 개념에 그처럼 철저하게 빠져든 이유를 '새로움'에서 일부 찾을 수 있을 것이다. 하지만 그릿 서사가 가진 매력을 정말로 이해하려면 우리의 국가적 교육 논의의 두 가지 측면을 이해할 필요가 있다. 하나는 미국 학교들이 학생들에게 덕성을 불어넣어 주어야 한다는 시각, 그리고 다른 하나는 (그와 연관된) 학교가, 학교를 넘어서는 힘이 일으키는 문제들을 개선 또는 해결하는 결정적인 장소라는 생각이다.

+

교육과 성격을 연결하는 버릇이 미국인들에게만 있는 것은 아니다. 인류가 교육을 이야기해 온 긴 세월 동안, 지식인들과 도덕적 지도자들은 학교가 학생들에게 지식과 문제 해결 기술들만 전달하는 것으로는 충분하지 않다고 주장해왔다. 그렇다, 학교는 덕성도 가르쳐야 했다. 즉 학생들에게 도덕적이고 친절하고 충실한 시민이 되는 법을 가르쳐야 한다. 이 아이디어의 기원은 수천 년 전으로 거슬리 올라간다. "그러면 누구를 교육받은 자라 불러야 하는가?" 기원전 342년에 교육의 아버지 중 한 사람으로 여겨지는 고대 그리스 웅변가 이소크라테스가 물었다. "일상의 삶을 잘 다스리는, 정확한 판단력을 가진, 올바른 행동을 거의 놓치지 않는 이들이다. 품위 있고 존귀하며 성품이 선하고 더디 화내고 쾌락을 절제하는 이들이다. 불행 속에서도 용감하고 성공에도 훼손되지 않는 이들이다. 이 특성 중 어느 하나에 해당하는 것이 아니라 이 모든 특성에 부합하는 성격을 가진 이들, 그들이 현명하고 완전한 이들이다."[40] 다른 말로 하면, 모자라고 부족한 사람들만 우글거리는 아테네를 원치 않는다면, 기술만 가르칠 것이 아니라 도덕적 교훈도 가르치는 편이 낫다.

그렇다면, 19세기에 호레이스 맨Horace Mann을 필두로 한 미국의 교육 개혁가들이 현대적인 학교 체계의 기초를 놓기 시작했을 때, 그 노력의 앞머리에 덕성이 있었던 것도 당연하다. 교육은 이후에 경제적 번영과 밀접하게 연관되게 되지만, 교육 연구자 데이비드 라바리David Labaree가 썼듯이, 맨과 그 시대 사람들은 "교육을 세속적 이익을 증진하는 방편으로 묘사하는 것을 내키지 않아 했다".[41] 맨이 뒤죽박죽 섞인 공립학교들과 사립학교들을 단일한 '보통학교' 체계로 간소화하려 했을 때, 그의 마음속에는 뭔가 더 큰 계획이 있었다. 그는 '시민'을 양성하고 싶었다. 그는 이렇게 썼다. "공화국을 만드는 것은 쉬운 일일지 모르지만, 공화주의자를 만드는 것은 매우 힘든 일이다. 그리고 공화국의 불행이 도사리기에 무지와 이기심, 격정보다 더 좋은 토대는 없다!"[42] 미국의 현대적 학교 체계가 시작된 첫날부터 인성 계발은 궁극의 목표로 여겨졌다.

원래 미국 인성 교육의 많은 부분이 직접적으로 성경에서 유래했다. 19세기 미국에서 누가 그걸 문제 삼을 수 있었겠는가? 이내 초점의 일부가 교육자인 윌리엄 홈스 맥거피William Holmes McGuffey의 이름을 딴 이른바 '맥거피 리더스*'로 옮겨갔다. 1836년부터 1960년까지 대략 1억 2000만 권이 팔려 웹스터 사전이나 성경과 같은 수준의 판매고를 보인 이들 '리더스'에는 의무감과 애국심을 고취하려

---

* 공식 제목은 '에클레틱 리더스(Eclectic Readers)'이다. 윌리엄과 알렉산더 홈스 맥거피 형제가 편집하고 출간한 초급 독본 시리즈로 여섯 등급이 있다. 19세기 중반부터 20세기 초반까지 미국 전역의 학교에서 교과서로 널리 쓰였으며, 요즘에도 홈스쿨링 교재로 쓰이고 있다.

는 목적이 있었다. 위스콘신주 상원의원 존 E. 캐슈먼John E. Cashman은 1935년에 AP통신과의 인터뷰에서 '리더스'에 대한 관심을 되살리면 나라가 공황에서 벗어나는 데 도움이 될 수 있다고 주장하며 이렇게 말했다. "이후로도 '리더스'에 견줄 만한 교과서는 없습니다. 리더스에는 단원마다 교훈이 있었지요. 그 책들은 애국심을 가르쳤고 정부를 비판하지 않았습니다. 요즘 아이들에게 주어지는 교과서에는 비판만 많고 애국심은 부족합니다."[43]

20세기 들어 미국이 인구수 면에서 폭발적으로 성장하는 한편, 여러 차례 이민의 물결을 겪으며 점점 다양해진 데다, 결정적으로는 독보적인 세계적 열강의 위치에 오르면서 인성 교육의 문제는 더욱 복잡해졌다. 1960년대에는 인성 교육은 교육 일선에서 약간 물러났는데, 누군가의 설명에 따르면 "급속히 강화되는 미국 사회의 다원주의와 증가하는 공적 영역의 세속화가 한때 학교의 몫이었던 도덕과 인성 교육의 중심적 역할에서 학교를 밀어냈다".[44] (이선 리스가 이 시기에 유사한 이유로 그릿에 대한 사회적 관심에도 비슷한 소강상태가 있었다고 한 말도 기억날 것이다.)

그러나 영원히는 아니었다. 인성 교육이 크게 관심을 끈 최근의 사례는 로널드 레이건의 도덕적 십자군 전사인 교육 비서관 윌리엄 베넛William Bennett과 함께 시작되었는데, 그는 학교가 학생들의 도덕성을 더욱 공격적으로 육성하기를 바랐으며, 아이들을 그 길로 가게 하는 법에 관한 책인 『덕목의 서The Book of Virtues』를 쓰기도 했다. "종교와 관련하지 않고는" 옳고 그름의 차이를 배울 수 없다[45]고 말한 적이 있는 베넷은 당연히 그 말이 의미하는 바에 대해 매우 독특하고도 상당히 보수적인 견해를 가지고 있었고, 그의 옹호와 더불어 레이건 대통령이 그 개념을 포용한 결과, 학교를 이용하여 아이들에게 덕성을 주입하자는 전반적인 아이디어는 다시 초당파적인 정치적 화두로 부상했다. 뒤를 이은 빌 클린턴과 조지 W. 부시 대통령은 각기 인성 교육 프로그램에 할당된 재원을 세 배로 늘리겠다고 약속했는데, 이야말로 인성 교육이 완전한 유행이 되었다는 확실한 신호였다.[46] 1996년 연두교서에서 클린턴은 "저는 우리의 모든 학교에서 인성 교육을 시행하여 선한 가치와 선한 시민성을 가르칠 것을 촉구합니다"[47]라고 말했고, 1997년 연두교서에서도 다시 이 주제를 꺼내며 "우리 학교에서 인성 교육이 시행되어야 합니다. 우리는 우리 아이들이 선한 시민이 되도록 가르쳐야 합니다"[48]라고 말했다.

인성 교육에 대한 엘리트층의 관심은 인성을 강화한다고 주장하는 교육적 개입들이 진입할 수 있는 견고한 시장을 창출했다. 그리고 인성이 의미하는 바가 매우 다양했기 때문에, 이 사명의 범위는 약어로 지칭되는 온갖 프로그램들로 채워졌다. '개인적 자기 관리를 위한 윤리적 지침 획득Acquiring Ethical Guidelines for Individual Self Governance', 줄여서 이지스AEGIS라고 불리는 프로그램은 "가치와 존엄, 권리와 책임, 공정과 정의, 노력과 탁월함, 돌봄과 배려, 개인적 청렴과 사회적 책임"이라는 여섯 가지 핵심 영역에 집중했다. 이지스는 흥미 자극Stimulating interest, 개념 모형화Modeling the concept in question, 개념

통합Integrating the concept, 숙제를 통한 개념 추가 학습Learning more about the concept via homework assignments, 마지막으로 실생활로 개념 확장Extending it to real life으로 구성되는 독자적인 스마일SMILE 방법론으로 이들 핵심 개념들을 반복적으로 학습시켰다.[49]

반면에 '인성 교육 커리큘럼Character Education Curriculum, CEC'은 아이들에게 여섯 가지가 아니라, 명예, 용기, 신념, 정직, 진실함(정직을 의미?), 관대함, 친절, 유용함, 정의, 존중, 자유, 평등이라는 열두 가지의 보편적 가치를 가르치고자 했다. 그 프로그램에는 '정교한 교수법 또는 학습 모형'은 없었지만, 1997년에 제임스 S. 레밍James S. Leming이 요약했듯이, 이 프로그램이 내놓은 자료들은 "인성은 똑같이 중요한 세 가지 요소로 구성되는데, 지식-의식/자기이해/의사결정, 감정-양심/존중/배려/공감, 행동-좋은 습관/행실/결단이다."[50]라는 점을 유용하게 설명해주었다.(쉽게 설명하자면, 보편적 가치는 열두 가지이고, 그 열두 가지는 세 가지 요소에 기초하며, 그 세 가지 요소는 또 총 열 개의 하위 요소로 구성된다.)

일반적으로 말해서, 인성 교육 프로그램들이 과학적 정보에 근거하지는 않았다. 레밍은 "[여기] 제시된 커리큘럼 중에서 토대가 된 이론적 원리를 완전하게 정리된 형태로 담은 진술 같은 것을 제공하는 프로그램은 거의 없다"라고 언급한다.[51] 그리고 이들 프로그램의 인기와 위력이 공립학교들로 확장되면서, 공립학교들도 사립학교들과 마찬가지로 떠들썩한 문화 전쟁 속으로 떠밀려 들어갔다. 클린턴 정부 시절에 기자였던 폴 터프Paul Tough는 "우파는 그 인성 교육 계획들이 은밀한 '정치적 올바름 운동'을 감추는 베일이라 의심했고, 좌파는 그 계획들이 기독교 정신을 주입하려는 숨겨진 시도라고 의심했다"라고 썼다.[52] 다시 말하면, 아이들이 덕성을 가져야 한다는 데에는 모두 동의하지만, 어떤 종류의 덕성이어야 하는지에 관해서는 불화가 끊이지 않는다.

드물게 인성 교육 프로그램들이 엄격한 평가를 받는 경우가 있었는데, 결과는 그다지 인상적이지 않았다. 2010년 교육부가 초등생용으로 설계된 소수의 인성 교육 프로그램 중에서 추천할 만한 것이 아예 없다시피 하다는 보고서를 냈다. 작성자들은 이렇게 썼다. "평균적으로, 그 일곱 개 프로그램은 학생들의 사회적·정서적 역량, 행동, 학업 성취도, 학교 분위기에 대한 학생과 교사의 견해를 개선하지 않았다. 게다가, 각 프로그램에 참여하는 학교와 학생의 숫자가 프로그램의 수준을 뒷받침할 만큼 늘 충분한 것은 아니었으나, 각 프로그램에서 예상되는 영향력의 패턴은 대체로 비슷했는데, 학생들이 내는 성과에는 아무 영향을 주지 못했다."[53] 우리는 또한 앞서 평가 목적으로 정부로부터 거의 300만 달러에 달하는 정부 지원금 혜택을 받은 스트라스 헤이븐 긍정심리학 커리큘럼도 마틴 셀리그먼과 동료들이 주장한 바와는 달리 학생들의 '성격적 강점'을 개선하는 것 같지 않다는 평가를 본 바가 있다.

인성 교육자들은 때때로 이런저런 프로그램들을 가리키며 분명히 효과가 있을 거라고 주장하겠지만, 아이들에게 더 많은 '덕성'을 주자는 다소 모호한 목표를 달성할 수 있는 임상적으로 검증된 좋은 방법을 누구도 내놓지 못했다는 것이 일반적인 의견이다. 이 프로그램들의 성공 여부를 학업적 성과로 측정하든, 아니면 교육부 보고서 표현대로 '인성'에 대한 일련의 관심을 정말로 근사하게 압축하는 표현인 '사회적·정서적 역량'으로 측정하든 그건 사실이다. 이들 프로그램이 정말로 아이들을 (예를 들어) 더 친절하게, 또는 더 정직하게 만든다면 설사 학업 성취도를 개선하지 못해도 존재할 가치가 충분하겠지만, 그 프로그램들은 전혀 그러는 것 같지 않다.

+

인성 교육 열풍은 교육에 관련된 더 거대한 미국의 정치 현실을 가리킨다. 우리는 학교로서는 능력 밖일 듯한 문제들을 학교가 해결해주기를 기대하며 부당한 부담을 지운다. 이런 경향은 미국의 교육과 사회복지 체계가 진화해온 특정한 방식에 일부 기인한다. 역사학자이자 사회 이론가인 마이클 B. 카츠Michael B. Katz는 2010년 사민주의 학술지인 《디센트》에 실은 논문에 "19세기 말과 20세기 초에 다른 나라들이 실업, 노령, 건강 보험을 도입할 때, 미국은 급증하는 학생 수에 맞춰 고등학교를 지었다"라고 썼다. 또한 그는 역사적으로 "유럽 국가들이 중등교육을 확장하는 데는 미국보다 한 세대 가까이 뒤처졌고, 미국은 복지국가를 세우는 데에 유럽보다 한 세대 가까이 뒤처졌다"라고 언급했다.[54] 그리하여, 미국은 다른 어느 나라보다 학교가 더 많은 사회복지 사업을 할 것을 기대하는데, 이는 학교가 학업 기술과 지식뿐만 아니라 덕성 또한 불어넣어야 한다는 개념을 부추기는 데 도움이 되었을 것이다.

그러나 오래전부터 정치적 입장을 불문하고 많은 사람이 학교가 복지 체계의 핵심 목표 중 하나인 불평등 격차 해소를 달성하기를 기대하는 것은 현실적이지 않다고 주장해왔다. 무엇보다 아이가 유치원에 들어갈 때쯤에는 이미 절대적으로 중요한 발달 시기인 초기 5년을 이미 보낸 뒤이기 때문이다. 다섯 살짜리 아이를 놓고 그 아이가 나중에 어떤 삶을 살게 될 것 같냐고 묻는다면, 아이의 미래가 그 아이의 통제권을 훌쩍 뛰어넘는, 이미 범위가 상당히 한정됐을 법한 여러 요인과 관련되어 있다는 우울하고 불공평한 사실과 직면해야 한다. 다섯 살이면 아이는 이미 충분한 영양 공급을, 충분한 인지적 자극을, 충분한 가족 안정성을, 그리고 그때쯤이면 이미 미래의 삶에서 흡연에서부터 심장병에 이르는 온갖 것들과 관련될 어린 시절의 여러 불리한 사건들로부터 보호를 받았거나 받지 못했을 것이다.

폴 터프는 자신의 저서 『아이들의 성공을 돕는 법—방법과 이유 Helping Children Succeed: What Works and Why』를 각색한 2016년 《애틀랜틱 먼슬리》 글에서 "신경과학자들은 의사들이 '독성 스트레스'라고 부르는 어린 시절에 받은 심각하고 만성적인 스트레스가 어떻게 아이들의 신체적, 정신적 발달과, 특히 중요하게는 아이들이 학교 환경에서 기능하는 방식에 영향을 주는 생리학적·신경학적 적응으로 이어지는지를 갈수록 명확하게 논증해내고 있다"라고 설명한다. 독성 스트레스는 또한 "작업 기억, 주의 통제, 인지적 유연성과 같은 고

차원적인 정신 능력이자 일부 연구자들이 두뇌의 작용을 감독하는 항공 관제사 팀에 비유하는 '집행 기능'이라 알려진 것의 발달을 저해"할 수 있다.[55] 이것이 왜 취학 전 프로그램들이 효과가 있는지를 일부 설명해줄 수 있다. 양육에 집중하는 안정적인 환경을 제공함으로써, 아이들의 스트레스 수준을 낮춰 실행 기능의 발달을 촉진하는 것이다.(이런 프로그램들의 효과에 대해서는 엄청나게 활발한 논쟁이 벌어지고 있다. 이론의 여지는 있지만, 아마 동시대 사회과학 논쟁 중에서도 가장 복잡하고 의견이 분분한 논쟁일 것이다. 많은 주목을 받은 특정한 미취학 아동 대상의 활동들이 긍정적인 결과를 끌어내는 데 실패하긴 했지만, 데이터는 전반적으로 긍정적인 방향을 가리킨다.[56])

수도 없이 많은 어린이가 그런 프로그램, 또는 그런 프로그램을 대신하여 안정직이고 아동 발달에 직합한 환경을 제공해야 할 위치에 있는 부모에게 접근하지 못하고 있다. 아이가 유치원에 들어가기 전에 이미 중대한 해를 입었다면, 그것을 되돌리기 위해 학교가 할 수 있는 일은 거의 없다시피 하다. 학교가 (안정적인 가정과 충분한 영양, 양육에 집중하는 고학력 부모가 있는 환경에서 자라 교육 기회들을 활용할 준비를 마치고 학교생활을 시작하는) 가진 자들과 (불안정한 가정과 미덥지 못한 음식, 과도한 노동에 시달리거나 부재하거나 학대하는 부모가 있는 환경에서 자란) 못 가진 자들 사이의 점차 확대되는 격차를 좁히기 위해 할 수 있는 일은 심지어 그보다도 적다. 가진 자들과 못 가진 자들이 같은 학교를 다녀도 그럴 텐데, 당연히 두 부류는 같은 학교를 다니지 않는다. 불공정한 상황을 더욱 불공정하게 만드는 것은, 기준을 교사의 질로 잡든 학교 시설의 질로 잡든 학교 폭력 가능성으로 잡든 부유한 지역에 사는 아이들이 훨씬 좋은 학교에 접근할 가능성이 크다는 사실이다.

이런 모든 상황을 직시한다면, 지금 상태의 미국 학교가 특히 불평등 격차를 좁히는 과제'뿐'만 아니라 온갖 학습 기술과 지식을 전달하는 과제를 진 상태로 이 손상의 많은 부분을 개선할 수 있으리라고 상상하는 것 자체가 이상해 보인다. 미국이 영유아 빈곤과 건강 문제를 포함한 전반적 불평등에 관련된 핵심 지표들에서 다른 부유한 선진국들에 비해 상당히 나쁜 결과를 내고 있다는 사실은 특히 더 어려운 상황을 의미한다.[57]

철학 면에서 정부가 재원을 대는 복지 정책에 기꺼이 따르는 교육 전문가들조차 미국 교육이 그 자체로 사회이동을 가능하게 할 수 있다는 데에 자주 의문을 표하는 것도 놀랄 일이 아니다. 예를 들어, 스탠퍼드대 교육학 교수 데이비드 라바리는 흥미로운 저서 『누군가는 실패해야 한다―공립 교육의 제로섬 게임Someone Has to Fail: The Zero-Sum Game of Public Schooling』에서 상대적으로 부유한 부모들은 언제든 자녀들에게 최신 자격증을 사줄 수 있지만, 덜 부유한 부모들은 아무리 열심히 일해도, 또는 아무리 고귀한 의도를 가져도 그럴 수 없으므로 지금의 교육 체제 아래에서 학교 교육을 통해 불평등 격차를 줄일 수 있으리라 기대해서는 안 된다는 주장까지 내놓는다. 그는 "학교 개혁은 중산층 학생들과 노동계급 학생들 간의 교육 격차를 줄일 수 있을 때만 사회적 격차를 평등하게 만들 기회를 가질 수 있다"라고 쓴다. 하지만 "우리가 혜택받은 층의 교육 기회를 제한하고 싶어 하지 않기 때문에 (······) 빈곤층의 교육 기회를 증가시켜도 아무 차이가 없을 것이다. 두 집단이 나란히 더 많은 교육을 받는다면, 한 집단의 다른 집단에 대한 우위는 줄어들지 않을 것이다. 그리고 그것이 미국의 학교 체계가 처해 있는 상황이다".[58]

이 모든 것이 그릿 교육, 또는 뭐가 됐든 다른 비슷한 노력이 미국의 교육 불평등이라는 거대한 문제에 직접적인 영향을 미칠 수 있다는 주장에 회의적인 입장이 되는 강력한 이유를 제공한다. 하지만 나는 한 발짝 더 나아가고자 한다. 그릿에 집중하는 것은 가난한 아이들에게 불공정한 일이다. 그릿에 집중하는 것은 불평등이 어떻게 작동하며 스스로를 영존시키는지에 대한 편협한 이해를 반영하고 있다.

+

더크워스 저서의 상당 부분이 더크워스 본인이 수년에 걸쳐 면담한, 명예의 전당에 오른 럭비 선수 스티브 영Steve Young에서부터 유망한 젊은 학자들에 이르는 '그릿 모범' 사례들을 설명하는 짧은 글들로 구성된다. 그들의 사연이 그릿에 관해, 그러므로 성공에 관해 뭔가 중요한 얘기를 해줄 수 있다고 생각하는 듯하다. 그러나 우리는 부지런히 일하고 그릿도 있고 회복탄력성도 좋은데 원하는 만큼 성과를 내지 못하거나 보기 좋게 실패하는 사람들에 관해서는 사실 아무 얘기도 듣지 못한다. 실패자들은 어디에도 보이지 않기 때문이다. 『그릿』은 사회과학자들이 '생존자 편향'이라 부르는 문제를 안고 있다. 더크워스는 모든 일화적 교훈을 승자라서 선택된 표본들에서 끌어내는데, 이는 더 큰 그림의 상당 부분이 가려져 있다는 의미이다. 그래서 한 그릿 스타가 직장에서 어려운 일이 생길 때마다 "저는 '그냥 꾸준하게 열심히 일하고 배우자, 그러면 다 잘될 거야'라고 스스로를 다독이곤 했어요"라고 설명할 때, 이와 똑같은 생각을 했지만 그 유명 투자자문 기업의 최고경영자와는 달리, 중간 관리직에서 승진이 막히거나 해고되거나 더 나쁜 결말을 맞은 무수한 이들을 생각하지 않을 수 없다.[59]

제목이 암시하듯 『그릿으로는 부족할 때When Grit Isn't Enough』라는 책은 매우 다른 접근 방식을 취한다. 보스턴 학교 체계를 수십 년 동안 경험했으며 현재 보스턴 아트아카데미 교장인 린다 F. 네이선 Linda F. Nathan이 쓴 『그릿으로는 부족할 때』는 자기 학교 졸업생의 94퍼센트가 대학에 입학하는 놀라운 진학률에도 불구하고, 그중 3분의 1이 대학을 졸업하지 못한다는 사실에 주목한다.[60] 이 책은 '그릿'이라고밖에 부를 수 없는 것을 엄청나게 보여주면서도, 결국에는 사회적 자본과 예의 익숙한 그 '자본적 자본'이라는 두 측면에서 어느 정도 자원이 있는 집안 출신이 아닌 이상, 대학 졸업장을 향해 나아가는 길이 밟아서는 안 될 지뢰 천지라는 현실과 정면으로 충돌하는 여러 학생의 고통스러운 사례들을 담고 있다.

"졸업생 대표였음에도 불구하고 (……) 입학 보증금을 내지 못해서 장학금을 놓친"[61] 샤니타의 사례를 보라. 아니면, 다른 주에 소재한 꿈의 학교에 입학했지만 어머니가 매년 학자금 융자 서류를 작성해야 한다는 걸 이해하지 못해 협조를 거부하고, 직접 융자를 받으려니 필요한 세금 관련 서류들을 얻을 수 없어서 1년 반 만에 자퇴한 캐리사의 사례를 보라. 샤니타는 2학년 중반에 더는 강의를 수강할 수 없다고 고지하는 전자우편을 받았다. 그게 다였다. 아이는 결국 보스턴 집으로 돌아와 직장에 다니며 시간제로 노스이스턴대 수업을 듣는 훨씬 어려운 길을 걷고 있다.[62] 이들의 사연을 비롯한 이 책에 실린 많은 이야기는 뛰어난 재능을 가졌지만 가정 형편이 불우한 일부 청소년들이 부유한 가정의 아이들이었다면 수월하게 뛰어넘었을 사건들에도 얼마나 쉽게 낙오할 수 있는가를, 그리고 그게 그릿이 부족해서 생기는 일이 아니라는 사실을 보여준다.

네이선은 이 이야기들이 "그릿이 중요하지 않다는 것이 아니라, 그것만으로는 충분하지 않다"[63]는 사실을 드러낸다고 주장한다.

중산층이나 중상류층 가정에는 일반적으로 대학 진학을 계획하는 아이들을 둘러싼 보이지 않는 안전망이 있다. 대개는 누군가 개입해서 해당 학생에게 복잡한 학자금 대출과 마감일을, 또는 등록 뒤에 등록 상태를 유지하는 데 필요한 많은 요구 사항을, 또는 주거와 관련하여 일어날 수 있는 문제들을 상기시켜줄 것이다. 그런 종류의 대화들이 저녁 식탁에서 평범하게 오가고 이리저리 주고받는 전자우편에도 끼어 있을 것이다. 그러나, 소득이 낮은 학생은 한두 통의 전자우편을 놓치거나 지도교수가 변경되는 것만으로도 꿈이 무산될 수 있다.

위의 예들을 학생 개인의 어리석음이나 부주의로 치부하고픈 유혹이 들겠지만, 저소득층 학생과 중산층 또는 고소득층 학생에 대해 다른 규칙, 다른 기대, 그리고 다른 결론이 있어야 할 이유는 대체 무엇일까?[64]

나는 개인적 경험 때문에 요즘의 그릿 담론에 대한 네이선의 회의적 시각에 공감한다. 나는 그릿 없는 청소년의 전형이었다(내 경우에는 더크워스의 테스트가 정확했다). 흥미를 느끼지 못하는 숙제는 형식적으로 처리했고, 목숨이 걸린 문제라고 해도 복잡하고 지루한 서류는 통 작성하지 못했으며, 스무 살이 넘은 지 한참 지나고서도 어느 정도 부모의 지원을 받지 않고 현실 세계에서 온전히 살아남을 수 있다고는 생각조차 하지 못했다. 하지만 내게 이런 단점들은 전혀 문제가 되지 않았다. 내게는 때가 되면 무슨 일이 있더라도 나를 대학 문 앞까지 끌고 가줄 가족과 혜택받은 층을 위한 공립학교 체계가 있었다. 불과 15킬로미터쯤 떨어진 네이선의 학교 학생들에게는 상당히 값비싼 대가를 요구했을 학업 실패 후에도, 내게는 늘 두 번째, 세 번째, 네 번째 기회가 왔다. 내가 다닌 학교의 상대평가 정책 덕분에, 평점을 평균 점수로 환산하면 내가 우등 과정에서 게으름 피우다가 받은 C가 일반 과정에서 다른 친구가 힘들게 얻은 (내 기억이 맞다면) B와 점수가 같아졌다.

내 사례는 전혀 특이하지 않다. 교외의 부촌 어디서나 비슷한 이야기를 들을 수 있을 것이다. '부모가 아이의 대학 지원서를 대신

쓰거나 대신 써줄 사람을 고용한다. 시험 준비와 과외 수업에 끝도 없는 시간을 투여한다. 축적된 부 덕분에 등록금 걱정은 별로 하지 않는다.' 교외의 부촌 아이 중 일부는 그런 상황에서도 그릿을 키우지만, 일부는 그렇지 않다. 아마도 (잠재력도 분명 큰 역할을 하겠지만) 그것이 누가 하버드대에 들어가고 누가 괜찮긴 하지만 최상위권은 아닌 대학에 들어가는지를 일부 설명해줄 것이다. 그러나 요점은, 그런 환경에서는 근본적인 수준에서 그릿이 전혀 문제가 되지 않는다는 점이다. 네이선이 지적했듯이, 부유층 아이들에게는 대학 진학 과정에서 완전히 추락하는 일이 없도록 보호하는 강력한 안전망이 있다. 그리고 대학은 21세기 미국 경제구조에서 (갈수록 '필요하지만 충분하지는 않은' 것이 되고 있긴 하지만) 개인이 스스로를 안락하게 부양할 수 있는 가장 중요한 필요조건 중 하나다.

흥미로운 점은, 더크워스가 딱히 명시적으로 얘기하지는 않지만, 더크워스의 책에 포함된 사연 일부가 그릿 중심적 접근 방식의 한계를 분명히 드러낸다는 사실이다. 예를 들어, 더크워스는 책 뒷부분에 "모든 그릿 스타가 현명한 부모의 도움을 받지는 않았지만, 내가 면담한 모두는 적절한 때에 적절한 방식으로 더 높은 곳을 바라보도록 장려하며 더없이 필요했던 신뢰와 지지를 보내준 인생의 누군가를 짚어냈다". 더크워스는 그런 사례로 코디를 소개한다. 코디는 감옥에서 태어난 직후에 양육에 적합하지 않은 할머니에게 넘겨졌지만 결국 MIT에 입학하는 데 성공하는데, "입양만 빼고 모든 것을 해준, 남달리 현명한 수학 교사 샨텔 스미스"의 기여가 적지 않았다.

코디의 운전 교습비를 내준 사람이 샨텔이었다. 코디가 기숙사에서 쓸 개인용품 비용을 마련하기 위해 '기숙사 펀드'를 모금한 사람도 샨텔이었다. 추운 보스턴의 겨울을 나도록 스웨터와 모자와 장갑과 따뜻한 양말을 보내준 사람도, 그를 매일 걱정해준 사람도, 명절 휴가 때 집에 돌아온 그를 환영해준 사람도, 할머니 장례식 때 코디 옆에 있어준 사람도 샨텔이었다. 그리고 코디가 처음으로 크리스마스 아침에 자기 이름이 적힌 선물을 발견한 곳도, 처음으로 부활절 달걀에 그림을 그린 곳도, 스물네 살에 처음으로 생일 파티를 한 곳도 샨텔의 집이었다.[65]

샨텔이 코디에게 준 재정적, 정서적, 물질적 지원은 엄청난 도움이 되었고, 더 안정적인 배경을 가진 아이들이 한쪽 또는 양쪽 부모로부터 받는 것에 비할 만하다.(나는 샨텔이 코디에게 준 것 중 어느 것도 요구할 필요가 없었다. 내게 뭐라도 부족한 것이 있었다면, 우리 동네에서는 다들 충격적인 일로 받아들였을 것이다.) 이것이 이 일화가 설명하고자 하는 개념인 그릿과 무슨 관계가 있는지는 불분명하다. 코디에게 그릿은 있지만, 샨텔이 없었다면 (그리고 샨텔이 보유한 상당한 자금이 없었다면) 결국 어떻게 됐을까?

폴 터프의 다른 책 끝부분에서도 비슷한 메시지를 포착할 수 있다. 터프는 『아이는 어떻게 성공하는가—뚝심, 호기심, 자제력 그리고 숨겨진 성격의 힘』을 그릿이든 성실성이든 비인지적 기술이든, 아니면 '성격' 문제라고 부르고 싶은 무엇이든 간에 상관없이, 가난한 아이들에게 진지한 관심을 가진 사람이라면 누구에게나 쉽게 제의할 수 있는 몇 가지 조언들로 끝을 맺는다.

우리는 가정에서 깊고 만성적인 역경을 겪는 아이들에게 완전히 다른 체계를 설계해줄 수 있다. 포괄적인 아동건강센터가 그 시작이 될 수 있다. (……) 애착 및 생체 행동 따라잡기 또는 ABC 같은, 안정적인 애착 관계를 형성할 기회를 늘리는 양육 개입이 지속될 수 있다. (……) 유아원에서는 유아들의 집행 기능 기술과 자기 조절 능력을 증진하는 '마음 도구들Tools of the Mind' 같은 프로그램이 포함될 수 있다. 물론 우리는 이 학생들을 보충수업으로 끌고 가는 것이 아니라 수준 높은 작업을 수행할 수 있도록 자극해주는 좋은 학교에 다니도록 만들어주어야 할 것이다. 그리고 이 아이들이 교실에서 어떤 학업적 도움을 받든 간에, 교실 밖에서의 사회적, 심리적, 인격 형성 개입으로 보완될 필요가 있을 것이다. (……) 이 학생들은 고등학교에서 '하나의 목표One-Goal'와 고등학생들에게 상급 교육 과정을 지도하는 한편 학업적 측면에서만이 아니라 정서적이고 심리적인 측면에서도 대학에 대비할 수 있도록 해주는 프로그램인 'KIPPThe Knowledge Is Power Program' 양쪽의 혜택을 복합적으로 받을 것이다.

실패할 위험이 가장 큰 10~15퍼센트의 학생들을 대상으로 한 이런 통합적 개입 체계에는 의심할 여지 없이 큰 비용이 소요될 것이다.

그러나 우리가 지금 가지고 있는 임시변통 체계보다는 저렴할 것이 거의 확실하다. 이런 체계는 장기적으로는 말할 것도 없이 지금 당장, 돈만이 아니라 생명을 구할 것이다.[66]

이들 프로그램이 하는 일은, 다시 말하지만, 대부분의 부유한 아이들이 이미 가지고 있는 것을 가난한 아이들에게 주는 것이다. 아마도 여기엔 어떤 지름길도 없을 것이다.

그러니 그릿 열풍이 부는 이유가 엄청난 수고를 덜 수 있다는 그 유혹적인 전망에 있다고 이해될 수 있다. 방치된 아이들의 삶을 덜 불공평하게 만들려는 진지한 노력은 더 크고 야심 찬 재분배성 사회적 프로그램, 즉 21세기 미국 정치 상황에서 제정될 가능성이 매우 낮은 사회적 프로그램을 요구할 것이다. 이와 대조적으로, 그 릿은 손쉬운 임시방편이다.

+

그게 아니라면, 다시 말하지만, 어쨌든 아이디어 시장 수준에서 봤을 때, 그릿은 사실 애초부터 가난한 사람들'용'이 아니었으리라. 그것이 내가 이 장 앞부분에서 인용한, 유용한 그릿의 개념사를 정리했던 이선 리스의 주장이다. 그는 이렇게 말한다. "언뜻 보기에는 최근에 주목하는 그릿의 중요성이 전적으로 불우한 지역 학생들의 미래 전망을 개선하는 것처럼 보인다. 하지만 오늘날 그릿 교육을 받을 가능성이 더 큰 대상들은 (……) 훨씬 부유한 학생들이다."[67]

더크워스는 저소득층 아이들에게 관심은 보였지만, 엘리트들의 공간에서 고성취자들을 연구하는 데 많은 시간을 들였다.

어쩌면 혜택받은 사람들이 자신들의 고정관념을 그 고정관념으로 해결하기에 너무 큰 문제에 무리하게 적용하려고 시도하고 있는지도 모른다. 이 용어를 이런 맥락에서 처음 쓴 것이 고군분투하는 저소득층 학생이 아니라 영국인 시인을 가리키기 위해서였다는 사실을 상기해보라. 부분적으로 그런 시도가 오늘날에도 여전히 지속되고 있다. 그릿은 21세기 자기계발 서사의 두드러진 구성 요소이다. 인터넷 서점을 검색해서 얻은 (극히) 일부 결과만 봐도 이렇다. 『전통적 그릿—시대는 변해도 성공의 규칙은 절대 변하지 않는다』 (이 책은 '영혼을 위한 스포츠' 시리즈의 한 권이다), 『아이들을 위한 그릿—자신감과 성공적 삶을 위해 아이들의 그릿과 열정, 의지력, 인내를 키우는 핵심적인 16단계』, 『청소년을 위한 그릿 가이드—인내, 자제, 성장하는 마음의 태도를 기르도록 돕는 지침서』, 『그릿과 은총—생각하게 만드는 리더들을 위한 비상한 지혜』.

이 책들은 저소득층에게 팔리지 않는다. 이 책들은 사회과학 색채가 가미된 자기계발서를 사는 부류의 사람들에게 팔린다. 이들은 대체로 최신 연구 결과들을 활용하여 직접적으로 자신의 성공과 성취 가능성을 더 높이려는 중산층 또는 중상류층 노력가들이다. 이런 제목들은 많은 수가 그릿의 대담하기 짝이 없는 주장들을 액면 그대로 취하는 과학적 미사여구들을 달고 있다. 『전통적 그릿』 홍보 자료에는 다음과 같은 글귀가 있다. "심리학자들은 성공적이고 행복한 삶의 비밀이 다름이 아니라 '그릿'이라고 불리는 것이라 말한다."[68] 그리고 그 책들은 일반적으로 더크워스의 TED 강의를 보았거나 잡지에서 더크워스에 관한 기사를 읽었을 법한 독자들, 그리고 자신이나 자녀들이 획기적인 듯한 더크워스의 통찰력 덕을 볼 수 있는 방법에 관해 더 많은 정보를 열망하는 이들을 대상으로 한다.

미국에서 자기계발은 언제나 팔리는 상품이지만, 여기서 흥미로운 것은 그릿이 아주 중요한 지금 당장의 공포, 즉 아이들이 제 부모들만큼 성공하지 못할지도 모른다는 공포에 얼마나 잘 맞아떨어지는가이다. 물론 그릿을 기르기 위해《그릿》주간신문을 배달한 저 중고등학생들의 예에서도 알 수 있듯이, 이것은 예전에도 늘 있었던 종류의 공포이지만, 지금 이 시기에 특히 두드러지고 적절하다.

어쨌거나 내가 속한 밀레니얼 세대는 부모들보다 형편이 좋지 않을 가능성이 크다. 그릿의 현대적 환생이 무대를 강타한 뒤로 15년이 지나는 동안 증거는 꾸준하게 쌓였다. 우리의 주택 소유율은 우리 나이 때 부모들보다 낮고,[69] 우리가 소유한 부는 우리 나이 때 부모들이 가졌던 부의 고작 절반 정도에 불과한데,[70] 이전 세대보다 더 늦게 짝을 찾고 아이를 가지는 우리 세대의 가족 구성 습관의 일부는 적어도 부분적으로 경제적 불확실성에 의해 강제된다. 우리 중 많은 수가 대공황 이후 가장 큰 경제 위기에 빠져 세계가 휘청거리고 요동치던 시기에 취업 시장에 뛰어들었다. 그리고 그것도 다 지금껏 미국이 직면했던 경제적 위기들을 모조리 피할 만큼 운이 좋았던 사람들 대다수를 침몰시킬지 모르는, 코로나바이러스발 경제 위기가 닥치기 전의 일이다.

해결책은 무엇일까? 아마 없을 것이다. 우리가 통제할 수 없는 힘들의 벌을 받는 첫 세대일 리는 없을 것이다. 그러나 이건 매우 불만족스러운 대답이고, 잘 팔릴 만한 대답도 아니다. 더 나은, 희망적인 대답은 이랬다. 저 바깥의 상황이 당장 나아지지는 않더라도 계층 상승의 사다리에 다시 뛰어오를 수 있도록 도와주는, 우리 또는 우리 아이들이 스스로 계발할 수 있는 자질들이 바로 여기에 있다.

어쨌든 우리 중 많은 수가 자존감 운동을 겪으며 자랐다. 우리는 귀에 딱지가 앉도록 우리가 특별하다고, 원하는 건 무엇이든 가질 수 있다고 들었다. 우리가 마흔을 향해 달려가는 지금, 그럴 가능성은 갈수록 줄어드는 듯하다. 우리는 오랫동안 우리가 무엇을 잘못하고 있는 걸까 의심하면서 닫힌 문을 두드리고 있었다. 그릿이 정말로 개인의 잠재력을 측정하는 새롭고 유용한 방식을 제공했다면, 그 주장이 그저 아주 작게 한정된 특수한 환경이 아니라 일반적인 세상에 적용된다면, 그릿이 옆문을 열어줄 수도 있을 것이다. 그건 우리가 성공하지 못하는 이유가 점점 더 치열해지는 사회에서 성공할 수 있을 만큼 똑똑하거나 유능하지 않아서가 아니라, 엉뚱한 것에 집중하고 있어서라는 의미일 테니까.

세상은 넓고 무서운 곳이며, 위압적인 구조들은 흔히 우리가 손써볼 만한 공간을 제약한다. 그릿의 환원적인 이야기가 매력적인 이유가 그래서다. 우리가 트라우마로부터 스스로를 지킬 수 있는 긍정적인 사고를 위해 마틴 셀리그먼을, 또는 양육에 관한 조언을 위해

에이미 추아Amy Chua를, 또는 그릿의 비결을 위해 앤절라 더크워스를 찾는 이유가 그래서다. 옆문이 있다는 그런 아이디어는 늘 있다. 우리를 강탈하려고 혈안이 된 듯한 세상에서 우리가, 개인이 통제력을 되찾기 위해 할 수 있는 무언가가 있다는 아이디어는 언제나 있다.

5 '넛지' 열풍

2014년 사회과학자들과 형사사법 제도 개혁가들은 특히 골치 아픈 뉴욕시 사법제도의 문제를 풀 해법을 찾고 있었다. 법정에 소환된 이들이 법정에 모습을 드러내지 않는 경우가 놀랄 정도로 많았기 때문이다.

뉴욕시에서는 오랫동안 특정한 경범죄들은 적발한 경찰관이 재량껏 처리하게 되어 있었다. 공공장소에서 술을 마시거나 방뇨하거나 다른 소소한 법률을 위반하다가 경찰관에게 적발되면 현장에서 체포될 수 있다. 아니면 경찰관이 써주는 소위 법정 출두 명령서를 받을 수도 있다. 명령서를 받은 사람은 지정된 시간에 법정에 출두하여 유무죄를 가리게 된다.

유일한 예외는 공공장소에서의 음주나 방뇨의 경우인데, 법정 출두 전에 유죄를 인정하고 음주에는 25달러, 방뇨에는 50달러의 벌금형에 동의한다고 표시한 양식을 수표와 함께 우편으로 보내면 법정에 출두할 필요가 없다.(2016년 3월 맨해튼 지방 검사와 뉴욕경찰청은 해당 자치구에서, '공공의 안전을 위해 불가피한 이유'가 있는 경우를 제외하고, 공공장소 음주를 포함한 특정한 경범죄 사안들을 이유로 시민들을 체포하는 일을 줄이기 위해 소환제로 전환할 것이라 발표했다.[11])

이 법률들은 결국 개혁되었지만, 오랫동안 벌금 25달러를 다투기 위해 법정에 출두하지 않았다는 이유로 수많은 뉴욕 시민 앞으로 체포영장이 발부되었다. 내가 사는 이 도시에서 특히 가난하거나 불안정한 고용 상태에 있거나, 또는 둘 다에 해당하는 수많은 거주자에게 체포영장은 인생을 뒤집어놓는 재앙이 될 수 있다는 정도만 얘기해도 충분하리라. 사람들은 흔히 체포와 함께 직장을 잃고 눈덩이처럼 불어나는 곤란들로 심각한 재정적 타격을 받는다.

이런 위험들을 고려했을 때, 벌금을 내지도 않고 법정에 출두하지도 않은 사람들의 숫자는 그야말로 충격적이었다. 2014년 무응답률은 41퍼센트였다. 비영리 행동과학연구소인 '아이디어스42'와 시카고대 범죄연구소는 나중에 공동 보고서를 통해 시 당국이 '불출두율FTA 감소를 위해 비용이 많이 들지 않고 규모를 조절할 수 있는 해법을 설계하고 적용해달라'고 요청한 이유가 그래서였다고 설명했다.[2]

연구자들은 곧장 용의자에게로 달려들었다. 소환장 양식 디자인이었다. 아이디어스42 웹사이트에 가면 원래 양식을 볼 수 있는데, 일단 보고 나면 그 양식으로는 내용을 해석하고 이해하기가 좀 어렵다는 데에 동의할 것이다.[3] 그 양식은 소환장이 가진 유일한 중요 정보, 즉 수신자가 (공공장소에서의 방뇨나 음주로 기소되었고, 우편으로 유죄를 인정하지 않았다면) 법정에 출두해야 한다는 내용을 썩 잘 전달하는 듯하지 않다.

그래서 팀은 양식을 다시 디자인하는 작업에 착수했다. 역시 인터넷에서 볼 수 있는 새 양식에서는 예전과 달리 특정 내용들이 두드러진다. 양식 제목이 모호한 '민원/정보'에서 훨씬 분명한 '형사 법정 출두 명령서'로 바뀌었다. 가장 중요한 정보는 양식 뒷면에서 앞면 맨 위쪽 언저리로 옮겨졌고, 다른 소소한 것들도 변경되었다.

연구자들은 양식을 다시 디자인한 덕분에 불출두율이 41퍼센트에서 36퍼센트로 감소했다고 밝혔다. 딱히 인상적으로 들리지 않을지 모르겠지만, 그들이 언급하듯이, 이는 연간 1만 7000건의 체포 영장에 해당한다. 연구자들은 또 출두 명령을 받은 사람 중에서 적발 시에 경찰관에게 휴대전화 번호를 제공한 이들에게 법정 출두 일정을 알려주는 여러 유형의 문자메시지를 보내는 실험을 했다. 가장 효과적인 문자메시지는 그 자체로 불출두율을 26퍼센트로 낮추었다.[4]

일단 이런 조치들이 완료된 뒤로는 추가적인 비용이 거의 들지 않았다. 양식 재설계는 일회성 비용이었고, 문자메시지 발송 시스템은 거의 전체가 자동화되었다.[5] 최소한의 투입으로 얻은 결과로는 상당히 인상적이었다. 상대적으로 소소한 이런 변화들 덕분에, 연구자들은 장기적으로 뉴욕시에서 수십만 명의 사람들이 체포의 위험에서 벗어날 것이며, 법원에 적체된 업무를 상당량 개선하는 데도 도움이 되리라 예측했다.

이것이 행동과학자들이 '넛지'라고 부르는 것의 매력이다.

+

뉴욕시의 양식 디자인 개선 사례는 인간 본성의 가장 놀라운 측면 하나를 집중적으로 조명해준다. 다름이 아니라 우리가 좋은 의사결정으로 가는 길에서 얼마나 쉽게 매복 습격을 당하는가이다. 시카고대 범죄연구소와 아이디어스42가 공저한 보고서가 뉴욕시의 높은 불출두율을 설명하면서 언급했듯이, "사람들은 법정 출두 날짜를 잊어버리고, 법정 출두 같은 건 다들 잊어버린다고 잘못 믿고, 경범죄이니 법정에 출두할 필요가 없다고 생각하고, 법정에 출두하지 않으면 어떤 일이 생길지 따져보지 않는다".

사람들이 더 이성적이라면 그런 일은 드물 것이다. 대다수 시민은 25달러나 50달러 벌금을 낼 형편이 되고, 체포되는 대신 그 정도 금액을 지출할 의사가 있는지 여론조사를 통해 물으면 거의 모두가 즉시 그렇다고 답할 것이 분명하다. 하지만 세상은 우리 주의를 빼앗고, 우리 뇌는 때로 정보를 처리하고 적응적 방식으로 의사결정을 하는 데 형편없는 성능을 보인다.

넛지 바람은 연구자들과 정책입안자들이 인간 본성의 이런 측면과 함께 선택지를 제시하는 방식인 '선택 구조'를 바꾸는 방법으로 더 낫거나 더 용의주도한 의사결정을 내리도록 사람들을 도울 수 있다는 사실을 알게 되면서 일어났다. 넛지는 하버드대 법학자 캐스 선스타인Cass Sunstein과 시카고대 경제학자 리처드 세일러Richard Thaler의 창작물이다. 둘은 2008년 초베스트셀러였던 『넛지—똑똑한 선택을 이끄는 힘』에서 넛지를 "선택지 중 어느 것을 금지하거나 경제적 유인을 크게 바꾸지 않고서 사람들의 행동을 예측 가능한 방식으로 바꾸는 선택 구조의 어떤 측면"으로 정의한다. "넛지로 분류되는 개입은 반드시 회피하기 쉽고 비용이 들지 않아야 한다. 넛지는 명령이 아니다. 눈에 잘 띄는 곳에 과일을 두는 건 넛지로 볼 수 있다. 그러나 인스턴트 식품을 금지하는 것은 넛지가 아니다."[6]

널리 사용되고 비교적 자세하게 연구된 다른 넛지에는 사람들에게 특정 행동(투표, 공부, 법정 출두 등등)을 취하라고 일깨워주는 문자메시지 보내기, 특정한 결정을 내렸을 때 사회적 특잇값처럼 느껴지게 만드는 정보 제공하기(예컨대, 전기요금 고지서에 적힌 '귀하는 72퍼센트의 이웃들보다 전기를 많이 썼습니다'라고 공지), 장기기증 신청하기나 직장 퇴직연금 들기 사례처럼 옵트인opt-in이 아니라 옵트아웃opt-out 방식*으로, 즉 관련 양식에 표기되는 기본 선택이 '예'이고, 거부하려면 따로 '아니요'를 표시하게 하는 결정 방식 전환하기 등이 있다.

---

* 옵트인과 옵트아웃은 개인정보 처리를 위한 동의 방식을 이르는 용어들로, 정보 주체에게 개인정보 수집, 이용, 제공에 대한 동의를 먼저 받은 후에 개인정보를 처리하는 방식이 옵트인이고 정보 주체의 동의 없이 개인정보를 수집, 이용한 후 정보 주체가 거부 의사를 밝히면 활용을 중지하는 방식이 옵트아웃이다.

넛지는 번거롭거나 정치적으로 위험 부담이 있는 법률이나 규정을 도입하지 않고서 사람들의 의사결정을 개선하는 손쉬운 기회로 이용할 수 있도록 설계된다. 넛지 지지자의 많은 수는 권한 주체들이 위에서부터 무엇이 허용되고 무엇이 허용되지 않는지 결정하는 방식이 좋은 결과보다는 나쁜 결과를 내는 경우가 많다고 생각한다. 하지만 구내식당에서 디저트를 완전히 없애는 대신 그냥 음식 진열대 뒤쪽으로 옮기면, 완전한 해결책은 되지 않더라도 디저트를 먹을 수 있는 사람들의 선택권을 뺏지 않으면서 덜 고민스럽게 문제를 풀 수 있을 것이다.

넛지는 짧은 시간 안에 거의 일상용어가 되었다. 전 세계 정부를 비롯한 숱한 기관이 비용효율을 극대화하고 더 건강하거나 더 현명한 결정을 내리도록 사람들을 돕는 설계 방식으로서 넛지 원칙을 채택했다. 버락 오바마는 이 21세기형 행동과학 혁명을 진정으로 받아들인 최초의 국가수반 중 한 사람으로 유명하다. 그는 넛지 통찰을 다양한 법제에 적용했고, 선스타인에게 정부 규제를 감독하는 핵심적인 역할을 맡겼으며, 2014년에는 백악관에 '넛지팀'을 신설했다. 어떤 측면에서는 영국 정부가 넛지를 채택하는 데는 더 빨랐다. 데이비드 캐머런 총리는 2010년 《뉴욕 타임스》가 '넛지부'라 부른 정부 조직을 설립했다.[7]

이 책에서 다룬 다른 개념들에 비해 넛지는 경험적 무게가 있는 진짜 증거가 상당히 많은 아이디어인데, 앞으로 보게 되겠지만, 부분적으로는 가장 중요한 몇 가지 20세기 행동과학에 편승한 덕분이다. 한정된 목표를 달성하기 위해 잘 정의된 방식으로 특정한 행동들을 겨냥하는 경향 덕분에 일반적으로 유효성을 시험하기가 수월하다는 사실도 넛지의 호소력을 강화해주는 요소다.

간단하게 말해, 넛지를 둘러싼 흥분에는 정당한 이유가 있다. 하지만 이 개념을 자세히 들여다보면, 견고하게 세워진 행동과학에서조차 한계가 드러난다. 넛지가 할 수 있는 일에는 한계가 있어서, 그 저비용 저효율 개입들을 너무 많이 신뢰하다가는 제일 중요한 것들을 놓칠 수 있다.

+

제일 뛰어나고 이론적으로 잘 구축된 넛지들은 행동경제학 쪽에서 많이 나온다. 사실, 넛지는 그 학문 분야가 없었다면 존재하지도 않았을 정도로 그 분야에 많은 것을 빚지고 있다.

일부는 행동경제학이 2017년에 그 공로로 노벨상을 받은 경제학자 리처드 세일러[8]에 의해 창시됐다고 말한다.[9] 그의 기여가 특히 중요하긴 하지만(이에 대해서는 나중에 다룰 것이다), 행동경제학 연구와 이론의 줄기는 사실 두 명의 명석한 이스라엘 심리학자 대니얼 카너먼과 아모스 트버스키Amos Tversky로부터 시작되었다. 둘은 1960년대에 만나 과학사에서 가장 생산적이라 할 협력 관계를 형성했고, 나중에는 세일러를 지도했다.

행동경제학은 사회과학자들이 오랫동안 생각해온 인간의 모습과 실제 인간의 모습 간 격차에서 탄생했다. 인간의 판단과 의사결정에 관심을 가졌던 1950년대 전후의 사회과학자들, 특히 경제학자들은 기본적으로 인간을 합리적인 존재로 취급하는 모델들에 의존했다. 줄여서 '에콘스econs'라 부르는 '호모 에코노미쿠스home economic-us' 구성원들에게는 확고하고 명확하게 순서가 정해진 우선순위가 있어서 관계없는 정보에 현혹되지 않으며 일반적으로 말해 우아하게 설계된, 행복 최대화 알고리듬으로 프로그램된 기계처럼 행동한다. 『넛지』에서 선스타인과 세일러는 이렇게 말한다. "경제학 교과서들을 보면, 호모 에코노미쿠스는 알베르트 아인슈타인처럼 생각할 수 있고, IBM 슈퍼컴퓨터 '빅블루'만큼 많은 기억을 저장할 수 있으며, 마하트마 간디 같은 의지력을 발휘할 수 있음을 알 수 있다."[10]

카너먼과 트버스키가 초기에 젊은 연구자로 이스라엘에서 경력을 쌓고 있던 때, 사회과학자들은 호모 에코노미쿠스가 기껏해야 개략적으로만 정확한 모델에 불과하다는 사실을 이해했다. 왜냐면 연구 결과가 현실의 인간들이 이론상의 에콘스만큼 특정한 유형의 추론을 잘 해내지 못한다는 사실을 보여주었기 때문이다. 그때의 문제는 사람들이 비합리적으로 보이는 선택이나 판단을 내릴 때, 사회과학자들이 정확하게 무엇이 문제인지 딱히 신경 쓰지 않았다는 점이다. 그건 딱히 흥미로운 문제로 여겨지지 않았다. 그보다는 사람들이 합리적이지 않을지는 몰라도 '대체로는' 합리적이라고 보는 가정이 우세했다. 사람들은 올바른 통계적 규칙을 따라 자신의 이익을 극대화하는 등의 결정을 정확하게 내리는 법을 직관적으로 알지만,

자전거 타기의 역학을 속속들이 알면서도 몇 분 이상 똑바로 서 있지 못하는 아이처럼, 그냥 그렇게 할 수 있는 전문적 기술이 부족할 뿐이라고 말이다.

카너먼은 트버스키가 초청 강사로 이스라엘에 와서 강의할 때 처음으로 이런 시각을 접하고는 즉각 회의를 품었다.[11] 마이클 루이스Michael Lewis가 『생각에 관한 생각 프로젝트The Undoing Project: A Friendship That Changed Our Minds』에 쓴 행동경제학의 기원은 이랬다. "카너먼이 보기에, 사람들은 통계학자 같은 존재가 (……) 아니었다. 사람들은 사소한 정보를 근거로 중대한 결론으로 비약하곤 했다. 마음을 모종의 통계학자로 보는 심리 이론은 당연히 그냥 비유였다. 하지만 카너먼에게는 그 비유 자체가 틀린 듯이 느껴졌다."[12] 트버스키는 재빨리 카너먼 쪽으로 방향을 틀었다. 그쪽에서 진행되는 것이 무엇이든 간에 사람들을 초보 통계학자로 보는 주류 모델보다는 더 흥미로웠고, 체계적으로 연구해볼 가치도 더 있어 보였다. 그리고 명석한 두 연구자는 공동 연구를 개시했다. 그들의 연구는 대체로 사람들에게 다양한 종류의 판단을 내리도록 요구하는 단순한 것이었는데, 불가피하게 발생하는 오류들이 특정한 패턴을 따르는지 보는 것이 목적이었다.

카너먼과 트버스키는 수학에 경도된 심리학자들에게 한 특잇값 점수에 기반하여 집단의 평균 지능지수를 예측해달라고 요청했다. 대학생들에게는 구슬이 임의로 배분되는 가상 게임에서 두 구슬 무더기 중 어느 쪽에 구슬이 더 많을지 물었다. 그들은 사람들에게 큰 병원과 작은 병원 중 태어난 신생아의 60퍼센트가 남아인 날이 어느 쪽이 더 많을지 물었다. 그리고 두 곳의 가능성이 거의 같다고 생각하는지도 물었다.[13] 그들은 묻고 또 묻고 또 물으면서 사람들이 준 답을 통계적으로 정확한 답과 비교했다.

이 전설적인 협력 연구는 수십 년간 인간의 본성에 관해 더할나위 없이 귀중한 통찰을 끌어내며 경제학자가 아닌 카너먼이 2002년 노벨 경제학상을 받는 것으로 정점을 찍었다. 1996년에 암으로 사망하지 않았더라면 트버스키도 공동 수상했을 것이다.[14](노벨상 위원회는 사후 시상을 하지 않지만, 카너먼의 수상 소식을 알리며 트버스키를 언급했다[15]). 두 사람은 사람들 대다수가 임의적인 착각 같은 것 외에는 통계적 정보에 기반한 의사결정에 관련하여 올바른 보편적인 개념을 가지고 있지 않다는 사실을 설득력 있게 보여주었다. 그보다는 우리 실수의 많은 부분이 예측 가능한 것으로 드러난다. 예를 들어, 사람들 대부분 큰 병원이나 작은 병원이나 남아가 많이 출생하는 날의 숫자는 대체로 비슷하리라 잘못 믿고 있지만, 사실 답은 작은 병원이다. 출산 건수가 적을수록 표본 수가 적다는 뜻이고, 표본이 적으면 통계적으로 있을 듯하지 않은 사건이 일어날 가능성이 더 크기 때문이다. 그리고 숫자에 재능이 있다는 수학자들도 특잇값 하나가 전체 집단의 평균 IQ에 미치는 영향을 일관되게 과소평가했다.

카너먼과 트버스키는 사람들이 주변 세계를 이해하는 데 사용하며 종종 오류를 일으키는 원인이 되기도 하는 휴리스틱heuristic이라는 특정한 예측 가능한 정신적 지름길을 찾아냈다. 예컨대, '대표성 휴리스틱representativeness heuristic'은 사람들이 어떤 사건의 개연성을 측정할 때, 진정한 통계적 추론이라 할 만한 것보다 고정관념에 따른 정보에 더 의존하는 경향을 말한다. 유명한 연구 하나를 예로 들면, 참가자들에게 가상의 인물이 특정 특징을 가졌을 가능성을 순서대로 말해보라고 한 연구가 있다. 응답자들은 '학생 때 차별과 사회정의 문제에 지대한 관심을 두었고 반핵 시위에도 참여했던, 31세에 독신이며 솔직하고 매우 쾌활한 린다' 얘기를 들었다. 카너먼과 트버스키의 표현에 따르면, 응답자의 '절대다수'가 이 여성을 설명할 수 있는 특정 목록을 받은 뒤에 '은행원'보다 '페미니즘 운동에 적극적인 은행원'일 확률이 높다고 답했다.[16]

확률적으로 그건 불가능하다. 누군가가 X일 확률이 X이면서 Y일 확률보다 적을 수는 없기 때문이다. 이 실험을 포함한 여러 다양한 실험을 통해 카너먼과 트버스키는 사람들의 마음이 '린다는 솔직하고 사회정의에 관심이 있으니 페미니스트가 될 사람 같다'라는 식의, 익숙하지만 기본적으로는 틀린 정보에 사로잡힐 수 있음을 논증했다. 에콘스는 사람을 현혹하는 싸구려 정보에 쉽게 습격당할 리 없겠지만, 인간은 다르다.

우리가 이미 작용을 살펴보았던 '가용성 휴리스틱'은 행동경제학에서 나온 또 하나의 극히 중요한 통찰이다. 다른 모든 조건이 똑같을 때, 널리 알려진 사건일수록 더 많은 사람이 그런 사건이 일어날 가능성을 평가하게 되므로, 당연히 극도로 왜곡된 견해를 갖게 된다.(아이가 우물에 빠지는 사고는 매우 드물지만, 일단 일어나면 사람들의 뇌리에서 사라지지 않는 큰 뉴스가 된다.) 인간이 정말로 통계적 추론에 능하다면, 변칙적인 오류들은 제쳐놓더라도 지금처럼 통계적으로 무관한 인지적 접근성 같은 것이 인간을 현혹하는 일은 없었을 것이다.

소위 '프레이밍 효과Framing effect'도 행동경제학의 현실 세계와의 잠재적 관련성을 생생하게 논증해주는 사례이다. 프레이밍 효과는 카너먼과 트버스키의 이른바 '질병 과제'를 통해 처음으로 논증됐는데, 실험 참가자들에게는 다음과 같은 자극이 주어졌다. "미국에서 600명이 사망할 것으로 예상되는 희귀 질병의 확산에 대비한다고 생각해보라. 질병에 대항하는 두 가지 프로그램이 제안되었다."

여기서 실험은 두 가지 상황으로 갈라졌다. 첫 번째 집단에서 참가자들은 A 프로그램과 B 프로그램 중 하나를 선택했다. "A 프로그램을 채택하면 200명이 목숨을 구할 것이다. B 프로그램을 채택하면 600명이 목숨을 구할 확률이 3분 1이고, 아무도 목숨을 구하지 못할 확률이 3분의 2이다. 두 프로그램 중 어느 쪽을 선택하겠는가?" 다른 집단의 참가자들은 C 프로그램과 D 프로그램 중에서 하나를 고르라는 지시를 받았다. "C 프로그램이 채택되면 400명이 목숨을 잃을 것이다. D 프로그램이 채택되면 아무도 죽지 않을 확률이 3분의 1, 600명이 죽을 확률이 3분의 2이다."[17]

선택지를 자세히 살펴보면 A 프로그램과 C 프로그램이 같고(둘다 200명이 살고 400명이 죽는다), B 프로그램과 D 프로그램도 같다

(아무도 죽지 않을 확률이 3분의 1, 모두 죽을 확률이 3분의 2이다)는 걸 알 수 있다. 그러므로 논리적으로 보면, 응답자들의 선호는 두 집단에서 같게 나와야 할 것이다. 하지만 트버스키와 카너먼은 그렇지 않다는 사실을 발견했다. 사람들은 압도적으로 B보다 A를, C보다 D를 선택했다. 주어진 질문이 이익(구한 목숨) 측면에서 틀이 지워졌는지, 아니면 손실(잃은 목숨) 측면에서 틀이 지워졌는지가 선택에 큰 영향을 미쳤다. 더 넓은 의미에서 보자면, 이런 결과는 무언가를 얻을 전망보다 무언가를 잃을 위협을 더 민감하게 느끼는 인간 경향성인 '손실 회피 현상'의 일부일 것이다.

카너먼과 트버스키가 포괄적인 방식으로 밝혀낸 핵심적인 구조들을 설명하려면 족히 책 한 권은 필요한데, 사실 그런 책들이 이미 나와 있다. 여러 책이 있지만, 그중에는 『생각에 관한 생각 프로젝트』와 카너먼 본인이 쓴 『생각에 관한 생각』, 리처드 세일러가 쓴 『똑똑한 사람들의 멍청한 선택』도 있다. 이 연구들이 남긴 가장 중요한 실용적 메시지는 사람들이, 나중에 심리학자 댄 애리얼리Dan Ariely가 책 제목으로도 썼듯이, '예측 가능하게 비합리적'이라는 것이다. 사람들이 정보를 처리하는 편향된 방식에는 어떤 형태가 있는데, 어떤 상황에서는 정보가 제시되는 방식의 미묘한 비틀림이 정보가 처리되는 방식에 변화를 일으킬 수 있고, 그것이 역으로 사고나 사고의 결과로 일어나는 행동에 그에 상응하는 변화를 촉발할 수 있다.(반면에 호모 에코노미쿠스는 '예측 불가능하게 합리적'이라고 주장할 수 있다. 즉 호모 에코노미쿠스는 로봇 같은 방식으로 왜곡 없이 생각하지만, 그 과정에서 서로를 상쇄하는 임의의 오류들을 만들어낸다.)

그렇다면, 넛지는 인간과 에콘스의 차이를 이해하는 지점에서 개발될 수 있다. 사람들은 몇몇 넛지에 대해 당연한 것 아니냐는 반응을 보이는데, 그게 바로 요점이다. 우리 선택 구조의 많은 부분이 인간의 의사결정 과정을 제대로 이해하지 못한 채 설계된 탓에, 뒤돌아 생각하면 넛지가 사소해 보이는 미세한 조정을 할 수 있는 여지가 있다. 때로 사람들은 에콘스라면 아주 쉽게 헤쳐나가겠지만 인간이라면 불필요한 장애물에 노출될 체계를 구축한다. 예컨대, 뉴욕시의 옛 법정 소환 시스템처럼 말이다. 아이디어스42와 시카고대 범죄연구소가 공동으로 작성한 보고서는 이렇게 말한다. "전통적으로 형사 정책에는 인간이 명확하게 결정을 내리고 행동한다는 가정이 깔려 있다. 그래서 대부분의 접근법이 범죄를 저지르는 보람이 덜하게 만드는 것을 목표로 삼는다. 그러나 우리 개입은 사람들이 능동적인 선택을 하고서 법정에 나타나지 않는 것이 아닐 수도 있다는 시각에 기초해 있다. 그 사람들은 여러 가지 방해물 때문에 결정 자체를 아예 고려하지 못했을지도 모른다."[18]

그것이 넛지의 핵심적인 통찰이다. 좋은 선택을 가로막는 '방해물'이 선택 구조 안에서 덜 두드러지도록 바꿀 수 있다는 것. 그것도 대체로 싸게 말이다.

+

깊이 뿌리 박힌 기존의 상태를 위협하는 크고 중요한 모든 혁신이 그렇듯이, 카너먼과 트버스키의 통찰들도 집단마다 다른 속도로 채택되었다. 이 개념들은 오랫동안 가장 큰 영향력을 행사하는 사회 과학자들이었던 경제학자들 사이로 침투하는 데 특히 어려움을 겪었다. 총리와 가까운 자문역이라면 아마도 (심지어 넛지의 시대에도) 심리학자나 사회학자보다는 경제학자를 떠올릴 것이다. 경제학자들과 그들의 방정식은 오랫동안 호모 에쿠노미쿠스에 의존해왔고, 일부 경제학자들은 에콘스 모델에 근본적인 결함이 있다는 사실이 명백해지고 나서도 한참 동안 그 모델에 매달렸다.(그들이 에콘스가 아닌 인간이 쉽게 빠지는 또 다른 상황인 매몰 비용 오류에 빠져 있었다고 말할 수도 있겠다.)

캐스 선스타인이 자신의 공직 생활을 기록한 회고록『심플러』에 언급했듯이, 그가 1980년대에 시카고대에서 교수 생활을 시작할 때, 조지 스티글러George Stigler와 로널드 코스Ronald Coase, 게리 베커Gary Becker, 리처드 포스너Richard Posner, 프랭크 이스터브룩Frank Easterbrook 같은 경제학과와 법대의 거물들은 이런 종류의 사고에 대해 극도로 회의적이었다. "경제적 의미에서 인간이 합리적이라는 시각에 도전하면, 이런저런 거물들로부터 간담이 서늘해지는 시선을 받을 것이다. 그 눈빛은, 아주 간단하게 말하자면, 감히 합리성 가정에 의문을 제기하는 자는 누구든, 음, 합리적이지 않다는 말을 하고 있었다."[19] 그들은 중요한 문지기들이었다. 다른 일류 대학 거주자들과 마찬가지로, 그들이 종종 권력의 전당에 직접 접근할 수 있는 특권을 누렸기 때문이다(시카고대는 과거에도 지금도 세상에서 가장 유명한 경제학 관련 학과들을 보유하고 있다).

그러나 결국 행동경제학은 돌파해냈다. 그 경제학자들은 자기 중 한 명이 전하는 복음만 들어도 됐을 것이다. 선스타인은 이렇게 썼다. "1980년대 중반에 기병대가 도착했다. 젊은 사령관은 리처드 세일러라는 코넬의 경제학자였는데, 실제 사람들이 어떠한지, 실제 사람들이 경제학이 이해하는 합리성과 얼마나 동떨어져 있는지에 대해 훌륭한 논문들을 쓰고 있었다."[20] 세일러는 카너먼과 트버스키의 제자가 되었고, 그의 연구는, 특히 노벨상 위원회가 그의 가장 중요한 성과라고 요약한 '완전히 합리적으로 행동하지 않는 경향, 공정과 합리성, 자제력 결핍 개념들'에 관한 발견들로 경제학의 변화를 도왔다.[21] 1995년 시카고대 교수진에 합류한 뒤, 세일러는 선스타인과 영속적이고 생산적인 우정과 학문적 동업 관계를 맺었다.

요즘에는 가장 영향력이 큰 사회과학자들도 특정한 행동경제학 아이디어들을 거의 보편적으로 받아들이는 데다, 다들 넛지에 관심을 두는 듯하다. 넛지 자체가 어마어마한 파급력을 가졌다. 사실, 영국 넛지부가 설립된 데에는 데이비드 캐머런이 우연히 그 책을 집어 들었다가 사랑에 빠져버린 이유도 있었다. 버락 오바마는 심지어 자신의 선택 구조를 바꿈으로써 스스로 넛지하기까지 했다. 2012년 그가 마이클 루이스에게 한 유명한 말이 있다. 옷장에 딱 두 가지 색깔의 양복만 남겼다는 것이다. "선택할 일을 조금씩 줄이려고요." 분명히 선택할 일이 너무 많으면 '선택 피로'가 끼어들어 우리의 지적 수행을 악화시킬 수 있다는 이론에 관련된 맥락에서 나온 말이었

다.[22]

오바마는 결정적으로 중요한 집권 초기에 행동경제학적 통찰을 적용하고자 시도했다. 그가 2009년에 제시한 경기부양책은 세일러가 처음 발견한 '심적 회계' 원리를 적용하여 설계되었다. 심적 회계는 사람들이 돈을 어떤 심리적 '통'에 넣는지에 따라 돈을 다르게 취급하는 경향을 이르는 행동경제학의 핵심적 개념이다. 다른 모든 조건이 같다면, 사람들은 돈을 '재산'으로 여길 때 저축할 가능성이 크고, '수입'으로 여길 때는 써 버릴 가능성이 크다.(심적 회계는 호모 에코노미쿠스론에 대한 또 하나의 공격인데, 호모 에코노미쿠스에게는 출처에 상관없이 5달러는 5달러이기 때문이다. 심적 회계 모델의 가정에 따르면, 우리 뇌는 돈을 대체 가능한 것으로 취급한다.)

목표는 경기부양 지원금을 받은 수령자들이 돈을 저축하지 않고 소비하게 함으로써 경제를 자극하는 것이었다. 제임스 서로위키 James Surowiecki는 《뉴요커》에 이렇게 설명했다. "사람들이 돈을 쓰게 만들려면 액면가가 큰 수표로 줘서는 안 됩니다. 재산이 늘어났다고 보고 저축할 가능성이 커지기 때문입니다. 대신에 시차를 두고 소액으로 나눠 주어야 합니다."[23] 오바마 행정부가 딱 그렇게 했다. 자신의 재정 상태에 관심이 많은 미국인이라면 매달 소득에서 세금 명목으로 공제되는 액수가 평균적으로 약 40달러 정도 줄어들었다는 사실을 알아차렸을 것이다. '재산' 통이 아니라 '수입' 통에 들어갈 가능성이 큰 방식으로 지원금을 주려는 아이디어였다.

이 경기부양책이 통과되기 직전에 오바마는 선스타인을 연방정부의 모든 규제를 감독하고 비용효율성을 점검하는 정보규제국 수장으로 임명했다.[24] 선스타인은 9개월 후에 임명 동의를 받아 3년 동안 정보규제국 수장으로 일하며 넛지와 행동과학적 사고에 대한 열렬한 열광도 함께 데려왔다(그가 여러 분야에 걸쳐 비용-편익 분석을 옹호한 것으로도 잘 알려졌지만 말이다).

오바마는 재선 시기에 영국 정부가 2010년에 먼저 시작한 '넛지부'의 뒤를 따르고 연방정부 내에서 넛지 실행을 보다 공식적으로 제도화하려 했다. 2014년에 백악관은 소위 말하는 '사회행동과학팀'을 신설했다. 다음 해에 오바마는 정부 내에서 해당 조직의 역할을 공고히 하고 연방 기관들에 그 조직의 권고를 수용하도록 지도하는 행정 명령을 발령했다.[25]

백악관 보도자료에 '사회과학과 행동과학의 연구 결과들과 방법론들을 미국인들의 이익을 위한 연방 정책과 프로그램들로 해석해내는 응용 행동과학 전문가 집단'[26]이라고 묘사된 사회행동과학팀은 첫해 보고서에서 팀의 존재 의의뿐만 아니라 견고한 심리학적 원리들을 정책에 적용하는 일이 왜 중요한지를 명확하게 설명했다. 작성자들은 이렇게 썼다. "사회행동과학팀이 수행하는 프로젝트들은 사람들이 프로그램에 관여하는 방식에 영향을 주는 행동적 장애물에만 대응하도록 설계되며, 프로젝트의 효과는 크지 않을 수 있다. 그러나 프로그램 관리에 관한 행동적 변화가 추가적인 비용을 거의 요구하지 않거나 아예 요구하지 않는 경우가 많기에, 프로젝트 효과가 작을 때에도 투자 대비 효과는 클 수 있다. 효과적인 전자우편 한 통을 보내는 비용은 효과가 없는 전자우편 한 통을 보내는 비용과 다르지 않다."[27] 그리고 우리는 다시 한번 '손쉬운 기회'라는 아이디어로 돌아간다. 시대와 정권에 상관없이, 정부가 이미 주어진 기능을 하고 있다면, 그 기능을 좀 더 행동과학적 정보에 기반하도록 만든다고 해서 어떤 비판이 있을 수 있겠는가? 특히나 재치 있는 선택 구조 설계자의 손길로 그처럼 손쉽게 긍정적인 비용-편익 비율을 만들 수 있다면 말이다.

사회행동과학팀의 연례보고서 두 편에는 팀에서 진행한 시범적인 여러 실험에 대한 설명이 담겨 있다. 몇몇은 너무 단순해서, 지금 생각해보면 그런 실험을 수행하기 위해 뭔가 근사해 보이는 이름을 붙인 팀까지 신설해야 했다는 사실이 충격적이다. 예컨대, 한 실험에서는 공무원들이 단면 인쇄 작업을 시작할 때 대화창을 띄워 인쇄 설정을 바꾸라고 요청했다. "그로 인해 46퍼센트에 머물고 있던 양면 인쇄 비율이 즉각적으로 5.8퍼센트 증가했다." 종이 사용 습관을 바꾸도록 간단하게 사람들을 넛지하고 아주 손쉽게 바꿀 수 있는 수단을 제공함으로써, 장기적으로 상당량의 종이를 아낄 수 있는 작은 변화였다.

사회행동과학팀은 또한 학자금 융자를 제때 갚지 못한 80만 명의 채무자에게 전자우편을 보냈다. 전자우편은 개인의 소득에 따라 좀 더 천천히 채무를 상환할 수 있게 해주는 이른바 '소득 주도 상환 계획'을 신청하는 선택지를 명확하게 설명했고, 대대적인 신청을 이끌었다. 전반적으로 보면, 사회행동과학팀이 첫해에 시도했던 열다섯 가지 사업 중 열세 가지가 성공적으로 여겨졌고, 하나가 실패로, 하나는 모호한 결과를 낸 것으로 여겨졌다.[28] 이런 개입들이 발휘한 전체적인 편익이 작다 하더라도, 그건 비용도 마찬가지였다. 그것이 넛지의 주요 매력 중 하나였다. 다음 해 연례보고서도 팀의 업무에 대해 비슷한 장밋빛 평가를 내놓았다. 그러나 불행히도 그 연례보고서가 마지막이었다. 2016년 대선에서 민주당이 백악관을 잃은 뒤에 사회행동과학팀은 트럼프 행정부에 의해 해체되었다.[29]

영국 상황은 조금 다르게 흘러갔다. 거기서는 행동경제학과 넛지가 용케 정부 내에 영구적인 교두보를 마련한 듯이 보였다. 이는 부분적으로 영국 넛지부의 인상적인 출범에 기인한다. 2017년 《이코노미스트》는 다음과 같이 언급했다. 만약 넛지부가 "줄잡아 자기 예산(1년에 50만 파운드)의 열 배에 이르는 정부 비용을 절감해주지 않았다면 2년 후에 문을 닫았을 것이다".[30] 하지만 넛지부는 결국 "자기 예산의 스무 배에 이르는 비용을 절감했고", 곧바로 미국뿐만 아니라 전 세계에 영감을 주어 유사한 시도들을 견인했다. 2014년경에는 쉰 개가 넘는 나라에 넛지부과 유사한 정부 조직이 꾸려졌다고 해당 기사는 언급한다. 2014년에는 행동통찰팀이 부분적으로 공기업적 소유 구조를 가진 회사로 분리되었다. 계속해서 영국 정부에 자문하고 있고 전 세계에 일곱 군데 지사를 두고 있기도 하다.

+

넛지는 거의 어떤 것이나 될 수 있기에, '넛지' 자체의 성공에 관해 어떤 단정적인 진술을 하기는 어렵다. 분명한 것은 적절한 행동과학 원리들에 기반한 넛지의 폭넓은 실행은 적어도 쓴 비용보다 많은 돈을 절약하는 한편, 측정 가능한 긍정적인 행동 변화들을 이끌어냈다는 의미에서 상당히 성공적이었다.

아마도 가장 명확한 사례는 401(k) 계좌와 같은 노동자 연금저축 프로그램들의 사례, 특히 노동자들을 자동 가입시킨 다음에 참여를 원하지 않으면 해지하게 하는 관행일 것이다. 복리 이자 혜택을 받는 계좌에 소액을 적립하는 누적 효과 덕분에, 이 넛지들의 일부는 상당한 저축액 증가로 이어졌다. 이 통찰은 결국 아주 높은 단계에도 적용되었다. 2006년 연금보호법은 고용주들이 고용인들을 자동으로 401(k) 계획에 등록시킬 것을 요구했다.[31] 2018년 투자 관리사인 뱅가드에서 발표한 보고서에 따르면, 최근에 고용된 50만 명이 넘는 노동자들을 대상으로 자동 가입 규정이 있을 때와 없을 때의 다양한 연금보험 가입률을 비교했을 때, "자동 가입 규정이 신규 고용인들의 참여율을 두 배 이상으로 높였다. 연구를 진행하는 동안, 자발적 가입 조건에서 42퍼센트였던 신규 고용인들의 참여율이 자동 가입 조건에서는 91퍼센트로 높아진 것으로 나타났다".[32]

실제로 시행된 다른 대규모 넛지 시도로는 페이스북 사례가 있다. 나중에 발표된 보고서에서 표현한 바에 따르면, 2010년에 이 소셜미디어 공룡 기업은 "(당해) 의회 선거 기간 동안 6100만 명에 이르는 페이스북 이용자들의" 행동을 살폈다.[33] 투표 기록으로 입증된 바에 따르면, ('투표 인증' 버튼을 눌러) 투표 인증을 한 페이스북 친구들의 이름과 프로필 사진이 포함된 공지를 받은 이용자들이, 공지를 받지 않은 대조군이나 투표일을 알리는 정보성 알림 공지를 받은 이용자군보다 투표할 가능성이 0.39퍼센트 높았다. 사소해 보이는 퍼센트이지만, 이런 규모의 실험에서 이 숫자는, 특히 미국 중간선거에서는, 잠재적으로 의미심장한 숫자의 투표수를 나타낸다.

특정한 식생활 개선 넛지들도 유효성을 보여주었다. 2019년 한 메타분석 연구는 분석 대상이 된 연구들을 세 가지 범주로 나누었는데, 칼로리 계산과 같은 정보 전달을 의미하는 '지식 지향'과 (예컨대, 피라미드 구조로 과일을 배치하는 등의 방법으로) 더 건강한 선택과 더 행복하거나 활기찬 느낌을 연결하려 한다는 의미에서 '감정 지향', (예컨대, 디저트에 접근하는 것을 좀 어렵게 만드는 등의 방법으로) 가장 직접적으로 행동을 겨냥한다는 의미에서 '행동 지향'이라는 범주였다. 세 범주는 모두 통계적으로 유의한 효과를 나타냈지만, 행동 지향적 개입들이 특히 효과적이었다. 이런 넛지에 노출된 실험 참가자들은 대조군들에 속한 참가자들에 비해 하루에 209칼로리를 더 적게 섭취했다.[34]

그리고 행동경제학 원리들을 대상으로 한 엄밀하고 폭넓은 과학적 평가들도 마찬가지로 고무적이었다. (심리학 연구의 재현성 평가를 위한) '많은 실험실Many Labs' 프로젝트의 재현 실험 중 하나인 '아시아 질병 과제'를 평가한 결과, 넛지 전술로서의 긍정적 프레이밍 효과 대 부정적 프레이밍 효과의 전반적인 효과 크기*가 $d = 0.5$에서 $d = 0.6$ 사이의 어디쯤, 즉 조금 무리하게 단순화하자면 '중간' 정도에 해당한다고 평가했다. '많은 실험실'은 사람들의 산술적 추측들이 엉뚱한 정보의 영향을 받는 경향성(예를 들어, 다른 모든 조건이 똑같을 때, 아무 관련이 없는 숫자라도 아주 큰 숫자에 노출된 뒤에 지구의 원주를 추측해보라는 요청을 받으면 아주 작은 숫자에 노출된 뒤보다 큰 추측치를 제시하는 경향)을 말하는 '정박효과anchoring(앵커링)'를 포함하는 몇 건의 재현 연구에서는 더 큰 효과를 찾아냈다.[35] 이는 그런 종류의 개입을 연구하는 심리학자들이 볼 때 인상적인 결과인데, 많은 사람의 응답을 받아야 하는 설문지나 신청 양식에서 질문 하나의 문구를 바꾸는 것이 어떤 영향을 미칠 수 있는지를 상상하면 이해될 것이다. 즉 저비용으로 많은 사람에게 전달할 수 있는 개입으로 중간 크기 정도의 효과를 발생시킨다면, 그 개입은 인상적인 결과를 얻어낼 수 있다.

하지만 넛지가 실패한 사례들도 많고, 그걸 지적하는 것도 중요하다. 현실 세계의 개입이 인간 행동에 관한 견고한 이론에 기반한다고 해서 반드시 성공한다는 의미는 아니라는 점을 명심해야 한다.

넛지를 이용해 장기기증 신청을 늘리는 방안에 관해서는 일찍부터 큰 기대가 있었다. 선스타인과 세일러는 『넛지』에서 「장기기증을 늘리는 법」이라는 장을 통째로 할애해 사망 시 장기기증을 자동

---

* 서로 다른 두 집단을 비교할 때 나타나는 결괏값의 차이가 얼마나 의미 있는지 알려주는 값. 이 값의 크기에 따라 두 집단 간의 차이가 작거나 중간이거나 큰 것으로 분류된다. 인용된 논문에서 제시한 효과 크기는 원래 연구와 비슷한 방식의 효과가 나타나는지 재현한 실험에서 도출된 효과 크기를 종합하여 계산한 것이다.

화하고 원하는 사람만 예외를 인정하도록 해야 한다고 주장한다. 당시에 일부 국가가 그런 방향으로 법률을 개정했다. 하지만 결과는 대체로 실망스러웠다. 2019년에 발표된 한 연구는 옵트인 대 옵트아웃 국가들의 장기기증률을 비교하며 "인구 100만 명당 전체 사망 기증자 비율에는 유의미한 차이가 없으나, 옵트아웃 국가들에서 생존기증자 숫자의 감소가 있었다"라는 사실을 발견했다. 연구자들은 후자의 결과가 "극도로 단순화한 '옵트아웃' 모델로의 전환이 생존 장기기증에 예상치 못한 영향을 미쳐, 앞서 제시되었던 기증자 비율을 개선하는 '즉효약' 효과를 보지 못했음을 암시한다"라고 주장했다.[36] 장기기증 의무 대상자임을 알게 되면 많은 사람이 굳이 예외 신청을 하는 것으로 보이는데, 장기기증 문제가 401(k) 계좌 가입 문제와 달리 종교와 영성과 죽음에 관한 강력한 감정들과 결부돼 있음을 생각하면 놀랍지 않을 것이다.(공정하게 말하자면, 이 문제를 연구하는 데는 상당한 방법론적인 어려움이 있다. 한편으로는 국가 간 비교와 관련된 문제들이 있고, 다른 한편으로는 2014년 《왕립의학회 저널》에서 두 명의 연구자가 지적했듯이, 분석 범위를 한 국가로 제한하여 넛지가 적용되기 전과 후의 기증률을 비교했을 때 관찰되는 모든 기증률 변화에 다른 변수가 원인으로 지목될 수 있다는 문제가 있다.[37])

소비자들의 전기 사용량을 줄이려던 일부 시도도 그와 비슷하게 인상적이지 못한 결과를 냈다. 한 넛지는 소비자의 전기 소비 습관을 이웃들과 비교하여 사회적 피드백을 주는 것이었다. 자신이 이웃들보다 전기를 많이 쓰는 특잇값이라는 걸 알게 되면 전기 소비를 줄이는 방식으로 행동하리라 추정하는 건 확실히 말이 된다. 그러나 현실이 늘 그렇게 돌아가는 건 아니다. 2018년에 과거의 연구 결과들을 조사한 한 논문은 "미국에서 실행한 대규모 무작위 대조 실험을 통해 개입이 없었던 대조군과 비교했을 때, 에너지 절감률이 약 2퍼센트임을 발견했다. (……) 그러나, 영국과 네덜란드, 오스트레일리아에서 실행된 연구들은 사회적 비교 피드백을 받은 가정과 받지 않은 가정의 에너지 소비량에 통계적으로 유의한 차이가 없음을 발견했다"[38]라고 언급했다. 물론, 2퍼센트에 불과할지라도 그런 전기 소비 절감이 저비용 개입으로 만들어졌다는 걸 고려하면, 보기보다는 인상적인 수치일 것이다. 하지만 일부 에너지 소비 넛지들이 아무런 결과도 얻어내지 못한 것은 분명하다.

또 다른 실망스러운 결과는 전미경제연구소National Bureau of Economic Research, NBER 연구보고서로 발표된, '다채널 온라인/문자메시지 개입 방안을 통한 대학 학업 성취도 개선 5개년 계획'의 형태로 왔다. 세 개 대학 2만 5000명에 달하는 실험군을 대상으로 한 연구에서 필립 오레오풀로스Philip Oreopoulos와 우로스 페트로니예비치Uros Petronijevic는 "정신건강과 공부 시간에 관한 코칭에 기반한 개입에서는 약간의 개선을 보였으나, 우리가 평가한 어떤 개입도 (심지어 중퇴 위기에 처한 학생들에게조차) 학업 성취도에 유의미한 영향을 미치지 않았다".[39] 전미경제연구소가 발표한 다른 연구보고서는 넛지 원리들을 사용하여 '학생들의 학자금 융자 지원을 장려하는 전국 단위/주 단위 홍보 계획의 효과'를 80만 명이 넘는 어마어마한 실험군을 대상으로 분석하였다. 보고서는 "전반적으로나 하위 그룹별로나, 학자금 융자나 대학 등록률에 어떤 영향도 없을"뿐만 아니라 "메시지 구성이나 전달 방식, 전달 시간, 일대일 조언 제공에 대한 다양한 접근 방식이 홍보 계획의 효율성에 영향을 준다는 어떤 증거도 없음"을 발견했다.[40]

오바마 정부의 경기부양성 현금 넛지로 말하자면, 평가가 어려운 건이긴 하지만 세 명의 경제학자가 연방준비회에 제출한 연구보고서에 따르면, 경기부양 지원금을 넛지 형태로 받은 이들이 일시불로 받은 이들보다 소비로 써버릴 가능성이 오히려 작았다.[41] 연구자들은 2008년 부시 정부가 일시불 수표로 경기부양금을 지급했던 사실을 활용하여 단순하게 두 가지 경기 자극 흐름을 비교하였고(사과를 오렌지와 비교하는 셈임을 인정해야겠지만), "2008년에 일시불로 경기부양금을 받은 가정의 25퍼센트가 대체로 소비를 늘리는 쪽으로 반응했다고 보고한 반면, 2009년에 (세금 명목의) 공제를 축소하는 방식으로 특별 수당을 받은 가정은 13퍼센트만이 대체로 소비가 늘었다고 보고"한 사실을 발견했다.

(이 특정한 넛지는 또한 넛지의 정치학에 관한 매혹적인 논점을 제기한다. 오바마 행정부는 법률을 제정하면서 효과를 높이기 위해 실제로 일반 국민이 정부로부터 돈을 받았다는 사실을 알아차리지 못하도록 만들었다. 정치과학자 수재너 메틀러Suzanne Mettler가 설계한 '숨겨진 국가' 개념의 완벽한 사례다. 그 개념에서 국민은 각자의 삶에서 연방정부가 수행하는 역할을 이해하지 못한다. 이 책을 쓰는 사이에 트럼프 대통령이 코로나바이러

스 경기부양 지원금 수표에 자기 서명이 들어가게 조치하느라 지원 시기를 약간 늦추기로 했다는 소식을 접하고 다시 상기하게 됐는데, 일시불 수표는 연방정부의 역할을 완전하고도 명확하게 드러낸다.)

간단하게 말해서, 개념으로서의 넛지에는 마술적이거나 절대적으로 확실한 것이 아무것도 없다. 어떤 넛지는 효과가 있고, 어떤 넛지는 없으며, 시범 연구들 이전에 어떤 넛지가 어떤 운명을 맞을지 알려주는 석판 같은 것도 없다. 인간은 복잡하다. 우리는 '인간은 손실 회피적이니까 그 점을 활용하여 인간 행동을 변화시키는 개입은 효과가 있을 거야'라는 식으로 자신을 드러내는, 지나치게 뭉툭한 논거의 특정한 풍미에 끌려가는 것을 전면적으로 거부한다. 음, 인간이 대체로 손실 회피적인 건 맞다. 하지만 인간에게는 다른 성질도 많다. 특정 방안을 활용한다는 것이 문제의 행동을 변화시키기에 충분할지 보장할 수 없는 이유가 그래서이다.(일반 원칙으로서 자기 아이가 커피아이스크림을 좋아한다고 믿는 것과 오늘 밤 아이에게 커피아이스크림을 주면 자기 방 청소를 하게 만들 수 있다고 믿는 것에는 차이가 있다.) 심리학자들과 일반인들이 비슷하게 저지르는 가장 일반적인 실수 한 가지는 연구실이나 특정한 실제 환경에서 어떤 효과가 밝혀졌다는 이유만으로 그 효과를 다른 환경들에 광범위하게 일반화할 수 있다고 가정하는 것이다.

즉 넛지 혁명은 개입 자체에 관한 것일 뿐만 아니라 조직이 기능하는 방식에 영향을 주는 특정한 변화들, 특히 실험의 제도화에 관한 것이기도 하다. 주로는 어떤 프로그램을 약간 비트는 것만으로도 상당한 결과를 얻어낼 수 있다는 점, 그러므로 여러 방식의 비틀기를 시험해 무엇이 최선인지 알아내는 것이 중요하다는 점을 이해하는 넛지 공부벌레들 덕분에, 전통적으로 경직된 성격의 기관들이 자기 일에 보다 실험적인 접근법을 취하는 경우가 갈수록 일반화되고 있다.

법정 불출두 문제를 개선하려는 뉴욕시의 시도를 포함하여 수많은 사례가 있다. 예를 들어, 시카고시는 비닐봉투 사용을 줄이는 최선의 방안을 찾기 위해 시카고대, 뉴욕대, 아이디어스42와 계약을 체결했다. 시는 여러 접근 방법을 시험하면서 결과를 검토했고, 7센트 세금이 "일회용 봉투 사용을 상당히 줄이고 재활용 봉투 사용을 증가시킨다"라는 결론에 이르렀다.[42]

물론 이런 식으로 여러 가지 접근 방법을 시험해보자는 아이디어가 새로운 건 아니다. 두 메시지 중 어느 것이 사람들의 행동에 더 큰 영향력을 발휘하는지 평가하는 것은 광고업자들이 줄기차게 이용해온 소위 A/B 시험의 사례로 볼 수 있다. 하지만 종류가 다른 기관들이, 특히 공적 영역의 기관들이 낡은 접근 방식들을 일소하고 새롭고 더 나은 접근 방식들로 대체하고자 하는 이런 단호한 자기평가와 능동성은 진정한 진보를 나타낸다.

+

다른 모든 조건이 똑같다면, 기관들이 인간 본성에 대한 순진한 이해보다 건전한 이해에 기반해 운영되는 것이 낫다는 데에, 뭔가 새로운 양식을 A/B 시험하는 것이 그 단계를 건너뛰는 것보다 낫다는 데에, 그리고 손실 회피와 가용성 휴리스틱과 같은 현상들을 염두에 두는 정책이 이런 인간 본성의 측면들을 무시하는 정책보다 성공할 가능성이 크다는 데에 동의하지 않을 사람은 거의 없을 것이다. 넛지의 이런 요소들에는 논쟁의 여지가 없다.

논쟁적인 것은 넛지가 갖는 더 넓은 의미에서의 정치적 맥락이다. 특히 가장 두드러진 인물로 진보적 잡지《아메리칸 프로스펙트》의 공동 편집자이자 공동 설립자인 로버트 커트너Robert Kuttner를 필두로 한 일부 비평가들이 선스타인을 비판하며 너무 넛지에만 초점을 맞추는 건 더 크고 중요한 사안들을 무시하는 결과를 불러온다고 지적해왔다. 커트너는 넛지와 전통적인 하향식 '지휘와 통제' 경제정책들을 비교하는 2009년《아메리칸 프로스펙트》기사에서 넛지식으로 인간의 의사결정을 조작하는 것은 "그 자체로는 고도로 창의적이다. 그러나 오늘날 '넛지'의 도움을 받아 연금저축 프로그램에 가입하는 노동자들의 모범을 추구하는 것보다 더 근본적인 문제는 연금이라는 걸 제공하는 기업이 예전보다 적어지고, (진짜 연금이 아닌) 401(k)와 같은 과세 유예식 연금저축이 주식시장 붕괴로부터 타격을 받고 있다는 사실이다. 조직적 개혁은 넛지 이상의 것을 요구한다. 사회보장제도 확대와 같은, 사람들이 두려워하는 지휘와 통제 같은 것도 필요할지 모른다"[43]라고 썼다.

예일대 역사학자이자 법률학자인 새뮤얼 모인Samuel Moyn은《네이션》에 실은 선스타인의 2019년 저서『항행력』서평에서 더욱 철학적인 비판을 제기했다. 그는 넛지 대부가 "인간이 어떻게 욕구를 갖게 되고, 어떤 힘들이 걸림돌이 되고, 민주주의가 그 욕구 충족을 돕기 위해 어떤 일을 할 수 있는지에 관한 더 큰 이론"을 개발하는 데 실패했다고 언급한다. 선스타인은 사람들이 올바르게 자신의 선호를 만족시키거나 '탄산음료를 마시고 싶다'와 '건강하고 싶다' 같은, 상충하는 선호를 정확하게 분별 있는 방식으로 심사숙고하지 못하는 데 큰 관심을 둔다. 하지만 그런 선호들이 당연한 것으로 받아들여져야 하는가? 모인은 이 설명에서 기존에 존재하는 사회적 압력과 광고를 포함한 복잡한 영향력들의 결과로 사람들이 다른 환경에서라면 원하지 않을 것들을 원한다고 쉽게 믿게 된다는 점이 빠졌다고 주장한다.

다른 말로, 정부가 국민이 탄산음료를 마시고 싶을 때 마실 수 있는 자유를 제한하지 않으면서 탄산음료를 적게 마시고 채소를 더 많이 먹게 장려하는 방법에 골몰하는 데 시간과 노력을 쓰면, 애초에 왜 그처럼 열광적인 인공 감미음료 시장이 있는지, 끝도 없어 보이는 인공 감미음료에 대한 국민의 욕구가 대체제가 없어서 추동되는지, 추동된다면 어느 정도까지인지 등등의 질문들에 집중하기 어려워질 수 있다는 말이다. 모인의 설명에 따르면, 그 욕구가 모종의 순수한 원시적 선先시장의 안개 속에서 형성되어 완전히 구체화한 것이 아니라, 다른 모든 것과 마찬가지로 사회가 어떻게 굴러가야 하는가에 관해 힘 있는 사람들이 내린 의사결정의 산물이라는 점을 깨닫는 것이 중요하다. 명목적으로 넛지에 관한 책은 아니지만,

톰 슬리Tom Slee의 2006년 저서인 『아무도 월마트에서 장 보라고 시키지 않았다: 개인의 선택이라는 놀라운 기만No One Makes You Shop at Wal-Mart: The Surprising Deceptions of Individual Choice』도 유사한 종류의 주장을 펼친다.[44] 슬리는 책에서 무자비한 시장의 힘이 소도시들을 균질한 대형 체인점들의 지배하에 밀어 넣을 수 있다고 지적한다. 주민들에게 상황을 이끌어 갈 만한 진짜 힘이 있다면 절대 선택하지 않을 상태이다. '소비자 선택'은 이미 경쟁을 파괴한 대형 매장을 실제로 대체할 수 없다. 아무도 우리에게 월마트에서 장을 보라고 시키지는 않지만, 일단 우리 도시에서 미국의 정치경제 체제가 작동하게 되면, 우리는 진짜 다른 대안을 찾기 위해 한 시간 반을 운전해야 한다.

모인의 주장을 보면, 선스타인은 사회가 왜 지금과 같은 식으로 구성되는지 딱히 궁금하지 않은 듯하다. 선스타인은 사람들이 유혹과 주의 산만에 시달린다면, 권력의 자리에 있는 사람이 정말로 할 수 있는 최선은 그들을 자제 쪽으로 슬쩍 넛지해주는 것이라고 보았기 때문이다. "선스타인은 강박적으로 자제력에 집착하는데, 『항행력』를 읽다 보면, 상어가 득실거리는 바다에서 배 모는 법을 알려준다면서 배 밖으로 떨어지지 않도록 술을 너무 많이 먹지 말라고 권고하는 것이 정부의 역할이라는 쪽에 초점을 맞추는 듯하다"라고 모인은 말한다. "선스타인은 상어에 관심이 없다."[45] 모인은 왼쪽에서 선스타인을 비판하는 모양새지만, 그의 주장이 그처럼 흥미롭게 느껴지는 이유는, 염두에 둔 우선순위는 달라도 (말하자면, 포르노와 온라인 데이트 무한 옵션 선호에 관하여) 유사한 주장을 하는 보수인사들을 쉽게 볼 수 있기 때문이기도 하다.

모인의 글을 보면 선스타인의 회고록 『심플러』에서 가장 이상하게 느껴졌던 부분이 떠오른다. 그 책이 서브프라임 모기지 사태를 취급하는 방식 말이다. 서브프라임 모기지 위기는 '환자 보호 및 부담 적정 보험법Affordable Care Act' 싸움과 함께 버락 오바마의 첫 번째 임기를 상징하는 사건이었다. 그리고 『심플러』가 출간된 즈음에는 무엇이 잘못이었는지를 상세하고 엄밀하게 설명하는 책들이 숱하게 출간돼 있었다. 윌리엄 사이먼William Simon이 2013년 《보스턴 리뷰》에 실은 선스타인의 책 서평에서 언급했듯이, "최근 사태의 가장 중요한 원인 중에는 대출자들과 대부자들이 예금보험과 '최후의 대부자*'와 대마불사** 구제 관행들을 통해 궁극적으로 위험을 연방정부로 외재화하는 것이 있었다"[46]라고 언급했다. 이런 요인들이 연쇄반응을 일으켜 경제를 황폐화하며 전면적인 제2의 대공황을 일으킬 뻔했다.

선스타인은 오바마 행정부가 서브프라임 모기지 사태의 잔해를 뒤적거리고 있을 때 바로 거기, 백악관에 있었다. 그뿐만이 아니라, 그는 미국에서 가장 강력한 규제 담당자로 일하고 있었다. 누구나 그가 주택담보대출과 은행업 관행들과 파생상품들과 그것들을 둘러

---

* 경제 위기 시 뱅크런 등으로 금융 시스템이 붕괴되는 것을 막기 위해 최후에는 중앙은행이 개입할 수밖에 없다는 뜻에서 중앙은행을 이르는 말.

** 경제 위기 시 경제적 파급효과가 큰 대기업 등의 파산을 막기 위해 국가가 개입하여 구제할 수밖에 없다는 뜻.

싼 규제 지형에 강력한 유감을 품고 있었으리라 생각할 것이다. 그런데 『심플러』에는 중대하고 잘 기록된 정책 문제들이나 위기를 일으키는 데 일조한, 심각하게 현혹적인 광고나 그런 사안들을 개선하기 위해 정부가 맡았어야 했을 분명한 역할들에 대한 논의가 거의 없다. 대신에 주택담보대출이 나올 때마다 온통 넛지 얘기뿐이다. 예컨대, 어느 지점에서 선스타인은 "주택담보대출 절차가 더 간단하고 더 빠르고 더 투명해졌음을 보증하는 방식으로 고객들에게 정보를 제공하려는 노력"을 만족스러운 듯이 인용한다.

물론, 그 자체로는 아무 문제도 없다. 분명 주택담보대출이 소비자들에게 제시될 때는 소비자 친화적으로 구성되어야 한다. 미국에서 가장 치열한 소비자 대변자의 한 사람인 엘리자베스 워런Elizabeth Warren은 이 점을 강조해왔고, 그녀가 창설에 도움을 준 정부 기구인 '소비자금융보호국Consumer Financial Protection Bureau'은 2013년에 소위 '빚내기 전에 알자' 규정을 도입하여 주택담보대출 서류 작업을 더 단순하고 직관적으로 만들었다.[47] 하지만 그 개혁 이전에, 주택담보대출 서류에 적힌 깨알 같은 글씨들 탓에 판매자들이 구매자들을 희생양 삼기가 더 쉬웠다 해도, 사이먼이 말하듯이, "비이성적인 소비자 선택이 이 위기의 주요 원인은 아니다".[48] 그 경제 위기는 강력한 기관들이 재정적으로 위험한 상품들을 경제적 위험도가 높은 사람들에게 팔 수 있도록 허가받았다는 사실에서 촉발되었다. 그것은 넛지로 슬쩍 밀어서 치울 수 있는 문제가 아니다. 그것은 근본적으로 '잘못된' 선택을 한 개인 소비자들의 문제가 아니라, 애초에 선택이 가능했던 상황에 관한 문제이다. 납세자를 대표하는 정부가 소비자들이 명백히 감당할 수 없는 주택담보대출을 '선택'하는 것을 막지 않아야 할 이유가 있는가? 특히 그런 주택담보대출이 종종 미국 정부의 보증을 받는다는 점을 고려한다면 말이다.

선스타인이 과도하게 넛지를 떠받들었는지는 모르겠지만, 그와 공명하는 몇몇 다른 사상가들은 좀 더 나은 균형감각을 유지한다. 『심플러』의 근시안에 대한 근사한 대위 선율은 경제학자 로버트 H. 프랭크Robert H. Frank가 2020년 출간한 매혹적인 저서 『행동의 전염―문제는 사람이 아니라 상황이다』에 나온다. 프랭크는 행동경제학 연구들에 관심을 두고, 심지어 '감사의 말'에서 선스타인에게 감사의 말을 전하기도 한다. 하지만 그는 또한 넛지의 한계들을 알고 있으며, 결국에는 넛지가 정책 입안에 필수적인 고역과 도전들과 종류가 다른 정치적 타협을 대체할 수 없다는 사실을 이해한다.

예컨대, 경제학자들이 책에서 누군가 타인에게 해를 입히는 행위를 하는데, 그 해가 그 행위를 수행하는 비용에 포함되지 않는 상황을 이를 때 쓰는 용어 '부정적 외부효과'를 개선하는 문제를 들어보자. 전통적인 교과서적 사례는 공해다. 어느 공장의 굴뚝이 주변 주민들의 호흡기 건강에 해를 끼치는데, 공장주가 주민들의 증가하는 의료 비용을 대지 않는다면, 공장이 뿜어내는 오염물질로 인한 다른 공공의 손해(예를 들어, 사람들이 결근하면 경제적 생산력이 낮아진다)를 포함하여, 공장주는 사회에 부정적 외부효과를 가하고 있는 것이다. 이런 부정적 외부효과를 과세를 통해 구제하려 한다면, 그런 세금이 바로 이런 개념을 창안한 영국 경제학자 아서 세실 피구의 이름을 딴 피구세Pigouvian tax이다.

프랭크가 보기에, 넛지는 우리를 환경 오염꾼들이 사회에 가하는 부정적 외부효과들 같은 심각하고 복잡한 문제를 풀어야 하는 시점 직전까지만 밀어줄 수 있다. 어느 지점에서 우리는 이런 유형의 세금이라는 형식으로 실제 정책을 제정할 필요가 있다.

넛지 조직들이 가져오는 천문학적인 응답률을 고려하면, 각국 정부가 그 조직들을 계속해서 확대해나갈 이유는 차고 넘친다. 하지만 우리가 피구세 구제책들을 유권자들의 입맛에 맞게 더 가공할 방안을 찾지 못하면, 정책을 만들 절호의 기회들이 계속해서 우리 손에서 빠져나갈 것이다. 예를 들어, 세탁과 환경 오염의 관계를 알리는 것은 사람들이 호텔 수건을 재사용하게 만드는 데 효과적이고, 더 건강한 음식을 접근이 쉬운 곳에 두는 것은 더 많은 사람이 그것을 선택하도록 만드는 데 효과적이다. 그러나 위험이 현저하게 큰 경우에는 더 강력한 유인책들이 필요할 때가 많다.[49]

자, 넛지의 매력 중 하나는 더 실질적인 선택지에 접근할 수 없을 때에도 뭔가 할 일을 준다는 점이다.《뉴 리퍼블릭》에 실린 한 기사는 (넛지 조직을 만드는 것과 같은) 행정적 지시를 통해 넛지를 추구하려는 오바마 정부의 결정을 이런 말로 묘사했다. "경제 위기 속에서 탄생해 무기력한 경기 회복과 총체적인 사회 불평등, 적대적인

의회로 고통받은 정부에게는 절망적인 정치적 상황에 직면해서도 뭔가 긍정적인 결과를 내려면 어떻게 행정을 활용해야 하는가라는 물음이 늘 상존했다."[50]

하지만 넛지를 여러 도구 중 하나인 제한적인 도구로 간주하는 것과 그것을 완전한 이데올로기로서의 무언가로 포용하는 것에는 차이가 있다. 선스타인에 대한 커트너와 모인의 예리한 비평과 더 부드러운 프랭크의 제안은 모두 문제의 핵심으로 찔러 들어간다. 그들은 모두 넛지의 한계를, 그리고 사실은 더 넓은 의미에서 (미세한 힘으로 행동이 바뀔 수 있다고 믿는) 프라임월드의 해결책들이 갖는 한계를 유효하게 드러낸다. 잘 설계된 넛지들이 특정한 경우에서, 특정한 형태의 A 선택지와 B 선택지 중 하나를 선택하는 데에서 사람들에게 유의미한 영향을 주는 경우가 많은가를 묻는다면, 대답은 '그렇다'이다. 넛지가, 예컨대, 중대한 위험 전가의 파괴적인 효과들을 유의미하게 반전시키고 그것에 의해 파생된 문제들을 해결할 수 있는가를 묻는다면, 답은 분명하게 '아니요'다.

+

이 논리는 소환장 양식을 다시 디자인한 뉴욕시 사례에도 분명하게 적용되었다. 행동과학 전문가들의 노력 덕분에 양식을 채우기가 더 매끄럽고 쉬워졌지만, 그리고 소환장을 받은 이들이 문자메시지로 법정 출두에 관한 넛지를 받기 시작했지만, 뉴욕시가 여전히 경범죄로 기소된 이들에게 법정 출두 일자를 임의로 지정하고 있으며, 여전히 제때 출두하지 못하는 이들에게 체포영장을 발부하고 있다는 사실은 그대로였다. 법정 출두는 저임금 노동자들에게는 심각한 고용상 문제를 일으키는 데다 인종적 불평등으로 이어질 것이 너무 뻔했다.

넛지로는 절대 이런 문제들을 완전히 해결할 수 없었다. 그보다는 누군가 기저에 깔린 정책 자체를 실제로 바꾸어야 했다. 이것이 우리가 찾을 수 있는 가장 깔끔한 넛지의 한계에 대한 설명이며, 이것이 아이디어스42 부대표였고 백악관 사회행동과학팀 구성에 도움을 준 젊은 행동과학 혁명 전문가 윌 터커Will Tucker가 자세하게 설명해준 내용이었다. "우리는 조사 결과를 보면서 말하죠. '와, 이런 결과를 더 확대해야 해, 알림 메시지를 더 많이 보내야겠어!' 아니면 그걸 보면서 이렇게 말할 수도 있어요. '와, 이 수치는 우리 법정이 국민과 상호작용하는 방식에 문제가 있다는 표시야. 법정 출두 관련 업무 환경을 바꿔서 흐릿하게 복사된 소환장 때문에 감방에 가는 사람이 없게 해야겠어.'"

실제로 그런 일이 있었다. 2016년 뉴욕 시의회는 형사사법개혁법을 통과시켰다. 개정법에서 가장 두드러진 점은 여러 경범죄를 민사죄로 재정의함으로써 법 집행의 우선순위와 관행을 상당히 변화시킨 것이었다. 시는 법 위반자를 현장에서 체포하거나 형사재판 소환장을 발부하는 대신 민사범民事犯으로 분류하여 민사재판 소환장을 발부하는 것으로 반응하게 되었다. 중요한 것은, 민사상의 벌금을 다투는 법정에 출두하지 않는다고 해서 체포영장으로 이어지지는 않는다는 사실이다.

개혁 1주년을 홍보하는 시의회 웹사이트에 따르면, 이 개혁으로 형사재판 소환장 발부 건수가 급감했다. 웹사이트는 "의회는 또한 뉴욕시 지방 검찰청 네 곳과 협력하여 공공장소에서 술을 마시거나 폐장 시간에 공원에 들어가는 등의 경범죄에 대한 소환 미처리분을 말소했습니다. 이 조치로 64만 4000건의 미집행 영장이 파기됐습니다"[51]라고도 언급했다.

알고 보니 나도 이 형사사법개혁법의 직접적인 수혜자였다. 공개적으로 밝히려니 좀 부끄럽지만, 나는 2019년 8월에 공공장소 음주 혐의(나는 친구와 둘이 강변 공원에 있었을 뿐이고, 맹세컨대, 큰소리를 낸 적도 없다)로 형사재판 소환장을 받았다.[52] 그러고는 벌금 내는 걸 잊어버렸고, 몇 달이 지난 뒤에야 지갑 안에 든 소환장을 발견하고 뒤늦게 거기 적힌 번호로 전화를 걸어보았다. 신기하게도 내 사건이 각하돼 있었다. 법안이 바뀌기 전이었다면, 나를 체포하라는 체포영장이 내려졌을 수도 있었다. 그리고 훨씬 더 중요한 것은, 오랜 시간 동안 나보다 훨씬 불안정한 상태에 있는 수많은 사람에게 그런 영장이 발부됐으며, 경범죄와 건망증의 대가가 엄청난 손해와 과잉 처벌로 이어지는 경우가 많았다는 점이다.

형사사법 제도 개혁에 찬성한다면 누구나 동의하듯이, 뉴욕시의 형사사법 체계는 여전히 갈 길이 멀다. 형사사법개혁법이 통과되었다고 해서 취약한 뉴욕 시민들을 불공정하게 또는 지나치게 열심히 처벌하는 관행이 끝났을 리는 없다. 하지만 상황은 개선되었다.

여기서 핵심 하나는 넛지가 좋고 주어진 체계 내에서 저비용 미세조정을 통해 이익을 얻을 수도 있지만, 체계 자체를 바꾸지 않고서도 상황을 개선하기 위해 할 수 있는 일이 아주 많다는 사실이다. 물론 소환장 양식을 개선하는 작업이 상당한 차이를 만들었지만, 그 차이는 엄청나게 많은 경범죄 건들을 한꺼번에 '형사법' 범주에서 꺼내 '민사법' 범주로 밀어 넣음으로써 훨씬 많은 인도적인 결과들을 낳은 법안 통과에 비하면 왜소하다.

다른 말로 하자면, 정책 문제는 넛지로 비껴갈 수 없다.

6 파워 포즈와 권력감의 관계

미국에서 연간 약 100억 달러의 수익을 올리는 자기계발Self-help 운동이 이처럼 엄청난 성공을 거둔 데는 분명한 이유가 있다. 무력감을 느끼는 사람이 많기 때문이다. 하루하루의 삶이 감당할 수 없는 힘들에 마구 두들겨 맞는 듯한 상황을 연이어 안겨준다. 경기 침체가 소득을 도둑질해 가고, 결혼한 지 10년 된 배우자는 뜻밖에 결혼 생활을 포기하고, 갑작스러운 유행병이 삶을 송두리째 뒤엎고, 아이가 밤새 잠 못 자고 토하는데, 우리는 내일 아침 일찍 업무 발표를 해야 한다.

그렇다면 "당신에게는 생각보다 큰 통제권이 있습니다"라고 말해주는 저자들과 연사들을 찾는 거대한 시장이 있다는 것도 놀랄 일이 아니다. 이런 정서는 시기에 따라 여러 형태를 취했지만, 최근 수십 년 사이에 자기계발 판은 1960년대에 널리 퍼졌던 감상적인 자아실현 서사들에서 '기운 내'라는 명령 쪽으로 이동해왔으며, 그 경로는 갈수록 치열하고 경쟁적인 노동시장의 궤적과 깔끔하게 잘 맞아떨어진다. 1998년에 출간된 스펜서 존슨Spencer Johnson의 베스트셀러 『누가 내 치즈를 옮겼을까?』가 이 하위 장르의 좋은 예다.[1] 그 책은 20세기 후반에 있었던 경제 대변동의 영향을 받은 노동자들에게 미로에 사는 생쥐 두 마리를 보고 배우라고 조언한다. 두 생쥐는 매일 식량으로 삼던 치즈가 사라진 것을 발견하자 불평 없이 다른 치즈를 찾기 시작한다. 역시 미로에 갇힌 다른 한 쌍, 헴과 허라 불리는 작은 인간들은 처음에는 치즈가 옮겨진 것이 부당하다고 불평하느라 시간을 낭비한다. 우리가 미국의 제조업 쇠퇴와 다운사이징의 소용돌이 속에서 살아남고자 하는 현실의 해고 노동자라면 본받고 싶어 할 만한 역할 모델은 아니지만, 어쨌든 그들은 결국 같은 처지에 있는 설치류 동료들처럼 현명해져서 그냥 스스로 주도권을 잡고 치즈를 더 많이 찾으면 된다는 사실을 깨닫는다.

'기운 내' 처방에서는 흔히 신체 언어가 중요한 부분을 차지해왔다. '구부정한 자세로 돌아다니거나 다른 부정적인 신호를 발산하는 걸 멈춰라, 그러면 생각이 따라가고, 남들도 당신을 훨씬 진지하게 대할 것이다.' 이 주제에 관해서는 『신체 언어─더 성공적이고 매력적이고 선망되는 이들의 신체 언어 마스터 가이드』나 『신체 언어 훈련─신체 언어를 알면 여자와 신망이 따른다』 같은 제목이 달린 책들이 셀 수 없이 많다. 세상은 우리가 투사하는 것을 그대로 되비쳐줄 것이다. 아니, 적어도 생각은 그렇다. 이 책들의 많은 수가 딱히 과학적이지는 않다고만 하고 지나가도 될 것이다. 신체 언어와 자기계발에 관한 주장들은 직관적으로 너무 옳게 느껴질 때가 많아서, 명확하게 주장을 뒷받침하는 증거를 제시하지 않고도 쉽게 사람들을 믿게 만든다.

그러나 2010년에 신체 언어가 성공의 비결일 수 있다는 아이디어는 《심리과학》에 출판된 논문의 형태로 새로운 수준의 존경할 만한 과학적 지위를 획득했다. 공저자들인 컬럼비아대 다나 카니Dana Carney와 앤디 얍Andy Yap, 하버드대 에이미 커디Amy Cuddy는 학생 마흔두 명에게 두 차례에 걸쳐 약 1분 동안 '힘 있는' 자세와 '힘없는' 자세 중 하나를 취하게 했다. 힘 있는 자세는 책상에 발을 올리고 머리 뒤로 깍지를 끼고 의자 등받이에 기대앉거나, 상체를 숙이고 두 손을 넓게 벌려 책상을 짚는 등 개방적이고 단정적인 자세들을 말하고, 힘없는 자세는 손을 가지런히 무릎에 놓고 의자에 앉거나 미라처럼 두 팔로 몸통을 감싸고 다리를 포개 서는 등 보다 수동적이고 두려워하는 듯이 보이는 자세들을 말한다.[2] 그런 다음 학생들에게 게임을 하라는 지시를 했다. 학생들에게 2달러씩을 준 다음, 그 돈을 걸고 주사위를 굴려 내기를 할 수 있는 기회를 주었다. 내기에서 이겨 4달러를 받을 확률이 50퍼센트, 져서 빈손으로 나갈 확률이 50퍼센트였다. 또한 학생들에게 자신이 '유능하게' 또 '책임감 있게' 느껴지는 정도를 4점 만점 척도로 물어보았고, 호르몬 수치를 측정할 타액 시료를 채취했다.

연구자들은 '힘 있는' 자세들에 배정된 학생들이 '힘없는' 자세들에 배정된 이들보다 '모 아니면 도'식의 내기를 받아들일 가능성이 크다는 사실을 발견했고, 마찬가지로 전자의 구성원들이 후자의 구성원들보다 스스로를 더 유능하다고 느낀다고 보고했다. 더욱 흥미로운 것은, 힘 있는 자세를 잡은 이들이 힘없는 자세를 잡은 이들에 비해 경쟁과 행동성에 관련된 남성 호르몬인 테스토스테론 수치가 높아졌으며, 스트레스 호르몬인 코르티솔 수치가 낮아졌다는 보고였다. 저자들은 초록에서 "간단한 자세를 1분씩 두 번 취함으로써 권력을 체화하고 즉각적으로 더 강력해질 수 있다는 데는 현실적이고 실행 가능한 함의들이 있다"라고 지적했다. 그리고 이 논문의 저자들과 이 논문에 자극받은 다른 연구자들이 힘 있는 자세의 밝은 전망을 규명하면서 내놓은 수많은 '속편'이 던진 충격은 아무리 과장해도 모자랄 것이다.

가장 탁월하게 이 아이디어를 옹호한 사람은 단연 커디였다. 커디의 2012년 TED 강의는 2020년 8월 기준으로 5800만 회 이상의 조회수를 기록하며 역대 두 번째로 높은 조회수를 기록한 TED 강의가 됐다. 강의에서 그녀는 논문에서 했던 주장을 더욱 확장시켰다. 커디는 자신 있게 설명한다. "그러니 그 2분이 여러분 뇌에 호르몬 변화를 일으키는 겁니다. 그것이 여러분을 기본적으로 단호하고 자신 있고 편안하게 느끼는 쪽, 아니면 정말로 스트레스에 민감하고 약간 폐쇄된 듯 느끼는 쪽으로 설정하지요. 우리에겐 다 느낌이란 게 있죠, 맞습니까? 그러니 우리의 비언어적인 것들이 우리 자신에 대한 우리 생각과 느낌을 지배하는 것 같습니다. 그러니까, 다른 사람들에 대해서만이 아니라 우리 자신에 대해서도 그런 거지요. 또한, 우리 몸은 우리 마음을 바꿉니다." 이것이 '파워 포즈'의 핵심적인 주장 중 하나다. '개선된 신체 언어는 다른 사람뿐만 아니라 요컨대 자기 자신에게도 다른 신호를 보냄으로써 유익할 수 있다.' 이 주장은 아주 오래된 아이디어를 도발적으로 비튼 것이었다.

커디의 개인사는 매우 인상적이다. 대학을 다니던 1992년에 차에서 튕겨 나오는 자동차 사고로 외상성 두부 손상을 입었다. 처음에는 인지 능력이 심각하게 떨어졌다. "(외상성 뇌 손상) 회복은 실망스럽고 혼란스럽고 외로우며, 절대로 진짜 끝을 볼 수 없는 여정이다." 커디가 사고가 난 지 25주년이 되는 2017년에 페이스북에 올린 글이다.[3] 2015년에 출간한 베스트셀러『프레즌스―위대한 도전을 완성하는 최고의 나를 찾아서』에는 어떤 의미에서는 복잡하고 추상적인 사고를 구성하는 법을 다시 배워야 했던 그 느리고 불확실한 재활 과정이 감동적으로 서술돼 있다. 브루클린에서 있었던 어느 행사에서 커디는 사고 직후에 의사가 했던 말을 떠올렸다. "그러니 아마 대학을 마치지는 못할 겁니다."[4] 의사가 재빨리 덧붙였다. "그래도 괜찮아요, 웬만한 일은 다 할 수 있을 테니까." 자신의 유일한 진짜 경쟁력이 지능뿐이라고 믿었던 당시 열아홉 살의 커디로서는 그다지 안심이 되지 않는 위로였다. 그러나 길고 힘든 회복 과정을 거쳐 그녀는 프린스턴대의 전설적인 사회심리학자 수전 피스크 Susan Fiske 밑에서 집단 간 차별과 고정관념에 관련한 문제들을 연구하여 심리학 박사 학위를 취득했다. 그리고는 젊은 나이에 하버드

경영대학원 교수 지위를 얻었고, 그곳에서 파워 포즈 논문을 공동 저술했다.

파워 포즈는 엄청난 성공을 거둔 TED 강의에 크게 힘입어 카리스마적인 수석 전도사 커디와 함께 널리 알려졌다. 《뉴욕 타임스》도 이 주제를 다뤘는데, '생활양식' 면의 한 인물 분석 기사는 파워 포즈 아이디어가 "약도 정화 의식도 상담료 청구서도 없이 개인의 변화를 약속한다"라고 언급했다.[5] CBS는 "커디 교수의 논문은 과학에 기반해 있다"라고 강조하는 프로그램을 내보내며 시청자들에게 "믿거나 말거나, 커디 교수의 연구 결과는 긴장되는 상황에 들어가기 전에 잠시 슈퍼 영웅처럼 서 있으면 실제로 우리 몸에서 화학적인 호르몬 변화가 일어나 더욱 자신감 있고 결단력 있게 만들어준다는 사실을 보여준다"라고 자신 있게 말했다.[6]

파워 포즈는 미국인의 삶 속에 이미 확립된 자기계발 틈새시장에 훌륭하게 잘 들어맞는다. 물론 단순하고 직관적으로 말이 되는 것처럼 느껴지는 아이디어를 근거로 '인격적 변화'를 보증한 사람이 커디가 처음일 리는 없었다. 하지만 그런 보증을 하는 이들은 대체로 머리를 반들반들하게 빗어 넘기고 감언이설로 마음을 움직이는 연설가 유형이었다. 일반적으로 말해서, 그런 아이디어들을 납품하는 사람이 하버드대 교수인 적은 없었다.

+

그렇다고 해서 커디와 동료들의 연구에 학문적 계보가 없다는 말은 아니다. 그 연구는 이른바 신체적 접촉과 동작의 심리적 효과를 더 광범위하게 다루는 '체화된 인지embodied cognition' 분야의 수많은 연구 중 하나로 분류된다. 그중에는 파워 포즈 경우처럼 아주 충격적이고 흥미로워서 주류의 주목을 받은 연구 결과가 많다. 2006년에 발견된 '맥베스 효과'를 예로 들어 보자. 연구자 첸보 종Chen-Bo Zhong과 케이티 릴엔퀴스트Katie Liljenquist는 당시에 "실험 참가자들에게 과거에 했던 윤리적인 일 또는 비윤리적인 일을 자세히 떠올린 다음에 어떤 느낌이나 기분이 드는지 설명해보라고 했다". 저자들은 비윤리적인 행위를 떠올린 참가자들이 "세정에 관련된 생각들을 더 많이 떠올리고, 클렌징 상품들에 대한 욕구가 커지고, 소독용 물티슈를 받을 가능성이 더 커짐을 경험했다. 게다가, 우리는 신체 세정이 비윤리적 행위의 불쾌한 느낌을 덜어주고 자신의 도덕적 자아상自我像에 대한 위협을 감소시킨다는 것을 보여주었다"라고 썼다. '윤리적 회상' 시나리오 참가자들의 3분의 1이 제공된 물티슈를 받은 데 반해, '비윤리적 회상' 시나리오 참가자들은 3분의 2가 물티슈를 받았다. 물티슈로 손을 닦은 이들 중 40.9퍼센트만이 "절박한 다른 대학원생을 돕기 위해 다른 연구에 무보수로 자원한(자원했던)" 반면, 닦지 않은 이들 중에서는 거의 4분의 3이 자원했다.[7] 이 결과의 분명한 함의는 응답자들이 도덕적으로 깨끗하지 않다고 느낄 때 '신체적'으로도 깨끗하지 않다고 느끼게 된다는 점과 세정 행위가 도덕적 부담감을 해소하는 듯한 느낌을 준다는 점이었다.

더 오래되고 유명한 실험으로는 참가자들 입에 연필이나 펜을 물러서 억지로 웃는 얼굴을 만들도록 요청한 일단의 연구가 있다. 웃는 참가자들은 찡그린 참가자들보다 주어진 만화가 더 재미있다고 보고했으며, 파생 실험들은 표정이 다른 식으로도 기분에 영향을 미칠 수 있다고 제시했다. 이 '표정 반응facial feedback' 결과는 너무 유명해져서 여러 입문용 심리학 교과서에 실렸으며, 오래전부터 돌아다니던 믿음, 즉 감정이 몸을 만드는 것이 아니라 몸이 감정을 만든다는 믿음을 뒷받침해주는 과학적 증거로 자주 제시되었다. 즉 우리는 행복해서 웃는 게 아니라 웃기 때문에 행복한지도 모른다. 커디는 TED 강의에서 몸이 마음에 영향을 주는 방식의 사례로서 이들 연구를 언급했다.

그중 일부가 재현성 위기 때문에 특히 심각한 타격을 받았다. 2014년에 있었던 한 실험에서는 원래 실험보다 나은 통계 능력을 갖춘 실험팀이 여러 차례 재현을 시도했는데도 맥베스 효과를 재현해내지 못했다.[8] 설상가상, 대니얼 엥버는 2016년에 《슬레이트》에 실은 한 포괄적인 기사에서 연필 실험을 재현하기 위해 심리학 연구자인 E. J. 바헨마케르스E. J. Wagenmakers의 총괄하에 신중하게 계획되고 "8개국 열일곱 개 실험실이 참여해 수행한" 재현 실험이 좋지 않게 끝났다고 밝혔다. 엥버는 "바헨마케르스가 도출된 모든 결과치를 거대한 더미로 쌓아 올리자, 효과는 결국 평균이 되어 사라져버렸다"라고 썼다. "웃는 사람들과 찡그린 사람들 간의 차이는 평가 단위의 100분의 3에 해당하는, 우연한 일시적 현상, 소음에 섞인 먼 메아리 정도로 줄어들었다."[9]

파워 포즈를 재현하려는 노력은 2015년에 시작되었다. 그즈음에는 몇 편의 후속 연구 결과가 이미 발표된 시점이었는데, 그 결과들이 모두 첫 연구 결과만큼 확실한 이야기를 하는 것은 아니었다. 예를 들어,《유럽 사회심리학 저널》에 발표된 한 2013년 연구에서는 힘 있는 자세를 취한 참여자들에게 (사이버 공던지기 놀이에서—옮긴이) 제외됐다고 알렸을 때 힘없는 자세를 취한 참여자들(은 놀이 참여 여부에 거의 영향을 받지 않았다)보다 배제의 고통을 더 심하게 느꼈다.[10] 그러나 다른 연구들은 대체로 최초 연구가 내놓은 블록버스터급 결과와 같은 방향을 가리키는 듯했다.《실험 사회심리학 저널》에 실린 「나는 이렇게 하면 (또는 너는 그렇게 하면) 아프다—자세와 통증 내성치」라는 기억하기 쉬운 제목을 단 2012년 논문은 힘 있는 자세를 취한 이들이 힘없는 자세를 취한 이들보다 더 높은 통증 역치를 보인다는 결과를 냈다.[11]

그러나 2015년 3월에 에바 라네힐Eva Ranehill이 이끄는 연구팀이 약 다섯 배나 많은 200명의 피실험자를 대상으로 원래의 실험 방법론을 '엄밀히 따라' 최초의 파워 포즈 연구를 재현하려 했던 실험의 결과를 발표했다.[12] 라네힐 팀은 파워 포즈와 위험 감수 경향, 또는 파워 포즈와 호르몬 수치 간의 상관관계에 관해서는 어떠한 효과도 발견하지 못했는데, 이는 최초의 연구 결과뿐만 아니라 그동안 발표된 전도유망한 일부 후속 연구들에 정면으로 반하는 결과였다. 그 재현 실험이 실패하면서, 당시에 아직 걸음마 단계에 있던 재현성 위기에 대한 주류 언론의 관심이 엄청나게 폭증했다. 예를 들어, 앤드루 겔먼Andrew Gelman과 카이저 펑Kaiser Fung은 《슬레이트》에 빈약해 보이는 연구 결과를 감싼 반짝이 포장지에 '외부인들'이 속는 건 이해할 만하다지만, "심리학 연구에서의 재현성 위기를 아는 내부자들은 소규모 실험에 기반한 그런 종류의 극적인 주장들을 의심한다. 여러분도 그래야 한다"[13]라고 썼다.(재현성 위기에 관해서는 8장에서 더 깊이 들여다볼 것이다.)

하지만 정말로 파워 포즈의 궁지를 박차고 나온 사람은 2010년에 출판된 최초의 연구 논문을 쓴 공저자 중 한 명이었다. 2016년 9월 다나 카니는 캘리포니아대 버클리 캠퍼스의 교수진 소개 웹페이지에 굵은 글씨에 밑줄까지 친 "나는 '파워 포즈' 효과가 진짜라고 믿지 않는다"[14]라는 글을 올렸다. 그러고 다니는 상당히 파멸적인 세세한 내용을 털어놓았다. 최초의 파워 포즈 연구를 진행할 때 자기 팀이 썼던, 당시 실험심리학계에서(그리고 다른 분들에서도) 널리 쓰이던 통계 기법이 문제였다. 그녀는 그 통계 기법을 썼을 때 실제로는 없는 현상이 '있다'고 나올 가능성이 상당히 커진다는 사실을 지금은 다들 알고 있으리라 생각한다고 말했다.

'p-해킹'이라 불리는 이 현상은 심리과학계의 현 상황을 걱정하는 개혁가들이 주목하는 당면 관심사다. p-해킹을 이해하려면, 전통적으로 과학자들이 '유의한' 결과를 어떤 기준으로 정의해왔는지 이해하는 것이 중요하다. 이른바 결과의 p-값p-value에 의존하는 방식이다. 이 방식은 기본적으로 두 단계 과정을 통해 이뤄진다. 먼저, 가정이 필요하다. "여기에 아무것도 없다고 가정해보자." 즉 파워 포즈가 아무 작용을 하지 않거나, 약이 듣지 않거나, 특정 개입이 아무 효과가 없다고 가정하는 것이다. 과학자들은 이것을 '귀무가설歸無假 說, null hypothesis' 수용이라고 지칭한다. 그런 다음에는 이렇게 질문한 다. "귀무가설이 참이라면, 적어도 여기서 관찰되는 만큼의 데이터 상 차이를 발견할 확률은 얼마나 될까?" 이를 파워 포즈 실험에 적 용한다면, 즉 파워 포즈를 취하는 실험군과 아무 포즈도 취하지 않 는 대조군이 있고, 결과의 관심 변수로서 테스토스테론 측정치가 있 는 실험이라면, 우리는 "파워 포즈가 아무 작용을 하지 않는다고 가 정할 때, 파워 포즈군과 대조군 사이에서 적어도 이만큼의 테스토스 테론 평균치 차이를 관찰하게 될 확률은 얼마나 될까?"라고 질문하 게 된다.

무작위적 성질 때문에 때로는 단순한 통계적 잡음이 어떤 패턴 처럼 보일 수 있다. 힘없는 자세군이 힘 있는 자세군보다 낮은 테스 토스테론 수치를 보이는 경우, 그것은 힘 있는 자세의 효과 때문일 수도 있지만, 불규칙한 일시적 현상일 수도 있다. 간단한 가설을 예 로 들면 더 쉽게 이해될 것이다. 동전 하나를 여러 번 던져서 그 동 전이 공정한지* 측정하는 예를 생각해보자(이런 방식으로는 실제로 공 정하게 던져진 동전인지 측정할 수 없다는 강력하고도 흥미로운 논점은 제 쳐두도록 하자).[15] 반복해 던질수록 공정한 동전의 앞면과 뒷면이 나오는 비율이 1:1에 접근해갈 것이다. 그 과정에서 한동안 비율이

---

* 공정한 동전(fair coin)은 동전 던지기를 했을 때 앞면과 뒷면이 나올 확률이 정확하게 2 분의 1씩인 가상의 동전을 뜻한다.

어그러지거나 '앞앞앞앞앞앞'이나 심지어 '뒤뒤뒤뒤뒤뒤뒤뒤뒤뒤뒤뒤뒤뒤'같이 이어지는 수상해 보이는 배열들이 있을 것이다. 하지만 그런 배열들이 보인다고 해서 그 동전이 불공정한 동전이라는 증거는 될 수 없다. 무작위성은 이따금 뭔가 의미가 있어 보이지만 사실은 그렇지 않은 배열을 만들 수 있다. p-값의 요점은 이것을 설명해주는 것이다. p-값이 낮은 실험 결과를 발표하는 것은 "내가 이 차이를 관찰했을 뿐만 아니라, 이것이 불규칙한 잡음의 결과일 가능성은 통계적으로 봤을 때 매우 낮다"라고 말하는 것이다. 동전 던지기의 경우에, 그 동전이 공정하지 않을 가능성이 있음을 나타내는 p-값을 만들어내려면, '여러 번' 던져서 앞면과 뒷면이 나오는 비율이 크게 편향된다는 결과를 얻어야 할 것이다.

그러니 여러분이 파워 포즈 실험을 하면서 파워 포즈군과 대조군 간에 통계적으로 의미 있는 테스토스테론 차이, 즉 비유하자면, 파워 포즈군에 더 많은 '뒷면'이 나오는 경우를 관찰한다고 상상해보라. 방대한 숫자를 계산하던 컴퓨터가 p=0.04라는 값을 뱉어낸다면, 이론적으로 봤을 때, 이는 파워 포즈가 아무 작용을 하지 않는데도 두 집단 간에 적어도 그 정도의 테스토스테론 차이가 관찰될 확률이 4퍼센트에 불과하다는 의미이다. 파워 포즈가 그 차이의 원인이라는 의미가 아니다. 인과관계와 상관관계의 결정적인 차이를 떠올려보라. 하지만 실험을 적절한 방식으로 구성하기만 한다면, 우리는 관찰되는 차이가 어떤 것이든 그런 차이를 일으킬 만한 다른 잠재적 원인 대부분을 효과적으로 제거할 수 있다. 관례에 따라

심리학을 비롯한 다른 많은 과학 분야의 실험 결과들은 p-값이 0.05 이하면 통계적으로 유의하다고 판단하고, 그러므로 출판이 가능해진다. 다른 말로 하자면, 귀무가설이 참이라고 가정했을 때 최소한 그 정도의 결과가 발생할 확률이 5퍼센트 이하이면 출판할 수 있게 되는 것이다. 정말로 임의의 숫자다. 앞으로 보게 되겠지만, 과학을 더 엄정하게 만들려면 이 수치를 대폭 하향 조정해야 한다고 (아니면 완전히 다른 통계적 방식을 써야 한다고) 주장해온 일부 과학자들이 있긴 하지만, 대다수 학술 출판 현장에 적용되는 우세한 현행 규정은 바로 앞에서 설명한 바와 같다.

p-값은 아주 쉽게 조작할 수 있다. p-해킹이 가능한 것이 그래서이다. (동전 던지기 결과든 채취한 타액의 테스토스테론 수치든) 실험 결과치를 넣거나 빼는 방식으로 완강하게 버티는 높은 p-값을 결정적인 p=0.05 밑으로 살짝 내릴 수 있으며, 그렇게 하는 순간, 짜잔! 그 실험 결과는 출판할 수 있게 된다. 카니는 자신과 커디, 얍이 최초의 실험에서 바로 그런 일을 했다고 인정했다. 여러 얘기를 들어보면, 이는 당시에 일반적인 관행이었다. 대부분의 실험 심리학자들은 위양성僞陽性 결과를 발생시키는 위험을 잘 알지 못했다. 따라서 여기서 떠오르는 그림은 나쁜 연구 결과를 출판하려고 공모하는 사악한 연구자들이 아니라, 흥분한 데다 어느 정도는 정량적으로 정보가 부족한 탓에 통계의 함정에 빠진 연구자들의 모습일 것이다. 그랬던 카니는 나중에야 무슨 일이 있었는지 깨달았다. 그녀는 웹사이트에 썼다. "데이터가 빈약했다. 효과는 작았고 사례가 많지도 않

았다." 그러므로, "나는 '파워 포즈'의 체화된 효과들에 어떤 믿음도 가지고 있지 않다. 나는 그 효과가 진짜라고 생각하지 않는다". 그녀는 또한 이렇게 지적했다. "나는 파워 포즈를 연구하려는 사람들이 있으면 말리는 편이다." 그러나 카니가 이 문제에 대해 공개적으로 말한 것은 그게 다였다. 내가 얘기를 좀 나눌 수 있겠냐고 묻자, 그녀는 정중하게 거절했다.

카니가 공개적으로 파워 포즈에 등을 돌린 직후에 다른 연구자 두 명이 파워 포즈에 대해 또 다른 중대한 이의를 제기했다. 2017년에 최고의 학술지인 《심리과학》은 자체 개발한 독창적인 통계적 도구를 활용하여 방대한 과학적 문헌을 조감한 조지프 P. 시먼스Joseph P. Simmons와 우리 시먼슨Uri Simonsohn의 논문을 게재했다.[16] 시먼스는 전자우편을 통해, 'p-곡선p-curve'이라고 알려진 "이 도구가 일련의 통계적으로 유의한 연구 결과들이 실제로 참인지/재현 가능한지, 아니면 p-해킹이나 서류함 문제*에 기인하는지 여부를 알려준다"라고 설명했다.(한 가지 문제를 놓고 스무 건의 연구가 진행되는데, 그중 여덟 건이 강력한 증거를 찾아내어 출판되고, 세 건은 온건한 증거를 찾아내어 출판되고, 아홉 건은 증거를 찾아내지 못해 결과가 출판되지 않고 그대로 서랍 속에 처박혀 잊힌다면, 출판된 연구 결과들만 조사했을 때 증거 지형에 대한 왜곡된 그림이 제시될 것이다. 가장 철저하고 가장 믿을 만한 메

---

*　통계적으로 유의한 결과를 제시하는 논문이 통계적으로 유의하지 못한 결과를 제시하는 논문에 비해 더 잘 출판되는 현상을 의미한다. '서류함 효과', '서류함 딜레마', '출판 편향'이라고도 부른다.

타분석 연구들이 출판된 연구뿐만 아니라 출판되지 않는 연구들까지 찾아 분석하는 이유가 그래서이다.)

통계에 대한 이해를 돕기 위해 설명하자면, 파워 포즈를 포함한 모든 연구에서 관찰된 효과가 진짜 있다면, 연구 결과치들의 p-값 그래프가 특정한 모양을 보여야 하는데, 0과 0.025 사이에 분포한 p-값들이 0.025와 0.05 사이에 분포한 p-값들보다 많아야 한다. 그러지 않고 결과치들이 기준선인 p=0.05 바로 밑에 모여 있다면, 해당 보고서가 p-해킹이나 서류함 문제, 또는 둘 다의 위험을 안고 있는, 보기보다 취약한 연구 결과임을 알리는 강력한 신호로 볼 수 있다.*

그리고 카니와 커디, 얍이 (물론 카니의 인정 전에) 파워 포즈를 뒷받침하는 강력한 증거의 토대가 있음을 보여주기 위해 통계를 낸 결과치들에서, 시먼스와 시먼슨은 정말로 p<0.05 기준선 바로 밑에 모여 있는 의심스러운 다수의 결과치를 발견했다. 그들은 라네힐 팀이 발표한 실패한 재현 실험과 연결하여, 이 p-곡선이 "힘 있는 자세 대 힘없는 자세의 행동학적, 심리학적 효과가 현재로서는 실증적인 근거가 부족한 가설로 취급되어야 함을 암시한다"라고 썼다.

이에 대한 응답으로, 커디와 남아 있는 다른 파워 포즈 방어자

---

* 시먼스와 시먼슨의 논문에 따르면, 만약 0이 아닌 효과가 존재한다면 이를 검증한 연구들에서 제시하는 p-값이 통계적으로 유의한지의 여부를 가르는 기준선인 0.05보다 더 작은 값(예를 들면 0.01)에 더 많이 나타나게 된다고 한다. 저자들에 따르면 이와 같은 형태의 분포가 나타나지 않는 경우, 그 연구 결과가 증거로서 가치가 있는지 의심해볼 여지가 있다고 한다.

들은 방향을 조금 틀어 호르몬과 행동에 관한 주장보다 파워 포즈가 개인의 권력에 관한 '자의식'을 높여 줄 수 있다는 주장에 집중하기 시작했다. 그 주장은 사실일 가능성이 있다. 2017년에 수행된 한 메타분석 연구가 파워 포즈가 권력감을 증가시킨다는 개념에 익숙하지 않은 (그러므로 플라세보 효과에 영향을 받지 않을) 대상들로부터 파워 포즈가 권력감을 높이는 효과를 나타낸다는 '온건한' 증거를 찾아냈다.[17] 물론 파워 포즈가 그 아이디어에 익숙하지 않은 사람들에게만 효과를 발휘한다면, 그들에게 파워 포즈의 효과를 알려주는 행위 자체가 파워 포즈의 효과를 완전히 없애게 되는데, 이는 분명히 문제다. 하지만 어느 쪽이든, 파워 포즈를 즐기거나 파워 포즈가 성과를 높이는 데 도움이 된다고 생각하는 사람이라면, 파워 포즈를 취하지 않을 이유가 없다. 기대 효과를 과대평가만 하지 않으면 해로울 일은 없을 듯하니 말이다.

그러나 파워 포즈는 매우 인상적으로 들리는 다양한 주장들 덕분에 세계적인 현상이 되었다. 거기에는 우리 기분을 좋게 해 줄 수 있다는 온건한 주장뿐만 아니라 우리 뇌의 배선을 순식간에 수동성에서 권력감으로 바꿔 줄 수 있다는 주장도 포함되어 있었다. 전반적으로 봤을 때, 초점을 조금 바꾸긴 했지만, 커디는 파워 포즈가 처음에 설명했던 방식으로 작용하는 강력한 증거가 있다는 견해를 완전히 철회하지 않았다. 2018년 4월에 커디와 하버드 경영대학원의 잭 슐츠Jack Schultz, 하버드대 정량적사회과학연구소의 네이선 포스Nathan Fosse는 《심리과학》에 자신들이 직접 분석한 p-곡선을 공개하며 "자세 반응(예를 들자면, 파워 포즈) 효과를 뒷받침하는 강력한 증거적 가치, 특히 감정적·정서적 상태에 미치는 효과를 입증하는 강력한 증거적 가치"를 보여준다고 주장했다.[18] 그러나 시먼스와 시먼슨, 그리고 심리학자 마커스 크리드는 그들이 연구에 포함한 논문들이 본래부터 p-값이 너무 낮아서 의심스러운 경우들(한 경우에는 p=0.00000000005, 다른 말로 하자면 확률이 '2조 분의 1'이었다)[19]부터 파워 포즈가 실제로는 중립적인 포즈들에 비해 긍정적인 효과를 나타낸다기보다는 구부정한 자세가 부정적인 효과를 나타낸다는 별개의 주장으로 처리해야 하는 경우까지, 심각해 보이는 몇 가지 문제들을 안고 있다고 지적했다. 따라서 그런 결과들은 여전히 커디가 제기한 파워 포즈에 관한 대담한 초기 주장들을 실제로 뒷받침해주지 않는다.(크리드는 나중에 그 문헌에 있는 모든 긍정적인 파워 포즈 결과들이, 사실은 보다 관련성이 높은 중립적 자세들과 파워 포즈들 간의 비교가 아니라 중립적인 자세들과 구부정한 자세들 간의 비교에서 나왔다고 주장하는 별도의 논문을 발표했다.[20])

파워 포즈 실험의 재현 실패는 《슬레이트》에서, 아난드 기리다라다스Anand Giridharadas의 베스트셀러 『엘리트 독식 사회』에서, 그리고 커디에게 상당히 동정적이었던 《뉴욕 타임스 매거진》의 인물 분석 기사에서 대중의 주목을 받았다. 그러나 파워 포즈에 이의를 제기하는 연구가 애초의 주장들이 받았던 만큼 호의적인 대중적 주목을 받는 것 같지는 않다. 늘 그렇듯이, 그것이 문제다.

설익은 행동과학 주장들을 비판할 때는 다른 방향으로 너무 멀리 튀지 않도록 주의해야 한다. 설익은 과학은 적어도 약간의 진실에 기반한 경우가 많다. 문제는 포장에 비해 알맹이가 작다는 점이다. 지금까지 봤듯이, 양육 환경이 범죄율에 영향을 주는 것은 참이다. 그러나 엄청난 숫자의 젊은이들이 주변 환경 탓에 옳고 그름도 분간 못 하는 부도덕한 괴물로 변한다는 것은 거짓이다. 자기 자신을 완전히 무가치하고 사랑받을 자격이 없거나 아무것도 이룰 수 없는 사람으로 본다면, 그런 마음 상태가 스스로의 발목을 잡을 수 있는 것은 참이다. 그러나 자존감과 인생에서 가장 중요한 성과들 사이에 직접적인 인과관계가 있다는 것은 거짓이다.

파워 포즈에 관해서라면, 신체 언어가 인간의 사회생활에 의미 있는 영향을 미칠 수 있고, 특정 사회에서 신체 언어가 영향을 미치는 구체적인 방식을 아는 것이 살아가는 데 도움이 될 수 있는 것은 참이다. 물론 커디의 주장은 이와 다르다. 그녀는 신체 언어가 자아 인식에 매우 큰 영향을 미치므로 개인에게는 심대한 의미가 있을 수 있다("그러니 2분이 여러분의 뇌를 기본적으로 단호하고 자신 있고 편안하게 느끼는 쪽, 또는 정말로 스트레스에 민감하고 약간 폐쇄된 듯이 느끼는 쪽으로 설정하는 이런 호르몬 변화들로 이어집니다")라고 말한다. 하지만 일반적인 원칙을 무시하지 않는 것은 여전히 중요하다.

동물 왕국에서 신체 언어가 매우 중요하다는 건 두말할 필요도 없다. 모두 알다시피, 개는 배를 내보이며 누워서 뒹구는 것으로 복종심이나 장난기를 드러낸다. 고양이는 다른 생물 때문에 불편하거나 위협을 느낄 때 특유의 방식으로 등을 구부린다. 야생에서 거대한 동물들이 짝이나 영역을 놓고 벌이는 용맹하기 짝이 없어 보이는 싸움도 어느 하나가 항복을 나타내는 미묘한 신호를 보내는 순간 끝난다. 신체 언어는 어디에나 있다.

일반적으로 말해서, 동물들 사이에 어디를 가나 행동이 있다면, 인간들에게도 그런 것이 있다고, 그리고 당연히 인간들의 신체 언어도 무언가를 나타낸다고 보는 것이 합리적이다. 이 장을 처음으로 연구하기 시작하던 때, 나는 그 얼마 전에 열린, 내가 응원하는 보스턴 셀틱스와 클리블랜드 캐벌리어스 간 NBA 플레이오프 경기를 보았다. 어느 시점에서 셀틱스 선수 제일런 브라운이 골대 밑으로 파고들어 알 호포드가 잘 던져준 공을 받았는데, (성질 급하기로 소문난) 캐벌리어스의 J. R. 스미스가 반칙을 하는 바람에 될 대로 되라는 식으로 던져 올린 공이 용케 득점으로 이어지는 일이 있었다.[21] 형과 같이 경기를 보면서 팔뚝으로 브라운의 옆머리를 치는 파울을 저지른 스미스가 비열하다고 생각했던 기억이 난다.

그러나 느린 화면으로 스미스가 반칙을 범한 직후에 표출한 신체 언어를 보고서는 마음이 바뀌었다. 최소한 그가 그런 비열한 반칙을 의도적으로 저질렀다고는 생각하지 않게 되었다. 느린 화면에서 스미스는 브라운과 접촉한 직후에 두 가지 일을 했다. 두 손을 들어 손바닥을 내보이며 브라운 쪽으로 천천히 몇 걸음 다가간 것이다. 그가 브라운에게 말을 하는지, 한다면 무슨 말을 하는지는 분명치 않지만 그의 몸이 대신 말해주고 있다. 대충 '실수였어', '미안해', '의도적인 건 아니었어'의 조합이리라. 이 2초 남짓한 신체 언어가 보여준 효능은 놀라울 따름이다. 그 몸짓은 후회하고 있음을 널리 알리고 분쟁을 피하려는 의도로 계획된 즉각적이고도 본능적인 행위로 보이고, 방금 일어난 신체적 접촉을 본 관찰자의 해석을 순식간에 바꾸는 효과를 발휘하는데, 제일런 브라운에게도 유사한 효과를 발휘했으리라고 보는 것이 합리적이다.

그러니 맞다. 신체 언어는 인간들 사이에 중요한 정보를 전달할 수 있다. 이건 상식이다. 여러 학문 분야에서 오랫동안 연구되고 이론화된 바이기도 하다. 그중에서 가장 유명한 것은 아마 일상적인 사회생활을 끊임없이 펼쳐지는 일련의 연기로 이해해야 한다고 주장한 전설적인 사회학자 어빙 고프먼Erving Goffman의 '연극 모형' 이론일 것이다. 피자 가게에 가는 것처럼 간단해 보이는 상호작용에서도 마찬가지다. 나는 더 나은 대접을 희망하며 점잖고 느긋한 손님처럼 보이도록 스스로를 연출할지 모른다. 관리자가 자리에 있고 점원이 신입이라면, 점원은 칭찬이나 승진을 기대하며 특히 더 열성적이고 능숙하게 보이려 할지 모른다. 빠릿빠릿하게 효율적으로 돌아다니면서 내가 주문한 피자를 정중하게 내밀 것이다. 그러나 관리자가 자리에 없다면, 점원은 내가 손님이라고 해서 자기보다 우월하다거나 뭔가 특별 대접을 받을 자격이 있는 건 아니라는 의미의 부루퉁한 태도를 연기하며 자신을 다르게 표현할지도 모른다. 굼뜨게 오븐을 오가고, 내 피자를 부주의하게 툭 던지듯이 내려놓는 방식으로 말이다. 그리고 이런 연극에서는 신체 언어가 중요한 부분을 차지한다. 신체 언어만으로도 나는 피자 가게 점원이 손님인 나를 어떻게 취급하는지 상당히 정확하게 추론해낼 수 있다.

우리가 벌이는 연극들과 그것들이 때때로 어떻게 틀어지는지를 검토하면서, 고프먼은 '본의 아닌 몸짓들'이 '종합적인 상징적 지위'를 획득할 수 있다고 지적했다. 예를 들자면,

연기자는 순간적으로 몸의 균형을 잃는 바람에 뜻하지 않게 자신이 무능력하거나 부적격하거나 무례하다는 인상을 전달할 수 있다. 넘어지거나 비틀거리거나 쓰러질 수도 있다. 트림하거나 하품을 하거나 혀를 빼물 수도 있고, 몸을 긁거나 방귀를 뀔 수도 있다. 잘못해서 다른 참가자의 신체와 부딪힐 수도 있다. 두 번째로, 연기자는 그 상호 작용을 지나치게 신경을 쓰거나 지나치게 신경을 쓰지 않는 듯한 인상을 주는 식으로 연기할 수 있다. 말을 더듬거리거나 대사를 잊어먹거나 긴장하거나 눈치를 보거나 스스로를 의식하는 듯이 보일 수 있다. 적절하지 못한 때에 웃거나 화를 내거나, 다른 감정에 사로잡히는 바람에 연기 상대자로서의 능력이 잠시 무력해져버릴 수도 있다. 진지한 관여와 관심을 너무 많이, 또는 너무 적게 보여줄 수도 있다.[22]

이런 연기의 많은 부분이 직관적이다. 어느 문화든 그 안에 소속된 거의 모든 사람은 어릴 때부터 어떤 종류의 신체 언어가 존경

과 복종을 전달하는지, 내가 유튜브에서 마구잡이로 NBA 경기 동영상을 본 이야기를 할 때 상대방이 지루해하는지 아는 법 등등을 배운다. 신체 언어는 분명히 우리 일상에서 큰 부분을 차지한다. 텔레비전 시트콤 〈사인펠드〉에서 일레인의 남자 친구로 나오는, 사람들과 얘기할 때 얼굴을 너무 바짝 들이대는 '클로스 토커close talker' 역이 주는 불쾌함에 거의 모두가 공감하는데, 처음 만난 사람과 대화하는데 상대의 침방울과 직전에 먹은 음식 냄새를 감수해야 한다면 대부분이 불쾌하게 느끼는 게 당연할 터이기 때문이다.

하지만 그런 본능적 지각이 중요한가? 그런 것들이 시간이 지나면서 우리의 행동을 형성하는가? 사실, 어떤 사람에 대한 첫인상이 한번 생기고 나면 이후 평가에 소위 '정박효과'라는 강력한 영향을 준다는 증거가 있다. 2015년에 첫인상에 관해 인터뷰한 적이 있는 컬럼비아대 경영대학원 소속 심리학자 하이디 그랜트 할버슨Heidi Grant Halvorson은 이렇게 말했다. "저는 늘 '자, 여러분이 할 수 있는 정말로 쉬운 일이 있어요'라고 말할 수 있으면 좋겠다고 생각합니다. 하지만 진실은, '사람에 대한 인식'에 관해 많이 알면 알수록 첫인상을 바꾸는 것이 얼마나 어려운지 더 뼈저리게 느끼게 된다는 겁니다."[23] 그리고 첫인상은 딱히 근거가 없는 경우가 많다. 맬컴 글래드웰이 『블링크』에서 말했듯이, "무엇보다 순간적 판단은 엄청나게 빠르다. 순간적 판단은 경험의 '경' 자가 채 끝나기도 전에 완료된다".[24] 첫인상의 실질적인 결과를 시트콤 〈오피스〉에 등장하는 인물인 드와이트 슈르트보다 더 생생하게 표현하기도 어려울 것이다.

"나는 가능하면 절대 웃지 않아. 영장류들 사이에서 이빨을 보이는 건 복종 신호야. 나를 보고 웃는 사람은, 내 눈에는 그냥 살려달라고 비는 침팬지로 보일 뿐이지."

현실 세계에서 내가 어떤 사람을 만나 재빨리 얼간이라고 판정했다면, 그 시각에서 벗어나기가 불가능하지야 않겠지만 상당히 어려울 것이다. 나는 뒤이어 그 사람과의 상호작용을 '저 사람은 멍청이 같아'라는 렌즈를 통해 볼 가능성이 크므로 약간은 확증 편향이 개입할 것이다. 연구 결과와 상식이 입을 모아 여기에 신체 언어가 가담하고 있다고 알려준다. 누군가 날 보자마자 너무 바짝 다가와 훈련 조교처럼 버티고 서서 필요 이상으로 힘을 주며 악수를 한다면, 당연히 내가 그 사람에게서 받는 인상에 영향을 줄 것이다. 이 모든 것이 인간이 알아두면 매우 유용한 정보다.

문제는 과학(또는 상식)에 근거하여 정당화될 수 있을 소박한 주장에서 갑자기 그렇지 않은 너무 큰 주장으로 비약하는 것이다. 커디는 힘 있는 자세군과 힘없는 자세군 사이에서 다른 무엇보다 호르몬 수치의 차이와 소규모 베팅 게임에 참여하고자 하는 욕구의 차이를 발견했다. 이 면도날처럼 얄팍한 증거로부터 커디는 너무 강력한, 그러면서 실증적으로 방어하기는 더 어려운 주장을 추정해냈다.

+

커디가 한 주장들은 너무 충격적이라 어떤 식으로든 광범위한 주목을 받았을 것이다. 그러나 파워 포즈의 성공은 당시의 특정한 페미니즘 흐름과 잘 맞아떨어진다는 점에 어느 정도 여기에 빚을 지고 있었다.

입소문 난 커디의 TED 강의가 있은 지 약 1년 뒤인 2013년, 페이스북 최고운영책임자인 셰릴 샌드버그Sheryl Sandberg의 『린 인—여성, 일, 앞서나가는 의지』가 유성처럼 미국 문화계를 강타했다. 카니와 얍, 커디의 연구 결과를 인용한 그 책은 직장 내 여성 문제와 만연한 미국의 성차별 관행에 대해 폭발적인 논의를 불러일으켰다. 샌드버그의 핵심 주장은 여성들이 직업적 환경에서 무력하게 2등급 지위를 감수하도록 사회화되는 경우가 너무 흔하다는 것이다. 앞서 나가려면 여성들은 좀 더 악착같이 다가들어야 한다. 즉 미국의 이 사회와 중역실을 지배하고 있는 남성들과 동등한 자리, 자신의 정당한 자리를 주장해야 한다. 그 주장은 용기를 북돋는 메시지였고, 수백만 권에 달하는 판매고와 함께 『졸업생들을 위한 린 인』이라는 일종의 속편이 그 반향을 증명했다.

커디의 『프레즌스』와 샌드버그의 『린 인』은 여성 개개인이 지닌 행위주체성agency을 강조한다. 이 시대의 고전적인 자조 방식으로, 두 책은 '우리가 우리의 지위를 개선하기 위해 할 수 있는 일들이 있다'라고 강조한다. 동시에 둘은 전통적인 페미니즘 운동의 관심사들에다 제도와 사회구조보다 개인에 초점을 맞추는 자기계발적 요소들을 결합하는 특정한 21세기식 페미니즘 브랜드가 시작되는 데 도움을 주었다. 이 페미니즘 모델은 문제들이 사회와 조직에(둘은 종종 중첩된다) 관련돼 있다고 보지만, 내놓는 해결책들은 거의 늘 개인에 관련된 것들이다.

『프레즌스』와『린 인』이 이런 면에서 얼마나 유사한지 살펴보면 상당히 놀랍다. 둘 다 직업이 있는 독자들에게 맞게 설계된 균열의 시대를 위한 페미니즘처럼 보인다. 둘 다 제도를 더 공정하게 만드는 방식으로 상황을 개선하는 가능성은 거의 완전히 무시한다. 대신에 개별 여성들이 전통적인 고정관념으로 봤을 때 더 남성적이라고 보여질 수 있는 방식으로 행동해야 한다고 주장한다.

커디와 샌드버그가 여성의 진출을 가로막는 다양한 구조적, 제도적 장벽을 인정하지 않는 것은 아니다. 인정한다. 다만 인정한 다음에 장벽 제거를 포함하는, 가능성이 제일 큰 해결책들을 무시할 뿐이다. 예컨대 커디는 책에서 여성혐오적 편견이 성평등을 저해하는 명백한 걸림돌이지만, "슬프게도 하루아침에 사라지지는 않을 것이다. 그렇다고 무시해서는 안 되겠지만, 우리가 그 문제를 내일 당장 없앨 수 있는 것은 아니다. 나는 성차별주의와 인종차별주의에 관해 심리학이 발견한 것들을 가르치지만, 치료책에 관해서는 공유할 만한 희망적인 소식이 거의 없다시피 하다"라고 지적한다. 따라서 초점은 그런 문제들을 해결하는 것이 아니라 그런 문제들에도 불구하고 개인들이 앞으로 나아가기 위해 할 수 있는 일을 하도록 돕는 것에 맞춰진다. 커디는 책에서 이렇게 말한다. "나는 여전히 활발하게 편견의 기원과 영향을 연구하고 있지만, 지금은 그 연구의 절반 이상이 과학적으로 근거 있는 사소한 개입들, 즉 부정적인 판단과 편견에 부딪혔을 때, 심지어 그 부정적인 판단과 편견을 가진 사람이 자신일 때에도 좋을 성과를 낼 수 있도록 사람들이 할 수 있는 일들을 확인하는 데 집중하고 있다."[25] 커디가 논하는 집단행동은 매우 특정한 초점을 가진 집단행동이다. 그녀는 이렇게 쓴다. "나는 우리 모두에게 도전장을 내밀고 있다. 가볍게 생각해서 하는 일이 아니다. 바꿔보자는 것이다. 우리 딸들과 자매들과 친구들이 무너지기 시작할 때, 개입하자. 그들에게 당당한 권력감을 풍기며 움직이고 진정한 자신감을 드러내며 말하는, 승리자의 자세를 취하는 여자애들과 여성들의 사례들을 보여주자."[26] 대부분의 경우에, '변화'는 다른 정책이나 다른 권력 분배를 옹호하는 것이 아니라 각각의 개인이 이미 자기 안에 있는 힘과 잠재력을 깨닫게 하는 것에 관계된다.

커디의 구상은 편견의 영향을 받는 제도들에 관해서는 할 수 있는 일이 거의 없다고 암시하는 듯하다. 그러나 현실 세계에서 우리가 가진 선택지는 "여성혐오와 여성에 관한 부정적 고정관념 종식"과 "개별 여성들이 여성혐오와 부정적인 고정관념을 극복할 수 있도록 줄 수 있는 도움"뿐만이 아니다. 그 선택지들에 더해, 여성에게 더 공정한 조직을 만들기 위해 취할 수 있는 수많은 제도적 개혁들이 있다.

샌드버그의 책에는 이 전선에서 놓친 많은 기회가 담겨 있다. 예를 들어, 샌드버그는 하버드대 경영대학원에서 수업 참여도가 학생들 성적의 반을 좌우한다고 언급하며, "교수들은 한 시간 반짜리 수업을 하면서도 아무것도 적을 수가 없기에, 수업에서 진행된 토론 참여도를 순전히 기억에 의존해 판단해야 한다"라고 언급한다.[27] (적어도 샌드버그가 다닐 때는 그랬다.)

논란의 여지는 있지만, 이런 상황은 분명하게 남성과 남성적 사회화를 선호하는 특정한 형태의 엉터리 기교를 장려한다. 교수들은 미묘한 의미를 살리며 조심스럽게 방어막을 치는 의견보다 자신만만하게 기교적으로 제시되는 선언을 더 잘 기억할 가능성이 클 테고, 천성적으로 내성적인 학생들과 취향이 까다롭고 공개적으로 발언하기 전에 내용을 거듭 검토하느라 말수가 적은 학생들에게는 불행이 찾아올 것이다. '다가듦'과 '파워 포즈'의 세계에서, 이와 같은 난제에 대한 해결책은 왜 애초에 이런 규정이 있는지 의문을 제기하거나 규정을 개정하자고 주장하기보다는 여성들에게 전통적으로 남성적이라 분류되는 종류의 자기 확신과 자기 홍보를 수행하도록 가르치는 것이다. 그러나 기억 자체가 그처럼 틀리기 쉬운 데다, 그처럼 기억에 의존한 평가가 기대에 어긋나는 보상을 준다면, 하버드 경영대학원 교수들이 아무것도 기록하지 않고서 기억에 의존해 학생들의 성적을 결정해야 할 이유는 무엇인가? '여성혐오적 차별 근절'이 지금 당장 도달할 수 없는 목표인지는 모르겠지만, '부당한 보상을 남발하는 부조리한 성적 평가 관행 개선'은 지금 도달할 수 있는 목표가 아닌가?

샌드버그는 이 책 뒷부분에서 "휼렛팩커드사의 한 내부 보고서는 여성들이 채용 공고에 나열된 자격 요건을 100퍼센트 충족시킬 때에만 지원한다고 밝혔으며", 이는 충족 비율이 60퍼센트 정도 되는, 명백히 과도하게 자부심이 강한 남성들과는 대조적이라고 썼다.[28] 당연히 이 결과에 대한 반응 하나는 여성들을 부추겨 남성들을 따라 하도록, 엄밀하게 말하면 자격을 충족시키지 못하는 일자리에 지원하도록 만드는 것이다. 하지만 그러는 대신 애초에 자격 요건을 충족시키지 못하는 남성들을 면접에 부르는, 누가 봐도 이상한 휼렛팩커드사의 관행에 집중해보면 어떨까? 어떤 일자리에 필요한 '요건'을 나열해놓고서 일부 지원자가 그 요건을 만족시키지 못한다는 사실을 그냥 무시하는 건 말이 안 된다. 그냥 글자 그대로 규정을 따르든가, 아니면 자부심이 과도한 사람들이 지원할 가능성을 키우는 식의 왜곡을 발생시키지 않도록 직무기술서를 더 정확하게 다시 작성하는 것이 낫지 않은가? 쓰인 대로 요건을 갖추게 하면, 어쨌든 요건을 갖춘 이들만이 면접 단계로 진출할 테니, 조직 내에서 남성 고용인들이 여성 고용인들보다 자신만만한 태도를 보이더라도 문제가 되지 않을 것이다.

파워 포즈는 사회적, 제도적 구조에 심각한 결함이 있겠지만 좋든 싫든 우리가 그 구조들에 얽매여 있으니 위에서 예시한 두 사례처럼 피상적인 장광설과 과도한 자신감이 보상받는 상황들에서 여성들이 성공할 수 있도록 돕는 데 우리 노력의 대부분을 쏟아야 한다고 설교한다. 어떤 의미에서 이런 생각은 파워 포즈를 처음으로 개시한 그 실험에도 슬그머니 끼어 있다. 학생들에게 2달러를 준 다음, 동전을 던져 4달러로 불릴 수 있는 내기에 돈을 걸겠냐고 질문했다는 사실을 떠올려보라. 저자들은 이를 '위험하지만 합리적인 내기'라고 묘사하지만 그것이 합리적인 이유는 불명확하다. 일반적으로 경제학자들은 기대 이익에다 그것이 일어날 확률을 곱해서 계산되는 기댓값이 높은 기회를 다른 기회보다 합리적이라고 본다. 이 내기의 경우에는 두 기회의 기댓값이 2달러로 동일하다. 즉 하나를 선택하면 수중에 있는 2달러를 유지할 확률이 100퍼센트, 달리 표현하면, $1.0 \times \$2 = \$2$이고, 다른 하나를 선택하면 4달러를 확보하거나 아무것도 얻지 못할 확률이 각각 50퍼센트이므로, $(0.5 \times \$4) + (0.5 \times 0) = \$2$이다. 따라서 딱히 고위험 상황이라 할 수는 없지만, 내기를 하는 건 일반적인 의미에서 합리적인 선택이 아니다. 그러니 두 결정이 동등하게 합리적이라고 말하는 편이 더 정확하다.

커디와 동료들은 자신들이 개입하여 참가자들이 이런 위험을 지도록 슬쩍 떠민 것이 좋은 일이라고 주장했고, 그 주장은 대체로 검증되지 않았다. 하지만 그게 과연 좋은 일일까? 그것이 우리가 촉진하고자 하는 그런 종류의 '권력감'일까? 여전히 남성들이 의사결정의 최상층을 독식하며 지배하는 미국 사회와 경제계가 부적절한 위험을 감수하는 일이 부족해서 고통받고 있는가?

+

파워 포즈를 포함한 다른 유사한 개인주의적인 권고들 대신에, 성차별에 대항할 수 있는 상당히 입증된 효과적인 개입 메뉴 같은 것이 제시되면 좋을 것이다. 그러나 애석하게도 이 영역은 쉬운 답은 거의 없으면서도 의도치 않은 결과가 나올 확률이 특히 높은 복잡한 영역이다. 예를 들어, 일부 연구 결과는 남성들이 더 자신감 있는 행동을 하면 보상을 받는 데 반해, 여성들이 똑같은 행동을 하면 오히려 처벌을 받는다고 주장하는데, 이는 파워 포즈가 효과가 있다 하더라도 꼭 좋은 결과로 이어진다는 보장은 없다는 의미일 수 있다.(2019년에 《과학심리학 아카이브》에 발표된 수제트 캘리오Suzette Caleo와 매들린 E. 헤일먼Madeline E. Heilman의 매우 사려 깊은 논문에 이 결과를 포함한 '성차별 개입의 의도치 않은 결과들'이 나올 여러 가능성이 언급돼 있다.[29])

커디의 기본적인 가정들에도 제기해야 할 질문들이 있다. 직장에서 무력감을 느끼고, 사사건건 평가받고, 권리를 박탈당하는 여성들의 사례는 셀 수 없이 많은 반면, 적어도 일부 성별 격차가 직장에서 충분한 권력감을 행사하지 않은 여성들에 기인한다는 커디의 진단은 어떤 식으로도 비판을 피할 수 없다. 2018년에 연구자 로라 길런Laura Guillen이 《하버드 비즈니스 리뷰》에서 주장했듯이, 직장에서 남녀 간 '자신감 격차'가 있다는 개념은 실은 과학 문헌으로는 뒷받침되지 않는다.[30](권력과 자신감이 같지는 않지만, 자신감이 권력의 훌륭한 대리자가 될 수 있는 건 확실한 듯하다.) 이렇게 기본적인 질문들조차 계속 논란에 휩싸여 있으니, 연구자들이 이런 문제들에 효과적으로 대처하는 믿을 만한 방법들을 아직 내놓지 못하는 것도 당연하다.

설상가상, 성차별에 관한 연구도 행동과학계를 뒤흔드는 방법론적 문제들로부터 안전할 리가 없다. 재현 실패 문제와 함께, 원천 데이터를 검토하면 정밀 검사를 통과하지 못할 듯한 연구들이 갈수록 늘어나는 문제도 있다. 더없이 견고해 보이는 연구 결과들조차 아주 허약하다고 판명될 수 있다. 예를 들어, 이 분야에서 가장 영향력 있는 교과서적 발견 중 하나는 경제학자 클라우디아 골딘Claudia Goldin과 세실리아 루즈Cecilia Rouse가 2000년에 발표한 오케스트라 오디션에서의 편향에 관한 연구이다. 그들은 오케스트라 채용 심사장에 칸막이를 도입하여 단원 채용을 결정하는 심사위원들이 지원자들의 연주를 들을 수는 있지만 볼 수는 없도록 함으로써 남성 후보자에게 상당히 유리했던 편향을 크게 개선했다고 주장했다. "우리는 칸막이가 일정한 예비 심사에서 여성이 선발될 확률을 50퍼센트 증가시키고, 최종 심사에서 선택될 가능성을 몇 배로 증가시킨다는 사실을 확인했다"라고 그들은 썼다.[31]

2019년 독립 데이터과학자인 조내턴 팰러슨Jonatan Pallesen이 이 결과에 진지한 의문을 던지는 블로그 게시물을 올렸다.[32] 그 게시물이 이 시대 최고의 계량的計量的 데이터 탐정으로 알려진 컬럼비아대 정치학자이자 블로거 앤드루 겔먼에게 닿았다. 그 연구를 분석한 겔먼은 50퍼센트 주장에 대한 증거를 어디에서도 찾지 못했다고 밝혔으며, 더 노골적으로는, 그 연구 결과를 통계적 잡음이 잔뜩 낀, '아주 인상적이라고는 절대 말할 수 없는 것'이라 묘사했다.[33] 또 모든 변수를 통제했을 때 여성들이 블라인드 오디션에서 오히려 더 '나쁜' 성과를 얻었다는 다른 연구자의 분석을 인용하기도 했다.

이처럼 높이 평가받는 연구 결과조차 믿을 수 없다면, 우리는 이런 종류의 개입 일반에 대해 더욱 회의적인 시각을 가질 수밖에 없을 것이다. 그러면 우리는 대체 이 상황을 어떻게 해야 할까? 겔먼이 하나의 답을 제시한다. 골딘과 루즈의 연구에 관해 상당한 의심을 표명한 뒤에도 그는 이렇게 쓴다. "블라인드 오디션이 2000년 논문에서 주장했던 만큼 큰 효과를 나타내지 못하더라도, 아니, 사실은 남성과 여성에 대해 아무런 상대적 효과를 끌어내지 못하더라도 나는 블라인드 오디션이 합리적일 수 있다는 데 동의한다."

아마도 여기서 핵심적인 교훈은 이것이리라. '기관들은 최소한 해를 끼칠 가능성이 없고, 적어도 이론적으로 특정 종류의 편향이 미치는 영향력을 줄일 수 있는 특정한 제도적 조치들을 취할 수 있다.' 교수들에게 어느 학생이 무슨 말을 했는지 기억하려고 애쓰는 대신 기록하라고 독려한다면 그들은 분명히 더 정확하게 과거를 돌아볼 수 있을 테고, 따라서 교수들의 불확실한 기억이 학점 산정에 선입견을 끌어들일 기회는 줄어들 것이다. 채용 과정에서 서류 심사를 할 때 지원자의 자격 요건을 엄격하게 따져야 하는 체계를 구축하면, 역시 마찬가지 효과가 나타날 것이다. 아니면 면접 자체를 겨냥할 수도 있다. 이른바 전통적인 '비구조적 면접*'이 신입 사원의 성과를 전망하는 데는 거의 아무 쓸모가 없다고 말하는 믿을 만한 산업·조직사회 분야의 연구 결과가 있다.[34] 그리고 비구조적 면접은 이미 남성에 의해 지배되고 있는 조직들에서 이런저런 방식으로

---

* 사전에 정한 구체적인 질문을 하는 구조적 면접법과 달리, 사전에 구체적인 구성이나 순서, 방법, 질문 등을 정해놓지 않고 면접자의 재량에 따르는 면접법.

선입견이 개입하기 딱 좋은 상황을 만든다. 인간만이 비슷한 배경을 가진 다른 인간을 보면 마음이 훈훈해짐을 느낀다(이 충동이 일반적인 '동종 선호' 현상, 즉 비슷한 사람을 좋아하는 경향성을 설명해준다). 남성이 경영층을 지배하는 전문 조직의 경우라면, 비구조적 면접은 편향된 채용을 하라는 처방이나 마찬가지다. 그렇다면 비구조적 면접 방식을 없애지 않을 이유가 있는가?

다른 제도적 변화들도 실행하기가 더 어려울 수는 있어도 일단 실행되면 마찬가지로 성별 격차에 효과적으로 대응할 수 있다. 예를 들어, 골딘은 특정 직무나 고객 응대 업무 등에서 담당 직원을 다른 직원으로 대체하기 쉬워질수록, 설사 양육 책임이 여성에게 불균형하게 지워져 업무 시간을 줄여야 하는 경우에도(골딘은 많은 여성이 직장 경력 초기의 결정적인 시기에 아이를 가진다는 점을 고려할 때, 이러한 양육 부담이 직장에서 특정한 성별 격차를 발생시키는 주요 원인임을 밝혔다) 여성들이 일을 계속하고 나아가 승진하는 데도 도움이 되는 탄력 시간제 같은 제도들을 제시하기가 더 쉬워진다는 점을 지적했다. 그 결과, 여성들은 이따금 근무 시간을 줄이더라도 계속해서 나아갈 수 있다. 골딘은 법조계와 같은 다른 분야에서도 이런 방향으로 대체 가능성을 높이는 것이 남녀 간 임금 격차를 줄이는 데 도움이 될 수 있다고 생각한다. 그리고 약학계는 실질적으로 이런 면에서 상당히 잘하고 있다. 약학 분야가 요점을 잘 보여준다. 약사는 오랜 훈련과 전문지식을 요구하고 보수도 꽤 좋은 직업이지만, 소비자들은 약을 조제하는 사람이 '자기' 약사인지 다른 약사인지 별로 신

경 쓰지 않는다.[35]

직장 성차별에 관한 실증적 연구 문헌의 결론들이 다소 모호한 데다 직접적인 답은 하지 않는 경향이 있지만(비록 자신이 선호하는 개입 방식에 관해 지나치게 자신하기는 하지만, 이 점에서는 커디의 말이 옳다), 그 안에는 상황을 개선할 수 있는 몇 가지 실마리가 있다. 그리고 그 실마리는 개인이 아니라 제도를 변화시키는 쪽을 가리킨다.

구 "당신의 편견을 측정해드립니다"

  2018년 4월, 젊은 흑인 남성 두 명이 필라델피아 시에 있는 어느 스타벅스 매장에서 체포되었다. 불쾌한 사연이었다. 두 남성은 백인 지인을 기다리고 있었다. 역시 백인 매장 관리자가 아무것도 주문하지 않았으니 나가라고 요구하고는 두 남성이 거부하자 경찰을 불렀다. 경찰이 도착했고, 약간의 대화가 오갔고, 결국 구경꾼들이 분노에 차 고함을 지르는 가운데 두 남성은 수갑을 찬 채 끌려 나갔다.[1]

  많은 이가 경찰의 불공정한 유색인종 차별 관행과 과잉 대응 사례로 받아들인 이 사건은 즉각적인 반발을 불러일으켰다. 문제의 관리자는 즉각 해고되었다. 하지만 오래지 않아 스타벅스를 포함한 모두가 이 사건의 근본적인 원인이 '암묵적 편향', 달리 얘기하면 부지불식간에 우리의 태도와 행동을 형성하는 무의식적 선입견에 있음을 인정했다. 사건이 입소문을 타고 알려지자 스타벅스는 즉각 미국 내 전체 매장을 닫고 전 직원을 대상으로 암묵적인 편향에 대항하는 데 중점을 둔 '다양성 교육의 날'을 시행하겠다고 발표했다. 그 행사는 21세기에 누군가 인종주의에 진지하게 대처하는 자신의 이미지를 널리 알리고 싶을 때, 암묵적 편향 같은 새로운 개념을 적극적으로 활용하는 것보다 더 효과적인 방법은 없다는 사실을 완벽하게 시연했다.

암묵적 편향 개념이 엄청난 성공을 누린 이유는 누구나 간단하게 자신이 품은 인종주의라는 불행을 측정해볼 수 있는 검사 덕분이었다. 바로 '암묵적 연관 검사Implicit Association Test, IAT'다. 지난 몇 년 사이에 다양성 교육을 받은 사람이라면, 하버드대를 비롯해 편향과 차별을 연구하는 믿을 만한 사회심리학자들이 권장하는 이 측정 도구를 접해봤을 것이다. 하버드대의 '암묵적 프로젝트' 웹사이트http:// implicit.harvard.edu에 가면 IAT를 직접 해볼 수 있는데, 검사 방법이 매우 간단하다는 걸 알 수 있다. 먼저, '즐거운'과 같은 '좋은' 단어를 보면 'i'를 누르고, '비극'과 같은 '나쁜' 단어를 보면 'e'를 누르라는 지시가 나온다. 그런 다음 흑인의 얼굴이 보이면 'i'를, 백인의 얼굴이 보이면 'e'를 누르라는 지시가 나온다. 식은 죽 먹기다. 하지만 이내 상황은 조금 복잡해진다. 좋은 단어 또는 흑인의 얼굴을 보면 'i'를 누르고, 나쁜 단어 또는 백인의 얼굴을 보면 'e'를 눌러야 한다. 그런 뒤에는 짝짓기가 '흑인/나쁜 단어'와 '백인/좋은 단어' 조합으로 바뀐다. 시험자가 키보드를 누르는 동안 컴퓨터가 시험자의 반응

시간을 측정하고, 그 데이터가 특정한 알고리듬으로 연결된다. 이제 그 알고리듬이 시험자의 점수를 내놓는다.

좋은 단어를 백인 얼굴과 연관시키는 것이 좋은 단어를 흑인 얼굴과 연관시키는 것보다 빠르다면, 또는 나쁜 단어를 백인 얼굴과 연관시키는 것이 나쁜 단어를 흑인 얼굴과 연관시키는 것보다 느리다면, 검사 결과는 시험자가 약한 정도의, 중간 정도의, 강한 정도의 '흑인 얼굴보다 백인 얼굴을 선호하는 경향'이 있다는, 또는 그와 비슷한 표현의 결과를 내놓을 것이다. 상당히 낮은 확률이긴 하지만, 시험자가 '반백인 편향'을 가지고 있다는 결과를 받을 수도 있다. 이 검사의 채점 규칙에 따르면, 양의 점수는 외#집단에 대한 편향을 가리키고, 음의 점수는 내#집단에 대한 편향을 가리킨다.

IAT의 토대는 인간인 우리가 이미 머릿속에서 밀접하게 연관된 개념들은 수월하게 연결하는 반면, 그렇지 않은 개념들은 쉽게 연결하기가 어렵다는 점을 시사하는 일련의 인지 연구들이다. '흑인'과 '좋음'을 연관시키는 것이 '백인'과 '좋음'을 연관시키는 것보다 상대적으로 오래 걸릴수록, 흑인보다 백인을 선호하는 무의식적인 선입견을 더 많이 품고 있는 셈이다. 지금은 여성이나 비만인, 전 세계 소수자 집단들에 대한 무의식적 선입견을 측정할 수 있는 여러 버전의 IAT를 비롯하여 다양한 구색을 갖춘 검사들이 있다. 예를 들어, 독일 연구자들은 전통적인 독일식 이름과 전통적인 터키식 이름에 대한 반응 시간을 비교하는 IAT를 개발했는데, 터키인은 독일에서 가장 큰 인종적 소수자 집단이며 수세대에 걸친 편향의 희생자들이다. 이런 검사들은 겉으로 드러나지 않지만 현실 세계에서 중요한 역할을 하는 무언가를 측정해낸다고 자부한다. IAT에서 높은 점수를 받을수록, 미묘하지만 때로는 심각한 방식으로 해당 외집단 구성원을 차별할 가능성이 커진다는 뜻이다.

인종 IAT라고 부르기도 하는 흑백 IAT는 그중에서도 단연 논의가 많이 된 검사다. 논의는 1998년에 두 창시자인, 현재 하버드대에 재직 중인 저명한 사회심리학자 마자린 바나지Mahzarin Banaji와 그때도 지금도 워싱턴대에 재직 중인 존경받는 사회심리학자 앤서니 그린월드Anthony Greenwald가 처음으로 IAT를 공개했을 때 시작되었다. 당시에 첨부됐던 워싱턴대 보도 자료가 가리키듯이, 이 검사는 처음부터 인종주의 편향을 바로잡을 수 있는 강력한 반인종주의 개입으로 광고되었다. "이런 편향의 뿌리를 드러내는 이 검사는 사람들이 자신의 불온한 경향성을 더 잘 파악하고 가능하다면 그것을 극복하도록 자극하는 잠재력 또한 지니고 있다."[2]

창시자들과 옹호자들에 따르면, 암묵적 연관 검사는 미국이 최근에 직면한 인종주의와 관련한 수수께끼를 푸는 데 도움이 된다. 수수께끼란 이런 것이다. 인종적 태도에 관한 여론조사 결과만 보면, 즉 여론조사 응답자들의 말을 액면 그대로 받아들이면, 미국인들은 대체로 서로를 평등하게 대우하고 있다. 그러나 짐 크로 법Jim Crow laws*이 종료된 지 반세기가 넘도록 주거에서부터 교육, 의료에

* 1876년부터 1965년까지 남부를 중심으로 한 미국 일부 주에서 시행된 인종분리법으로, 모든 공공기관에서 인종 간 분리를 의무화하는 것을 중심으로 공립학교와 대중교통 등

이르는 다양한 영역에서 온갖 극명한 인종적 격차가 지속되고 있다. 2020년에 일어난 조지 플로이드 사망 사건은 경찰력 행사와 관련한 인종적 불평등을 낱낱이 드러내며 전국적인 시위를 촉발하였고, 노골적인 인종주의가 상대적으로 덜해졌다고 해서 그 자체로 평등이 보장되는 것은 절대 아님을 다시 한번 만천하에 증명했다.

이 상황을 설명하는 한 가지 방법은 미국 내 인종 간 상호작용에 미묘하게 영향을 미치는 일종의 암흑물질이 있다고 가정하는 것이다. IAT 지지자의 관점에서 보면, 이 암흑물질은 암묵적인 편향이다. 그들은 IAT 결과가 가장 잔인하고 명백한 형태의 차별이 해결되었어도 우리 각자가 가진 암묵적인 편향 탓에 진정한 인종적 평등을 향한 진전이 계속해서 지연되거나 후퇴될 수 있음을 암시한다고 믿는다. 즉 자신은 절대 인종차별을 하지 않는다고 느끼는 사람들이 실제로는 차별하고 있다면, 그들의 행동은 다른 많은 차별적 결과를 낳는 데 영향을 줄 것이다. 말로는 인종적 공감을 주장하는 일부 백인 경찰들이 속으로는 여전히 백인 용의자보다는 흑인 용의자가 연루된 애매한 상황에서 방아쇠를 당길 가능성이 더 클 수 있다. 두 번이나 오바마를 뽑은 것을 자랑스럽게 여기는 백인 부동산 중개인이 좋은 주택을 흑인 가족들에게 임대하지 않으려고 부지불식간에 얄팍한 핑계들을 주워섬기고 있을지도 모른다. IAT 창시자들이 오래전부터 주장했듯이, 그 검사로 도출된 데이터는 미국인 대다수가 사

에서의 인종 분리를 명시하기도 했다. '짐 크로'는 19세기 초반에 유행했던 노래에 등장하는 인물의 이름으로 법 제정 당시에 흑인을 멸칭하는 용어로 사용되고 있었다.

회적으로 간과되는 집단들에 대한 암묵적 편향을 품고 있으며, 스스로 생각하는 것보다 그런 집단들에게 편향에 따른 행동을 보일 가능성이 크다는 점을 시사한다.

암묵적 편향을 측정하려는 연구 시도는 이전에도 있었지만, 처음으로 그것을 완전하게 포착해낸 측정 도구는 IAT였다. 심리학계는 처음부터 그 검사가 커다란 파괴력을 지닐 수 있음을 알았던 듯하다. 예를 들어, 미국심리과학협회가 발간하는 잡지 《심리과학협회 옵서버》에 실린 2001년 기사는 IAT를 "사회심리학의 혁명"이라 묘사했다.[3]

대중도 즉각 알아챘다. 시애틀에서 처음 등장한 이후로 20년이 넘게 흐르는 동안, IAT는 대체로 계시적인 측면에서 기술적 혁신으로 취급되며 압도적으로 긍정적인 언론 보도들을 끌어냈다. 맬컴 글래드웰의 베스트셀러 『블링크―운명을 가르는 첫 2초의 비밀』(그는 "IAT는 단순히 추상적인 태도를 측정하는 수단 이상이다. 이것은 우리가 특정한 종류의 우연한 상황들에서 어떻게 행동할지를 예언하는 강력한 예측 인자다"[4]라고 썼다)과 미 공영 라디오 방송국 사회과학 통신원인 샹카르 베단탐Shankar Vedantam의 저서로서 상당히 성공적인 팟캐스트의 이름이기도 한 『히든 브레인』은 경외감마저 느껴지는 어조로 이 검사를 다루었다. 《뉴욕 타임스》 칼럼니스트인 니컬러스 크리스토프Nicholas Kristof는 IAT의 열렬한 팬으로서 이 검사를 여러 번 언급했다. 2015년에는 이렇게 썼다. "머리로는 무엇이라 믿든, 자신에게 인종이나 성별, 나이, 장애에 대한 편향이 있다는 걸 알면 정신이 번

찍 든다."[5]

바나지와 그린월드는 이 검사가 현실 세계에 유용하다고 자신 있게 선전했다. 물론 IAT는 컴퓨터 앞에 앉아서 하는 가상의 작업이다. 그러나 그들은 줄곧 그 가상 작업이 우리가 현실 세계에서 하는 행동의 경향성에 관한 무언가를 드러낸다고 주장했다. 둘은 2013년에 낸 베스트셀러 『마인드버그―공정한 판단을 방해하는 내 안의 숨겨진 편향들』에 이렇게 썼다. "인종 IAT에서 표현된 무의식적인 백인 선호는 이제 차별적 행동의 신호로서 받아들여진다. 그것은 진지하게(그리고 우리가 보기에는, 솔직하게) 평등주의 신념을 지지하는 참여자들 사이에서도 차별적 행동을 예측해낸다. 마지막 문장은 모순처럼 들리겠지만, 엄연한 경험적 진실이다. 연구를 통해 관찰된 바에 따르면, 인종 IAT는 자신을 인종적 평등주의자라고 설명하는 연구 참여자들 사이에서도 확실하고도 반복적으로 차별적 행위를 예측해냈다."[6]

그 책을 쓰기 오래전부터 두 창시자는 IAT가 모든 종류의 사회적 문제를 해결하는 데 큰 영향을 미칠 수 있다고 반복적으로 암시하거나 직접 언급했다. 미국심리과학협회 연례총회 연설에서 바나지는 IAT 발명을 망원경 발명에 빗댔다. 그 발명이 우리가 세상을 보는 방식에 혁명을 불러왔다는 것이다. 그리고 2000년 3월 NBC 방송국의 사건 보도 프로그램인 〈데이트라인〉에서 그린월드는 "어느 경찰관이 아프리카계 미국인에게 유럽계 미국인에 비해 0.2초 빨리 총을 쏘려 한다면, 음, 그건 생사의 문제가 될 수 있지요"[7]라고 말했다. 그 말의 의미는 분명했다. 'IAT는 인종적으로 불공평한 사회를 만드는 많은 행동을 예측할 수 있다.' 실제로 『마인드버그』의 표현을 따르자면, "공공연하게 차별하는 사람의 비중은 상대적으로 적어졌지만 (IAT에 의해 측정되었듯이) 무의식적인 인종 선호를 통해 차별을 예측하는 것이 얼마나 명확하게 입증되었는지 고려한다면, 암묵적 편향이 흑인 불이익의 원인일 뿐만 아니라, 흑인 불이익을 낳는 차별을 설명하는 데에서도 공공연한 편향보다 큰 역할을 한다고 결론짓는 것이 타당하다".[8]

이 검사의 매력은 불편하고도 도발적인 어떤 진실, 검사 참여자로서는 차라리 모르는 편이 더 마음 편할 자신의 어떤 측면을 드러낸다는 점에 기인한다. 많은 사람이 IAT 검사를 마친 다음 나쁜 소식을 접한다. 이 검사의 창시자들이 '암묵적 프로젝트'로 모은 대규모 데이터에서 뽑아낸 널리 인용되는 수치 하나는 75퍼센트 이상의 피험자가 인종 IAT에서 명목적으로 반흑인 편향을 가리키는 양의 점수를 얻는다는 것이다.[9] (백인 시험자들의 평균 점수가 더 높지만, 상당 비율의 흑인들도 양의 점수를 얻는다.)

그러니 IAT가 확산된 것은 행동을 예측할 수 있다는 과학적 주장들 때문만이 아니라, 이 검사가 감정적으로 충만한 컴퓨터 기반 자기반성의 시간을 보증하기 때문이기도 했다. 그런 시간은 이 검사가 공개되기도 전에 시작되었다. 예를 들어, IAT의 공개를 알리는 보도 자료는 "바나지와 그린월드도 각자의 검사 결과를 보고 놀라는 동시에 고민했다고 인정했다"라고 언급한다. 2005년에 바나지는 한발 더 나아가 자신이 받은 양의 결괏값에 "몹시 당혹했다"라고 《워싱턴 포스트》에 이야기했다. "살면서 제가 그렇게 초라하게 느껴진 적이 없었습니다."[10] 그린월드는 『마인드버그』에서 처음으로 받은 IAT 검사에 대해 "기대와 다른 결과를 받는 순간 (……) 내가 미처 몰랐던 어떤 것을 내 머릿속에서 발견하고 과학적으로 의기양양한 만큼이나 개인적으로는 고민이 컸다"라고 말했다.[11]

IAT 결과에 크게 영향을 받았다고 말하는 사람은 그들만이 아니다. IAT 검사 결과에 관련한 감정적 반응을 얘기하는 것이 너무 흔하다 보니, 2008년 존 티어니는 《뉴욕 타임스》 웹사이트에 이런 생각을 실었다. "IAT를 논의할 때 불편한 심경과 함께 자신의 점수를 공개하는 것이 관례 같은 것이 되었다."[12] 한편에서는 사회적 소수자 집단에 속하는 사람들이 자신이 속한 집단에 암묵적 편향을 가지고 있다는 불편한 결과를 받아들고 충격을 받았다. 예를 들어, 맬컴 글래드웰은 『블링크』에서 자신이 혼혈인데도 중간 수준의 반흑인 편향을 지니고 있다는 IAT 검사 결과를 보고 불편한 마음을 표현한다.[13] 그리고 2015년 KQED 라디오 방송에 출연한 한 이란계 레지던트 약사는 에이프릴 뎀보스키April Dembosky 기자에게 IAT 검사 결과를 보고 심란한 마음을 털어놓았다. "그 결과는 사실, 너는 편향을 가지고 있고, 너는 유색인종을 좋아하지 않고, 너는 무슬림을 좋아하지 않는다는 말이잖아요. 저한테는 참 흥미로운 결과였는데, 왜냐면 제가 유색인종에 무슬림이거든요."[14]

IAT는 과학적일 뿐만 아니라 '정서적'으로도 강력하므로 교육용 및 자기계발용으로 효과적인 도구로 홍보되었다. 그런 홍보가 진보적 성향을 지닌 기업들이 앞다투어 IAT를 다양성 훈련 교육 과정으로 채택하는 데 어느 정도 영향을 미쳤을 것이다. 은행과 방위산업체 같은 전통적인 기업에서부터 스타벅스는 물론, 구글[15]과 페이스북[16] 같은 기업들도 IAT를 중요한 도구로 받아들여 암묵적 편향과 그것이 차별적인 채용과 차별적인 직장 문화로 이어지는 위험에 관해 직원들을 교육했다. 대학들도 이 도구를 많이 썼다. 여러 법집행 기관도 그랬는데, 이 경우에는 '정의롭고 공정한 치안' 같은 컨설팅업체를 통하는 경우가 많았다. 이 회사의 웹사이트는 앨버커키와 위치타 경찰서에서부터 캘리포니아주 법무부와 매사추세츠주 경찰대학에 이르는 수없이 많은 주, 연방, 지역 법집행 기관들에 암묵적 편향 관련 교육을 제공해왔다고 선전한다.[17] 바나지와 그린월드도 '암묵적 프로젝트' 조직의 컨설팅 부서를 통해 자주 암묵적 편향 교육에 강사로 나서고, 점점 늘어나는 다른 IAT 전문가들도 마찬가지인 듯하다.

이런 사실들에 비추어 보면, 이 검사가 경험적으로 상당히 신뢰할 만하다고 가정해도 무방하게 느껴질 것이다. 확실히 IAT는 적절한 정확도로 암묵적 편향을 측정한다. 이 검사가 이런 온갖 주목을 정당화할 수 있을 만큼 정말로 강력하게 차별적 행위를 예측한다는 것을 보여주는 증거가 있다.

+

그러나 IAT가 처음 인기를 얻은 이후로 내내 회의론자들이 있었다. 대부분의 강단 심리학계와 주류 저널리즘이 IAT와 다양한 변형들을 거의 액면 그대로 받아들인 데 반해, 회의론자들은 그러기를 거부했다. 뒤이어 핵심 주장들을 완전히 반박했다고 하기는 어렵지만, 어쨌든 IAT의 효용성에 대한 믿음에 심각한 손상을 입힌 중요한 학문적 전투가 벌어졌다.

다양한 인물들이 논쟁에 참여했지만, 그중에서도 IAT 핵심 옹호자들과 핵심 비판자들 간의 전투가 가장 치열했다. 옹호자들에는 바나지와 그린월드, IAT 개발자들뿐만 아니라 뉴욕대 존 조스트John Jost와 버지니아대 브라이언 노섹Brian Nosek(연구 재현을 통한 심리과학 연구 관행의 개혁을 주장하는 주도적인 인물로서 자신만의 틈새시장을 개척했으며, 앞으로 보겠지만 IAT의 유용성에 의문을 던지는 중요한 메타분석 논문을 공동 저술하기도 했다)이 포함되었다. 비판자들에는 왜 어떤 사람들은 남들보다 예측을 더 잘하는가에 관한 연구로 가장 잘 알려진, 영향력 있는 펜실베이니아대 경영대학원 교수 필립 테틀록Philip Tetlock과 심리학 방법론 전문가인 텍사스 A&M대 하트 블랜턴, 버지니아 법대 그레고리 미첼, 라이스대 프레드 오스월드Fred Oswald, 오하이오주립대 할 아르케스Hal Arkes, 뉴욕대 제임스 자카드James Jaccard가 포함되었다.

여기서는 한 발짝 물러나 살펴보는 것이 좋겠다. 어떻게 IAT와 같은 검사가 광고한 대로 작동하는지 측정할 수 있을까? 불안이 됐든 우울이 됐든, 아니면 암묵적 편향이나 다른 뭐가 됐든, 뭔가를 측정하는 심리학 도구를 만들고 평가하는 일에 관련된 심리학 분과인 심리측정학Psychometrics이 기본적인 기준을 제시하는데, 그 기준에는 해당 도구가 얼마나 좋은지를 측정하는 통계적 지수들도 포함된다. 가장 중요한 두 가지 지수는 해당 검사의 '신뢰도', 즉 (모든 검사에 나타나기 마련인) 측정 오차의 수준과 '유효성', 즉 해당 검사가 측정한다고 주장하는 것을 측정하는 범위다. 특정 검사가 심리학계에서 좋은 도구로 받아들여지려면 양쪽에서 다 좋은 점수를 받아야 한다.

비판자들의 주장 중 일부는 IAT가 양쪽 다에서 심각한 문제가 있다는 것이었다. 해당 도구로 시간 간격을 두고 중복해서 검사했을 때 유사한 결과가 나오는 정도를 측정하는 검사-재검사 신뢰도 test-retest reliability를 살펴보자. 이 지수는 심리학자들이 어떤 도구를 사용할지 말지 결정할 때 제일 먼저 살펴보는 것이다. 어떤 우울 검사가 있는데 정오에는 피험자에게 심각한 우울 증상이 있으며 자살 충동의 위험이 있다는 결과를 내놓고 두 시간 후에는 아무 우울 증상이 없다는 결과를 내놓는다면, 그 검사는 유용한 검사가 아니다. 검사-재검사 신뢰도는 r이라는 변수로 표현되며, 범위는 0부터 1까지이다. 통계적인 내용 일부만 간단히 설명하면, $r=1$은 주어진 검사를 동일 시험군에 여러 번 시행했을 때 매번 정확하게 같은 순서로 순서가 매겨진다는 의미다. 다른 극단인 $r=0$일 경우에는 검사를 할 때마다 순위가 완전히 무작위로 변동한다는 의미다. 전반적으로 봤을 때, $r=0$에 가까울수록 문제의 도구는 유용한 측정 도구라기보다 난수 생성기에 가까워진다.

IAT에 익숙한 일반인 대부분은 IAT가 단 한 번의 검사에 기반하여 유용한 정보를 제공한다고 알고 있다. 대체로 그 검사의 옹호자들이 아주 오랫동안 그렇게 주장해 왔기 때문이고, 또 그 검사가 거의 언제나 그렇게 실시되기 때문이다. 일반적으로 연구자들은 어떤 심리 측정 도구의 검사-재검사 신뢰도가 약 $r=0.8$ 이상이면 괜찮게 받아들인다. 그러나 인종에서부터 장애, 성별 등에 이르는 다양한 IAT의 평균적인 검사-재검사 신뢰도는 약 $r=0.55$이다. 심리학계의 일반적인 기준에 따르면, 실험환경이 아닌 실제환경에서 IAT 검사의 유용성은 임계치에 크게 미달한다. 인종 IAT만을 대상으로 한 검사-재검사 신뢰도에 관해서는 출판된 정보가 놀라울 정도로 부족하지만, 출판됐던 개개의 결과치들로 봤을 때, 인종 IAT의 검사-재검사 신뢰도 수치는 심지어 그보다 낮다. 연구 자료와 맥락에 따라 조금씩 다르지만, 결과치들은 $r=0.32$과 0.65 사이에 분포했다.[18] 내가 이 검사에 관해 처음 보도를 시작할 때, 예전에 하버드대 박사후 연구원이자 내재성 프로젝트 실험 책임자였고 지금은 세인트루이스 소재 워싱턴대 교수인 캘빈 라이Calvin Lai가 자신이 가지고 있던 데이터 일부로 통계를 내주었는데, 그때도 비슷한 결과치가 나왔다. 그는 인종 IAT의 검사-재검사 신뢰도를 $r=0.42$ 정도로 추정했다. 2020년 7월에 다시 확인했을 때, 그는 자신의 추정치보다 높은, 대략 $r=0.5$가 나온 최신 문헌을 알려주었다.[19]

그 문헌의 핵심은 놀랄 만큼 간단하다. 인종 IAT가 대부분의 환경에서 실사용을 용인받을 수 있을 정도의 검사-재검사 신뢰도를 보인다는 발표된 증거가 없는 듯하다는 것이다. 그 검사를 오늘 받은 다음 내일 다시 받거나, 아니면 몇 시간 후에 다시 받아도 영 다른 결과가 나올 가능성이 크다.(그래도 어떤 일관된 유형이 있다고 말해야 할 것이다. 예를 들면, 흑백 IAT에서 백인들은 대부분 표면적으로 암묵적인 반흑인 편향을 나타내는 양의 점수를 받는다.)

IAT의 유효성을 보자면, 이 검사를 옹호하는 사람들은 거듭해서 IAT의 행동 예측 능력을 확신하는 발언들을 해왔다. 예를 들어, 앞서 본 『마인드버그』 발췌문에서 바나지와 그린월드는 IAT 검사가 행동을 예측하는 측면에서 피험자에게 여러 대상 집단에 대한 느낌을 수치로 '평가'하도록 하는 '감정 온도계*' 같은 명시적 도구들보다 낫다고 주장했다.[20] 이는 정말로 핵심적인 주장으로서, IAT의 문화적, 학문적 중요성의 상당 부분이 직접적으로 이 주장에 기인한다. IAT가 태도를 측정하는 명시적 도구들보다 더 정확하게 차별적 행위를 예측하지 못한다면, 이 검사는 옹호자들이 지금껏 주장해온 것보다 훨씬 덜 유용하고 덜 흥미로울 것이다. 무엇보다 이 검사의 자부심이 명시적으로 차별적 신념이나 의도를 부인하는 사람들에게서 튀어나올 수 있는 '숨은' 편향을 드러낸다는 데 있기 때문이다.(내가 늘 흥미롭다고 생각하는 주석이 하나 있다. 1969년에 《사회문제 저널》에 출판된 한 논문은 문헌 검토를 통해 그때까지 출판된 연구 결과들에서 "측정된 태도와 명백한 행동 간의 (……) 연관성이 상대적으로 적다"

---

* 특정 상황에서 느낀 감정을 온도계 모양 이미지에 표시된 단어에 대입함으로써 감정의 종류와 정도를 확인하고 표현할 수 있는 도구.

라는 사실을 발견했다. 예를 들어, 1958년에 출판된 한 연구에서는 서른네 명의 백인 대학생을 상대로 "흑인과 사진을 찍고 싶은지 물었을 때에는 오직 두 명만이 찍고 싶지 않다고 답했지만", 흑인과 함께 사진을 찍은 뒤에 해당 사진을 타인에게 공개해도 되는지 물었을 때에는 열두 명이나 공개를 허락하지 않았다.[21] 이와 유사하게, 사람들이 말로 표현한 일에 대한 태도와 실질적인 업무 성과 간 상관관계도 낮았고, 다른 영역들에서도 마찬가지였다. 이 결과를 놓고 심리학계 내부에서 장기간에 걸친 방법론적 논쟁이 일었지만 '공화당 당파성은 공화당 후보에 대한 실제 투표와 상호 관련돼 있다'와 같은 사소한 반례들을 제외하면, 핵심은 사람들이 진술하는 태도와 신념이 생각보다 그들의 행동과 일관되지 않는 경우가 많다는 점이다.)

통계적 측면에서, IAT 설계자들은 오랫동안 피험자의 IAT 점수와 다인종 환경에서 피험자가 행하는 편향된 행동이라는 두 변수 사이에 의미 있는 상관관계가 있다고 주장해왔다. 실험실 환경에서 차별적 행동을 측정하기는 쉽지 않지만, 연구자들은 측정을 위해 다양한 방법을 고안했다. 예를 들어, 실험에 참여하는 백인이 실험을 주관하는 담당자가 흑인일 때와 백인일 때 다르게 상호 작용하는지 볼 수 있다. 아니면 사실상 똑같은 이력서에 이름만 전형적인 백인 이름과 전형적인 흑인 이름을 적은 다음 '면접' 대상자를 선정하게 하는 모의 채용 실험을 할 수도 있다. 이런 방법들은 완벽하지 않고, 많은 수가 다양한 근거들로 비판받아왔지만, 그것이 사회심리학자들이 일할 때 쓰는 도구 상자다.

IAT 연구자들은 IAT 점수와 인종 및 기타 문제와 관련된 행동

간에 상당히 강력한 연관성이 있음을 보여준다고 주장하는 연구 결과들을 발표해왔고, 주변에 돌아다니는 그런 논문들도 상당히 많다. 온라인 검색을 하면 온갖 종류의 중요한 행동적 결과들에 IAT 점수를 연관시키는 논문들을 찾을 수 있다. 하지만 반복해서 말하지만, 사회과학적 주장을 입증하는 문제로 가면, 흥미로워 보이는 일회적 연구들이 안내해줄 수 있는 곳은 거기까지다. 물론 메타분석 연구들도 완벽하지 않다. 그러나 엄선한 논문 목록보다 메타분석 연구들이 더 정확하고 더 나은 답을 내놓는 경향이 있다. 그리고 메타분석 연구들은 IAT가 현실 세계의 차별 행위를 정확하게 예측하지 못한다는 사실을 밝혀왔다.

우리는 이 사실을 실험심리학자들에게 가장 중요한 간행물인 《성격 및 사회 심리학 저널》의 지면에서 벌어진 길고 치열한 메타분석 싸움을 통해 알 수 있다. 2009년부터 그린월드와 노섹, 바나지, 그 외 다른 여러 논문에 참여한 여러 이름으로 구성된 IAT 설계자 팀[22]이 오스월드와 미첼, 블랜턴, 자카드, 테틀록 등 이 검사에 대한 주요 비판자들[23]과 치고받는 싸움을 벌여왔다. 잇따른 주장과 답변과 그에 대한 추가 주장과 또 그에 대한 추가 답변은 경쟁적으로 출판된 메타분석 연구들과 어떤 연구들이 포함되어야 하는가에 대한 논쟁을 수반하며 다소 복잡하고 기술적인 양상으로 발전했다. 그러나 결론은 IAT 옹호자나 비판자 할 것 없이 이 검사가 개개인의 행동을 예측하는 데 쓰기에는 통계적 증거가 너무 부족하다는 데 모두가 동의한다는 것이다. 2015년에 옹호자들은 인정했다. 그린월드와 바나지, 노섹은 오스월드 팀의 논문에 대한 응답 중 하나에 이렇게 썼다. 인종과 민족 IAT 검사들에 관한 심리 측정 문제 때문에 "IAT를 차별에 가담할 가능성이 있는 사람들을 분류하는 데 사용하는 것은 문제의 소지가 있다".[24] 그들은 같은 논문에서 "개인을 대상으로 그런 도구를 진단적으로 사용하려는 시도는 바람직하지 않게 높은 분류 오류율을 보일 위험이 있다"라고 언급했다. 다른 말로 하자면, 우리는 특정 개인들이 암묵적 편향을 행동으로 드러낼 가능성이 얼마나 되는지 밝히는 데 IAT를 사용할 수 없다.

블랜턴에게는 이것이 결정적 증거였다. 그는 내게 이렇게 말했다. "그렇게 인정하면 IAT를 떠받치는 전제 자체를 부정하는 것이죠. 그 사람들은 IAT가 자신들조차 큰 의미를 두기에는 너무 오류가 많은 심리적 진단을 내놓고 있다고 인정하는 셈이에요."[25] 정리하면, IAT 점수와 실험 연구들에서 관찰된 행동 사이에는 분명 통계적으로 유의한 상관관계가 있는 것으로 보인다. 《성격 및 사회 심리학 저널》에 출판된 캘빈 라이와 브라이언 노섹 등이 함께 쓴 주요한 메타분석 논문을 보면, 가장 최근에 신중하게 도출한 최고 추정치로는 IAT 점수가 실험 연구들에서 관찰된 행동의 고작 1퍼센트 편차 정도를 설명한다고 볼 수 있다.[26] 다른 각도에서 보면, 이는 과학 진보의 한 사례로 볼 수 있다. 중요한 개념을 창안한 저자들이 더 많은 증거가 도출되자 자신들이 했던 가장 핵심 주장을 철회했으니 말이다. 문제는 이 검사가 개인의 행동을 예측하는 측면에서는 크게 유효하지 않다는 사실이 인정된 후에도, 그린월드가 여러 인터뷰에서 계속해서 그렇지 않다고 주장했다는 점이다. 2017년에 그린월드는 올리비아 골드힐Olivia Goldhill 기자에게 "IAT는 차별적 행동에 가담할 가능성이 다른 사람보다 적은 사람들을 선택하는 데 사용될 수 있다"라고 말했다.[27] 내 친구이기도 한 다른 기자 케이티 헤어조그Katie Herzog에게 보낸 2018년 전자우편에서는 암묵적 편향 개념에 기반하여 고안된 개입들이 차별을 줄이는 데 효과적이지 않을 것이라고 인정하면서도, 한편으로는 이렇게 말했다. "IAT는 사람들이 자신의 암묵적 편향을 발견할 수 있도록 해주는 귀중한 교육적 도구입니다." 이 말은 분명 그 검사가 개인 차원에서도 유용하다는 의미를 품고 있다.

IAT를 둘러싸고 때로 서로 엇갈리는 판단들은 언제 누구에게서 배웠느냐에 따라 이 검사가 차별적 행동을 예측하기도 하고 예측하지 않기도 하는 '슈뢰딩거의 검사' 같은 상황으로 이어졌다. 바나지와 그린월드가 대중을 대상으로 IAT를 설명해주는 (베스트셀러) 책은 IAT가 "자신이 평등주의 사상을 가졌다고 진심으로 믿는 (우리 또한 그렇다고 믿는) 실험 참가자들 사이에서도 차별적 행동 가능성을 확실하게, 또 반복적으로 예측해냈다"라고 말한다. 그것도 "명확하게 (⋯⋯) 입증된, 임상적 진실이다"라고 재차 강조하면서. 그린월드의 일부 인용문들도 같은 메시지를 전달한다. 반면에 주류 언론의 주목을 받지 못한 채 복잡하게 진행된 메타분석 공방은 IAT가 개인의 행동을 예측할 만큼 정확하지 않다는 점을 시사한다. IAT 건은 과학자들이 대중에게 혼란스러운 메시지를 주는 실망스러운 사레이다.

당연히 IAT의 궁극적인 목표는 그저 행동을 예측하는 것이 아니라, 잠재적으로 행동을 변화시키는 것이었고, 수년에 걸쳐 연구자들은 여러 형태를 띠는 암묵적 편향들을 겨냥하여 다양한 개입을 개발했다. 한 사설에 따르면 몇몇 개입은, "참가하는 사람들이 외집단이 어떻게 생각하고 느끼는지 상상하고, 외집단이 소외되는 방식을 인식하거나 외집단에 관한 새로운 정보를 얻거나, 외집단과 접촉하는 것을 상상하게 된다".[28] 다른 개입들의 경우는 "참가자들에게 외집단에 관한 고정관념에 반하는 사례들을 노출"하거나 "평등주의적 목표를 추구하는 모습이나 다문화주의나 협력, 관용에 관해 생각하도록 장려한다". 이론적으로 봤을 때, 이런 연습들은 IAT로 측정되는 암묵적 편향을 감소시키므로, 그런 개입들은 부수적으로 편향된 행동의 감소를 가져올 수 있다.

그러나 최근의 활동들은 이런 측면에서도 실망스러운 것으로 판명되었다. 앞서 얘기한 2019년 《성격 및 사회 심리학 저널》 메타 분석 논문은 암묵적 편향을 변화시키기 위해 설계된 개입들이 IAT 검사 점수에는 '상대적으로 적은' 영향을 미치지만, 그에 상응하는 행동에서의 변화는 전혀 동반하지 않는다고 밝혔다.[29] 게다가 연구자들은 문헌에 나타난 이런 효과들마저 과장되었을 수 있다는 몇 가지 실마리를 보았다. "우리의 연구 결과는 암묵적 측정치에서의 변화가 가능하지만, 그 변화가 반드시 명시적인 측정치나 행동에서의 변화로 해석되지는 않는다는 점을 시사한다"라고 저자들은 결론지었다. 암묵적 편향의 시대가 시작된 지 20년도 더 지났지만, 현실 세계의 행동에 상응하는 방식으로 암묵적 편향을 감소시키는 것이 입증된 개입은 아직 없다.

+

IAT의 고민은 상당히 근본적인 문제에서 시작된다. IAT가 정확히 무엇을 측정하는지가 분명치 않다는 점이다. 이 질문에 대한 동어반복적인 대답은 IAT는 IAT가 측정하는 것을 측정한다는 것이다. 즉 IAT는 누군가 긍정적인 개념을 백인과 연결하는 것이 부정적인 개념을 흑인과 연결하는 것보다 빠른지 아니면 그 반대인지를 측정한다. 그러나 이렇게 물어봐야 공정하리라. "100~200밀리초 정도의 평균 반응 시간 차이가 특정 집단에 대한 '암묵적 편향'의 증거가 되는가?" 이것이 주요한 혼란의 원인이었다. IAT가 선을 보인 이후로, 수많은 언론 보도와 다양성 훈련 프로그램들이 높은 IAT 점수를 받는 사람은 소수자 집단에 대해 암묵적으로 편향된 시각을 가지고 있음을 의미한다고 시사해왔다. 'IAT에서 특정 범위의 점수를 받았다'라는 말은 대개 역으로 현실 세계에서 무심코 차별적 방식으로 행동하도록 유발하는 조건으로 취급되는 '암묵적으로 편향되었다'라는 말의 동의어로 취급된다.

그러나 그게 반드시 사실이라고 볼 수는 없는데, 모든 IAT 측정치 자체가 다른 자극들에 대한 반응 시간이기 때문이다. IAT는 암묵적 편향을 측정한다고 주장하지만, 그건 그저 주장일 뿐이다. 곧이

곧대로 인정해야 할 필요는 없다. IAT에서 높은 점수를 받은 사람이 전혀 편향된 방식으로 행동하지 않는다면 어떻게 될까? 편향이 아주 특정한 한 검사 결과에만 존재하고 절대 현실의 행동으로 드러나지 않는다면, 그 편향은 편향일 수 있을까? IAT 점수와 현실 행동 간의 연관성이 설명되지 않은 채 '암묵적 편향'이 단순히 'IAT에서 높은 점수를 받은 상태'로 정의된다면, 누구도 암묵적 편향이나 IAT에 관심을 두지 않을 것이다.

그러나 IAT가 측정하는 것에 관한 대안 이론들은 늘 있었다. 예를 들어, 2004년에 할 아르케스와 필립 테틀록이 「제시 잭슨Jesse Jackson*은 암묵적 연관 검사에서 '실패'할까?」라는 제목의 논문을 발표했다.[30] 둘은 논문에서 IAT에서 높은 점수를 받는 사람들이 무의식적으로 그 고정관념을 '지지해서'가 아니라 그저 특정한 부정적 고정관념에 더 '익숙해서'일 수 있다고 주장했다. 같은 맥락에서, 일부 연구자들은 외집단 구성원들에게 공감하는, 따라서 그들이 당하는 부당한 대우와 고정관념을 잘 아는 사람들이 부정적 단어와 외집단 사람들을 더 쉽게 연관 짓고, 따라서 IAT 검사에서 암묵적 편향이 있다는 결과를 받는다고 시사했다.

예를 들어, 2006년에 에릭 루이스 울만Eric Luis Uhlmann, 빅토리아 브레스콜Victoria Brescoll, 엘리자베스 레비 팰럭Elizabeth Levy Paluck은 《실험 사회심리학 저널》에 학부 학생들을 대상으로 한 매우 영리한 실

---

* 미국의 침례교 목사이자 정치 활동가, 텔레비전 토론 사회자로 대표적인 흑인 민권 운동가였다.

험 결과를 발표했다.[31] 참가자들은 "고난에 관련된 단어들은 '노피앙'라는 새로운 이름의 집단과 연관시키고, 특권과 관련된 단어들은 '패지트'라는 역시 새로운 이름의 집단으로 분류하거나" 또는 그 반대로 노피앙을 특권과, 패지트를 고난과 연관시키는 과제를 받았다. 그런 다음 백인과 흑인 대신 패지트와 노피앙을 사용하는 인종 IAT 검사를 받았다. 결과를 보면, "노피앙을 고난, 피해, 차별과 연관시키는 작업을 한 뒤에 IAT 검사를 받은 참가자들은 더 빨리 노피앙을 '나쁘다'와 연관시켰다". 다른 말로 하자면, 실험자들은 단순히 한 집단과 일반적인 억압 간에 연관을 형성하는 것만으로, IAT였다면 존재하지 않는 집단에 대한 '암묵적 편향'이라 해석할 어떤 것을 손쉽게 유도해낼 수 있었다.

또 다른 연구는 IAT 검사에 관련된 종류가 다른 변칙 가능성을 논증하는 듯하다. 인종주의자로 보일까 봐 걱정을 많이 하는 사람일수록 이 검사에서 더 높은 점수를 얻는 것이다.[32] 나중에 업데이트되긴 했지만, 초기 IAT의 채점 알고리듬에는 인지 처리 속도와 IAT 점수 간 상관관계까지 있었다는 것을 연구자인 샘 G. 맥팔랜드Sam G. McFarland와 재커리 크라우치Zachary Crouch가 발견했다.[33] 인지 처리가 약간 느린 사람들이 높은 IAT 점수를 받았는데, 검사를 늦게 끝낸 사람들이 빨리 끝낸 사람들보다 더 심하게 편향돼 있다는 얘기를 들었다는 의미다. 하트 블랜턴과 엘리프 아이키저Elif Ikizer는 책의 한 장을 할애하여 이런 연구 결과들을 요약하며 이렇게 말한다. "IAT 점수는 비단 응답자의 이전 검사 경험과 의견 제시 동기, 더 일반적인 지능과 인지적 유연성, 속도와 관련된 기술 등에 국한되지 않는 다양한 비의식적 요인들로 오염돼 있다."[34]

다른 말로 하자면, IAT가 암묵적 편향 말고도 다양한 것들을 측정한다는 상당히 많은 증거가 있다. 오랫동안 IAT 점수 때문에 암묵적으로 편향된 사람이라는 얘기를 들은 사람들의 많은 수가 실제로 잘못된 진단을 받았을 가능성을 강력하게 시사한다. 이토록 분명하게 오해를 불러일으키고 부정확한 우울이나 불안 검사가 있다면 거부할 것이 뻔하면서, 왜 심리학계가 IAT를 받아들여야 하는지 이해하기 힘들다.

IAT 점수와 행동 간의 상관관계가 낮고 이 검사에 기반한 개입의 유용성이 부족한 데다, IAT가 정확히 무엇을 측정하는지에 관한 근본적인 이론적 질문들이 아직 해결되지 않은 걸 고려하면, 이 도구를 현실 세계에서 쓰는 데에 심각한 문제가 있다는 사실이 명확하게 알려져야 한다. 하지만 이런 사실도 스타벅스에서부터 여러 법집행 기관들에 이르는 온갖 곳에서 IAT를 채택하는 것을 조금도 늦추지 못하는 듯하다.

거기에는 이유가 있다.

+

어떤 면에서 보자면, 미국의 인종 관련 담론은 역사학자 대니얼 로저스가 진단한 '균열의 시대'의 예외처럼 보일지도 모르겠다. 로저스에 따르면, 미국이 스스로를 이해하는 데 사용하는 언어와 개념

들이 갈수록 개인주의화하면서 커다란 구조적 힘들로부터 분리되어
왔음을 상기하자.

반면에 타네히시 코츠Ta-Nehisi Coates, 미셸 알렉산더Michelle Alexander,
니콜 해너-존스Nikole Hannah-Jones 등, 21세기 인종 문제에 관해서 글
을 쓰는 가장 탁월한 대중 지식인들은 전적으로 구조적인 미국의 인
종주의에 날카로운 비판을 가한다. 서로 다른 영역에 초점을 맞추고
서로 다른 주장을 하면서도 이 사상가들은 하나같이, 또 한 명의 탁
월한 구조 중심적 인종 이론가이자 역시 이 모델에 동의하지 않는
에두아르도 보니야-실바Eduardo Bonilla-Silva의 표현대로, 인종주의가 단
순히 "한 사회에서 '인종주의' 신념을 가진 사람들의 비율을 조사"
하는 것으로 이해될 수 있다는 주장은 부정한다.[35] 이 사상가들의
견해를 따르자면, 미국의 인종주의는 개인이 아니라 구조로 존재한
다고 볼 때 가장 잘 이해될 수 있다. 치안과 주거와 교육 체계를 비
롯한 여러 숱한 제도들이 과거의 각인을 지닌 채 기능하고 있는 셈
이다.

예를 들어, 해너-존스는 《뉴욕 타임스》의 '1619 프로젝트*' 서
론으로 퓰리처상을 받았는데, 그 서론에서 "이 나라의 DNA 자체에
반흑인 인종주의가 새겨져 있다"라고 주장했는데, 이 관점은 이 특
별호 잡지의 다른 글들에도 적용되어, 애틀랜타시 교외 지구 설계와

---

* 미국 노예제가 시작된 1619년 8월로부터 400주년이 되는 2019년 8월에 《뉴욕 타임스》
가 시작한 연속 보도 프로젝트로, 미국 역사와 노예제의 관계를 재정립하고 미국 사회의
인종차별 문제를 다면적으로 분석하고자 한다.

미국의 보편적 의료보험 결여와 같은, 전혀 관련이 없어 보이는 주제들까지 구조적 인종주의의 관점에서 분석되었다. 알렉산더는『새로운 짐 크로The New Jim Crow』를 썼는데, 현재의 사법제도가 겉으로는 '피부색 무관'을 내세우면서 실제로는 흑인들을 통제하고 억압하기 위해 설계되고 구축된다고 주장했고, 《애틀랜틱》에 커버스토리로 실린 코츠의 글은 노예제에서부터 남부 주들의 재통합 실패와 짐 크로 법과 도시 주거 분리 문제에 관한 정부의 책임까지 직접 연결하는 무자비한 일직선을 그음으로써 '피해 보상의 논거'를 댔다. 이 모두가 구조적 설명이다.

가장 성공적인 21세기 사회운동 중 하나인 BLMBlack Lives Matter('흑인 목숨도 소중하다' 운동)도 비슷한 방식을 취했다. 조지 플로이드 살해 사건 이후 시위자들의 구호가 된 경찰 '예산 삭감' 또는 '폐지' 요구가 논란이 되는 이유는 이 구호들이 구조적인 요구라는 데에도 일부 원인이 있다. 이들의 요점은 개별 경찰관이 인종주의자이냐 아니냐가 문제가 아니라, 경찰 제도 자체가 더 근본적인 방식으로 재구성될 필요가 있다는 것이다. 경찰관들을 대상으로 무력 사용을 줄이는 방식의 치안 훈련을 실행하는 등의 점진적인 변화들은 '구조적'이라기보다는 '제도적'이라고 표현하는 편이 낫겠지만(둘 사이에는 경계가 불분명한 영역이 있다), 적용되는 논리는 유사하다. 경찰 개개인의 생각을 바꾸기보다는 경찰 업무가 발생하는 맥락을 변화시켜 치안 행위가 부당한 결과를 낳을 가능성을 줄이려는 것이다.

이런 글들과 사회운동의 결과로 '구조적 인종주의'와 같은 용어들이 사전에 등재되었고, '백인우월주의자' 같은 개념들이 갈수록 특정한 개인들뿐만 아니라, 적어도 일부 경우에는, 사회 구조 전반에 적용되는 것으로서 이해되고 있다. 그러나 『균열의 시대』에 설명된 경로를 따르면, 최근 몇십 년 사이에 특정한 한 분야에서만 인종 관련 논의가 갈수록 개인주의화하는 쪽으로 흘렀다는 주장이 제기될 수 있다. 바로 반인종주의 교육과 다양성 훈련 분야이다.

오늘날 미국 다양성 교육의 기원은, 아주 작은 규모의 사업장을 제외한 모든 기업에서 인종과 종교, 성별 등 보호 대상 범주에 근거하여 차별하는 것을 불법화한 1964년 민권법으로 거슬러 갈 수 있다. 또 이 법에 따라 고발된 위반 건을 심리하고 판결하는 연방 고용 기회평등위원회가(주별 위원회도 함께) 설치됐다. 그 위원회가 위반자들을 대상으로 한 교육을 의무화함으로써 관련 프로그램들이 생겨날 수 있는 틈새시장이 창출됐다. 1980년대 즈음에 다양성 훈련 산업이 활기를 띠었는데, 주로는 기업들이 가진 두 가지 욕구에 기인했다. 첫째, 기업들은 이런 훈련들이 소송에 대비해 자신들을 보호하는 데 도움이 될 수 있다고 믿었고, 둘째, 20세기 말에 노동인구 구성이 급격하게 변할 것이라 주장한, 유명한 「노동인구 2000」이라는 1987년 보고서가 널리 읽힌 이후로 차별이 덜한 일터를 만드는 것이 결과적으로 좋을 수 있다고 믿기 시작한 기업이 많아졌다. 보고서는 이렇게 예측했다. "노동인구는 천천히 늘어나면서 고령화되고, 여성과 사회적 약자들의 비중이 커질 것이다. 현재 노동인구의 47퍼센트가 토박이 백인 남성인 데 비해 향후 13년 사이에 새로 유입되는 노동인구는 15퍼센트만이 이 범주에 해당할 것이다."[36]

이런 프로그램들은 늘 다양한 형태를 취했다. 『학습과 교육 관리 아카데미』를 저술한 두 명의 다양성 업계 전문가는, 이런 프로그램들이 법률 준수에만 초점을 맞춰 단순하게 '할 일'과 '하지 말아야 할 일' 목록을 가르쳐주는 강의들부터 "백인 남성들이 '자백하고 회개'할 수 있도록 이끄는 '공격적'인 형태의 '네 죄를 인정하라'식 강좌들까지" 다양하게 걸쳐 있다고 썼다.[37] 다양성 훈련이 유행하여 흔한 개념이 되기 전에도 인종적 정의racial justice에 대한 요구는 다채로운 방식으로 개인적인 감수성 고취와 혼합되었다. 예를 들어, 〔뉴에이지 운동의 중심이었던〕 에설런 연구소는 1960년대 후반에 인종 간 '만남의 시간'을 주최하면서 다음과 같이 광고했다.

인종 분리는 분열된 자아를 가진 사람들 사이에 존재합니다. 자신의 어떤 부분으로부터 소외된 사람은 그 소외된 부분을 대표하는 타인과도 여지없이 분리됩니다. 흑인과 백인을 통합하려는 역사적 노력에 따라 우리는 모두 분열된 인간성에서 벗어나는 거대한 작업에 참여해왔습니다. 인종 간 대면은 모든 종류의 인간 간 만남의 사례가 될 수 있습니다. 피상적인 미세한 차이와 역할 놀이를 넘어 충분히 깊이 파고들면, 인종 간 대면은 초월적 경험의 매개가 될 수 있습니다.[38]

자, 열린 마음으로 에설런 연구소에 무죄 추정 원칙을 적용하도록 하자. 분리가 부분적으로는 '분열된 자아'로 고통받는 사람들에 의해 야기될 수 있을지 모른다. 흑인과 백인이 어울려 에설런에서 뜻깊은 한 주를 보낼 수도 있을 테고, 그 한 주가 '초월적 경험'이 될 수도 있을 것이다. 물론, 문제는 그들이 새로이 통합된 자아로 거듭나든 말든, 한 주가 끝난 뒤에는 판이한 각자의 일상으로 돌아갈 가능성이 크다는 점이다.(그리고 둘 중 한 명은 퍼시픽코스트 고속도로*를 타고 집으로 돌아갈 가능성이 유의미하게 크다.)

우리가 최근에 겪은 경험들은 태도를 바꾸는 것 자체가 기껏해야 부분적인 해결책에 불과함을 시사한다. 물론 개인들의 태도와 사회 구조는 서로를 강화한다. 그러나 21세기의 분리는, 예컨대 특정 개인의 신념을 넘어서는 복잡하게 맞물린 일련의 구조들을 수반한다. 이러한 구조들은 흑인 아이들을 열등한 학교에 몰아넣고, 흑인 가족들이 도심 슬럼에서 벗어나 교외로 이사하기 힘들도록 방해하는 것을 비롯해 다양한 해를 가한다.

내가 유치원에 들어가기 전에 우리 부모님은 1.6킬로미터쯤 떨어진 더 큰 집으로 이사했다. 이사의 주된 동기는 부모님이 우리 형제를 보스턴시 공립학교가 아니라 뉴턴시 공립학교에 보내고 싶어 했기 때문이다. 뉴턴시 학교들은 미국에서 최고 수준에 속한다. 보스턴시 학교들은 그렇지 않다. 백인 거주 비율이 훨씬 높은 뉴턴시에는 훌륭한 공원이 더 많은 데다, 여느 보스턴시 지구들보다 어린

---

* 미국 서부 태평양 해안가를 따라 샌프란시스코와 산호세, 로스앤젤레스, 샌디에이고를 잇는 고속도로로, 고부가가치 산업에 종사하는 백인 중산층이 이용하는 비율이 높다.

아이가 있는 가정이 살기에 편리한 온갖 종류의 편의 시설들이 있었다. 내 부모님이 암묵적이든 아니든 부분적으로 차별적인 태도에서 동기를 얻었을 가능성이 있을까? 물론 그렇다. 하지만 보스턴시와 교외 지역들의 도시 구조가 인종주의의 영향 속에서 형성된 탓에, 자녀가 보스턴보다는 뉴턴에서 학교에 다니기를 바라는 것이 완벽하게 '합리적' 사고가 되는 체계가 만들어졌다는 사실에 주목할 필요가 있다. 왜 우리 부모님을 포함한 수많은 부모가 그런 결정을 내렸는지 설명하기 위해 굳이 차별적인 태도까지 동원할 필요는 없다. 그 선택은 과거에 있었던 (종종 상당히 인종차별적인) 공공 정책적 결정으로 굳어진 도시 구조 속에서 형성되었다.

여기서 도출되는 가장 명백한 반응은 적어도 '구조를 대하는' 사람들의 특정한 태도가 같이 변하지 않고서는 구조도 변하기 어렵다는 것이다. 어떤 정책에 반대하는 사람들은 그 정책에 표를 주거나 그 정책을 시행하라고 선출직 지도자들을 선동하지 않을 테니 말이다. 맞는 말이다. 하지만 이 문제의 정확한 메커니즘은 훨씬 더 복잡하다. 어떤 태도를 고수하는 것('경찰의 만행이 통제 불능 상태에 있다')과 상황을 바꾸기 위해 계획된 행동에 능동적으로 참여하는 것('나는 경찰의 만행에 항의하기 위해 거리로 나갈 것이다' 또는 '나는 사람들을 모아서 시의회가 열릴 때마다 지역 경찰청에 바디 카메라를 도입하라고 요구하는 시위를 벌일 것이다') 사이에는 차이가 있다. 어떤 개혁이 추구되어야 하는가에 관련된 엄청나게 복잡한 문제를 제쳐두더라도, 여기서는 '선호 강도*'라는 개념이 매우 중요하다. 반인종주의 태도를 측정하는 몇몇 검사에서 높은 점수를 받는 것과 인종 격차를 개선할 수 있는 행동에 실제로 참여하는 것 사이에는 차이가 있다. 예컨대 느슨한 총기 규제에 대해 강렬한 도덕적 분노를 느끼는 백 명이 있다 해도, 실제로 현실 정치활동에 참여하는 잘 조직된 열다섯 명의 열렬한 총기 지지 활동가들에게 정치적으로 제압될 수 있다. 기억하자. 태도와 행동은 다르고, 생각보다 서로 밀접하게 연관되지 않는 때가 많다. 태도가 복잡한 방식으로 사회 변화의 발판을 놓을 수는 있다. 지금이 1940년이고, 광범위한 미국 백인 사회 영역들이 흑인을 근본적으로 열등한 존재로 보고 있다면, 우리가 지금 겪고 있듯이 경찰의 만행을 놓고 전국적으로 벌어지는 솔직한 인종적 논의 같은 것은 애초에 불가능했을 테니까 말이다. 그러나 구체적인 정치적 행동 없이 태도만으로는 불충분하다. 2020년, 플로이드 사망 사건을 계기로 거리를 가득 메운 시위대는 변화가 가능할 듯한 느낌과 흥분을 불러일으켰다. 시위대가 동료 미국인들로부터 받은 강력한 지지도 마찬가지 작용을 했다.[39] 하지만 그런 행동주의가 구체적인 변화로 이어질 것인가라는 심각한 질문은 여전하고, 대답은 개인적 태도의 변화보다는 시의회와 주 입법부, 연방 정부의 작동에 달렸을 가능성이 훨씬 커 보인다. 다시 말하지만, 두 영역이 복잡하게 서로 연결되어 있다 하더라도 말이다.

　명백한 한계에도 불구하고 다양성 훈련 분야에서만큼은 백인

---

*　선호하는 선택을 이행할 때 예상되는 불편과 불이익을 어느 정도까지 감수할 수 있는지에 관계된 개념으로 선호와 이행성이 일치하지 않는 현상을 설명한다.

개개인을 무지에서 일으켜 세우는 것이 미국의 인종 문제를 해결하는 핵심 요소라는 개념이 갈수록, 특히 1980년대부터 더 대중화되었다. 일반적으로 그런 접근법들은 백인들로 하여금 특정한 정치적 행동을 하도록 하는 형태를 취하지 않았다. 오히려 백인의 자기 성찰(때로는 자기 과시)과 끊임없이 진화하는 인종 관련 행동 규범과 예절을 익히는 데 크게 의존했다. 그리고 그런 접근 방식들에는 늘 비판자들이 있었다. 엘리자베스 래시-퀸Elisabeth Lasch-Quinn은 『인종 전문가들─인종 예절, 감수성 훈련, 뉴에이지 치료는 어떻게 공민권 혁명을 가로챘는가Race Experts: How Racial Etiquette, Sensitivity Training, and New Age Therapy Hijacked the Civil Rights Revolution』에서 "인종 간 문제를 예절의 문제로 낙인찍는 것은 변화의 실체보다는 현상에, 또 선한 의도와 선한 동기라는 피상적인 상징들에 가중치를 둔다"라고 주장한다.[40] 래시-퀸을 비롯해 그런 프로그램들을 비판하는 비평가들의 관점에서 보면, 중요한 현장 운동과 발맞추어 공민권 운동을 가능하게 만들었던 것, 즉 넓게 보면 모든 인간이 한 가족이고, 누구나 마땅히 존엄을 누릴 자격이 있다는 압도적인 주장들이 대체로 백인 개개인의 신념과 행동에 중심이 맞춰진 인종 예절, 감수성 훈련, 뉴에이지 치료 선호에 밀려 방치되었다.

래시-퀸의 책은 부분적으로 다양성 훈련과 반인종주의 교육이 백인들에게 인종적 위계질서의 꼭대기에 앉아 있는 자신의 위치를 생각하게 하는, 고통스럽다면 고통스럽고 적나라하다면 적나라한 경험을 강제하는 것에 집중하는 한편, 더 중요한 다른 형태의 교육과 행동주의를 자주 배제하는 식으로 백인의 행동과 태도, 예절을 유례가 없을 정도로 엄격하게 검토하는 쪽으로 진화했다고 주장한다. 래시-퀸의 책에 따르면, 20세기 말 즈음에 다양성 훈련과 반인종주의 교육은 더욱더 개인의 정신, 특히 백인의 정신에 초점을 맞추게 되었다. 책에 나온 대로, "심리학은, 적어도 대중 심리학에서 나온 유사 심리학적 단순화의 형태로 20세기 후반 미국에서 인종을 이해하는 주된 렌즈였다".[41] 이런 심리학 브랜드는 백인들이 가진 특정한 병리가 충분한 노력 또는 언제든 구매할 수 있는 다양성 훈련을 통해 극복될 수 있다고 가정하는 경우가 많다. 이런 접근 방식들을 비판한 사람이 래시-퀸이 처음은 아니다. 혁명적인 반식민주의 정신과 의사이자 급진적 철학자인 프란츠 파농Frantz Fanon은 다양성 훈련의 시대 훨씬 이전에 이렇게 주장했다. "인종주의를 정신적 기벽으로, 심리적 결함으로 간주하는 관례는 폐기되어야 한다."[42]

래시-퀸의 책은 IAT나 반인종차별 교육계가 최근에 보여준 혁신 이전인 2001년에 나왔으나, 그녀가 상정한 경향은 그때 이후로 가속화되면 가속화되었지 늦춰지지는 않았다. 플로이드 살해 사건에 따른 전국적인 시위가 벌어지는 동안 판매 순위가 베스트셀러 목록 꼭대기로 치솟은, 대학교수이자 인기 있는 다양성 트레이너 로빈 디앤젤로Robin DiAngelo의 2018년 베스트셀러 『백인의 취약성—왜 백인은 인종주의에 대해 이야기하기를 그토록 어려워하는가』를 보자. 그녀의 책은 많은 백인이 인종이나 인종차별이라는 주제가 나오면 불편함과 방어적 태도를 보인다는 의미 있는 사회학적 관찰에 기초하지만, 놀라울 정도로 개인주의적이다. 디앤젤로는 "백인우월주의라는 명명은 두 가지 핵심적인 방식으로 논의를 바꾼다"라고 말한다. "백인우월주의라는 명명은 체제를 가시화하고 변화의 현장을 그 문제의 당사자들인 백인들에게로 옮긴다." 즉 전통적으로 사회적 결과들을 도출하는 데 가장 중요한 역할을 하는 것으로 여겨지는 거대 제도와 세력이 아니라 개인들에게로 옮기는 것이다.[43]

　디앤젤로의 책은 대체로 백인들에게 이전과는 다른 행동 규범을 채택함으로써 백인우월주의에 맞서 싸우라고 촉구한다. 이를 위해 그녀는 개별 백인의 행동이 진보를 가로막는 수없이 많은 사례를 제시한다. 일부는 명백하고 반박의 여지가 없는 것들이다. 예를 들어, 인종이라는 주제가 나왔을 때, 또는 백인들의 성공이 부분적으로 인종주의적 특권 덕분일 수 있다는 얘기가 나왔을 때 백인들이 진심으로 적대적이고 공격적인 태도를 띠면 솔직한 대화가 어려워지기 때문에 인종 간 상호작용에 도움이 되지 않는다. 그러나 디앤젤로가 제시하는 매우 구체적인 행동 규범들은 어떤 경우에는 정당화하기가 어렵다. 예를 들어, 디앤젤로는 백인 여성은 아무리 훈련이 힘들어도 흑인들이 있는 자리에서는 울지 않는 것이 중요하다고 강력하게 주장한다. 그녀는 이렇게 썼다. "백인 여성들이 곤란을 호소한 탓에 흑인 남성들이 고문당하고 살해당한 긴 역사적 배경이 있다. 우리 백인 여성들이 울면 이 역사가 상기된다. 우리의 눈물은 이 역사의 공포를, 특히 아프리카계 미국인들의 공포를 유발한다."[44] 다른 곳에서는 자신이 인종 간 훈련 과정에서 울음이 터졌을 때,

"나는 더 신경 쓰이는 존재가 되지 않도록 우는 소리를 내지 않으려 애쓰고, 사람들이 위로하려고 몰려와도 위로를 받아들이지 않는다"라고 언급한다.[45]

이것은 인종주의에 맞서기 위한 개인주의적이고 행동주의적인 접근 방식이 아니라 여러 의미에서 미시행동적 접근 방식이다. 디앤젤로의 프로그램은 누가 봐도 공격적이라고 인정하는 특정한 행동과 발언뿐만이 아니라, 독특하고 정치적으로 편향된 방식으로 해석해야 공격적으로 보일 여러 행동과 발언들도 세심하게 관찰한다. 백인이 자기 입으로 1960년대 공민권 시위에 참여했다고 말하면 '인종주의는 단순하고 변하지 않는다'라는 무지하고 공격적인 신념을 지지하는 것처럼 받아들여질 수 있다고 디앤젤로는 충고한다.[46] (듣는 사람이 왜 그렇게 생각할 거라고 가정하는지는 불분명하다.)

다른 접근 방식들도 백인들의 행동을 수정하고 그들이 무심코 끼치는 해악에 눈 뜨게 만들려 한다. 소위 미세차별microaggression 또는 "소수 인종이나 소수민족과 같은 사회적 약자 집단의 구성원들에 대한 간접적이거나 미묘하거나 의도치 않은 차별"[47]은 특히 대학 캠퍼스에서 갈수록 인기를 얻고 있는 다양성 훈련 개념이다. 주로 컬럼비아대 교육대학 상담심리치료학 교수 데럴드 윙 수Derald Wing Sue 의 연구에 근거를 두는 미세차별 훈련은 언뜻 보기에는 공격적으로 느껴지지 않을 수도 있으나 사회적 약자 집단의 구성원들에게 적대적인 환경을 창출함으로써 백인우월주의에 기여하는 행동과 발언의 긴 목록을 제공한다. 백인이 '미국은 인종의 용광로' 또는 '미국은 기회의 땅'이라고 말하는 건 미국의 인종과 인종차별 문제의 중요성을 지우고 유색인종에게 적대적인 환경을 창출할 뿐만 아니라 나아가 자살 충동을 야기할 수 있기에 문제가 된다.(2017년에 지금은 고인이 된 임상심리학자 스콧 릴리언펠드Scott Lilienfeld가 이 주장을 포함하여 미세차별 훈련들에 관련된 일부 심리학적 주장들에 대한 중요한 반박 논문을 발표했다.[48]) 여태 대답을 듣지 못한 미세차별 이론에 대한 반증 한 가지는 흑인과 라틴계 학생들의 압도적인 다수가 설문조사에서 미세차별이라고 명시한 많은 발언을 공격적으로 느끼지 않는다고 답했다는 사실이다.[49] 흑인이 아닌 명문대 교수가 '미국은 인종의 용광로'라는 말이 흑인들에게 공격적이라고 판정했는데, 흑인들이 77퍼센트라는 압도적인 비율로 그 말이 공격적으로 느껴지지 않는다며 그의 결정에 반대한다면, 정확하게 말해서, 누구의 말이 이겨야 할까?

뉴욕시에서는 리처드 카란사Richard Carranza 교육감을 둘러싼 논쟁이 지금의 다양성 훈련이 이런 방향으로 얼마나 멀리까지 갈 수 있는지 알려준다. 카란사는 교육부 산하 교육 공무원들이 의무적으로 받아야 하는 훈련 과정에서 어떤 개인적 신념과 태도가 용인되고 용인되지 않는가를 아주 세밀하게 가리는 접근 방식을 택해 특히 보수층으로부터 집중 비난을 받았다. 《뉴욕 포스트》에 유출된 한 교육 자료에서 '백인우월주의 문화'의 사례로 들고 있는 것들은 다음과 같다. '긴박감', '문자 숭배', '개인주의', '객관성'.[50]

이런 종류의 훈련은 흔히 백인 참가자에게서 불편하거나 격한 감정을 유발한다. 그러나 핵심은, 고무적인 보증이라 할 만한 것 또한 제공한다는 점이다. 바로 자기 기분을 잠시만 희생하면 (그 이론에 따르면) 백인우월주의를 부추기는 생각과 행동들을 물리치는 데 도움이 된다는 보증 말이다. 우리는 사실 사법제도나 지역 학교나 직장의 인종분리적 고용 관행들을 개선하는 일은 하나도 하지 않아도, (이를테면) 에설런에서 다른 사람이 되어 돌아올 수 있다. 자신이 자신의 인종주의를 정화하기 위해 얼마나 애를 썼는지, 얼마나 강렬한 경험을 했는지 남들에게 들려주기 좋은 이야기도 생겼을 것이다. 나 자신이 부유하고 진보적인 교외 백인 동네에서 자란 데다 이런 태도에 익숙하기에, 나는 특히 인종적으로 분리된 지역에 사는 혜택받은 계층의 백인 자유주의자들이 수 세기 동안 이어져온 복잡한 미국 인종주의 문제를 해결하기 위해 자신이 무슨 일이라도 하고 있다는 느낌을 받고 싶어 한다고 주장할 수 있다. 하지만 자신에게 소중한 것은 아무것도 포기할 필요 없이 말이다.

컬럼비아대 부교수 존 맥워터John McWhorter는 2015년에 온라인 매체 《데일리 비스트》에 기고한 글에서 이런 일반적인 양식을 반인 종주의 '종교'로 묘사했다. 백인우월주의 인식의 사례들을 이용하여 그는 이렇게 썼다.

대외적으로는 백인우월주의를 인정하는 것이 적극적 행동주의의 전채 요리로 표현되지만, 내가 여기서 언급했듯이, 사실은 인정 자체가 주요리로 취급된다. 최근에 돌아다니는 전형적인 자료는 「백인이 인종에 관해 이해해야 하는 열한 가지」인데, 여기서는 '인정'의 목적이 '대화를 진척시키는 것'이라고 표현된다. 약간 모호하지 않은가? 더 많은 대화? 무엇에 관한 대화? 왜 사실은 정책과 법률 제정이 목표라고 말하지 않을까?

왜냐하면 이것이 반인종주의자들이 실제로 염두에 둔 것이 아니기 때문이다. 단독적인, 부적 같은 행위로서 자신의 백인우월주의를 진지하게 '인정'하라는 요청은 기독교인으로서 자신의 원죄를 인정하는 것과 동일한 정당화를 기반으로 한다. 사람은 원죄를 짊어지고 태어난다. 백인이라는 건 노력 없이 얻은 특권을 가지고 태어나는 것이다.[51]

우리는 '백인우월주의'의 자리를 '미세차별'이나 '암묵적 편향'이나 이 책이 출간된 이후에 나타나 유행할 차세대 인종 예절의 주제가 될, 그리고 마찬가지로 똑같은 근거 있는 비판을 받게 될 어떤 새로운 혁신으로도 대체할 수 있다. 이런 교육이나 훈련 양식은 현실 세계를 개선하기 위해 준비된 행동들에 박차를 가하기보다는 일종의 내적인 정신적 정화나 각성에 더 알맞게 준비된 듯하다.

물론 암묵적 연관 검사는 로빈 디앤젤로 훈련보다 더 차분하고 더 세속적인 경험이 되도록 설계되었다. 그러나 결국에는 그것 역시도 진보적인 백인들을 매혹하고 자극하는 방식으로 그들의 경험과 심리를 규명하며, 여전히 근본적으로 검사를 받는 사람들에게 많은 것을 요구하지 않는다. 법학자 조너선 칸Jonathan Kahn은 이렇게 말한다. "모니터 앞에 10분만 앉아 있으면 자신이 가진 암묵적 편향을 해결하는 첫 번째 단계를 밟은 것이 된다. 손쉽고, 손해 볼 것 없고, 기술로 매개되는 개인화된 방법으로 인종차별을 해소하는 거대한 과업에 동참하는 기분을 느낄 수 있다."[52]

IAT는 현대 다양성 훈련의 흐름 속에서 오랫동안 지속돼온 몇 가지 경향과 반인종 교육을 결합한다. IAT는 개인주의와 자기 발견, 미시적인 행동 및 신념 분석에 정통 심리과학의 외피를 결합한다. 여기에는 1000분의 1초 단위로 측정되는 편향, 노력과 자백을 통해 수리될 수 있는 영혼의 결함이 있다.

+

내가 2017년에 암묵적 연관 검사의 결점들에 관한 긴 기사를 쓴 뒤에, 특히 보수주의자 일부가 내 비판의 요점을 완전히 오해하는 현상을 보였다.[53] 그들은 기사를 읽고 IAT가 아니라 암묵적 편향 이라는 개념 자체가 '까발려졌다'라며 환성을 질렀다.

말도 안 되는 결론이다. 도구가 제대로 측정하지 못한다고 해서 그 도구가 측정하고 있는 무언가 사실이 아니라거나 중요하지 않다 는 의미는 아니다(아니라면, 망가진 온도계는 온도라는 개념이 중요하지 않다는 것을 입증하는가?). 고정관념과 손쉬운 해결책들과 세상에 대한 얕은 지식에서 끌어낸 다른 형태의 과도한 추론들 쪽으로 향하는 인간 두뇌의 경향성에 비추어 보면, 암묵적인 편향이 정말로 실재하고 일부 현실의 결과들에 영향을 미칠 수 있다고 믿을 이유는 너무나 확실하다. 그리고 부동산 중개인이 누구에게 주택을 임대하는지, 또는 누가 채용되고 누가 탈락하는지, 또는 경찰이 누구에게 총을 쏘는지 결정하는 데에 암묵적인 편향이 사실상 영향을 주고 있다면, 이런 편향들은 기존에 존재하는 구조적 불평등과 맞물려 사회를 더 공정하고 인종적으로 덜 차별적으로 만드는 일을 훨씬 더 어렵게 만들 수 있다.(이런 식으로 생각해 보자. 흑인 가정이 백인 가정보다 교외에 있는 근사한 집을 구할 돈을 모으기가 어려운 건 구조적 이유 때문이다. 그러나 흑인 가정이 성공적으로 계약금을 모은 뒤에도 암묵적으로 편향된 부동산 중개인들과 주택담보대출 담당자 때문에 곤란을 겪는다면, 그것은 개별 행위자 수준에서 암묵적 편향으로 이미 굳건하게 자리 잡은 '구조적' 인종주의에 공헌하는 사례가 될 것이다.)

따라서 암묵적 편향 자체가 '까발려졌다'라는 건 너무 나간 주장이다. 암묵적 편향의 존재를 지시하는 강력한 이론적 근거와 몇몇 실증적 증거가 있다. 문제는 이 검사의 옹호자들도 다른 방향으로 너무 멀리 나간다는 점이다. 그들은 암묵적 편향이 미국에서 인종 간의 불일치를 발생시키는 데에 주요한 역할을 하는 것 같다고 주장한다. 그런 입장을 정당화할 만큼 충분한 증거가 있었던 적은 없다.

앞에서 보았듯이, 마자린 바나지와 앤서니 그린월드는 IAT 프로젝트에 관해 강력한 주장을 내세웠다. 즉 "암묵적 편향이 흑인 불이익의 원인일 뿐만 아니라 흑인 불이익에 기여하는 차별을 설명하는 데에 명시적 편향보다 더 큰 역할을 하는 것으로 보인다고 결론 짓는 것이 합리적이다"라는 주장이다.[54] 둘은 책 부록에서 "미국 사회에 인종차별적 태도가 지속되고 있다"[55]라고 분명히 인정하고 이에 대한 몇 가지 증거를 제시하지만, 다른 방식으로는 설명할 수 없었던 것을 설명하게 해준다는 사실이 IAT의 중요성을 입증하는 가장 강력한 주장이라는 사실은 그대로다.

그러나 바나지와 그린월드를 포함한 IAT 옹호자들이 실제로는 존재하지 않는 신비한 무언가를 꾸며내고 있으며, 해결해야 할 암묵적 편향 같은 것은 없다고 반박하는 강력한 주장이 있다. 문제를 단순화하기 위해 흑인-백인 양자관계에 초점을 맞추자면, 이성적인 사람이라면 이 두 그룹 간의 결과 차이의 대부분이 아주 잘 알려진 두 가지 요인, 즉 부의 격차와 '명시적' 차별의 현재적 효과로 설명될 수 있다고 보는 주장이다.

부의 격차가 얼마나 충격적인 규모인지 잊어버리기 쉽다. 2020년 브루킹스 연구소 보고서는 "2016년에 일반적인 백인 가정의 순자산은 17만 1000달러로 흑인 가정 순자산(1만 7150달러)의 거의 열 배에 달한다"라고 적고 있다.[56] 우리가 어떤 기준을 사용하더라도, 미국에서의 안녕에 가장 크게 상관하는 단일 요소는 돈이다. 여기서 세부적인 것들을 떠나 뚜렷하게 구분되는 두 집단으로 구성되는 어떤 사회가 있다고 상상해보자. 둘 중 한 집단이 다른 집단보다 열 배 많은 부를 소유하고 있다면, 우리는 더 부유한 집단이 대대로 가난한 집단보다 더 나은 성과를 내리라 예상할 수 있다. 돈이 더 많다는 것은 더 많은 교육과 더 나은 주택과 온갖 종류의 더 뛰어난 자원에 접근할 수 있음을 의미하기 때문이다.

특정 제도들이 어떻게 움직이는지 살펴보면 이 사실은 더 분명해진다. 예를 들어, 미국에서 인종에 관한 담론 중 단일 사안으로는 가장 큰 관심사일 법집행 문제를 따져보면, 여기서도 부는 지대한 역할을 한다. 진보적인 형사사법 개혁 단체인 '센턴싱 프로젝트 the Sentencing Project'가 유엔에 보고한 보고서에는 이렇게 표현돼 있다. "[법 집행에서] 드러나는 [인종] 불평등의 근원은 명시적 인종차별보다 더 깊고 더 조직적이다. 미국은 사실상 별개의 두 형사사법 체계를 운영하고 있다. 하나는 부유한 사람용이고 다른 하나는 가난한 사람과 유색인종용이다. 부유한 사람들은 헌법이 보장하는 피고인들에 대한 보호 조처들로 가득 찬 강력한 대심對審 제도에 접근할 수 있다. 그러나 가난한 사람과 사회적 소수자가 경험하는 형사사법 체계는 여러 요인 때문에 그와는 상당히 다른 경우가 많은데, 각 요인은 그런 개인들이 형사사법 체계 내에서 과대표overrepresentation되는 현상에 기여한다."[57] 다시 말하지만, 심지어 지금 존재하는 여하한 불평등이 (순전한 가정으로) 전혀 없다고 해도, 부의 격차만으로도 사법 체계 내에서의 인종적 불평등을 상당 부분 설명할 수 있다.

하지만 당연히 차별은 여전히 존재한다. 많은 경찰이 길거리에서 흑인 아이들에게 딴지를 걸거나 더 심한 짓을 할 가능성이 큰 것처럼, 많은 부동산 중개인이 흑인 주택구매자들을 탐탁지 않게 여긴다. 이 지점에서 상황이 특히 복잡해진다. 실질적인 차별의 증거가 나타났을 때, 그 차별이 암묵적인지 명시적인지 분간하기가 어렵고 때로는 분간 자체가 불가능하기 때문이다. 암묵적 편향이 불평등에 상당한 기여를 한다는 가장 강력한 증거는 아마도 소위 '심사 연구' 들에서 나오는 증거들일 것이다. 실제 상황에서 진행되는 이런 실험들은 똑같은 이력서에 전형적인 '백인' 이름과 전형적인 '흑인' 이름을 적어서 제출했을 때, 백인 이름이 적힌 이력서가 면접 기회를 더 많이, 때로는 훨씬 많이 갖는다는 사실을 보여준다. 이런 연구 중에서 가장 유명한 사례는 2004년 메리앤 버트런드Marianne Bertrand와 센딜 멀레이너선Sendhil Mullainathan이 수행한 연구로, '백인' 이름이 가진 지원자들이 '흑인' 이름을 가진 지원자들보다 면접 연락을 받을 가능성이 50퍼센트 정도 더 많으며, 이 격차는 "직종과 산업, 기업의 규모와 상관없이 일정하다"라는 사실을 밝혀냈다.[58] 많은 연구자가 이 격차가 유의미하게 암묵적 편향에서 도출된다고 해석하는데, 그것은 문제의 인사 담당자가 21세기 대명천지에 명시적인 차별을 했을 듯하지는 않다고 보기 때문이다. 모두가 이 해석에 동의하는 것은 아니다. 법학자 마이클 셀미Michael Selmi는 이 연구가 "늘 암묵적 편향에 관련된 것으로 취급된다"라고 지적하면서 이렇게 묻는다. "그 결과를 암묵적 편향이 설명해준다고 결론지을 만한 이유가 있는가?"[59] 하지만 첫째, 이런 종류의 실험 연구들이 여하한 종류의 편향이 존재함을 입증하는 것은 분명하고, 둘째, 2020년에 이 편향이 전적으로 명시적이라고 보기는 어려우니, 적어도 편향의 일부는 무의식의 영향에 귀착시킬 수 있다고 얘기하는 편이 안전할 것이다.

하지만 이 지점에서 상황은 흐릿해진다. 우선, 버트런드와 멀레이너선의 작업을 재현한 연구가 몇 있었는데, 결과가 모두 한 방향을 가리키지는 않는다. 시카고 채용 시장에서 진행한 아주 영리한 연구에서, 니컬러스 자크메Nicolas Jacquemet와 콘스탄틴 야넬리스Constantine Yannelis는 세 가지 유형의 이력서를 보냈다. "앵글로색슨식 이름이 적힌 이력서와 아프리카계 미국인식 이름이 적힌 이력서와 대다수 미국인은 인종적 기원을 알아차리지 못할 낯선 이름이 적힌 이력서였다."[60] 앵글로색슨식 이름들이 아프리카계 미국인식 이름들이나 인종적으로 낯선 이름들보다 거의 33퍼센트나 많은 면접 연락을 받았다. 연구자들은 이를 "차별적 행동이 다수자 집단에 속하지 않는 구성원을 불평등하게 대우하는 더 큰 유형의 차별인 인종적 동종애의 일부"라는 증거로, 다른 말로 하자면 자신과 비슷한 사람을 좋아하는 인간 경향성의 일부로 설명한다. 고용주들이 아프리카계 미국인들과 인종적으로 모호한 외국인들에 대해 같은 수준의 암묵적 편향을 지니고 있다는 가정을 하지 않는다면, 이 결과에 대해서는 전통적으로 이해되던 대로의 암묵적 편향보다 인종적 동종애가 더 그럴듯한 설명으로 보인다.

최초 연구보다 열 배나 큰 규모의 표본을 대상으로 2016년에 진행된 또 다른 심사 연구에서는 "버트런드와 멀레이너선과 달리 인종에 따른 면접 연락률의 차이에서 일관된 패턴을 찾아내지 못했다".[61] 데이터 탐정 우리 시먼슨은 그 이유를 알아내기 위해 두 연구의 방법론들을 파고들었고, 소액을 지급하고 회원들을 대상으로 간단한 과학 과제들을 실험할 수 있는 웹사이트인 아마존 '메커니컬 터크'에서 영리한 비공식적인 실험을 수행했다. 그는 애초 연구에 사용된 '흑인' 이름과 재현 연구에 사용된 '흑인' 이름을 짝지어 놓고 응답자들에게 다른 사람들은 어느 쪽이 사회경제적 지위(Socioeconomic Status, SES)가 더 높다고 볼 것 같은지 점수를 매기게 했다. 결과는 여기에 계급 혼란이 작동하고 있음을 암시했다. 재현 연구에 사용된 이름들이 더 부유하게 느껴지는 이름으로 인식되었는데, 그 이름들에 대해서는 차별이 일어나지 않았다. 시먼슨은 그 결과와 함께 다른 연구들의 결과도 "인종차별만큼이나 SES 차별과도 일치한다. SES도 아주 적게나마 해당 연구가 애초 연구의 효과를 재현하는 데 실패한 이유를 설명해준다"라고 주장한다. 그렇다고는 하지만, 이는 동료평가를 거친 연구 결과가 아니고, 시먼슨은 "우리가 여러 측면에서 상이한 연구들을 비교하고 있기 때문에" 자신이 내놓은 결과는 기껏해야 잠정치 정도로 이해되어어야 한다고 경고한다.[62] 요점은 이 문헌이 흑인처럼 들리는 이름을 가진 응시자들이 백인처럼 들리는 이름을 가진 응시자들보다 더 많은 편견에 직면하는 것이 분명하다고 밝히나,[63] 차별의 원인에 대해서는 일관적인 이야기를 하지 않는다는 사실이다.

법 집행 문제로 돌아가 보면, 설문조사에서 드러내는 사람은 거의 없지만('사회적 바람직성 편향*' 때문에 인종주의적 악의를 가리키는 질문에 긍정하는 반응이 줄어든다), 그 분야에 명시적 인종주의가 만연하다는 증거에 부족함이 없음을 지적할 필요가 있다. 예를 들어, 연

---

* 자신의 행동이나 의견을 밝힐 때 있는 그대로가 아니라 사회적으로 바람직하다고 여겨지는 쪽으로 경도되는 현상.

방 당국이 미주리주 퍼거슨시 경찰청을 조사한 결과, "퍼거슨시 법원과 경찰의 유해한 관행들은, 퍼거슨시 경찰청과 지방법원 소속 일부 관리들에게 발견된 아프리카계 미국인들에 대한 인종적 편향과 정형화의 직접적 증거에서 알 수 있듯이 적어도 부분적으로는 의도적인 차별에 기인한다"라는 사실이 밝혀졌다.[64] 시카고 경찰에 대한 유사한 조사에서도 "헌법에 반하는 무력 사용 유형이나 관행"을 발견했으며, 암묵적인 편향으로 둘러대기 어려운 행동들이 드러났다. "흑인 청소년들은 시카고 경찰청 소속 경찰관들이 일상적으로 자신들을 '검둥이' 또는 '짐승 새끼', '똥덩어리'라고 부른다고 말했다. (……) 우리가 면담한 한 경찰관은 개인적으로 동료와 상사 들이 개별 흑인들을 원숭이, 짐승, 야만인, '똥덩어리'라고 지칭하는 것을 들은 적이 있다고 말했다."[65]

주거 분야는 현재 진행 중인 불평등과 차별을 주로 암묵적 편향 탓으로 돌리는 것이 시기상조로 느껴지는 또 하나의 영역이다. 2019년 《뉴스데이》는 롱아일랜드 지역의 부동산 관행에 대해 수년에 걸쳐 축적한 폭넓은 데이터에 기반한 조사 결과를 발표했는데, 거기서 "주택을 구매하려는 사회적 소수자들과 사회적 소수자 주거 지역들에 대해 광범위하게 자행되는 인종분리적이고 불평등한 대우의 증거를 발견했다".[66] 2013년에 사회경제 정책 연구소인 '어번 인스티튜트the Urban Institute'가 발표한 보다 과학적으로 수행된 또 다른 연구는 시간이 지나면서 주택 임대와 판매에서의 인종적 편향이 감소하고 있긴 하지만, "부동산 중개인들과 임대주택 공급자들이 (여전히) 소수자들에게는 동등한 자격을 갖춘 백인들에 비해 더 적은 주택과 아파트를 추천하고 보여준다"라는 사실을 발견했다.[67]

여기서 작동하는 명시적 편향의 역할을 무시하기는 힘들다. 경찰청과 주택시장 관행에 관한 두 조사의 결과가 전반적인 현실과의 관련성이 낮은 특잇값이라고 생각한다면, 그건 과도하게 낙천적인 판단일 것이다. 무슬림들은 미국에 입국하지 못하도록 해야 한다고 명시적으로 요구하는 사람을 대통령으로 선출한 나라에서, 대체로 아무 맥락 없는 설문조사 데이터에 기반하여 명시적 편향이 더는 여러 인종적 결과들을 도출하는 데에서 주요한 역할을 하지 않는다거나, 지금 더 중요한 것은 명시적 편향이 아니라 무의식적인 암묵적 편향이라고 가정하는 것은 시기상조라 느껴진다.

미국의 인종 문제를 이런 모델로 이해하도록 옹호하는 이들은 다양한 불평등을 암묵적 편향 탓으로 돌리려는 열의 때문에 다른 여러 제도의 인종주의 혐의를 벗겨주는 듯이 보일 때가 많다. 경찰관들을 광범위하게 면담하고 연구해온 맥아더상 수상자인 스탠퍼드대 심리학자 제니퍼 에버하트Jennifer Eberhardt는 『편견—무의식, 혐오, 인종 불평등에 관한 사회심리학 보고서』에서 경찰 업무가 개별 경찰관들에게 줄 수 있는 영향을 깊이 고민한다. "'흑인 남성.' '흑인 남성.' '흑인 남성.' '흑인 남성.' 이것이 오클랜드에서 경찰관들이 하루에도 수백 번씩 듣는, 경찰 무전기에서 나오는 소리다." 그녀는 나아가 "반복되는 이미지 짝짓기는 쉽게 흑인과 범죄를 연관 짓게 만들고, 그 연관은 자동화되고, 예상되고, 일상화된다"라고 주장한

다.[68]

　확실히 그렇다. 하지만 경찰관들 스스로는 자신이 피부색이 더 검은 범죄 용의자들을 찾으러 돌아다니고 있으며, 그들과 부정적인 상호작용을 하는 데에 너무 많은 시간을 쏟고 있다는 사실을 모를까? 논점에 더 가깝게 말하자면, 특정 경찰관으로 하여금 그렇게 행동하도록 만드는 모든 힘을 나열했을 때, 암묵적 편향은 얼마나 두드러진 역할을 할까? 암묵적 편향에 초점을 두는 것 자체가, 그처럼 많은 법 집행이 끔찍한 결과로 이어진 원인이 힘 있는 자리에 있는 특정한 사람들이 내리는 명시적 결정에 있다는 사실을 가릴 수 있다고 믿을 강력한 이유가 있다. 뉴욕경찰청 소속 경찰의 손에 목이 졸려 사망하는 장면이 영상으로 녹화된 에릭 가너Eric Garner는 길거리에서 "루지(개비 담배)"를 판매한다는 혐의로 경찰의 기습 단속에 걸려드는 바람에 끔찍한 죽음을 맞았다. 그 기습 단속은 뉴욕경찰청이 내린, 특정한 방식으로 법을 집행하기로 한 특정한 정책 결정에 따른 것이었고, 일반적으로 그런 종류의 '민생 치안' 활동이 백인 거주 비율이 높거나 더 부유한 동네를 불시에 폭력적으로 덮칠 가능성은 적다. 게다가 가너는 1993년에 이미 경찰에서는 쓰지 못하도록 불법화된 기도압박식 구속법에 의해 살해됐으니, 문제의 그 경찰관이 뉴욕경찰청이 명시한 정책만 따랐더라도 사망은 피할 수 있었을 터였다.[69]

　비슷한 맥락에서 조너선 칸은 다음과 같이 지적한다. "유럽과 미국의 경찰 관행에서 중요한 '구조적' 차이 중에는 1989년 미국 대법원이 경찰이 중대한 해가 임박했음을 '합리적으로' 지각한 경우, 치명적인 무력 사용이 헌법에 비추어 허용될 수 있다고 판결한 것이 있는데", 유럽 국가들의 경우에는 '절대적으로 불가피하게'라는 더 엄격한 기준이 적용된다.[70] 이 사실은 왜 미국 경찰이 유럽 경찰보다 일반 시민을 쏘는 일이 훨씬 많은지 설명하는 데 도움이 될 수 있다. 다른 요인들도 있다. 미국 길거리에 돌아다니는 총기의 숫자와 우리의 누더기 같은 정신건강 관리 체계 문제다. 미국에서는 취약한 사람들이 더 많이 노숙으로 내몰리고, 실질적으로 비숙련 위기 상담사 역할을 담당하곤 하는 경찰과 위태롭게 대면하는 위험에 처하게 된다. 이 모든 일이 적어도 부분적으로는 특정한 정책 결정들의 결과다. 여기서 암묵적 편향을 특별히 중요한 변수로 상정하는 것은 훨씬 더 중요한 정책 결정이라는 요인을 지우는 위험을 무릅쓰는 것이다. 암묵적 편향을 다루는 문헌의 결점들과 의문점들, 그리고 IAT 자체의 불안정성을 인식한다면 더욱더 그러하다.

이런 일들에 비추어 봤을 때, 우리가 암묵적 편향이 지금 미국의 인종적 불평등을 형성하는 데 얼마나 큰 역할을 했는지 전혀 모른다는 사실은 분명하다. 미국에서 불평등을 더 잘 이해하고 더 잘 대응하기 위해 헌신하는 많은 사람이 암묵적 편향을 가장 장래성 있는 방법이라 믿지 않는다는 사실에 놀라서는 안 될 것이다. 스탠퍼드대 사회학자 로브 윌러Robb Willer는 내가 처음 IAT에 관한 기사를 냈을 때 이렇게 말했다. "전 무의식적인 인종적 편견이 사실이고 필연적이라고 생각합니다. 하지만 저는 미국에서의 인종적 불평등은 아마도 빈곤 집중, 인종 간 부의 격차, 차등적인 폭력 노출도, 유아기 교육 가능성 같은 구조적인 요인들이 더 많이 추동하리라고 생각합니다.”

인종적 결과들이 얼마나 다방면으로 모습을 드러내고 있는지 고려한다면, 암묵적 편향이 지금껏 받아온 관심과 돈을 정당화할 만큼 큰 역할을 하고 있는지 증명하는 부담은 암묵적 편향 전도사들에게 지워져야 한다. 그들은 여태 설득력 있는 논거를 대지 못했다.

+

IAT의 인기는 인종 관련 논의의 어떤 측면들을 거꾸로 뒤집어놓았다. 암묵적 편향이 사회심리학자들의 주요 관심 분야인 것은 누군가 암묵적 편향 중심의 접근 방식들을 비판하는 사람들이 틀렸다고 증명했기 때문이 아니라, 사용 가능한 가장 유명한 반인종주의 도구가 하필 암묵적 편향에 관한 것이기 때문이다. 물론 매우 인간적인 경향성에 사로잡힌 이런 사람들이 IAT 전문가들이 처음은 아닐 것이다. 철학자 콘래드 브런크Conrad Brunk는 “‘망치를 든 사람에겐 온 세상이 못으로 보인다’라는 속담처럼, 하나의 알고리듬을 가진 전문가에겐 세상의 모든 의사 결정이 그 알고리듬으로 설명되는 것처럼 보일 수 있다”라고 지적한다.[71]

패트릭 포셔Patrick Forscher는 프랑스 그르노블 알프스대 연구자이다. 그는 예전에 아칸소대에서 집단 간 관계 연구실을 운영했고, 캘빈 라이와 함께 그다지 인상적이지 않은 결과들을 도출했던 2019년의 주요 IAT 메타분석 논문에 주저자로 참여했다. 연구를 진행할수록 더욱 IAT를 회의하게 된 그는, 자신이 더는 그 검사를 이용하지 않으며 자기가 하는 자문 일에서도 사용을 권하지 않는다고 공개적으로 말하고 쓰는 지경에 이르렀다.

포셔는 IAT 담론이 영속하는 데는 적어도 부분적으로는 과학 외적인 정치적 이유들이 있다고 믿는다. 그는 이렇게 말한다. "문제는 암묵적 측정 수단들, 특히 IAT가 미국에 사회 집단 간 불평등이 존재하는 이유에 관한 정치적 서사의 결정적인 일부가 되었다는 점이다. 따라서 암묵적 측정 수단들에 관한 주장들은 어느 범위에서는 단순한 과학적 주장들이 아니라 정치적인 주장들이다." 이 때문에 IAT를 비판적으로 평가하기가 더 힘들어진다. 과학적 아이디어들이 이런 식으로 정치화되고, '우리 모두 암묵적 인종주의를 측정하는 일이 엄청나게 중요하다고 생각하는데, 당신은 왜 이 검사의 중요성을 부정해?' 식으로 개별 주장을 지지하거나 비판하는 것이 단지 과학적 행위가 아니라 정치적 행위로 간주될 때 설익은 아이디어들이 더 번성하기 쉬워진다.

포셔는 "너무 협소하게 암묵적 편향에 초점을 맞추다가는 자칫 인종적 불평등처럼 암묵적 편향에 기인한다고 주장되는 문제들의 복잡한 성질을 무시할 위험이 있다. 인종적 불평등처럼 끈질기고 오래 지속되는 문제는 한 가지 원인으로 발생하지는 않을 것이다. 그렇다면, 인종 격차 같은 문제들을 해결하는 데 관심이 있는 심리학자들이라면 의도적이거나 구조적인 과정들 같은 불평등의 다른 가능한 원인을 조사해볼 가치가 있다"라고 말한다. 심리학자들이 이런 다른 원인들을 완전히 무시하는 건 아니다. 그저 IAT가 문화적, 학문적 공명의 힘으로 돈과 연구자들을 빨아들이는 강력한 중력 우물을 형성했을 뿐이다. IAT를 연구하면 쉽게 정량적 데이터를 생성해낼 수 있고, 미국 내 인종 문제에 관한 흥미롭고도 도발적인 서사를 홍보하는 데 도움이 되며, 심각한 인종 문제를 해결하는 가장 대중적이고 널리 알려진 현대적 접근 방식에 동참할 수 있다.

이 장을 연 스타벅스 이야기는 이 아이디어의 범위와 폭을 보여준다. IAT는 당시 매우 강력했던 문화적 밈이어서 다들 단순하게 문제가 된 관리자가 암묵적 편향에 따라 행동하고 있다고 가정했다. 사실 그가 그랬다는 증거는 없다. 일진이 나빴던 관리자가 무고한 손님에게 짜증을 퍼부었을 가능성부터 그가 명시적인 인종차별주의자일 가능성까지, 그냥 무시돼버린 셀 수 없이 많은 다른 가능성이 있다. 지금 우리가 미국의 인종적 사건들을 암묵적 편향을 통해 얘기하는 경우가 많은 탓에 그런 가능성 자체가 무시된 것이다.

+

암묵적 편향 편을 마무리하기 전에, 한 가지가 더 얘기될 필요가 있다. 기관들이 '개인들의 편향 수준을 측정하거나 바꾸려고 시도하지 않고서도' 암묵적 편향의 잠재적 해악에 대응할 수 있다는 점이다. 이건 매우 중요하다.

이런 식으로 생각해보자. 비백인처럼 들리는 특정한 이름들에 부정적으로 반응해서 그런 이름을 가진 지원자를 불리한 입장에 두는 경향이 있는 채용 관리자를 가정하는 건 데이터상으로 합리적으로 보인다. 또 합리적으로 보이는 가정을 해보자. 특정 순간의 상황적 요인들이(당시에 채용 관리자가 얼마나 배가 고픈지? 얼마나 피곤한지? 얼마나 지루한지?) 충동의 강도에 영향을 미칠 수 있다고 말이다. 그런 상황적 요인들에다 암묵적 편향 자체가 가진 더할 나위 없는 복잡한 특성을 더하고 거기에다 지금껏 잘 설명된 IAT 검사의 결정들까지 더하면, 문제의 채용 관리자를 암묵적 편향으로부터 자유롭게 해줄 방법은 고사하고 해당 순간에 그 채용 관리자가 얼마나 암묵적으로 편향되었는지 알아낼 좋은 방법은 없다.

이 지점이 우리가 파워 포즈 장에서 논의한 것과 같은 제도적 개혁들이 다시 필요해지는 지점이다. 차별이 발생할 수 있는 상황에서는 개별 결정권자들의 편향 정도를 아느냐 모르느냐, 또는 그 편향이 개별 결정에 영향을 미치느냐 아니냐를 따지는 것이 '중요하지 않다'. 독감 백신 접종을 할 때 각 개인이 정확하게 얼마나 독감에 걸리기 쉬운지 따지는 것이 중요하지 않은 것과 마찬가지이다. 우리는 선택의 과정에 증거에 기반한 영리한 방식의 개혁을 도입함으로써, 개인적 차원에서 편향을 '측정'하는 어렵고 부정확한 작업을 전적으로 회피하면서 전반적인 편향 가능성을 줄일 수 있다. 특히 체계 없이 진행되는 면접들이 지원자들의 잠재성을 평가하는 수단으로서는 아무 가치가 없는 반면, 동종성이나 암묵적 편향을 포함한 다른 무수한 편향들이 개입하기에 딱 좋은 환경을 만든다는 사실을 상기해보라. 그러면 그것들을 폐지하지 않을 이유가 무엇인가?

면접 폐지에 따르는 전통과의 단절이 고통스러울지는 모르겠으나, 면접을 폐지하거나 최소한 채용 과정에서 비중을 줄이기만 해도 차별적 영향력들이 침투할 가능성을 줄일 수 있다. 이름처럼 이력서와 자기소개서에 명시되는 정보 중 편향을 자극할 가능성이 있는 일부에 대해서도 마찬가지다. 면접에 관한 연구 결과들을 해석하는 데에 약간의 모호함도 있겠지만, 그 연구들이 백인 응시자를 선호하는 편향을 드러낸 것은 분명하니, 그저 채용 과정의 첫 단계에서 이름을 제거하는 것으로 이 영역에서 암묵적 (또는 명시적) 편향 가능성의 싹 자체의 잘라버릴 수 있다.

그러니 IAT의 약점에도 불구하고, 특정한 영역들에서 편향의 영향을 줄이는 것에 낙관적 전망이 있을 수 있다. 때로 의사 결정 구조를 좋은 방향으로 바꾸는 일이 가능하다. 그런 개입들은 만병통치약도 아니고 늘 효과가 있는 것도 아니며 각각의 장점을 평가받을 필요가 있다. 여기서 요점은 그런 아이디어들이 유망해 보이는 이유는, 개인들의 특성을 무시하지 않고 현실적인 방식으로 사회와 직장 체계들로부터 영향을 받는 방식에 집중하며 우리 행동에 대응하도록 설계되었다는 것이다. 물론, 경영대학원 여학생들을 더 자신만만하게 보이도록 훈련하거나 고용 관리자를 암묵적 편향을 덜 갖도록 훈련할 수도 있지만, 애초에 과도한 자신감이 과하게 보상을 받지 않도록 성적 평가 방식을 변화시키고, 채용 과정에서 암묵적 편향이 의사 결정에 개입할 여지를 주지 않는 쪽으로 바꾸는 편이 더 큰 성공을 거두리라고 믿을 만한 충분한 이유가 있다. 이러한 접근 방식들은 지금보다 더 많은 관심을 받을 가치가 있다. 다시 말하지만, 문제는 이런 접근 방식들이 개인들을 개혁하겠다고 약속하는 개입들만큼 유혹적이지 않다는 점이다.

8 잠재의식 효과와 심리학의 재현성 위기

인간이 자신도 이해하지 못하는 어떤 힘들의 영향을 받는다는 발상에 매료되는 건 놀라운 일이 아니다. 무엇보다 우리 인식의 토대에 대해 아직 밝혀지지 않은 부분이 상당하니 말이다. 요컨대 많은 일이 '비밀리에' 진행되고 있다. 내가 왜 케일을 좋아하는지, 요전에 왜 갑자기 슬퍼졌는지, 또는 몇 주 전에 만난 그 사람이 왜 그렇게 섬뜩하게 느껴졌는지 설명하기 어려울 때가 많다.

이런 질문들이 결국 엄청난 영향력을 미친 사회심리학 개념인 '사회적 프라이밍social priming*' 연구를 낳았다. 가명을 쓰는 신경과학자이자 과학 저술가인 뉴로스켑틱Neuroskeptic은 '사회적 프라이밍'을 '미세한 신호가 인간의 무의식에 작용해 행동에 큰 영향을 줄 수 있

---

* 프라이밍(점화)은 시간적으로 먼저 제시된 자극이 뒤에 제시된 자극의 처리에 무의식적인 영향을 미치는 현상을 이르는 심리학 용어다.

다는 아이디어'라 정의했다.[1] 사회적 프라이밍은 근래에 사회심리학이 다른 심리학 분야보다 대중의 관심을 받는 주요 원인 중 하나다. 사회적 프라이밍은 암묵적 연관 검사의 토대에도 있으며, 전문가들이 과학적 사실로 받아들이는 많은 연구 결과를 내놓았다.

물론 무의식이 우리 행동과 선호에 영향을 미치고 있을 가능성을 생각한 사람이 심리학자들이 처음은 아니다. 그런 가능성은 프로이트 이전에도 이미 수천 년에 걸친 추측과 이론화의 주제였다. 셀 수 없이 많은 사례 중에서 하나를 살펴보면, 플라톤은 『국가』에서 (소크라테스를 등장시켜) 인간의 영혼을 세 가지 생물로 구성되는 것으로 설명했다. 하나는 인간이고, 다른 하나는 사자이고, 나머지 하나는 "고대 전설들에 따르면, 키마이라(나) 스킬라, 케르베로스(와 같은) …… 예전에 있었던 그런 생물 중 하나"이다. 플라톤이 주장하기를, 불의를 행하는 것은 "사자에 관한 모든 것뿐만 아니라 여러 요소가 뒤섞인 그런 짐승을 배불리 먹여 힘을 키우는 것이요, 인간을 굶겨 쇠약하게 만드는 것이니, 그리하여 인간은 다른 둘이 이끄는 대로 어디로든 끌려가게 되니라". 반면에 정의를 행하는 것은 "내면의 인간에게 인간에 대한 가장 강력한 지배력을 주는 일을 하는 것이요, 인간으로 하여금 농부처럼 머리 여럿 달린 짐승을 돌보게 하여 그 상냥한 머리들을 먹이고 길들여 야만적인 머리들이 자라나지 않도록 막는 것이니라".[2]

우리 행동이 우리가 알지 못하거나 기껏해야 어렴풋이 알 뿐인 경쟁적인 힘들의 통제를 받는다는 아이디어는 내구성이 상당히 뛰어나다고 해야 하리라. 1950년대 미국에서는 이 아이디어가 관련된 다른 아이디어들로 점차 보완되고 있었다. 인지적으로 봤을 때 외부 세계의 특정 사건들이 우리가 모르는 사이에 우리 행동을 이리저리 휘두른다는 아이디어들이었다. 팝콘이 촉발한 도덕적 공황이 미 전역을 덮친 것도 그때였다. 음, 정확하게 말하자면, 팝콘과 콜라였다.

1957년에 광고 전문가이자 사회심리학자인 제임스 비커리James Vicary는 무고한 영화 관객을 대상으로 엉뚱한 실험을 했다고 발표했다. 그의 '대상들'은 뉴저지주 포트리에 있는 한 극장에 〈피크닉〉이라는 영화를 보러 온 이들이었다. 〈피크닉〉은 노동절 아침에 캔자스주 작은 마을에 굴러 들어온 어느 잘생긴 떠돌이가 (잘생긴 떠돌이들이 곧잘 그러듯이) 일으키는 소동을 그린 영화였다. 관객들이 영화를 보는 중에 '팝콘을 먹어라'와 '콜라를 마셔라'라는 지시문이 미처 알아차리지도 못할 만큼 짧은 시간 동안 화면에 비쳤다 사라졌다. 하지만 의식되지 않은 메시지는 관객들의 식욕에 영향을 미쳤다. 비커리는 그 교묘한 장치의 결과로 콜라 판매량이 18퍼센트 늘어났고, 고객들이 평소보다 팝콘을 58퍼센트나 더 먹었다고 발표했다.

전 국민의 분노가 폭발했다. 잠재의식의 영향력에 대한 미국인들의 반복적인 관심을 다룬 심리학 연구자 앤서니 R. 프랫커니스Anthony R. Pratkanis의 1992년 《스켑티컬 인콰이어러》 논문에 따르면,[3] 비커리의 묘기는 수많은 분노에 찬 기사들뿐만 아니라 미 연방통신위원회의 조사를 거쳐 연방통신위원회와 전미방송협회 양측에서 내린 해당 관행에 대한 공식적인 금지 조치로 이어졌다. 명망 높은 언론인이자 평화운동가인 노먼 커즌스Norman Cousins는 「1984에 오신 것을 환영합니다」라고 쓴《새터데이 리뷰》기사로 잠재의식 광고에 경종을 울렸다. "현대 사회에서 인간 영혼의 사적 자유를 보호하는 것보다 더 중요한 일은 없다"라고 그는 경고했다.[4]

하지만 참조할 수 있는 모든 증거는 비커리의 '연구'가 전혀 그런 것이 아니었다고 말한다. 그 연구 결과는 동료 평가를 거친 완전한 형태로 출판된 적이 없고, 실험 자체가 완전한 사기였음을 암시하는 몇몇 증거도 있다.[5] 하지만 광고주들이 소비자들을 조정하는 데 쓴다고 추정되는 최첨단 기술들을 폭로한 밴스 패커드Vance Packard의 1957년 출간작『감춰진 설득자The Hidden Persuaders』와 함께 그 사건은, 냉전 시대 미국인들이 나쁜 세력들이 자신들에게 모종의 비밀공작을 펼치고 있다는 공포에 어느 정도까지 사로잡혀 있었는지를 조명해주었다.(특히 한국전쟁 중에 북한에 포로로 잡힌 미국 병사들이 세뇌되어 자신의 조국과 조국의 가치에 관해 끔찍한 말을 해대는 무서운 사건들이 이어진 뒤, 당연히 이런 공포는 공산주의자들에 대한 우려와 뒤섞였다.[6])

잠재의식적 메시지라는 유령은 공포를 불러일으켰지만, 무언가를 팔려는 사람들에게는 분명한 장점이 있었다. 그 후 수십 년 동안 셀 수 없이 많은 자칭 전문가들이 잠재의식적 설득의 힘을 이용하는 열쇠를 발견했다고 주장했다. 행상꾼들과 진짜 믿는 자들이 너나없이 가게를 차리고 각자 주장하는 기술의 힘에 기반하여 판매원들을 판매하려 했다. 윌슨 브라이언 키Wilson Bryan Key의 1973년 베스트셀러

『잠재의식의 유혹Subliminal Seduction』은 비커리의 팝콘 '연구'를 실제 사건으로 취급하며 그 주제에 대한 그럴듯한 개요를 제공했다.[7]

잠재의식적 메시지라는 개념이 미국 사회에 어찌나 깊이 배어들었는지, 대중문화의 정점이라 할 〈심슨 가족〉에까지 영향을 미쳤다. 한 초기 에피소드에서 호머는 식욕 억제에 도움이 된다고 광고하는, 자면서 듣는 잠재의식적 메시지 오디오 카세트를 사는데 무슨 착오인지 어휘 학습용 테이프가 온다. 그런데 효과가 좀 지나치게 좋다. 마지가 식욕이 감퇴하는 것 같냐고 묻자, 대개 단음절어를 쓰는 그 얼간이가 이렇게 대답한다. "아, 통탄할 일이지만, 아니야. 미식에 대한 내 탐욕은 포만감을 몰라."(같은 에피소드에서, 나중에 어휘 학습용 테이프의 효과가 사라진 뒤 호머는 아이스크림 통을 들고 이렇게 말한다. "마지, 그거 뭐지…… 금속판…… 음식…… 파는…… 거?" 마지가 대답한다. "숟가락?")

잠재의식적 메시지와 대중문화의 훨씬 암울한 교차 사례로는, 영국의 헤비메탈 밴드인 주다스 프리스트Judas Priest가 1985년 12월에 두 미국인 청년의 죽음을 유발한 혐의로 피소된 사건이 있다. 두 청년은 주다스 프리스트의 앨범인 〈스테인드 클래스〉를 몇 시간 동안 반복해서 듣다가 권총으로 자살했다. 한 명은 즉사했고, 다른 한 명은 그때 입은 부상으로 3년 뒤에 사망했다. 유가족들은 앨범 곳곳에서 두 단어로 된 음침한 명령 '두 잇Do it'이 들리는데, 그것이 자살 충동을 유발했다고 주장했다. 《뉴욕 타임스》는 "증인석에 선 주다스 프리스트의 리드싱어인 롭 핼퍼드Rob Halford는 그 소리가 자신의 숨

소리가 녹음된 것일 뿐이라고 증언하며, 자신의 주장을 증명하기 위해" 법정에서 앨범에 수록된 노래 한 곡을 부르기까지 했다고 보도했다. 밴드는 승소했다.[8] 이 온갖 공포와 흥분에도 불구하고 현실에서 잠재의식 광고의 효과는, 적어도 '아주 미약한 효과'는 있다고 나온 1996년의 한 메타분석 결과를 제외하면 밝혀지지 않았다.[9]

그렇다고 인간이 스쳐 지나가거나 하찮아 보이는 정보에 의해 미묘한 방식으로 영향을 받을 수 있다는 발상이 완전히 터무니없다는 의미는 아니다. 사회적 프라이밍을 낳을 프라이밍 분야는 다른 이야기를 한다. 이 분야는 20세기 중반 즈음부터 우리 곁에 있었다. 이를 잠재의식 메시지 광풍의 더 과학적인 판본이라 부르자. 프라이밍 연구의 선구자들은 상당히 단도직입적이다. 예를 들어, 1950년의 한 연구에서 MIT 학생들은 새로운 강사에 대해 동일한 정보를 받고서도, 그 강사가 '차갑다'라는 얘기를 들었을 때보다 '따뜻하다'라는 얘기를 들었을 때 그를 더 호의적으로 평가했다.[10]

프라이밍 개념 자체가 심리학 용어로 편입된 건 1년 뒤인데, 인간이 얼마나 수월하게 말을 조합해내는지에 관한 심리학자 칼 래슐리Karl Lashley의 논문을 통해서였다.[11] 그리고 1958년에 L. H. 스톰스L. H. Storms가 학생들에게 암기할 단어 목록을 준 뒤에 시행한 자유연상 과제에서 앞서 주었던 단어들이 튀어나올 가능성이 예상보다 크다는 사실을 우연히 발견했다.[12] 2년 후에, 시드니 시걸Sydney Segal과 C. N. 코퍼C. N. Cofer는 실험 참여자들에게 해당 단어들을 암기하거나 명시적으로 떠올리라고 요구하지 않고 단순히 노출하는 것만으로도 유사한 효과를 얻을 수 있음을 보여주었다.[13] 이런 연구 결과들을 포함한 초기의 핵심적인 프라이밍 연구들은 실험 대상자들이 해당 단어들을 기억하지 못할 때조차, 그 단어들이 실험 대상자들의 뇌 속 어딘가에 고정되지 않는 상태로 부유하고 있음을 논증했다. 이후 과제를 수행하는 동안 그 단어들이 튀어나올 가능성이 여전히 예상보다 컸던 것이다.[14]

왜 이런 효과들이 존재할까? 연구자들은 프라이밍이 근본적으로 진화가 만들어낸, 우리가 세상을 살아가는 데 도움이 되는 인식적 지름길의 하나라고 믿는다. 우리가 우리에게 던져지는 모든 자극을 의식적으로 사고하여 일일이 해결해야 한다면, 우리는 판단 적체로 마비될 것이다. 진화적 사고로 보자면, 그건 우리보다 더 크고 굶주린 무언가에게 즉각 잡아먹힌다는 의미다. 우리의 프라이밍 잠재력은 부분적으로는 자각적 인식이 값비싸다는 데 기인한다. 개를 볼 때마다 지금 보고 있는 동물이 정확하게 무엇인지, 그리고 그 동물에게서 무엇을 기대해야 하는지 애써 생각해야 한다고 상상해보라. 이를테면, '다리가 네 개고, 털이 많은 편이고, 꼬리를 흔들고 있고, 우호적일 것 같은데……', 이런 식으로 말이다. 대신에 개를 보면 우리 머릿속에서는 거의 자동으로 갯과 동물과 관련된 연상의 망이 활성화된다.

덜 수고스러운 사고가 좋은 것일 수 있다는 일반적인 개념은 사회적 프라이밍이라는 말이 나오기 훨씬 전인 20세기 초기 영국 철학자이자 수학자인 앨프리드 노스 화이트헤드Alfred North Whitehead가

웅변적으로 요약한 바 있다. "온갖 교과서와 명사들의 연설에서 되풀이되는, 우리가 무엇을 하고 있는지 생각하는 버릇을 길러야 한다는 공리는 크게 잘못되었다. 정반대다. 문명은 우리가 생각하지 않고서도 수행할 수 있는 중요한 작용의 수를 늘림으로써 진보한다. 사고작용은 전장에서 운용하는 기병대 돌격과 같다. 쓸 수 있는 횟수가 아주 제한적이고, 매번 새로운 말들이 필요한 데다 결정적인 순간에만 써야 한다."[15]

이론적으로 프라이밍 효과들이 우리가 간신히 알아챌 수 있는 자극과 아예 전혀 눈치채지 못하는 자극 모두에 의해 촉발될 수 있다는 사실에 주목할 필요가 있다. '무의식적'이라는 건 그 자극이 우리 인식이나 행동에 미치는 영향이지, 자극 자체일 필요는 없다. 프라이밍 연구를 넘어 사람들이 의식하지 못하는 자극들이 어떤 식으로든 영향을 줄 수 있으며, 더 단순화하고 의인화하자면 뇌의 한 부분이 다른 부분들이 알아차리지 못하는 뭔가를 알아차릴 수 있다는 개념마저 이미 확고하게 자리를 잡았다. '맹시Blindsight*'에 관한 연구는 매혹적인 연구 주제로 이 점을 논증했다. 무언가를 본 의식적 경험이 없을 시각장애인들이 어떤 경우에는 눈으로 그 자극원을 확인했을 때만 가능한 방식으로 반응한다는 것이었다.

프라이밍에 관한 다양한 연구 결과들이 1950년대 초반부터 발표되었지만, 이 주제에 관해 사회심리학자들이 흥분한 것은 E. 토

---

*   시각장애인들이 시각 자극 처리에 대한 의식적 경험 없이 무의식적으로 광원이나 시각적 자극을 처리하는 현상을 말한다.

리 히긴스E. Tory Higgins와 윌리엄 롤스William Rholes, 칼 존스Carl Jones가 모든 내용을 '사회적 프라이밍'이라는 개념으로 깔끔하게 요약하여 중요한 연구 결과의 형태로 출판한 1977년부터였다. 히긴스와 동료들은 예순 명의 프린스턴대 학생 집단에 인지 실험을 한다고 알려주고서, 실험 과정에서 '성격적 특성을 나타내는 여러 용어'에 노출시켰다. 그런 다음 학생들은 도널드라는 이름의 한 남자에 관한 다음 글을 읽었다.

도널드는 자신이 생각하는 흥분이라는 것을 추구하는 데 엄청나게 많은 시간을 쏟는다. 그는 이미 맥킨리봉을 등정했고, 카약을 타고 콜로라도 급류를 통과했으며, 데몰리션 더비에서 차를 몰았고, 보트에 대해서 잘 모르는 채로 제트엔진을 단 보트를 몰았다. 그는 여러 번 다쳤고 죽음을 감수했다. 이제 그는 새로운 흥분을 찾고 있다. 스카이다이빙을 해볼 수도 있고, 아니면 요트로 대서양을 건너볼 수도 있겠다고 생각한다. 그가 행동하는 방식에서 우리는 도널드가 여러 일을 잘 해내는 자신의 능력을 잘 안다고 쉽게 짐작할 것이다. 업무적 관계를 제외하면, 도널드의 인간관계는 다소 제한적이었다. 그는 진심으로 누구에게도 의지할 필요가 없다고 느꼈다. 일단 마음만 먹으면 도널드에게는 아무리 오래 걸리는 일도, 아무리 하기 어려운 일도 이미 다 된 것이나 다름없었다. 생각을 바꾸는 편이 훨씬 나았을 때조차도 그가 생각을 바꾸는 일은 아주 드물었다.

일부 학생들은 인지 실험 중에 '무모한', '자만하는', '무관심한' 과 같이 도널드를 부정적으로 묘사할 수 있는 단어들에 노출되었고, 다른 학생들은 '모험적인', '자신만만한', '독립적인'과 같이 그를 긍정적으로 묘사할 수 있는 단어들에 노출되었으며, 3분의 1은 도널드나 그의 모험에 적용되지 않을 단어들에 노출되었다.

연구자들은 그런 단어들에 잠시 노출되는 것이 의도적으로 모호하게 쓰인(그리고 시범 학생 참여자 집단을 통해 그렇다고 확인된) 도널드에 관한 글에 대한 학생들의 평가에 영향을 주는 것을 발견했다. '무모한', '자만하는', '무관심한'에 노출된 대상자들은 도널드를 엄벙덤벙하는 멍청이라고 볼 가능성이 큰 반면, '모험적인', '자신만만한', '독립적인'에 노출된 이들은 재미를 즐기는 모험가 유형으로 볼 가능성이 컸다. 표본 규모가 아주 작긴 해도, 도널드에 관해서 읽기 전에 긍정적인 단어들에 노출된 학생 열 명 중 일곱 명이 도널드를 긍정적으로 보았고, 한 명이 부정적으로, 두 명이 복합적으로 보았다. 부정적인 자극원 단어들에 노출된 열 명의 학생 중에서는 오직 한 명만이 도널드를 긍정적으로 보았고, 일곱 명이 부정적으로, 두 명이 복합적으로 보았다.[16] 연구자들은 아무런 연관이 없는 과제에서 특정 단어들을 노출하는 것만으로, 그것도 학생들에게 그 단어들이 어떤 영향을 미치는지 전혀 알 수 없는 상태로 노출하는 것만으로 그 학생 집단이 모호한 상황을 해석하는 방식에 상당한 영향을 미칠 수 있는 것을 발견했다.

수십 년 뒤에 존 바그John Bargh와 타냐 차트런드Tanya Chartrand는 이 연구가 "처음으로 개인의 최근 경험이 어떻게 수동적이고 의도하지 않은 방식으로 다른 사람의 행동에 대한 인지적 해석에 영향을 미치는가를 밝혔다"[17]라고 썼다. 그리고 이것은 인간 본성에 호기심이 있는 사람이라면 누구나 약간은 들뜨게 만드는 종류의 발견이다. 다른 사람에 대한 우리의 판단이 이처럼 엉뚱한 자극들에 쉽게 흔들릴 수 있다면, 이는 인간의 사회적 관계에 관련된 많은 것들에 의문을 제기하게 만든다.('사회적 프라이밍' 효과가 사회생활과 아무 관련이 없는 경우에도 나타난다는 점을 주의할 필요가 있는데, 그 때문에 이런 현상들을 행동적 프라이밍 같은 뭔가 다른 이름으로 불러야 한다고 주장하는 사람들도 있다. 나는 가장 일반적으로 쓰이는 용어인 '사회적 프라이밍'을 계속 쓸 예정이다. 문제의 현상이 미묘하거나 무의식적인 영향력에 관여해 무의식적인 방식으로 행동이나 사고를 변화시킨다면, 그것이 바로 사회적 프라이밍이다.)

사회적 프라이밍은 1990년대 중반에 시작되어 아마도 20여 년 동안 가장 유명한 심리학 주제 중 하나였을 것이다. 그 폭발적 성장은 대체로 예일대 사회심리학자인 존 바그의 연구 덕분인데, 그 이름 자체가 어느 정도 이 학문 영역과 동의어처럼 쓰인다. 그는 1990년대에 뉴욕대에서 연구실을 운영하면서 널리 주목받는 다수의 연구 결과들을 내놓아 사회적 프라이밍의 대중화에 크게 이바지했다. 아마도 그중 으뜸은 마크 챈Mark Chen과 라라 버로스Lara Burrows와 함께 써《성격 및 사회 심리학 저널》에 출판한 1996년 논문일 터인데, 이 논문에서 연구자들은 단어 맞히기 과제를 통해 '플로리다', '늙은', '외로운', '주름진'과 같은 노인들과 연관되는 단어들을 일부 실험 참여자들에게 노출했다. 연구자들의 동료들이 측정한 바에 따르면, 이 단어들에 노출된 참여자들은 노출된 뒤에 그런 식으로 프라이밍되지 않은 대조군 참여자들보다 천천히 복도를 오갔다. 저자들은 "자극물들에 시간이나 속도를 암시하는 단어가 없었기에, 그 연구 결과는 고령 프라이밍 자극들이 기억 속에 고령에 관한 편견을 활성화했고, 그 결과로서 참여자들은 그렇게 활성화된 편견에 일관되는 방식으로 행동했음을 시사한다"[18]라고 썼다.

이런 실험이 왜 이처럼 매혹적으로 느껴지는지는 쉽게 알 수 있다. 고령 프라이밍 실험 결과는 알아차리기 힘든 영향력이 우리의 판단이나 의사결정뿐만 아니라 대체로 완전하게 의지의 지배를 받는다고 여기는 신체적 행동의 영역들에도 미침을 시사한다. 단순히 고연령층에 연관되는 단어들에 잠시 노출되는 것만으로 우리가 고연령층에 대한 편견을 체화하고 고연령층과 비슷한 방식으로 움직일 수 있다는 생각은 놀랍고 흥미로우면서도, 잠재의식적 메시지 때문에 팝콘을 산다는 생각이 무서웠던 이유와 같은 이유로 약간 무섭게 느껴진다.

고령 프라이밍 연구가 완전히 주류 쪽으로 '치고' 넘어간 첫 프라이밍 실험이라면, 그건 시작에 불과했다. 사회적 프라이밍은 이내 매혹적인 발견을 연이어 쏟아내기 시작했다. 한 연구에서는 돈을 떠올리는 것만으로도 사람들이 자유시장 자본주의에 더 순응적인 태도를 보였다.[19] 다른 연구에서는 학생들에게 '교수'라는 단어를 프라이밍하면 쪽지 시험에서 더 좋은 점수가 나왔다.[20] 잠재의식의 영향력 광풍을 지켜본 이라면 이런 실험 몇 가지 정도는 익숙하게 느껴질 것이다. 연구자 조핸 캐러맨스Johan Karremans, 볼프강 슈트뢰브 Wolfgang Stroebe, 재스퍼 클라우스Jasper Claus는 심지어 비커리의 가짜 연구와 상당히 유사한 연구 결과를 '비커리의 공상을 넘어'라고 부르며 출판하기도 했다. 그들은 립톤 아이스티 브랜드를 의식적으로 알아차릴 수 없는 아주 짧은 시간 동안 사람들에게 노출하여 프라이밍한 결과, 사람들이 이미 목이 마른 상태였고, 비록 잠깐이긴 했지만 음료를 더 많이 원했다고 밝혔다.[21]

어느 시점에서 사회적 프라이밍 분야는 인상적일 뿐만 아니라 놀라운, 어떻게 보면 기적처럼 보이기까지 하는 연구 결과들을 쌓아 올리기 시작했다. 예를 들어 2011년에 한 연구팀은, 논문 제목에 따르자면, "미국 국기에 대한 단 한 번의 노출이 8개월 후 공화당 정책에 대한 지지를 끌어올린다"라는 사실을 발견했다.[22] 2012년에 출판된, 대학생들을 표본으로 한 또 다른 연구는 로댕의 유명한 조각상 〈생각하는 사람〉에 노출되었을 때, 다른 유명한 고대 그리스 조각상인 〈원반 던지는 사람〉에 노출되었을 때에 비해 100점을 만점으로 한 신앙심 지표에서 20점이나 낮은 점수를 기록했음을 밝혔다.[23]

짧은 기간이긴 했지만, 세상에서 제일 똑똑하다는 몇몇 사람들이 동시에 사회적 프라이밍이 매우 확고하고 근거가 분명하며 기적적인 효과를 나타낸다고 믿은 시기가 있었다. 2011년에 노벨상을 받은 행동경제학자 대니얼 카너먼은 숙고하는 합리적 인식과, 감이나 속단에 기반한 인식의 차이를 설명한 극히 중요한 책인『생각에 관한 생각』에서 사회적 프라이밍의 힘에 관해 이렇게 말했다. "프라이밍 연구 결과들을 청중들에게 설명하면 종종 믿을 수 없다는 반응이 나왔다." 한 단락 뒤에는 또 이렇게 말했다. "그러나 불신은 선택지가 아니다. 그 결과들은 만들어낸 것도 아니고, 통계상의 우연도 아니다. 우리는 이런 연구의 주요 결론들이 참이라는 사실을 받아들이는 수밖에 없다."[24] 10년쯤 전에 카너먼이 프라이밍 연구를 얼마나 굳게 믿고 있었는지 알 수 있다.

하지만 일부 프라이밍 연구는 정말로 인간 행동과 의사결정에 관해 우리가 알고 있던 많은 것을 잊어버리라고 넌지시 요구한다. 예를 들어, 2007년《미 국립과학원회보》에 출판된 국기에 관한 연구 논문을 보자.[25] 논문 저자인 랜 R. 해신Ran R. Hassin, 멜리사 J. 퍼거슨Melissa J. Ferguson, 다니엘라 시들로프스키Daniella Shidlovski, 타마르 그로스Tamar Gross는, 이스라엘인들에게 알아차리지도 못할 정도로 짧은 16밀리초 동안 이스라엘 국기를 노출하는 것이 그들의 정치적 선호에 영향을 미친다는 사실을 발견했다. 국기 프라이밍 실험에 앞서 이스라엘 민족주의를 측정하기 위해 고안된 척도에서 높은 점수를 기록한 (민족주의 성향이 높은) 실험 대상자들은 현저하게 정치적으로 좌측으로 이동하여 팔레스타인 국가에 더 호의적인 반응을 보였고 당시 임박했던 이스라엘의 가자 지구 철수에 대해서도 보다 낙천적인 태도를 보인 반면, 민족주의 척도에서 낮은 점수를 기록한 이들은 해당 사안들에 대해 반대 방향으로 이동했다(저자들이 언급했듯이, 실험은 "당시(2005년 8월)는 이스라엘의 가자 지구 철수를 몇 주 앞둔 시점으로, 이스라엘 역사와 미래에서 정착민들이 맡은 역할을 놓고 열띤 토론이 벌어지던 때"에 실시되었다). 국기 프라임에 노출되지 않은 대조군과 대조적으로, 프라임된 집단에 국기 프라이밍이 준 영향은 민족주의 성향이 강한 이스라엘인들은 정치적으로 좌측으로 움직이고 민족주의 성향이 강하지 않은 이스라엘인들은 우측으로 움직여, 결국 이들이 정치적으로 유사한 의견을 표현하게 만들 정도로 강력했다. 그리고 연구자들에 따르면, 국기 프라이밍의 효과는 연구실 범위를 넘어 참여자들의 실제 투표 행위에도 유사하게 영향을 미쳤다.

정치적 견해가 다른 이스라엘인들을 겪어본 사람이라면 누구나 알겠지만, 이는 주목할 만한 주장이다. 이 연구 결과는 지금껏 사회학과 정치학과 정치심리학이 내놓은, 감정적으로 얽힌 고도로 정치화된 사안들(실험 대상자들의 정치적 또는 개인적 정체성과 깊이 연관되지 않은 낯선 사안들은 또 다른 문제다. 그런 사안들에서는 대체로 좀 더 유연한 태도를 보이는 것으로 드러난다)에 관한 사람들의 의견을 바꾸기가 얼마나 어려운가를 증명하는 방대한 증거와 배치된다.

그리고 일반적인 이스라엘인에게, 팔레스타인의 국가 지위와 이스라엘 점령지들에 관련된 질문보다 더 감정적으로 격앙되는 질문도 달리 없을 것이다. 사람들이 자신의 정치적 믿음을 발전시키고 또 고수하는 이유를 설명해온 훨씬 더 실증적으로 입증된 기존의 다른 영향력들을 프라이밍이 압도하지 않고서야, 이스라엘인들이 매일 이런저런 형태로 볼 듯한 이스라엘 국기를 16밀리초 노출한 것으로 민족주의적 성향이 강한 이스라엘인들의 정치적 의견을 비둘기파 이스라엘인들의 정치적 의견과 비슷하게 만들 수 있다는 주장은 솔직히 믿기 어렵다. 랜 R. 해신과 동료들의 연구가 정치심리학을 비롯한 다른 연관 분야들의 과거 문헌과 많은 관계를 맺지 않는 것도 아마 우연은 아닐 것이다.

하지만 상식에 비추어봤을 때 왠지 말이 안 될 듯한 이런 결과들은 오히려 사회적 프라이밍 광풍을 더욱 밀고 나가는 데 일조했을 뿐이다. 프라이밍 연구는 너무나 반직관적이라는 바로 그 이유 덕분에 언론인들에게는 저항할 수 없는 미끼였고, 많은 연구 결과가 2010년을 전후해 인터넷을 접수하는 듯했던 '이런 간단한 방법으로 이런 효과를……' 식의 내용과 형식에 딱 들어맞았다. 프라이밍은 우리를 더 생산적이고 더 관대하고 뭐가 됐든 전반적으로 더 '낫게' 만들 수 있지만, 주의하지 않으면 그 반대의 효과를 줄 수도 있다. 원칙적으로 백인들이 차별적인 방식으로 행동하는 원인이 되는 암묵적 편향의 경우처럼 말이다.

당연한 말이지만, 프라이밍은 긴급한 사회적 문제들과 연관되었을 때 가장 많은 주목을 받았다. 열성 프라이밍 추종자들은 그 연구가 무수히 많은 방식으로 세계를 도울 수 있다고 추측한다. 예를 들어, 암묵적 연관 검사 전문가이자 캘리포니아대 로스앤젤레스 캠퍼스 법학자인 제리 강Jerry Kang은 《하버드 로 리뷰》에서 "차별 관련 소송에서 합의 요건의 하나로 가해자의 컴퓨터에 편견 방지용 스크

린세이버 설치를 요구"할 수 있는 가능성에 관해 추가 연구가 필요하다고 제시했다. 이는 고용 담당자가 됐든 판사가 됐든 가해자를 (소위) '흑인 성취'를 보여주는 긍정적 사례에 노출시킴으로서 표면적으로 인종주의적 행동으로 이어지는 정신적 프라임을 해제할 수 있으리라는 발상에서였다.[26]

사회적 프라이밍과 사회 정의가 결합한 다른 사례는 2014년 《미 국립과학원회보》에 발표된, 수십 년간 여성 이름이 붙은 허리케인이 남성 이름이 붙은 허리케인보다 많은 사망자를 냈으며, 그 원인이 암묵적인 성차별에 있을 수 있다고 주장하는 한 편의 논문이었다. 여성적인 이름이 덜 위협적으로 보이기 때문에 사람들이 주의를 덜 하게 된다고 설명하는 이론이었다.[27] CNN이 요약했듯이, "성차별은 단지 사회적 문제만이 아닙니다. 허리케인의 진행 경로에 든 지역에서는 성차별적 편견이 실제로 사람을 죽일 수도 있습니다".[28] 다른 방송국들도 CNN 보도 선례를 따랐다.

'히미케인himmicane' 연구는 사회적 프라이밍의 어떤 점이 그처럼 사람의 마음을 잡아끄는지, 그리고 왜 그처럼 많은 사람이 그처럼 의심 없이 받아들이는지를 훌륭하게 포착해 보여준다. 이 연구 분야는 명목상 프라임과 선입견에 대한 인간 감수성에서 연유하는 많은 문제를 단순한 비틀기를 통해 개선할 가능성을 가지고 있다고 주장한다. 그리고 존 바그의 2017년 책보다 이런 주장들의 범위와 대담성을 더 잘 보여주는 자료도 없다.

『우리가 모르는 사이에—인생을 다시 설계하는 무의식의 힘』은 프라임 세계의 성경이며, 이 세계에서는 프라임과 선입견이 사회적 문제들과 그 교정법을 설명하는 데 큰 영향을 미칠 수 있다는 주장이 당연하게 받아들여진다. 이 책은 앤절라 더크워스의 『그릿』이나 에이미 커디의 『프레즌스』와 같은, 최근에 출간된 다른 대중심리학 서적들보다 넓고 포괄적인 시각을 취한다. 이전 책들은 주장하는 핵심 개념에 가장 잘 상응하는 한두 영역에 초점을 맞추는 경향이 있다(그릿은 학교와 전문 영역을 가장 중요하게 다루는 한편, 파워 포즈는 직장 환경에서의 여성을 가장 중요하게 다룬다). 반면에 『우리가 모르는 사이에』는 프라이밍이 모든 것에 주요한 영향을 준다고 주장한다. 핵심 구조는 바로 제목에 나타난 대로다. 중요한 건 프라이밍이 우리 행동에 영향을 준다는 점이 아니라, 프라이밍이 우리가 그런 행동을 하는 이유라는 점이다.

글래드웰과 슈퍼스타인 하버드대 심리학자 대니얼 길버트의 번쩍거리는 추천사와 함께 서점가를 강타한 이 책을 읽고 나면, 일반 독자로서는 프라이밍이 인간 행동과 믿음을 유도하는 단독적인 강력한 힘이라고 믿게 되는 것이 당연하다. 하지만 인간 행동과 인간 인식의 작용을 설명하는 다른 접근법들을 가지고서, 또는 작금의 어수선한 심리과학계의 상태를 좀 알고서 『우리가 모르는 사이에』를 읽는다면, 바그의 설명이 다른 학문 영역들에서 나온 방대한 증거뿐만 아니라 자신의 학문 분야가 겪고 있는 (언급되지 않는) 당대의 문제들까지도 사실상 무시하지 않고서는 그런 주장을 할 수 없으리라는 사실이 이내 분명해진다.

바그의 책 곳곳에서 '프라이밍이 거의 모든 답이다' 식의 경향이 드러난다. 한 장에서 그는 어느 정신과 시설에서 중증 우울증 환자 열어섯 명에게 실시한 임상 실험을 언급하면서 환자들의 우울 증상이 '고열' 치료를 받은 뒤에, 즉 아주 높은 온도에 노출된 뒤에 일부 개선된 듯하다고 언급한다. 바그는 그 연구를 '고무적인 소식'이라 칭하면서 심리요법을 받을 형편이 안 되는 사람들을 위해 그 발견을 실제 환경에 적용해볼 방법을 놓고 추측을 이어간다. "어쨌든 외롭거나 집이 그리울 때 따끈한 국물의 온기가 개인의 삶에서 실종되었을지 모르는 인간관계의 온기를 대체하는 데 도움이 되듯이, 따끈한 닭죽 한 그릇이 정말로 (우울 증상을 완화하는 데—옮긴이) 도움이 되는 것이다. 이런 간단한 자가 처방들이 제약업계나 정신의학 산업에 큰 이윤을 가져다줄 듯하지는 않지만, 더 폭넓고 보편적인 공중 정신건강 향상을 목표로 한다면, 그 처방이 지닌 잠재적 유용성에 관한 연구가 지금 곤란을 겪고 있는 개인과 사회 전체에 커다란 이익을 가져다줄 수 있을 것이다."[29]

물론 고열 치료법을 더 연구하는 것에는 아무 문제가 없다. 하지만 여기서 눈에 띄는 것은, 심각한 우울 증상으로 정신과 시설에서 치료를 받는 열여섯 명의 개인과 일상적인 우울을 겪는 개인들을 비교하는 문제는 차치하더라도, 삶의 다방면에 영향을 미치며 때로는 치료 자체를 거부하게 만드는, 세계적으로 수백만 명을 끔찍한 좌절 상태로 밀어 넣는 우울 증상을 부지불식간에 단순한 "인간관계의 온기" 부족으로, 그래서 따끈한 죽으로 치료될 수도 있는 무언가로 치부하는 점이다. 게다가 우울한 사람들의 많은 수가 이미 매일 뜨거운 커피를 마시고 있지만 별다른 유익한 효과는 못 보고 있지 않은가?

바그는 여기 말고도 여러 곳에서 제한적인 맥락에서 만들어진 연구 결과들에 기초하여 과도한 추정을 이어간다. 불행히도 이런 관행이 사회적 프라이밍 분야에서는 일반적이다. 연구자들은 자주 인위적인 실험실 환경에서 만들어진 통계적으로 유의한 차이들을 근거로 프라임이 현실 세계의 행동에 중대한 영향을 준다고 주장하며 정당화되지 않는 비약을 한다.

연구자들이 아주 잘 파악하고 있는 인간 행동에 관해서도, 바그는 프라이밍을 내세우는 주장들의 손을 들어주기 위해 알려진 내용의 많은 부분을 무시한다. 예를 들어, 바그 자신의 요약에 따르면, "날이 더우면 여론은 지구온난화라는 총체적인 위협이 닥쳤다고 간주하지만, 날이 추우면 지구온난화 걱정을 덜 한다"라는 점을 발견한 엘크 웨버Elke Weber와 동료들의 연구를 조명한다. 그는 "우리는 현재에 주목하면서 추리하고 판단하지만, 가깝거나 먼 과거가 우리가 지금 느끼고 생각하는 바에 미치는 영향들은 알지 못한다"라고 주장한다. [30]

여기서 한 가지 문제는 바그가 인용하는 논문이 딱히 바그가 말하는 내용을 말하지 않는다는 것이다. 2014년 《네이처 기후변화》에 웨버와 동료들의 독창적인 논문이 게재됐는데, 실험 대상자들에게 여러 방식으로 기후변화에 관해 질문한 다음, 응답 결과를 비교·분석하는 연구였다.[31] 그렇다, 최근의 날씨가 지구온난화에 대한 사람들의 시각에 영향을 좀 주는 듯했다. 하지만 논문 저자들이 찾아낸 프라이밍이 어떤 역할을 한다는 증거는 좋게 밀해서 서로 잇길릴 뿐이다. 상관관계를 설명해주는 듯이 보이는 것은 '음, 이번 여름은 꽤 시원했어. 확실히 지구가 점점 뜨거워지고 있는 듯이 느껴지지는 않아'와 같은 추론 과정이다. 이런 추론은 질문의 답을 찾는 과정으로서는 부정확하고 비과학적인 방법이지만, 반드시 바그가 주장하는 형태의 무의식적 프라이밍에 의해 추동될 필요는 없다. 이는 기본적으로 앞서 언급한 가용성 휴리스틱 사례이다. 사람들은 질이 높지만 인지적으로 접근하기 어려운 증거(기후학적 데이터)보다 질이 낮지만 인지적으로 접근하기 쉬운 증거(최근의 날씨)를 사용하고 있다. 이것이 의식적 과정이냐 아니면 무의식적 과정이냐의 문제는, 공저자인 리사 자발Lisa Zaval이 내게 보내준 전자우편에서 말했듯이, "우리 연구의 범위를 한참 벗어난다". 그리고 사실 저자들이 단어 맞히기 게임을 이용하여 프라이밍의 역할을 직접 실험했을 때, 게임을 한 실험군에게 '지구온난화'에 대하여 질문했을 때의 응답과 게임을 하지 않은 대조군에게 '기후변화'에 대하여 질문했을 때의 응답을 비교한 결과에서는 고작 세 번 중 한 번에서만 통계적으로 유의한 값이 나왔다.[32]

더 중요한 것은, 왜 인간이 기후변화를 믿거나 믿지 않는지를 아주 기초적인 수준에서부터 이해하고자 할 때, 주요 요인 목록에서 '최근 날씨' 항목은 저 아래쪽에 있으리라는 점이다. 예일대의 댄 카한Dan Kahan과 같은 연구자들은 흥미진진한 연구를 통해 우리가 믿음을 고수하는 정도는 그 믿음이 우리가 중요하게 여기는 정체성과 얼마나 관련돼 있는지에 크게 좌우된다는 사실을 제시했다. 즉, 정치적이든 인종적이든 종교적이든, 일단 어떤 믿음을 갖고 나면 인지적 곡예를 펼쳐가며 그 믿음에 어긋나는 전문가들의 견해를 무시한다는 것이다. (지구에는 큰 해악이지만) 미국에서 기후변화는 철저하게 정치화된 주제이다. 내가 민주당원이거나 자유주의자라면, 나의 사회적 · 정치적 정체성은 기후변화가 심각한 문제라는 믿음을 동반할 것이고, 내가 공화당을 지지하거나 보수주의자라면, 나의 사회적 · 정치적 정체성은 기후변화라는 개념 자체 또는 그 개념에 따르는 심각한 위협에 대한 어느 정도의 의심을 동반할 것이다. 어느 쪽이든, 내 '진영'의 정통 관점에서 이탈하면 사회적으로 심각한 결과가 이어질 수 있다.[33] 카한이 당파성이야말로 사람들의 명시적인 의견과 투표 방식을 결정하는 압도적으로 중요한 힘이라고 주장하는 이유가 그래서이며, 이는 투표 결과를 통해 분명하게 논증된 이론이다. 그러니 설문조사를 통한 연구 수준에서 날씨와 기후변화에 관한 관심 간에 통계적으로 유의한 상관관계가 있는 것은 맞다. 하지만 무의식적 프라이밍으로는 이 현상을 완전하게 설명할 수 없다. 설사 완전하게 설명할 수 있다 하더라도, 프라이밍이 단독으로 누군가의 표를 바꾸거나 지지 정당을 재고하게 만들거나 현실 세계에서 아주 중요한 다른 어떤 일을 하도록 만들 수 있다고 믿을 만한, 입수할 수 있는 증거는 거의 없다. 여론조사에서 7점 척도로 측정되는 '기후변화에 대한 믿음'은 현실 세계의 정치적 행동으로 측정되는 '기후변화에 대한 믿음'과는 엄청나게 다르다.

1990년대 이래로 분명히 드러나면서 연구자들과 대중을 놀라게 한 뉴욕시의 (그리고 전국적인) 대폭적인 범죄 감소에 관한 논의에서도 바그는 이와 유사하게 프라이밍의 탁월함에 관한 피상적인 주장을 한다. 제2장에서 봤듯이, 그 기간에 살인을 비롯한 여러 폭력 범죄 발생률이 극적으로 하락했다. 바그는 당시 뉴욕시 시장 루돌프 줄리아니Rudolph Giuliani가 옹호한 '깨진 유리창' 치안 정책을 주요하게 들며 이를 설명한다. 그 정책은 고성방가 같은 경범 행위들을 공격적으로 단속하는 지침을 포함하는 극도로 논쟁적인 정책이다. 바그는 거리가 더 깨끗하고 경범죄를 저지르는 동료 시민이 더 적은 환경에 노출되면 시민들이 법을 더 잘 지키게 된다고 설명한다. 이것도 프라이밍 이론이다. 바그는 알아차리기 어려운 환경적 단서들이 사람들의 행동 방식에, 특히 쓰레기를 함부로 버리는 것과 같은 행동에 영향을 줄 수 있다고 제시하는 다른 논문의 맥락에 자신의 주장을 끼워 넣는다. 그는 이렇게 쓴다. "물론 이 극적인 범죄율 하락과 부가적인 이유를 설명하는 다른 이론들이 있지만, 더 깨끗하고 더 질서정연한 일상 환경의 긍정적인 결과를 부인하기 또한 어렵다." 그는 프라이밍과 경범 행위들을 주제로 한 다른 연구가 "역으로 이런 도시 부활은 긍정적 행동이 조직된다는 신호를 주는 새로운

문화의 결과임"을 제시한다고 주장한다.[34]

　이처럼 간략하고 모호하게 '다른 이론들'을 언급한 것 외에, 바그는 범죄율 하락을 설명하기 위해 연구자들이 고안해낸 훨씬 진지한 여러 견해는 전혀 탐구하지 않는다. 그런 견해들은 휘발유에 함유된 납을 단계적으로 줄인 조치에서부터 인구 구성의 변화와 크랙 시장의 소멸을 포함한 여러 다른 요인들을 지목하고 있다. 연구자들은 깨진 유리창 치안 정책이 효과적이었다 하더라도, 그건 경범죄 위반자들을 체포함으로써 더 심각한 범죄를 저지를 용의나 가능성이 있는 사람들을 거리에서 제거함으로써 가능했다고 주장해왔다.[35] 하지만 깨진 유리창 치안 정책이 직접적인 범죄 감소 이익을 가져왔다는 주장은 어쨌든 버나드 E. 하코트Bernard E. Harcourt와 옌스 루트비히Jens Ludwig의 2005년 논문에서 진지하게 반박되었다. 그들은 여러 도시에서 취합한 데이터가 애초에 깨진 유리창 치안 정책을 뒷받침하는 "단순하고 일차적인 질서 교란 행위와 범죄의 관계에 어떤 근거도" 주지 않는다고 주장했다.[36] 어쨌든, 진지한 범죄학자들은 단순히 깨지지 않은 창문과 쓰레기 없는 거리를 보는 것만으로 사람들이 뉴욕의 가장 무시무시했던 시절을 정의하는 살인이나 강간과 같은 심각한 범죄를 저지를 가능성이 줄어든다는 발상을 거의 지지하지 않는다. 사회적 신호들이 사람들의 중범죄 경향성에 영향을 미친다고 하더라도, 그건 주위를 돌아보고 길바닥이 깨끗한지 알아보는 것보다는 훨씬 복잡한 과정이다.[37]

　바그가 짚지 않은 부분, 즉 경범죄 혐의로 사람들을 체포해댄 깨진 유리창 치안 정책의 갑작스러운 야단법석의 예봉을 받아야 했던 일부 뉴욕 시민들, 특히 유색인종과 빈곤층 시민들에게 그 정책이 끔찍하게 파괴적인 영향을 미쳤다는 사실 또한 짚을 필요가 있다. 깨진 유리창 치안 정책은 인종차별적인 시행 형태 때문에 형사사법 제도 개혁가들 사이에서는 악명이 더 높기도 한, 아무 이유 없이 사람들을 수색하는 뉴욕경찰청의 정책인 '불심검문stop and frisk' 정책을 낳기도 했다. 이런 치안 행태들의 도덕적 문제를 제쳐놓더라도, 시민들이 자주 검문에 걸리고 소지품을 검색당하고 심문받고 때로는 별것 아니거나 아예 없는 구실로 체포되는 상황은 경찰과 여러 시민사회 사이에 상당한 불신을 키운 듯하다.

이런 불신은 의심스러울 만한 특정 구역 거주자들이 경찰에 신고하거나 협조하는 일을 줄임으로써 실상은 장기적으로 범죄를 증가시킬 수 있다. 예컨대, 실제 데이터에 기반한 한 중요 연구에서 맥아더 천재장학금 수상인인 사회학자 매슈 데스먼드Matthew Desmond가 이끄는 연구팀은 미니애폴리스시 흑인 거주 지역의 911 호출 건수가 널리 알려진 경찰의 흑인 공격 사건 이후에 급감했음을 발견했다.[38] 바그는 다른 모든 것을 제쳐두고 프라임 효과에 초점을 맞춘다. 그러나 뉴욕 시의 범죄율 감소 문제를 면밀하게 연구해 온 이들은 누구도 무의식적 프라이밍 효과와의 관련성을 지적하지 않는다. 프라임 효과에 초점을 맞춤으로써, 바그는 훨씬 더 중요하고 논쟁적인 문제, 즉 깨진 유리창 치안 정책이 넓은 의미에서 어떤 맥락과 결과들을 낳았는가 하는 문제를 무시한다.

그 모든 것이 『우리가 모르는 사이에』에는 부재한다. 바그는 그 장의 마지막 부분에 이렇게 썼다. "어떤 상황은 우리를 더 예의 바르고 호의적인 태도로 유도하고, 다른 상황은 더 무례하고 적대적인 태도로 유도한다. 탐욕스러운 투자은행가들이 부정행위를 서로 모방했을 때는 금융 붕괴로 이어질 수 있지만, 줄리아니 시장과 동료 뉴욕 시민들이 '땀 흘려 작은 것을 성취했을' 때처럼, 다른 행위의 모방은 한 도시의 르네상스로 이어질 수 있다."[39] 이것이 프라임 세계이다. 크고 강력한 구조들은 보이지 않는다. 권력도 보이지 않는다. 정책 분석과 타협을 위한 거래와 이차적 효과도 (프라이밍을 포함하는 경우는 제외하고) 마찬가지다. 우리는 그저 여기저기서 프라임에 치이는 단절된, 부유하는 개인일 뿐이다. 그저 저 은행가들에게 더 많은 정직 프라임이 필요했던 것과 마찬가지로, 마약 거래에 사로잡힌 도심 슬럼가 아이들에게는 낙서 없는 깨끗한 벽의 형태로 나타나는 '동료를 살인하지 말라' 프라임이 더 필요했을 뿐이다.

설사 바그가 책에서 언급한 연구들이 모두 빈틈이 없다 하더라도 그로부터 그가 말하는 만큼 무의식적 프라이밍이 현실 세계에서도 중요하다는 결론을 추정해내는 것이 반드시 정당하다는 의미는 아니다. 다시 말하지만, 실험실 환경에서 특정 프라임에 노출된 이들과 노출되지 않은 이들 사이에서 통계적으로 유의한 차이를 얻어낼 수 있다고 해서, 프라이밍이 그들의 행동에, 특히 실험실 바깥에서의 행동에 특별히 큰 영향력을 미치는 요인임을 의미하지는 않는다. 심리학 연구자 톰 스태퍼드Tom Stafford가 프라이밍 연구를 비판하는 2014년 글에서 얘기했듯이, "집단 단위에서 확인된 무의식적 과정에 의한 '차이' 증거가 개인의 '전반적인 반응'에 미치는 무의식적 과정의 중요성을 확인해주지는 않는다".[40]

하지만 바그가 자신의 논거를 세우기 위해 이용하는 연구들은 각자의 빈틈을 가지고 있다. 사실, 바그 자신이 언급하고 수행한 많은 연구까지 포함하는 사회적 프라이밍 연구는 견고해 보였던 수많은 연구 결과들에 문제를 제기하는 심리학의 재현성 위기 한가운데에 있다. 사회적 프라이밍은 재현성과 관련하여 진통을 겪고 있는 심리학계의 한 사례에 불과한 것이 아니라, 특정한 한 영역에 여러 가지로 심각한 품질 관리 문제들이 침투했을 때 어떤 일이 벌어질 수 있는지 보여주는 최악의 사례다. 그런 이유로, 현대 심리학 연구에서 무엇이 망가졌는지 이해하지 않고서는 사회적 프라이밍 연구와 거기서 나온 엉뚱한 주장들이 어떻게 인기를 얻었는지 완전히 이해할 수 없다.

+

많은 심리학자가 말하는 재현성 위기의 시작점은 소위 '사이psi', 즉 초능력의 증거를 제시한다고 주장한 사회심리학자 대릴 벰Daryl Bem의 2011년 논문까지 거슬러 올라간다. 주요 학술지인 《성격 및 사회 심리학 저널》에 출판되었고 10여 년에 걸친 실험에 근거한 「미래 감지─인식과 정서에 미치는 변칙적인 소급적 영향력의 실험적 증거」는 아홉 번 중 여덟 번의 실험에서 벰이 "개인의 현재 반응들에 미치는 어떤 미래 사건의 변칙적인 소급적 영향력"의 증거를 발견했다고 보고했다.[41] 예컨대, 한 연구는 응답자들에게 커튼 이미지가 있는 컴퓨터 화면 두 개를 보여주고 어느 쪽 커튼 뒤에 선정적인 이미지가 있을지 맞혀 보라 했을 때 응답자들이 놀라운 통계적 정확성으로 답을 예측해냈다고 보고했다. 실제로도 응답자가 한쪽 화면을 선택한 다음에 컴퓨터 프로그램이 이미지를 결정했기 때문에 해당 결과는 응답자들이 미래를 예측할 수 있다는 기괴한 주장에 신빙성을 부여했다.

「미래 감지」 논문은 사회심리학계를 뒤흔들었다. 벰의 동료 대다수는 아니더라도 많은 수가 진짜라고 하기에는 너무 좋은 실험 결과를 믿지 않았기 때문이기도 하지만, 사회심리학계 자체가 역시 '진짜라고 하기에는 너무 좋았던' 최근의 연구 결과들을 둘러싼 추문으로 휘청이던 중이었기 때문이기도 했다. 디데릭 스타펄Diederik Stapel은 폴 점프Paul Jump가 고등교육과 학계 전문 인터넷 언론인 《고등교육 인사이드》에 썼듯이, "눈길을 끄는 일련의 주장들로 유명해진" 네덜란드 심리학계의 신동이었다. "그의 주장 대다수가 사회적 프라이밍 분야에 해당되는데, 식탁에 포도주잔이 있으면 식탁 예절이 개선된다, 지저분한 환경이 차별을 증진한다, 그리고 가장 최근에는 육식인들이 채식인들보다 반사회적이라는 주장이 있다."[42] 하지만 그를 돕던 젊은 조수들 일부가 연구에 부정행위가 연루돼 있음을 알아차리기 시작했고, 결국 2011년 스타펄은 데이터를 조작해 왔음을 시인했다. "부정행위는 적어도 2004년까지 거슬러 올라가며 데이터 조작과 실험 자체의 완전 조작을 포함한다"라고 미국심리학회의 《심리학 의제》에 실린 한 기사는 언급했다.[43] 결국 충격적이게도 스타펄의 논문 쉰여덟 편이 게재 철회되었고,[44] 학계 내부에서는 자기 성찰의 회오리가 일었다. 어떻게 그처럼 만연한 사기 행각이 그처럼 오래 지속될 수 있었을까? 아마도 스타펄이 내놓은 연구 결과의 대다수가 아주 영리하고 반직관적이었다는 것, 그래서 대중이 꼼짝없이 매료됐다는 것과 관련 있으리라고 일부는 주장했다.

벰이 스타펄처럼 사기를 치거나 하지는 않았지만, 통계에 민감한 심리학자들은 재빨리 그의 논문에 있는 허점들을 공격했다.[45] 이런 비판자들의 반응뿐만 아니라 그의 초능력 주장이 보이는 극단적 성격 탓에,「미래 감지」는 완전한 사기보다 더한 심리학계 고유의 문제들, 즉 QRPs, '수상쩍은 연구 관행들Questionable Research Practices'이라 불리는 것의 한 사례가 되었다. QRPs는 위양성僞良性 연구 결과들을 신뢰하거나 신뢰하게 만드는 특정한 데이터 수집·분석·공유 기법을 이르며, 벰의 사례를 비롯한 특정한 연구들이 주류의 관심을 받게 된 과정에 직접적으로 관련돼 있다. 심리학자 크리스 체임버스Chris Chambers의 2017년 저서인『심리학의 7대 죄악―과학 연구 문화 개혁 선언The Seven Deadly Sins of Psychology: A Manifesto for Reforming the Culture of Scientific Practice』이 이 문제를 가장 포괄적으로 설명하고 있는데, 특히 심리학계 내부 문제들을 통계적으로 심도 있게 들여다보고자 하는 독자들에게 추천할 만한 책이다.

가장 일반적으로 행해지는 주요 QRPs 중 하나는 '숨겨진 굴절성'이다. 체임버스는 이렇게 쓴다. "제일 유명하고 까다로운 학술지에 긍정적인 연구 결과를 발표해야 한다는 경력 압박에 직면한 연구자들 사이에서는 복잡한 데이터를 여러 가지 다른 방식으로 분석한다음, 가장 흥미롭고 통계적으로 유의한 결과만 보고하는 것이 이제표준 관행이다. 그렇게 함으로써 그런 결과들이 보고되지 않은 부정적이거나 결정적이지 않은 결과들의 바다에 존재하는 것이 아닌 유일하고 확실한 것으로 믿도록 청중을 속인다."[46] 단순한 예를 하나 들어보자. 내가 어떤 약을 팔면서 위약을 투여받은 대조군에 비해 혈압을 낮추는 효과가 있다는 데이터를 근거로 대는데, 25회에걸친 다른 실험에서는 아무 성과가 없었다는 사실을 얘기하지 않는다면, 그것은 아주 근거가 약한 연구 결과이다. 통계적으로 봤을 때, 충분한 데이터를 가지고 충분한 실험을 하면, 우리는 언제나 심리학자들이 사용하는 통계적 실험 기준에 비추어 '유의한' 무언가를찾을 수 있다. 체임버스는 책에서 그레그 이스터브룩Gregg Easterbrook의 글을 인용한다. "숫자들을 고문하라, 그러면 뭐라도 자백할 것이다."

　아니면, 현실 세계의 사례를 들어보자. 이 장의 앞부분에서 "립톤 아이스티 브랜드를 의식적으로 알아차릴 수 없는 아주 짧은 시간동안 사람들에게 노출하여 프라이밍한 결과, 사람들이 이미 목이 마른 상태였고, 비록 잠깐이긴 했지만 음료를 더 많이 원했다"라는 사실을 발견한 한 연구를 언급한 바 있다. 중간 부분인 '비록' 문장이잠재적인 붉은 깃발, 숨은 굴절성이 고개를 내밀 수 있는 지점의 한 사례다. 립톤 아이스티를 노출한 것이 전반적으로 응답자의 음료 욕구에 영향을 주지 않았다는 사실을 발견하면, 연구자들은 다음으로 다른 소규모 하위군들(나이가 어리거나 많은 집단, 아니면, 이를테면 이미 목이 마른 집단, 아니면 남성 집단, 아니면 어떤 기준으로든 다른 집단)을 대조군과 비교하여 뭐라도 성과가 나오는지 살펴볼 수 있다. 이론적으로 보자면, 이런 식으로 뭔가가 튀어나올 때까지 한동안 데이터를 썰어보고 잘라볼 수 있는데, 결국은 거의 늘 뭔가가 튀어나오기 마련이다. 립톤 아이스티 프라이밍 연구자들이 그렇게 했다는 말은 아니다. 요점은 연구자들이 자기들 데이터를 대상으로 흔히 '탐사적 분석'이라 부르는 작업을 하면서 시행했던 모든 비교 작업을 공개하지 않는 이상(전통적으로 규범은 아니다), 그들이 내놓는 특정한 숫자들이 고문을 통해 도출된 것인지 아닌지 알 길이 사실상 없다는 점이다.

또 하나, '연계된 QRP'는 '결과가 알려진 뒤에 가설을 세우는 관행Hypothesizing After the Results are Known', 이른바 하킹HARKing이다. 실험에 들어간다고 생각해보자. 나는 아이들에게 알베르트 아인슈타인의 이미지를 프라이밍하면 (아인슈타인은 명석함과 연관돼 있으므로) 이어지는 IQ 검사에서 아무 프라임에도 노출되지 않은 대조군에 비해 더 좋은 성적을 거두리라는 가설을 세운다. 그런데 나온 결과가 정반대라고 해보자. 아인슈타인에 프라이밍된 아이들이 더 나쁜 성적을, 그것도 통계적으로 유의한 차이로 나쁜 성적을 냈다. 나는 내 좁은 연구실에서 머리를 굴리다가, 사실은 나이 든 아인슈타인 사진을 보여주었기 때문에 아이들이 존 바그 연구팀이 먼저 발견한 그 성가신 고령 프라임의 희생양이 되었음을 깨닫는다. 그 때문에 아이들은 사람이 나이가 들면 그러듯이 아주 약간 느리게 정보를 처리하게 되었다. 나는 실패한 원래 가설을 언급하지 않고, 아인슈타인 프라이밍이 아이들의 IQ 검사 결과치를 떨어뜨린다는 새로운 '가설'을 갖추어 논문을 쓴다. 그것이 출판되고, (불가피하게) 언론사들은 아이들이 고령 프라임에 노출되면 학업 성취도가 낮아질 것이라는 결론을 대서특필한다.

과학 발전의 관점에서 이것이 왜 문제가 되는지는 너무도 분명하다. 동료 연구자들과 대중이 마찬가지로 (1) 나의 원래 이론이 실패했다는 사실에 접근하지 못하게 되고 (2) 내가 실패한 가설 뒤에 세운 이론이 내가 원래 조사하고 있었던 것이었다고 잘못 믿게 된다. 이런 기준에 의하면, 소급하여, 거의 모든 연구 결과가 연구자들이 원래부터 기대한 결과였던 양 설명될 수 있다.

어느 모로 보나 하킹을 비롯한 여러 QRPs가 심리과학계에서 상당히 일반적으로 행해지고 있다. 실제로 2012년 《심리과학》에 실린 한 중요한 논문에서 세 명의 연구자가 2000명이 넘는 심리학 연구자들에게 QRPs에 관여한 적이 있는지 물은 결과, 60퍼센트가 실험했으나 유의하지 않게 나온 변수들을 의도적으로 제외한 적이 있다고 인정했고, 50퍼센트는 "'유효한' 연구를 골라 선택적으로 보고"했다고 인정했다. 그보다는 작지만 그래도 불안할 정도로 높은 퍼센트의 응답자가 훨씬 더 심각한 다른 QRPs를 인정했다.[47]

왜 이런 관행들이 유행하게 되었는지는 이해가 간다. 심리학계에서 성공하려면 논문을 출판해야 한다. 논문을 출판하려면 통계적으로 유의한 결과를 공식 보고해야 한다. 거꾸로 하면, 유의하지 않은 결과를 (설사 그 결과가 마찬가지로 값진 정보를 제공한다 하더라도) 출판해서는 환호를 받을 가망이 없다. 체임버스의 책에는 그 점을 아주 잘 논증한, 벰의 초능력 연구에 관한 상당히 주목할 만한 이야기가 있다.

벰 본인도 그 실험 결과들이 설명되지 않는다는 사실을 깨닫고 다른 독립 연구자들에게 그 결과들을 재현할 필요성을 강조했다. 하지만 재현이 상상외로 힘든 일임이 드러났다. 크리스 프렌치Chris French와 스튜어트 리치Stuart Ritchie의 재현 시도는 '선인지precognition'라 할 어떤 것의 증거도 보여주지 못했는데, 벰의 논문을 게재했던 학술지로부터 게재를 거절당했다. 그 학술지는 "성공했든 성공하지 못했든 본지는 재현 연구 논문을 게재하지 않는다"라는 설명과 함께 동료 평가를 거치는 수고조차 하지 않고 프렌치와 리치의 논문을 게재 거절했다. 이 결정이 기묘하게 들릴지 모르겠지만, 앞으로 보게 되듯이, 보다 체계가 잡힌 다른 과학 분야들과 비교할 때 심리학계에서 재현 연구를 무시하는 것은 일반적인 현상이다. 가장 유력한 심리학 학술지들은 독창적이고, 새롭고, 깔끔하고, 무엇보다 긍정적인 연구 결과들을 선별적으로 게재한다. 이 출판 편향은 '서류함 효과file-drawer ef-fect'라고 불리는데, 통계적으로 유의한 효과를 보여주지 못했거나 다른 연구를 재현한 연구들이 우선권에서 너무 아래로 밀리다 보니 과학적 기록에서 효과적으로 검열됨을 의미한다. 그런 연구 논문들은 서류함 안에서 끝나거나, 아니면 애초에 실행되지도 못한다.[48]

인간은 보상에 반응한다. QRPs가 이처럼 만연해진 것도 놀랄 일이 아니다.

+

QRPs 탓에 기술적으로는 '통계적으로 유의한' 많은 연구가 실제로는 진짜 현상을 반영하지 못한다. 「미래 감지」라는 초능력 연구가 출판된 것과 비슷한 시기에 개혁적인 심리학 연구자 조지프 시먼스와 레이프 넬슨Leif Nelson, 우리 시먼슨이《심리과학》에 논문을 발표했는데, 그 논문에서 그들은 비틀스의 〈내가 예순네 살이 돼도〉를 들려주는 것으로 '사람들의 나이를 줄일' 수 있다고 주장했다. 대조군은 나이 역전 특성과 관련이 없는 (윈도우7 운영체제 출시와 함께 무료로 공개된) 〈칼림바〉를 들었다.[49] 뱀의 연구와 달리, 이 연구는 진지한 연구가 아니라 QRPs가 어떻게 매력적이지만 불가능한 연구 결과들을 빚어낼 수 있는지 보여주기 위해서 출판되었다. "그들은 여러 가지 다른 방법으로 데이터를 분석하는 과정에서 그저 요행으로 도출된 통계적으로 유의한 결과만 취하고 다른 시도들은 보고하지 않았다"라고 영국의 과학 저널리스트 톰 치버스Tom Chivers가《네이처》에서 알렸다. "그들 말로는 그런 관행들이 심리학계에 일반적이며, 연구자들은 약간의 잡다한 데이터와 소규모 표본으로 뭐든 원하는 대로 찾아낼 수 있게 되었다."[50]

노래 한 곡이 실험 대상자들을 벤저민 버튼처럼 만든다고 '입증'할 수 있다면, 사실상 무엇이든 '입증'할 수 있다고 말해야 하리라. 시먼스 연구팀은 심리학계에 만연한 QRPs 우호적인 기준들 덕에 상황이 정말로 절박해졌다고 주장했다. 그들은 논문에 이렇게 썼다. "많은 경우에 연구자는 올바른 방식으로 효과가 없는 증거를 찾아낼 가능성보다 거짓된 방식으로 효과가 있는 증거를 찾아낼 가능성이 더 크다."

그리고 사회적 프라이밍 분야는 '재현성 위기'라고 불리게 된 현상의 진원지가 되었는데, 매력적이고 반직관적인 특정 상표의 연구 결과에 너무 많이 의지하게 된 때문일 것이다. 이 심리학 분야에 가혹하나 꼭 필요했던 조명을 비추는 데 도움을 준 이는 대니얼 카너먼이었다. 카너먼이 주목할 만한 사회적 프라이밍 연구 결과들에 대해 매우 강력한 어조로 상당한 권위를 부여했던 사실을 기억할 것이다. 그는 『생각에 관한 생각』에 "불신은 선택지가 아니다"라고 썼다.[51] 하지만 책이 나오고 난 다음 해인 2012년에 그는 바그를 포함하는 일단의 사회적 프라이밍 연구자들에게 공개 편지를 썼고, 그 편지가 이후에 《네이처》에 게재되었다. "내가 이 편지를 쓰는 이유는 연쇄 난파의 위험이 도사리는 것이 보이기 때문이다"라고 그는 설명했다. 카너먼은 사회적 프라이밍 실험 결과들이 당시에 특히 취약해 보인 여러 이유를 짚으며, 그 "이유들이 옳든 그르든, 당신들의 연구 분야는 심리학 연구 진실성에 대한 의심의 상징이 되었다. 이는 이제 프라이밍 실험 결과들의 유효성에 적극적으로 의심을 제기해온 소수와 관련된 문제가 아니다. 이는 과거에 당신들의 놀라운 연구 결과들이 출판됐을 때, 그 결과들을 사실로 받아들였던 훨씬 많은 동료 연구자들과 관련된 문제다. 그들이 지금 이 영역에 물음표를 붙이고 있다. 그것을 떼어내는 것이 여러분들의 책무이다".[52]

물음표를 떼어내는 제일 쉬운 방법이 재현이다. 이론적으로, 한 실험에서 발견된 특정한 심리학적 효과가 통계적 잡음의 결과가 아니라 실제로 존재한다면, 유사하게 실행된 다른 실험에서도 그 효과가 나타나야 한다. 재현 시도를 계속해도 효과가 확인되지 않는다면, 원래의 효과가 의미 없는 통계적 산물, 즉 목마른 사막 여행자가 본 오아시스 환상이었다는 주장을 뒷받침할 수 있다. 벰의 연구와 스타펄 사태, 심리학자들 사이에서 고조되는 방법론적 개혁에 관한 관심 덕분에, 2010년대 초반에 이르러 재현 연구를 더 흔하게 볼 수 있게 되었다. 재현 연구가 많아지자 더 많은 내적, 외적 논의가 이어지고, 그런 논의가 더 많은 재현 연구로 이어지는 식으로 선순환이 시작되었다. 벰의 연구는 그 자체로는 조악했지만, 도덕적인 순환을 촉발하는 데는 도움이 되었다.

2012년에 출판된 바그의 노령-걷기 실험 결과를 포함한 많은 프라이밍 연구가 재현에 실패했다.[53] 로댕과 고대 그리스 조각상 연구도 재현에 실패했다. "지금 돌아보면, 우리 연구는 완전히 어리석었죠"라고 공저자 중 한 명이 인터넷 뉴스 사이트인 《복스Vox》

에서 인정한 건 칭찬할 만하다.[54] '돈'이라는 단어가 사람들을 더 자본주의적으로 만든다는 연구도 그랬다. 그리고 '교수'라는 단어에 프라이밍된 아이들의 쪽지 시험 점수가 올랐다는 연구도 마찬가지였다.[55] 그리고 국기가 사람들을 더 보수적으로 만든다는 연구도.[56]

슬프게도 (여성 이름의 허리케인이 더 많은 사망자를 낸다는) 허리케인 연구는 가짜로 판명되어 재현해볼 필요조차 없었다. 그 논문이 발표된 지 얼마 지나지 않아, 인기 있는 자신의 블로그를 통해 조악한 과학 연구 사례를 자주 폭로하는 컬럼비아대 통계학자 앤드루 겔먼이 논문의 허점들을 공격하기 시작했고, 2016년에는 연구자인 게리 스미스Gary Smith가 《날씨 및 기후 위기Weather and Climate Extremes》에 단도직입적이고도 강력하게 원 연구의 결론이 타당하지 않다고 설명하는 논문을 출판했다.[57] (간단히 말하자면, 재현 연구 건수가 늘면서 출판된 논문들을 더 세밀하고 비판적으로 들여다보며 저자들의 오류를 살피는 습관 또한 늘었다. 칸막이를 설치해서 오디션을 봄으로써 여성 단원이 선발될 확률을 50퍼센트 증가시켰다는, 큰 파장을 일으켰던 연구 결과에 의문을 제기한 것도 재현 실패가 아니라 이런 종류의 재분석이었다.)

가장 규모가 크고 인상적인 몇 건의 재현 시도는 버지니아주 샬러츠빌에 있는, 버지니아대 심리학 연구자이자 '오픈 사이언스' 개척자인 브라이언 노섹이 이끄는 오픈 사이언스 센터가 조직했다. 이름이 말해주듯이 여러 실험실에서 이전 연구 결과들의 재현을 시도해본 첫 번째 '많은 실험실Many Labs' 프로젝트 결과가 2015년에 출판되었다.[58] 그 프로젝트에서 연구자들은 2008년에 "상위급 심리학 학술지 세 군데"에서 출판된 100건의 심리학 연구 결과를 재현하려 시도했다. 일급 학술지인 《사이언스》에 게재된 프로젝트 결과는 2008년에 출판된 연구 결과의 3분의 1에서 2분의 1 정도만 성공적으로 재현되었음을 밝혔다. 심리학계로서는 아주 아주 나쁜 신호였다.

2018년에 출판된 두 번째 '많은 실험실' 프로젝트 결과도 썩 나아지지 않았다. "전체적으로 보면, 각 연구 결과를 실험하기 위해 전 세계에서 예순 개 이상의 실험실이 엄청난 규모의 표본들을 제공했음에도 불구하고, 스물여덟 편의 연구 결과 중 열네 편이 재현에 실패했다."[59] (세부적인 내용은 때때로 달라지지만, 일반적으로 재현 연구가 원래 연구와 같은 방향을 가리키면서 통계적으로 원래 결과만큼 강력하거나 더 강력한 유의한 효과를 보고하면 원래 연구가 재현되었다고 간주한다. 당연히 성공적인 재현의 기준이 정확하게 무엇인가를 놓고 약간의 논쟁이 있다.)

사회적 프라이밍 연구의 재현 가능성을 다른 연구들과 비교해 수치화한 사람은 없는 듯하나, 예상하기로는 참담할 것으로 보인다. 노섹은 언론을 상대로 얘기할 때 조심스럽고 논리정연한 인물이지만, 2019년에 사회적 프라이밍에 관해서 《네이처》의 톰 치버스와 얘기할 때는 이렇게 말했다. "(사회적 프라이밍 분야에서는—옮긴이) 제가 아는 재현 가능한 연구 결과가 없습니다. 하나도 없다는 얘기는 아니지만, 제가 아는 건 없습니다."[60] 2020년 5월에 노섹은 전자우편을 통해 특별히 사회적 프라이밍 분야만 따로 떼서 재현 가능성을 추적해보려는 시도에 관해서는 아는 바가 없다고 확인해주었다. 그건 그렇다 치고, 사회적 프라이밍의 본거지인 사회심리학계는 최초의 '많은 실험실' 프로젝트에서 특히 좋은 결과를 보지 못했다. "대상이 된 쉰다섯 편의 사회심리학 논문 중 열네 편(25퍼센트)이 재현되었다." 이는 다른 심리학 분야들에서 관찰된 심각한 재현 성공률보다도 더 나쁜 결과였다.[61]

특정 연구를 실제로 재현하는 방법 외에 통계적 매개 변수들만 취해 '개연적' 재현 가능성을 추측해보는 방법도 있다. 좀 무리하게 단순화하자면, 어떤 연구가 강력한 효과를 보이지만 표본 규모가 아주 작을 경우는 재현될 가능성이 작다. 울리히 심맥Ulrich Shimack은 제리 브러너Jerry Brunner와 함께 이런 측면을 살펴볼 수 있는 'Z커브'라는 도구를 개발했다.[62] 이용자가 출판된 연구의 통계적 매개 변수들을 입력하면 개연적인 재현 가능성 추정치가 출력되는 형태이다. 심맥 자신은 '계량적 서평'이라 부르는 그 작업을 위해 바그의 책에 나오는 모든 연구를 Z커브를 적용하여 검토하는 인상적인 단계를 거쳤다.[63] 이 작업의 결과 역시 사회적 프라이밍에 문제가 있음을 암시했다. 심맥은 바그가 인용한 연구 결과들의 재현 가능성을 대략 41퍼센트 정도로 추정했다. 음, 실젯값은 더 높을 수도, 낮을 수도 있다. 하지만 심맥의 방법론과 실증적으로 논증된 사회심리학 연구 결과들의 재현율 양쪽에 비춰봤을 때, 누군가 바그가 언급한 모든 연구의 재현을 시도할 경우, 동전 던지기 수준의 재현율도 나오지 않을 듯하다고 보는 것이 온당하다.

그러나 (사회적 프라이밍과 반대되는 의미에서) 프라이밍 개념 자체가 허튼소리라는 의미는 아니다. 최초의 프라이밍 연구에서 도출된 핵심적인 결과들은 오랫동안 견고한 지지를 받았다. 예컨대 이 장의 서두에서 얘기했듯이, 특정 단어들을 이용한 프라이밍은 연관이 없어 보이는 이후 과제들을 수행하는 데에 영향을 미치는 것으로 보인다. 프라이밍 개념 자체는 인간 인식에 대한 값진 통찰이지만, 우리가 의식하지 못하는 힘들이 현실 세계에서의 행동에 지대한 무의식적 영향을 끼친다는 아이디어와는 한참 동떨어진 것이다.

처음 '많은 실험실' 프로젝트 결과가 출판됐을 때 심리학뿐만 아니라 다른 여러 분야의 과학자들에게는 폭탄처럼 여겨졌다. 그러나 다음 해 초에 그에 대한 단호한 답변서가 출판되었다. 마찬가지로 《사이언스》에 게재된 그 논문의 저자는 (바그의 책을 상찬했던) 심리학자 댄 길버트와 하버드대 동료이자 정치과학자 겸 연구방법론 전문가인 게리 킹Gary King을 포함한 주목할 만한 일단의 연구자들이었다. 그들은 재현 실험에 참여한 연구자들 스스로가 결정적인 방법론적 실수들을 저질렀다고 주장했다. 아마도 가장 중요한 실수는 재현 연구의 많은 수가 핵심적인 방법 면에서 원래의 실험과 다르다는 점일 것이다. 그들은 이렇게 썼다. "이스라엘인들에게 군사적 행동의 결과를 상상해보라고 요구했던 원래 연구가 미국인들에게 신혼여행의 결과를 상상해보라고 요구하는 것으로 바뀌었다. 어린아이들에게 커다란 화면에서 목표물을 찾는 어려운 과제를 주었던 원래 연구가 더 나이가 많은 아이들에게 작은 화면에서 목표물을 찾는 쉬운 과제를 주는 것으로 바뀌었다. 한국인들에게 우편으로 보낸 기부 요청서의 어법 차이가 어떻게 응답률을 높일 수 있는지 보여준 원래 연구가 (어떤 상황에서도 실질적으로 0퍼센트 응답률이 나오는 방식인) 진 세계 사람들에게 77만 1408통의 전자우편을 보내는 것으로 바뀌었다."[64]

'많은 실험실' 프로젝트 대부분은 원래 연구를 치밀하게 모방했지만, 여러 실험실이 참여하다 보니 이런저런 이유로 원래의 실험 설계가 변경되는 경우들이 있었다. 이는 중요한 질문들을 제기한다. 재현 실험은 원래 실험의 도구들을 얼마나 면밀하게 반영해야 하는가? 재현이 실패했을 때, 문제의 효과가 존재하지 않는다고 판단해야 하는 경우와 재현 실험이 정확하게 똑같은 방식으로 시행되지 않았거나 특정 표본들에만 효과가 나타났거나 통계적 악운이 작용했다고 판단해야 하는 경우는 어떻게 구분하는가? 쉬운 답은 없다. 해결될 수 없는 이 논쟁의 성질이 길버트와 같은 재현성 위기를 회의하는 사람들의 강력한 반박을 부채질하는 데 도움이 되었다. 그를 비롯한 몇몇 다른 이름난 연구자들은 진정한 재현성 위기 같은 것은 존재하지 않거나, 존재하더라도 다른 사람의 업적을 무너뜨리고자 하는 시기심 많고 기회주의적인 연구자들에 의해 부풀려졌다고 말했다. IAT와 포괄적 군인 건강CSF 프로그램에만 수천억 달러가 지출된 상황을 고려하면 다소 낙관주의적인 억지 해석처럼 보이지만, 길버트는《디스커버리》잡지에서 이렇게 말했다. "학계가 재현성 위기를 한탄하고 있을 때, 재계와 정부, 법조계, 의료계는 심리학 연구 결과들을 활용해 인간 조건을 개선하고 있다."[65]

도움이 될지는 모르겠지만, '많은 실험실' 프로젝트는 일반적으로 재현성 위기 회의론자들이 제기하는 가장 실질적인 비판에 열려 있고, 또 민감하게 반응해왔으며, 그 비판을 실증적으로 검토하고자 노력해왔다. 예를 들어, '많은 실험실 2' 프로젝트는 원래 연구 설계를 훨씬 면밀하게 따르는 한편, 재현 시도 중에 다른 표본을 쓰는 것이 재현 가능성에 미치는 영향을 평가할 수 있도록 설계되었다. 그런 노력을 통해 "어떤 결과가 재현되지 않는다면, 표본과 맥락 양쪽에서 거의 변화가 없는 상태에서 재현에 실패"한 것임이 밝혀졌다. 프로젝트 설계자들은 "이 증거는 심리학 연구의 재현 실패가 원래 연구와 재현 연구 간 표본 차이 탓일 가능성이 있다는 대중적인 설명과 일치하지 않는다"라고 썼다.[66]

전체적으로 보자면, 열성적인 재현성 위기 회의론자들이 어떤 요점을 짚긴 했지만, 일부는 양다리를 걸치려 한다. 유명한 몇몇 심리학 스타들은 성공한 저서와 TED 강의를 통해 주기적으로 실험실이나 현실 세계의 소규모 표본 환경에서 발견된 효과들이 우리 모두에게 분명하고 흥미로운 효과를 미친다고 주장한다. 그러다가 그 연구들이 재현되지 않으면, '당연히' 그 효과들이 아주 민감해서 다른 표본이나 다른 연구자들이나 다른 실험 규정을 쓰면 쉽게 사라진다며 시치미를 뗀다. 하지만 가벼운 방법론적 변화에도 그렇게 쉽게 꺼져버리는 효과들이라면, 대체 어떻게 현실 세계에서 중요한 문제가 될 수 있을까?

심리과학이 건강해 보이던 시기나 가장 대중적인 실험실 아이디어들이 명백하게 현실 세계에서 효과를 보이는 개입 방안들을 드물지 않게 제시하던 시기에 재현성 위기가 나타났다면, 상황은 달랐을 것이다. 하지만 지금은 확실히 그런 상황이 아니다. 수많은 심리학 연구 결과들이 열렬한 환호를 받으며 급부상했다가는 우물쭈물하다가 몇 년 사이에 퇴장당했는데, 이런 상황이 부분적으로는 전체 행동과학 프로젝트에 해를 끼치는 과장된 주장, p-값 조작 및 기타 행위에 대한 유인책이 만연하기 때문인 건 분명하다. 재현에 관한 과학 자체가 아직 성장 중인 상태이긴 하지만, 재현성 위기의 심각성을 경시하는 건 매우 위험하게 느껴진다.

+

우리는 정확히 어떤 상황에 있는가? 연구자는 일회적 연구를 출판하지 말아야 하는가? 대학은 그런 연구를 장려하지 말아야 하는가? 과학자는 여러 번 재현된 연구 결과만을 활용해야 하는가? 어떤 질문도 실용적이거나 현실적이지 않다. 하지만 불완전한 결과들이 출판될 개연성이 줄어들도록, 심리과학 연구의 수행 방식에 적용해 볼 만한 뭔가 다른, 더 믿음직한 방법들이 있다.

재현성 위기가 처음으로 광범위한 심리학 연구 결과들에 의문을 던지기 시작한 이래, 일부 연구자들은 데이터를 모으고 분석하고 공유하는 방식에 변화를 요구함으로써 이에 응답해왔다. 다시 비유하자면, 재현 연구가 환자를 한 명 한 명 찾아가며 이미 퍼진 질병을 치료하는 것이라면, 이런 개혁은 앞으로의 유행을 예방하기 위해 전 인구에 백신을 접종하는 것이다.

그중 핵심적인 혁신 한 가지는 '연구 사전 등록제preregistration'로, 연구자들이 연구에 착수하기 전에 가설과 데이터 분석 계획을 공개적으로 밝히는 것이다. 이렇게 하면 '아인슈타인 프라이밍이 아이들을 더 똑똑하게 만들 것이다'라는 가설을 도중에 '아인슈타인 프라이밍이 아이들을 덜 똑똑하게 만들 것이다'로 바꾸거나 수상한 방식으로 데이터를 잘라냈을 때 이미 공개된 연구 계획과 달라진 부분들이 분명하게 드러날 터이므로, 하킹HARKing을 포함한 여러 수상쩍은 연구 관행들을 배격하는 효과를 낼 수 있다.(오픈 사이언스 센터는 연구자들이 연구를 사전 등록할 수 있는 인기 있는 웹사이트를 만들었다.[67])

다른 하나는 데이터 공유다. 놀랍게도, 특정 연구자의 데이터를 다른 연구자들에게 공개하여 원천 분석에서 있을지도 모르는 실수와 제약을 찾아내는 것으로, 역사적으로 말해 심리학계의 일반적인 관행은 아니다. 불과 얼마 전까지도 어떤 면에서는 무례하게 여겨지기도 했다. 내 데이터를 보겠다고? 날 의심하는 거야?! 공정하게 말하자면, 저작권/소유권 문제나 실험 대상들의 익명성을 보호하기 위해 제도화된 심사위원회가 요구하는, 때로 너무 엄격하게 느껴지는 규정들에 따라 실험 데이터를 비밀로 해야 할 정당한 이유가 있는 때도 있다.[68] (IRBs는 학계와 정부 기관 연구가 수행되기 전에 윤리적 검토와 허가를 해주는 기관이다.) 하지만 그렇지 않은 경우들도 많다. 규범이 데이터 공유 쪽으로 옮겨갈수록, 수상쩍은 연구들이 출판되거나 폭로되지 않은 채 오래 살아남기는 더 어려워질 것이다.

가장 야심적인 개혁 아이디어 중 하나는 '출판 보장형 연구 사전 심의제Registered Reports'로 알려져 있다. 이 아이디어는 오픈 사이언스 센터가 내놓은 아래의 그림이 보여주듯이, 연구 초기에 새로운 동료 평가 단계를 도입한다.

이 모델에 따르면 학술지들은 연구 결과가 아니라 연구 설계에 근거하여 게재를 결정한다. 즉 실험 결과가 어떻게 나올지 알기 전에 출판을 결정하는 것이다. 이런 관행이 광범위하게 채택된다면, 잠재적인 혁명의 변곡점이 만들어지게 될 것이다. 오픈 사이언스 센터 웹사이트에 인용된 크리스 체임버스의 말대로, "설계안을 바탕으로 먼저 게재가 결정되기 때문에, 저자들을 추동하는 유인책은 제일 멋진 이야기를 생산하는 것에서 가장 정확한 이야기를 생산하는 것으로 바뀐다".[69]

여기서 실험심리학에 제기된 더 근본적인 개혁 방안을 언급할 필요가 있다. 관찰된 효과가 실제로 있을 가능성을 측정할 때 쓰는 표준적인 통계 기법을 바꾸자는 제안들 말이다. 그중 '가벼운' 제안은 p<0.05라는 통계적 유의성의 문턱을 높이자는 의견으로, 그를 통해 숨겨진 굴절성 문제를 해결하는 데 큰 영향을 미칠 수 있다고 주장한다. p<0.05 기준보다 열 배 엄격한 기준(p<0.005가 일반적으로 제안되는 기준이다)에 맞는 결과를 조작해내기가 유의미하게 더 어려워지기 때문이다. ('파워 포즈' 장에서 설명했듯이, p=0.05 기준은 순전히 임의로 정해진, 관습과 전통에 관한 문제이다.)

이 개혁의 '무거운' 버전은 소위 유의성 검정을 완전히 폐기하는 대신에 오랜 경쟁자인 '베이즈 추론법Bayesian inference'을 도입하는 것이다. 두 방법 간 차이는 수학자인 오브리 클레이턴Aubrey Clayton이 "재현성 위기에 숨겨진 잘못된 추론법"을 비판하며 2019년《노틸러스Nautilus》에 발표한 글에 아주 잘 설명되어 있다.[70] 클레이턴은 앞서 얘기한 로댕의 〈생각하는 사람〉 연구를 놓고 이렇게 썼다. "데이터를 고려하기 전에 예술작품을 잠깐 보는 것이 그런 효과를 낼 가능성을 평가해볼 필요가 있다. 특히 신에 대한 전반적 믿음이 약 33퍼센트 감소한다는 그 연구가 주장하는 효과의 크기를 생각하면 우리 경험에만 비춰봐도 그럴 가능성이 상당히 회의적으로 느껴질 것이다." 그 연구가 제시하는 숫자만큼 강력한 효과가 있다면, "우리는 미술관에 갈 때마다 신앙과 불신앙 사이를 오간다는 걸 알았을 것이다. 그게 아니라 유독 〈생각하는 사람〉만 독특한 미적 위력을 발휘하는 거라면, 그 조각상이 처음 공개된 1904년 파리에서 대대적인 종교 탈출 현상이 있었어야 한다. 하지만 우리와 우리 종교들은 오랜 세월 상대적으로 안정적인 관계를 맺으며 존재해왔다". 물론 국기를 잠깐 노출하는 것이 이스라엘인들 간의 극렬한 정치적 반목을 잠재운다는 아이디어 같은, 역시 믿기지 않을 다른 많은 사회적 프라이밍 연구 결과들에도 똑같은 논리가 적용된다.

(고안자의 이름을 따서 '피셔 유의성 검정Fisherian significance testing'이라 알려진) 전통적인 통계 검정 방식은 주어진 결과가 일어날 가능성에 대한 우리의 이전 생각을 고려하지 않는다. 고안자인 18세기 영국의 성직자 겸 통계학자 토머스 베이즈Thomas Bayes의 이름을 딴 베이즈 추론은 우리의 이전 생각까지 고려한다. 전반적인 개념은 몹시 직관적이다. 일어날 성싶지 않은 결과가 나올수록 그것을 인정하려면 더 많은 증거가 필요하다는 것이다.

이 개념의 기초를 이루는 실제 방정식은 주석에서 설명하겠지만,[71] 요점은 간단하면서도 중요하다. 주어진 증거가 나오기 '전에' 추정한 X가 참일 가능성을 계산에 넣지 않고서 주어진 증거를 X가 참일 가능성을 판단하는 데 이용하면 잘못된 결과를 끌어낼 수 있다는 것이다. 가장 고전적인 사례는 의학적 검정에서 찾아볼 수 있다. 내가 어떤 질병에 대한 검사에서 양성 판정을 받았다고 해보자. 내가 그 질병에 걸렸다고 해석할 수 있다. 검사 결과가 그렇다고 나왔고, 그 검사의 위양성률이 예컨대 5퍼센트라고 하니까 말이다. 그러나 베이즈식 접근법에 가깝게 해석하면, 내가 그 질병에 걸렸을 수'도' 있지만 검사 결과의 위양성 가능성뿐만 아니라 그 질병의 '전반적 희귀성'이라는 완전한 맥락 안에서 읽어볼 필요도 있다. 문제의 질병에 미국인 100명당 한 명이 걸리는지, 아니면 100만 명당 한 명이 걸리는지는 내가 받은 양성 결과가 정말로 질병에 걸렸음을 의미할 가능성을 수립하는 데 엄청나게 중요하다. 그 특정 숫자에 따라 어떤 경우에는 내가 질병에 걸렸을 가능성보다 위양성 가능성이 더 클 수도 있는데, 이는 베이즈 추론을 적용하지 않으면 완전히 가려질 수 있는 상당히 중요한 사실이다.[72] 이와 유사하게 심리학에서는 조각상을 본다고 해서 예배에 참석하던 사람들이 무신론자가 되지는 않을 듯하다고 믿을 만한 이전의 타당한 이유가 있기에, '긍정적' 결과가 나와도 연구자로서는 여전히 아무것도 발견하지 못할 가능성이 아주 큰 상황들이 있다.

우리는 수상쩍은 연구 관행들 탓에 약한 데이터조차도 아주 수월하게 p<0.05 기준선 아래로 욱여넣을 수 있음을 이미 알고 있다. 대신에 베이즈 추론을 적용하여 가설을 평가하면, 무분별하거나 부주의한 실험과 데이터 분석을 한 번 더 확인하는 효과가 생긴다. 클레이턴은 조각상 연구에서 '똑같은 데이터'를 '피셔 유의성 검정'이 아니라 '베이즈 추론'으로 바꾸어 분석하기만 했어도 아주 다른 결과가 나왔을 테고, 여러 사람이 막대한 시간을 절약할 수 있었으리라 지적한다. 그는 피셔의 유의성 검정 방식에 따르면 우연 하나로 설명될 수 있는 두 집단 간 차가 고작 3퍼센트 가능성에 불과하다고 설명한다. 하지만 조각상을 본 것이 신앙을 무너뜨릴 가능성의 사전 추정치를 고려하면, 갑자기 그 결과는 다른 방향으로 급선회한다. 조각상 마법이 작용할 가능성에 대해 명백히 주관적인 평가를 허용하더라도 결과는 마찬가지다. "〈생각하는 사람〉 가설을 완전히 일

축하지는 않더라도, 사전 확률은 포커를 칠 때 풀하우스가 들 확률과 포카드가 들 확률 사이의 중간쯤인 1000분의 1 정도가 맞을 겁니다." 그에 따르면, 그 사전 확률과 연구자들이 얻은 다른 수치들을 베이즈 추론을 적용해 돌려보면, "이 실험에 근거한 '〈생각하는 사람〉-무신론' 효과의 확률은 0.012, 또는 대략 83분의 1이며, 다소 흥미로운 현상이긴 하지만 출판할 가치는 없는 것이 거의 확실하다"[73]라는 결론을 내리게 될 것이다.(아마도 논쟁을 예상했기 때문이겠지만,《성격 및 사회 심리학 저널》편집자들은 대릴 벰의 초능력 논문에 대한 응답으로서 바로 이 문제를 지적하며 벰의 작업에 베이즈식 접근법을 적용하면 "초능력 증거는 존재하지 않는다고 할 정도로 약해진다"라고 강력하게 주장하는 네덜란드 심리학자인 E. J. 바헨마케르스 연구팀의 논문을 게재했다.[74])

베이즈 접근법의 잠재적인 약점 한 가지는 많은 유형의 '사전 확률' 추정에 개입하는 고유한 주관성 문제다. '적절한' 사전 확률이 어느 정도냐를 놓고 연구자마다 크게 의견이 엇갈리는 상황을 쉽게 상상할 수 있다. 하지만 어떤 통계 도구도 완벽하지 않고, 모두가 이런저런 (중요한 기준으로 0.05 값을 사용하는 것과 같이) 임의적인 판단을 포함하고 있는 상황에서, 베이즈 추론 옹호자들은 이 접근법이 일으킬 문제보다 해결할 문제가 훨씬 많다고 확신한다. 게다가 사전 확률 문제라면 언제든 새로운 추정치를 대입하여 예측치들을 보고할 수 있다.

자, 상식에 어긋난다는 이유만으로 어떤 연구 결과를 거짓이라고 가정할 필요는 없다는 사실을 명심하자. 이는 재현성 위기를 주장하면서 베이즈 추론으로 전환하자는 일부 연구자들의 주장에서 끌어낸 잘못된 교훈일 수 있다. 역사적으로 과학자들은 당대의 '상식'을 무시해왔고, 때로 그 과정에서 과학 혁명에 불을 붙이며 새로운 종류의 상식을 벼려내었다. 예컨대 《사이언티픽 아메리칸》에 실린 한 기사의 표현대로, "얽힌 두 개의 입자 중 하나를 측정하면 다른 입자가, 설사 우주 반대쪽에 있다 하더라도 동시에 상태를 바꾸는 것으로 보이는" 현상인, 이른바 두 입자 간 '양자 얽힘quantum entanglement'이라는 개념을 보자. 양자역학의 다른 많은 개념도 마찬가지지만, 이 개념은 인간의 '상식'이라는 개념 자체를 대놓고 비웃는다.[75]

하지만 지금 심리학계에는 위음성 오류보다 훨씬 심각한 위양성 문제가 있다. 그러므로 개혁 노력의 초점이 놓여야 할 곳도 바로 거기다. 아마도 83분의 1 확률은 진짜 효과를 가리킬 것이다. 연구자들은 지금이라도 그 실험을 재현하여 그 가능성을 탐구해볼 수 있다. 아마도 보다 너그러운 새로운 사전 확률 추정치를 가지고서 말이다(연구자들이 지금 〈생각하는 사람〉 조각상 효과를 믿기에는 가진 증거가 너무 적기 때문이다). 시간을 두고 반복적인 실험을 거치다 보면 설사 상식에 반하더라도 진짜 효과는 승리할 것이다.

+

심리과학의 재현성과 투명성을 위해 싸우는 투사 브라이언 노섹은 심리학의 미래를 긍정적으로 바라본다. 그는 전자우편을 통해 이렇게 말했다. "상당수 학술지가 진보적인 투명성 정책들과 '출판 보장형 연구 사전 심의제' 같은, 정밀성을 개선하고 출판 편향성을 줄이는 개혁안들을 채택했습니다. 연구자금을 지원하는 곳들에서도 연구 과정을 다루는 메타 연구를 후원하는 한편, 쇄신안들도 검토하고 있습니다. 가장 중요한 건 신진 연구자들을 중심으로 한 수천 명의 젊은 연구자 개개인이 풀뿌리 노력을 통해 연구 사전 등록제와 데이터 공유 조치 같은 개혁안 채택을 앞당기며 과거로는 돌아갈 수 없을 정도로 규준들을 바꾸고 있다는 점입니다. 덕분에 지금 심리과학은 2011년과는 다른 입지에 있습니다. 2031년쯤의 심리학은 대단할 겁니다."

노섹이 지적한 젊은 심리학자들의 움직임이 특히 중요한 듯하다. 규준은 아주 중요하다. 온전한 한 세대의 심리학자들이 심리과학의 도덕성에 관심이 집중된 시기에 학문적 성년에 이르렀고, 그중 일부는 이미 박사 과정을 지나 젊은 교수로서의 경력을 시작했다. 그들은 전임자들보다 p-값 해킹이 무엇인지 훨씬 잘 알 것이고, 그런 짓을 저지를 가능성은 훨씬 적을 것이다.

노섹의 예언이 입증되는지는 기다리며 지켜봐야 한다. 하지만 상황은 확실히 옳은 방향으로 향하고 있는 듯하다. 이를 가리키는 특히 강력한 신호는 사회적 프라이밍 분야의 현재 상황 자체다. 이 분야에 관한 관심이 상당히 감소한 것으로 나타난다. 여전히 방어자들이 있긴 하지만, "사회적 프라이밍 분야의 많은 연구 결과가 논쟁에 휩싸이다 보니 전반적으로 불신을 받는 지경에 이르렀다고 말하는 사람들도 있다"라고 톰 치버스가 《네이처》 기사에서 말했다.[76]

진행 중인 일부 개혁 시도들과 별개로, 관심과 자원이 사회적 프라이밍에서 다른 영역들로 옮겨 가고 있는 것은 분명하다. 좋은 소식이다. 이는 기성 심리학계가, 많은 사회적 프라이밍 연구가 허약하고 불안정하며 재현되지 않는 효과를 보인다는 근거 있는 증거에 반응하여 적절하게 움직이고 있음을 보여준다. 요즘에 누군가 조각상들이 사람들을 무신론자로 바꿔놓을 수 있다거나 사람들이 여성의 이름을 단 허리케인에 대한 경고를 무시한다고 주장하는 연구를 출판한다면, 언론의 열화와 같은 칭찬 기사를 얻어내기가 예전보다 훨씬 어려울 게 분명하고, 동료들도 공개적으로 회의적인 의견을 표명하는 데 예전보다는 약간 덜 주저할 것이다. 이 모든 것이 진보의 신호이다.

결론

누가 손쉬운 해결책을 원하는가

앞서 봤듯이, 미숙한 행동과학이 인기를 얻는 데는 무수한 이유가 있다. 그리고 그 이유들은 주어진 아이디어의 문화적, 제도적 맥락, 즉 그 아이디어가 해결하고자 하는 문제가 무엇인지, 그 아이디어가 어떤 사회적 흐름에 기반해 있는지 등에 관련된 경우가 많다. 이 책을 마무리하면서 나쁜 사회과학이 퍼지는 이유를 각각의 맥락을 떠나 보다 일반적으로 살펴볼 필요가 있을 것이다. 특히 프라임월드 아이디어들에 이르면, 나쁜 사회과학이 만들어낼 예상 결과까지 포함해서 말이다.

다른 조건이 똑같다고 할 때 미숙한 아이디어들이 우세해지는 가장 간단한 이유는 인간의 뇌가 여러 원인이 작용하는 복잡한 설명보다 하나의 원인만 작용하는 간단한 설명을 더 쉽게 이해하기 때문이다. 그런 설명일수록 진실로 받아들여지고 널리 퍼져나갈 가능성이 크다. 우리 뇌가 간단하고 명확해 보이는 답에 이끌리도록 만들어진 것이다.

전설적인 사회학자 찰스 틸리가 인간의 스토리텔링을 다룬 저서 『왜?―사람들이 이유를 댈 때 무슨 일이 일어나는가…… 그리고 왜?』에서 이 점을 자세히 설명한다. "이야기는 혼란스럽거나 갑작스럽거나 극적이거나 의아하거나 전형적인 사건들에 단순화된 인과적 설명을 부여한다. 기술적인 전문지식보다 널리 알려진 상식에 의지하면, 세상은 훨씬 이해하기 쉬워진다."

틸리는 스토리텔링이 가진 단순화하고 요약하는 기능 때문에 그것을 인간종의 '가장 사회적인 개입 중 하나'라 부른다. 하지만 그건 우리가 이야기 탓에 길을 잃을 수도 있다는 뜻이다. "우리가 사는 복잡한 세상에서 원인과 결과는 늘 복잡한 방식으로 연결된다. 동시다발적인 인과, 증강되는 효과, 환경적 영향, 실수, 의도치 않은 결과 및 반응의 물리적, 생물학적, 사회적 과정을 자세히 설명하는 일은 악마 아니면 신이나 할 수 있는 일이다. 이야기는 이 불편한 복잡성을 배제한다."[1]

설익은 심리학에 기름을 부었던 온갖 이야기들을 생각해보라. "병사들의 회복탄력성을 높이면 PTSD에 저항할 수 있다." "여성들이 강화된 권력감을 느끼면 직장에서의 성별 격차를 막을 수 있다." "가난한 아이들의 그릿을 더 계발하면 부유한 아이들을 따라잡을 수 있다." 아주 복잡하게 얽힌 체계와 결과를 놓고 단 하나의 특정한 원인만을 강조함으로써, 이들을 포함한 현대 심리학의 여러 초대형 히트작들은 엄청난 양의 중요한 세부 내용을 무시한다.

우리 뇌가 단순한 이야기를 선호하는 것과 마찬가지로 심리학계 내에서도 복잡한 이론보다는 더 단순한 이론을 개발하도록 하는 직업적 보상이 작용할 가능성이 높다. 인간 본성을 연구하는 사람들이라고 해서 단순성이라는 시이렌의 노래에 면역돼 있지는 않다. 심리학자 니나 스트로밍거Nina Strohminger는 자신의 논문에 관한 답변에서 이런 경향을 다소 웅변적으로 비판한다. "명료성에 대한 물신화는 그런 근거만으로 덩치가 큰 이론들이 외면당하는 경우가 많음을 의미한다 ⋯⋯ 명료하지 않은 결론을 감수하는 것이 뭔가 썩 만족스럽지 않은 것은 틀림없지만, 최선의 이론이 늘 만족스러운 느낌을 주는 것은 아니다. 명료성은 진실에 적합한 휴리스틱이 아니다."[2] 과학자들이 단순성을 선호하는 데에는 충분한 이유가 있을 때가 많다. 오컴의 면도날은 쓸모가 있다. 하지만 여전히, 복잡한 현상들을 설명하는 단순한 이론은 회의주의를 정당화한다.

당연히 더 단순하고 명료하고 매력적인 이론들이 이익이 될 가능성이 크다. 우리가 21세기 심리학자라면, 특히 젊은 학자라면, 이름을 떨치고 경력을 쌓는 분야에서 위압적인 지형을 직면하게 된다. 자금 지원은 좌우에서 삭감되고, 지금도 진행 중인 학계의 비정규직화는 확실히 심리학계라고 해서 피해 가지 않는다. 그래도 한 가지 희망의 조짐은 있다. 대중이 행동과학에 그 어느 때보다 큰 관심을 두고 있다는 점 말이다. 커다란 사회적 관심사를 주제로 삼아 단순하고 흥미롭고 무엇보다 새로운 이야기를 할 수 있다면 특히 더 그렇다.

이런 어려운 환경은 의심할 여지 없이 심리학자들이 대중에게 연구 성과를 보여주는 방식에 영향을 미친다. 사회심리학자 하트 블랜턴과 엘리프 아이키저는 2017년 『사회심리학의 정치학The Politics of Social Psychology』의 통찰력 있는 한 장에서 '글머리기호 편향'의 존재를 가정한다. 둘은 이 편향을 '연구자들이 보기에는 별 가치가 없으나 외부에서 보기에는 자극적인 과학 연구 결과를 언론 매체에 제시하는 경향'으로 정의한다.

그들이 설명하듯이, "전국 단위 뉴스 매체들의 사설과 TED 무대를 통해 과학 담당 기자들과 효과적으로 소통하는 법을 배움으로써 과학자들은 더 높은 강사료를 받고, 돈이 되는 컨설팅 직업을 구하고, 출간 계약을 따내고, 고만고만한 유명인 대접을 즐길 수 있을지 모른다".[3]

물론 과학자들이 팔려고 내놓는 이런 것들에 대해 언론인들이 '고맙습니다만 사절하겠습니다'라는 태도를 취하면 별문제가 안 될 것이다. 하지만 "대안적인 뉴스 공급원들이 바짝 추격해 오는 새로운 미디어 환경에서, 언론사들은 갈수록 청중을 사로잡고 유지하는 법을 아는 과학자들이 내놓는 것들을 신뢰하게 된다. 과학은 판다. 더 쉽게 소통될수록 더 많이".[4]

이런 역학은 또한 과학적 정당화보다 자체적인 정당화를 더 중요하게 만들어 수상쩍은 아이디어가 유통되는 데 도움을 준다. 고인이 된 위대한 사회심리학자 엘리엇 에이브럼슨Elliot Abramson과 함께 인간의 어리석음과 자기기만을 다룬 『누구나 실수는 한다(나는 빼고)Mistakes Were Made(but Not by Me)』를 공저한 사회심리학자 캐럴 태브리스Carol Tavris가 대담 중에 이 점을 훌륭하게 요약해주었다.

누구나 다 마찬가지겠지만, 일단 어떤 이론을 수립히고 니면 지신이 틀렸을지도 모른다는 증거는 물론, 그 이론에 대한 비판도 받아들이기 어렵게 됩니다. 과학자들이라고 이런 경향에 면역이 있는 건 아닙니다. 과학적 기획의 성질 자체가 자신의 믿음을 시험하고, 증거가 그 믿음을 뒷받침하는지 안 하는지 보는 것인데도 말입니다. 지금 여기서 일어나고 있는 일도 그런 것 아닐까요?

하지만 수립한 이론을 공론장으로도 가져가면, 기업과 정부 사람들에게 실험과 측정법, 또는 엄청난 인기를 얻은 아이디어를 가르치며 수십만 달러를 벌어들이면서 재정적으로, 감정적으로, 심리적으로 그것이 옳다는 것에 확고한 이해관계를 가지게 됩니다. 이렇게 얘기하는 게 얼마나 쉬워지겠습니까. "제가 좀 너무 나갔을까요? 제가 잘 맞지 않은 부분들을 좀 무시했나요? 이 아이디어는 매력적으로 들리지만 제가 예상치 못한 몇몇 문제도 있겠지요?" 연구와 과학 측면에서 볼 때, 이것이 TED화 현상의 가장 큰 위험입니다. 과도하게 간소화하면서 가장자리를 다 쳐내려는 충동 말입니다.

특정 사회학파의 영향도 이런 아이디어들이 추진력을 얻는 데 도움을 준다. 기자인 아난드 기리다라다스가 2018년에 출간한 『엘리트 독식 사회―세상을 바꾸겠다는 그들의 열망과 위선』에 이 점이 명료하게 포착돼 있다. 기리다라다스의 기본적인 논제는 기술에 정통한 젊은 신흥 상류층이 의미 있는 변화로 이어지지 않는 형태의 자선에 집중하면서 자선 행위를 나쁜 쪽으로 변화시켰다는 것이다. 그는 "지금 부상하는 권력 엘리트는 현 상태에서 이득을 취하면서 동시에 세상을 변화시키기 위해 좋은 일을 하고 선을 행하려는 동인들로 정의된다. 이 엘리트 집단은 계몽적인 사업가들을 중심으로 자선사업계, 학계, 언론계, 정부, 두뇌 집단 등에 포진한 그들의 협력자들로 구성된다."[5]

기리다라다스는 엘리트 집단의 구성원들이 자신의 이익과 이데올로기(서로의 경계가 흐려질 때가 많은 두 개념) 탓에 사회문제들에 대해 권력 해부와 자원 재분배를 포함하는 치료책들보다 피상적이고 개인에 초점을 맞춘 치료책들에 더 관심을 둔다고 주장한다. 현실적으로 인간의 여러 문제에는 제로섬적 성격이 있다. 가난한 사람들에게 돈을 더 주려면, 아마도 부유한 사람들에게 세금을 더 부과하는 방식으로 다른 누군가에게서 돈을 가져와야만 한다. 하지만 엘리트 집단의 사상적 지도자들은 현 상태를 건드리지 않고서 모든 사람을 (음, 적어도 특정 고위층 회담이나 시찰 여행에 참석한 모든 사람을) 기분 좋게 만드는 윈-윈 개입을 끝도 없이 제안하면서 이 사실을 회피한다.

저 온갖 TED 강의들과 지적으로 보이는 회의들과 시찰 여행 같은, 대니얼 드레즈너가 '아이디어 산업'이라 부르는 것이 점점 힘을 불려가는 걸 고려하면, 기리다라다스의 요점에는 확실한 근거가 있다. 다른 조건이 같을 때, 아이디어에 많은 돈을 던질 수 있고 주목받는 연설회에 연구자들을 초청함으로써 스타로 만들어줄 수 있는 유력인사들이 프라임월드 이야기들을 무척 잘 받아들일 가능성이 크다. 부유하고 영향력 있는 사람들이 특정 유형의 아이디어를 좋아한다면, 그런 유형의 아이디어가 시장에서 이점을 누리리라 생각하는 것이 당연하다.

+

프라임월드 유형의 스토리텔링에 직접적으로 관여하는 사람들은 대부분 이익을 얻는다. 연구자와 대학은 언론 매체의 주목을 받는다. 언론 매체는 새로운 문제 해결 방법이나 놀라운 실험 결과를 열망하는 독자의 클릭 수를 얻는다. 연구자와 대학은 언론 노출의 이익을 누리면서 더 많은 이익을 요구한다. 언론 매체는 이런 유형의 이야기들이 일으키는 반향을 이해하면서 더 많은 이야기를 요구한다. 이런 식으로 일이 굴러간다. 이 순환의 모든 유인책은 과도한 주장을 하라고, 과도하게 단순화하라고, 반대 증거를 무시하라고 떠민다.

하지만 당연히 거기에도 패배자들이 있다. 심리과학이 처한 지금의 상태와 그것이 실재 세계를 측정하는 법에 대해 잘못되거나 과도하게 단순화된 믿음을 갖게 되는 뉴스 소비자들 같은 사람들 말이다. 그들은, 예컨대, 그릿이 누가 인생에서 승리할지를 알려주는 강력한 예언자라거나 직장에서 조금만 더 권력감을 느낄 수 있으면 사방에 도사린 성별 편향이나 승진을 가로막는 방해물들을 극복할 수 있다고 잘못 믿게 될 것이다.

특정한 주제들을 끝없이 반복함으로써 세상에 대한 대중의 이해를 잠재적으로 바꿀 수 있듯이, 스토리텔링 역시도 장기적으로 의도치 않은 결과를 낼 수 있다. 블랜턴과 아이키저는『사회심리학의 정치학』에서 사람들이 쉽게 믿는 덕분에 날로 확대되는, 소위 슬기로운 과학적 개입[6](상당히 사소하고 비용이 적게 드는 방식으로 사람들의 행동에 영향을 줄 수 있다고 광고하는 개입들)의 적용 범위가 사람들이 불평등과 억압에 대해 갖는 개념을 바꾸어버릴 수도 있지 않을까 하는 우려를 표명한다.

가난한 아이들이 강한 그릿을 가지면 학교에서 더 좋은 성과를 낼 수 있다거나, 더 많은 사람이 IAT를 받고 자신의 암묵적 편향에 눈을 뜨면 인종주의에 대항할 수 있다거나 하는 아이디어를 사람들에게 무차별적으로 퍼붓는다면, 그런 문제들이 개선되지 않을 때 대중과학을 소비하는 사람들이, 취약한 사람들이 겪는 곤경을 이유로 곤경 당사자들을 비난하는 현상을 불러올 수 있다. 블랜턴과 아이키저가 썼듯이, "'간단한' 해결에 관심을 두게 만듦으로써 슬기로운 개입은 불우한 사람들이 그 간단한 방법들을 시도하지 않아서 불운을 없애지 못한다고 쉽게 생각하도록 만들지도 모른다."[7]

블랜턴과 아이키저는 이 가설을 시험하기 위해 아마존의 크라우드소싱 플랫폼을 이용하여 몇 차례 실험을 시행했다. 연구자들은 플랫폼으로 모집한 노동자들에게 '(교육과 보건 분야에서) 인종적 불평등을 줄이기 위해 설계된 슬기로운 개입들을 다루는 실제 언론 기사들' 또는 유사한 목적을 위해 기획된 더 포괄적이고 복잡한 개입 관련 기사들을 선택적으로 노출시켰다. 전반적으로 "슬기로운 개입을 다루는 기사들에 노출된 이들은 사회적 소수자 집단의 학생들이 시도만 하면 혼자서도 쉽게 상대적으로 불리한 처지를 극복할 수 있다는 시각을 더 강력하게 지지했다." 게다가, 노출한 기사들이 다루는 개입이 사회적 소수자 집단들을 대상으로 한 경우에는 "소수자 집단에 책임을 귀속하는 반응이 증진됐을 뿐만 아니라 비난 부여로 이어졌다". 이러한 "비난 증가는 진보 성향의 참가자들 사이에서 가장 약했고, 정치적으로 보수적인 참가자들 사이에서 가장 강했다".[8]

철저하게 통제된 몇 차례의 온라인 실험이 '사람들이 프라임월드의 혁신들에 노출되면 불우한 사람들에게 덜 공감하게 되고, 그들의 곤경을 당사자들 탓으로 돌려 비난할 가능성이 커진다'라는 주장을 입증한다고 하면, 나 스스로 내 책의 전체적인 요점을 놓치는 꼴이 될 것이다. 하지만 그 실험들은 분명 그런 방향을 가리키는 몇몇 증거를 제공한다. 프라임월드가 얻은 대중적 인기와 그것이 내놓은 많은 과학적 주장의 피상성을 고려하면, 이 모든 것이 정의와 공정과 사회 개혁에 관한 우리의 집단적 관념에 장기적으로 어떤 영향을 미칠지 물어볼 필요가 있다.

블랜턴과 아이키저가 이런 질문을 경험적으로 규명한 유일한 심리학자는 아니다.《실험 사회심리학 저널》에 실린 한 논문에서 당시 예일대 박사 과정 학생이던 내털리 도미어Natalie Daumeyer와 동료들은 네 번의 실험으로 "차별 가해자의 행동이 명시적인 편향이 아니라 암묵적 편향으로 판단되면 책임을 덜 지우고 처벌할 필요도 덜 느낀다. 게다가 적어도 일부 환경에서 사람들은 명시적 편향에 비해 암묵적 편향에는 우려를 덜 표현하고, 일소하려는 노력도 덜 지지할 가능성이 크다"[9]라는 사실을 발견했다.

그러니 세상에 존재하는 차별적 결과들의 상당수가 암묵적 편향의 결과라는 식으로 과도하게 단순화된 가정을 홍보함으로써, 심리학자들을 비롯해 앞서 비판한 숱한 이야기꾼들은 그런 주제에 대한 사람들의 전반적인 믿음을 반드시 바람직하다고는 할 수 없는 방향으로 넛지하고 있는 셈이다.

+

내가 이 책을 마무리하고 있던 2020년에 코로나바이러스 팬데믹이 발발했다. 아무리 감정적으로 힘든 위기에 직면했더라도, 그 위기 덕분에 자신이 주장해 온 바가 정당했음이 입증되리라고 확신하는 것은 바람직한 생각이 아닐 것이다. 재난은 확증 편향을 키운다. 그러나 위기를 숙고하면 할수록 프라임월드에 더욱 진저리가 났다는 점은 인정해야겠다. 나는 프라임월드가 근본적으로 사회에 대한 위축된 설명임을 더욱 확신하게 되었다.

바이러스가 미국에 당도했을 때, 미국인들의 선택지는 늘 그렇듯이 거대하고 복잡한 권력과 부의 구조들에 의해 정의되었다. 일부가 상당히 부드럽게 원격 근무로 전환할 수 있었던 반면, 팬데믹의 중심에 있었던 일부는 노동을 그만두고 재정적 파멸을 맞든지 아니면 감염에 직면한 채 저임금 노동을 계속하든지, 양자택일할 수밖에 없었다.

이런 차이의 중요성은 아무리 소리 높여 이야기해도 지나치지 않는다. 그렇다. 돈이 있다고 해서 바이러스에 면역이 생기는 것은 아니지만, 이 팬데믹을 안전하게 그리고 상대적으로 안락하게 빠져나올 수 있는 전반적인 모든 가능성은 소유한 자원과 관련돼 있었다. 늘 그렇듯이, 이 사실은 곧 충격적인 인종적 불평등이 드러날 것임을 의미했다. 구조적인 힘들이 누가 살고 누가 죽고 누가 고생하고 누가 상대적으로 덜 흔들릴지 결정하는 데 큰 영향을 미쳤다. 늘 그렇다.

그 기간에 일어난 개인적 행동의 차이 역시 프라임월드와는 거의 아무 관련이 없는 대신, 사회적·정치적·종교적 네트워크의 강력한 영향력과 크게 관련돼 보였다. 일부 도시와 주는 재빨리 봉쇄 조치를 취했으나, 사회적 거리두기에 관한 개인적 선택을 놓고 논란이 일었다. 다른 곳들은 지루하게 결정을 미루었다. 뉴욕시 비필수 사업장들의 영업이 정지된 사이, 언론 매체들은 봄방학을 맞아 플로리다 해변에 들어찬 파티객들의 모습을 실시간으로 방송에 내보냈다(그리고 뉴욕시는 샌프란시스코와 같은 다른 도시들에 비하면 느리게 반응한 편이었다). 한 지역 안에서도 사람들이 뉴스를 받아들이고 그 결과로 행동을 바꾸거나 또는 바꾸지 않는 방식에는 깜짝 놀랄 만한 차이가 있었다. 부유하고 교육 수준이 높은 가구가 많은 브루클린 파크슬로프에서는 시골에 여름 별장이 있거나 임대할 수 있었던 이들은 가능한 한 재빨리 도시를 떠났다. 전철로 몇 정거장 떨어진 크라운하이츠의 하시드 유대인 거주 구역들과 윌리엄스버그에서는 마을회관들이 입추의 여지 없이 들어선 결혼식 하객들로 여전히 꽉 차 있었다.

한 개인이 코로나바이러스 뉴스에 반응하는지, 얼마나 빨리 반응하는지는 명백히 다른 개인들과의 유대 관계로 결정되었고, 그들이 가진 선택지는 그들이 가진 자원으로 결정되었다. 놀랄 일이 아닐 것이다. 당연히, 넛지 장에서 보여주었듯이, 공중보건 메시지를 조금 비틀고 선택 구조에 다양한 쇄신을 기함으로써 한계상황에 놓인 사람들의 행동에 영향을 줄 방법들이 있다. 그 교묘한 개입들의 자리가 있다. 하지만 전국적으로 재난을 겪는 동안 그 개입들이 가진 유용성의 완전한 한계는 더욱 명백해지기만 한다.

일부 심리학자들은 자기 분야가 가진 지금의 한계들을 분명하게 안다. 2020년 4월에 일단의 심리학자들이 얼마 전까지만 해도 생각할 수 없었을 어떤 일을 했다. 동요의 시대에 심리학자들의 말에 귀 기울이지 말아야 한다고 공개적으로 주장한 것이다. 왜냐하면 자신들의 학문 분야가 '프라임 타임'에는 대응할 준비가 되어 있지 않기 때문이었다.

이 진술은 본격적인 동료 평가와 편집 과정에 들어가기 전에 온라인으로 출판 전 논문 형태로 발표된 「사회과학과 행동과학 증거는 응용과 보급 준비가 되었는가?」라는 제목의 논문에서 이뤄졌다. 그 논문에서 한스 이저맨Hans IJzerman과 앤드루 슈빌스키Andrew Przybylski, 닐 루이스 주니어Neil Lewis Jr.가 이끌고 사이민 바지르Simine Vazire(적극적인 오픈 사이언스 옹호자이기도 하다)와 패트릭 포셔, 스튜어트 리치와 같은 널리 존경받는 사회심리학자들이 포함된 연구팀은, 행동과학자들이 팬데믹과 같은 거대하고 중요한 실재 세계의 사안들에 자신만만하게 자신의 연구 결과를 적용하려는 유혹을 지적한다.

하지만 그들은 심리학이 그 시점에 그런 서비스를 제공하고 있다는 건 착각이라고 주장했다. 심리학 분야가 지금껏 발전해왔고 또 지금 자체 개혁의 과정에 있지만, "팬데믹과 같은 생사가 걸린 사안들"에 유용한 통찰을 "제공할 정도로 심리학이 성숙했는지"에 대해서는 회의적일 수밖에 없는 이유가 있었다. 심리학적인 증거들에 존재하는 불확실성을 더욱 효과적으로 전달하는 방법에 관해 몇 가지 제안을 내놓은 뒤에, 그들은 겸손하게 마지막 자판을 두드린다. "우리는 정책입안자들에게 우리의 가치를 알아달라고 호소하기보다 우리가 정책 테이블에 앉는 권리를 정당화해줄 신용을 얻는 데 집중해야 한다고 믿는다."[10]

얼마나 많은 유인이 「사회과학과 행동과학 증거는 응용과 보급 준비가 되었는가?」와 같은 논문의 출판을 반대하는 쪽을 가리키는지 생각해보라. 열렬하게 행동과학적 답들을 요구하는 대중에게 심리학이 아직 제품을 팔 상태가 아니라고 인정하는 심리학자들은 얼마나 많은 직업적 기회들을 포기하고 있는지 생각해보라.

물론 이 논문이 심리학자들 다수의 의견을 대표하는 것은 아니다. 앞서 봤듯이, 여전히 이 분야가 가진 문제들의 온전한 규모를 인정하기 싫어하는 분위기가 있다. 그러니 과학자들을 과대 주장 쪽으로 넛지하고, 대학 홍보 사무실을 과대광고 쪽으로 넛지하고, 지친 기자들을 조회수를 낚는 미끼 수준의 '발견들'을 액면가로 받아들이고 전달하는 쪽으로 넛지하는, 무수한 유인의 끈질긴 존재를 없는 체하면서 개혁을 향한 심리학의 행보를 탄탄대로로 묘사하는 건 잘 못이다. 이런 문제들은 여전히 현실이고, 어떻게 보면 이미 고군분투하고 있는 연구 기관과 언론 매체 들에 가혹한 재정적 타격을 가한 팬데믹으로 장차 악화될 수도 있다.

하지만 이저맨과 동료들이 출판한 것과 같은 논문은 상황이 바뀌고 있다는 확실한 신호이다. 적어도 일부 심리학자들은 연구 과정에서 최근에 보기 힘들었던 '복잡성'을 어느 정도 겸손하고 현실적인 태도로 다루고 있다는 신호 말이다. 그것은 또한, 일이 다 잘 풀린다면, 20년이나 30년 후에는 이 책과 같은 책이 더는 필요치 않으리라는 신호이기도 하다.

서문 행동심리학에 열광하는 사회

[1] Gregory Mitchell, "Jumping to Conclusions: Advocacy and Application of Psychological Research," *Virginia Public Law and Legal Theory Research Paper*, no. 2017–31(May 2017): 139, ssrn .com/abstract=2973892.

[2] Jesse Singal, "Psychology's Favorite Tool for Measuring Racism Isn't Up to the Job," *The Cut*, January 11, 2017, thecut.com/2017/01/psychologys-racism-measuring-tool-isnt-up-to-the-job.html. (Originally published on the Science of Us vertical, which was later folded into The Cut.)

[3] 물론 암 생물학을 포함한 다른 많은 연구 분야도 저마다의 재현성 위기를 겪고 있다. 심리학의 재현성 위기는 제8장에서 더 살펴볼 텐데, 이런 사안들이 다른 분야에 어떻게 영향을 주고 있는지 궁금한 독자들은 스튜어트 리치(Stuart Ritchie)의 2020년도 역작 『사이언스 픽션─과학은 어떻게 추락하는가?』를 읽어보는 것이 좋겠다. 그리고 2016년 《슬레이트》에 실린 대니얼 엥버(Daniel Engber)의 「암 연구는 망가졌다」가 해당 분야의 진통을 쉽게 잘 설명하고 있다.

[4] Daniel T. Rodgers, *Age of Fracture* (Cambridge, Mass.: Belknap Press, 2011), 3.

[5] 상황을 명확히 하자면, 여기서 내가 제시하는 '프라임월드' 개념과 이 책의 결론 장에서 참조하기도 한 아난드 기리다라다스(Anand Giridharadas)의 2018년 저서 『엘리트 독식 사회─세상을 바꾸겠다는 그들의 열망과 위선』에 소개된 '마켓월드(Market-World)' 개념에는 몇 가지 유사한 점이 있다. 나는 우리가 독립적으로 각자의 개념을 정립했다고 생각한다. 내가 '프라임월드'라는 표현을 쓴 가장 이른 기록은 2018년 5월 13일에 어느 심리학 연구자에게 보낸 전자우편인데, 거기서 나는 내가 얘기하는 개념을 '프라임월드'라고 부를 수 있겠다는 아이디어를 제기한다. 기리다라다스의 책은 석 달 뒤에야 출간되었다. 2019년에 기리다라다스에게 언제 그 용어를 공개적으로 처음 썼는지 전자우편으로 물어봤을 때, 그는 "'마켓월드'가 공개적으로 처음 알려진 것은 지난여름 책이 출간되기 직전이었던 것으로 생각되지만, 그 전에 강연이나 뭐 그런 기회에 썼을 수도 있는데, 확신은 못 하겠다"라고 답했다. 내가 어떤 식으로든 그의 아이

디어를 간취했고, 그것이 내 개념을 정립하는 데 영향을 주었을 가능성을 완전히 배제할 수는 없지만, 모든 정황은 우리가 각자 독립적으로 각자의 개념을 정립했음을 제시한다.

1장 자존감 장사

[1]   David E. Early, "John B. Vasconcellos: 38 Years a Human Potential Titanin Sacramento, Dead at 82," *Mercury News*, May 24, 2014, mercurynews.com/2014/05/24/john-b-vasconcellos-38-years-a-human-potential-titan-in-sacramento-dead-at-82.

[2]   Will Storr, *Selfie: How We Became So Self-Obsessed and What It's Doing to Us* (New York: Harry N. Abrams, 2018), 190.

[3]   Storr, *Selfie*, 175.

[4]   Nathaniel Branden, *The Psychology of Self-Esteem: A Revolutionary Approach to Self-Understanding That Launched a New Era in Modern Psychology* (San Francisco: Jossey-Bass, 2001), 109.

[5]   Nathaniel Branden, "Life & Liberty: In Defense of Self," *Reason*, November 1, 1984.

[6]   Morris Rosenberg, *Society and the Adolescent Self-Image* (Princeton, N.J.: Princeton University Press, 1965).

[7]   Storr, *Selfie*, 191.

[8]   Garry Trudeau, *Doonesbury*, February 19, 1990, available at: www .gocomics.com/doonesbury/1990/02/19.

[9]   Jay Mathews, "Picking Up a Head of Esteem," *The Washington Post*, February 20, 1988, washingtonpost .com/archive/lifestyle/1988/02/20/picking-up-a-head-of-esteem/4f55a1aa-21a3–4a9e-9b7f-5e7444ad4254.

[10]   Associated Press, "Lampooned California Commission Gets Some Respect," December 31, 1988.

[11]   Benjamin Franklin, *Poor Richard's Almanack* (New York: Barnes & Noble, 2004), 536, Kindle edition.

[12]   Alfred Whitney Griswold, "New Thought: A Cult of Success," *American Journal of Sociology* 40, no. 3 (November 1934): 309–18, jstor .org/stable/2768263.

[13]   Frank Channing Haddock, "The Second Lesson—the Mood of Success," in *The King's Achievements; or, Power for Success Through Culture of Vibrant Magnetism* (Lynn, Mass.: Nichols Press, 1903), 10, books .google.com/books?id=ddNVW82xz-0C.

[14]   Norman Vincent Peale, *The Power of Positive Thinking* (Noida, India: Om Books International,

2016), 152.

[15]   P. Shah, "Dreams Do Come True, Got My Dream Car!," *The Secret*, the secret .tv/stories/ dreams-come-true-got-dream-car.

[16]   "Law of Attraction," *The Secret*, thesecret .tv/law-of-attraction.

[17]   William James, *The Principles of Psychology*, vol. 1 (New York: Holt, 1890), psychclassics .yorku.ca/James/Principles/prin10.htm.

[18]   Storr, *Selfie*, 199.

[19]   Storr, *Selfie*, 200.

[20]   Storr, *Selfie*, 201.

[21]   Storr, *Selfie*, 211.

[22]   Storr, *Selfie*, 210.

[23]   Storr, *Selfie*, 206.

[24]   Storr, *Selfie*, 214.

[25]   Storr, *Selfie*, 215.

[26]   Storr, *Selfie*, 214–5; Jesse Singal, "How the Self-Esteem Craze Took Over America," *The Cut*, May 30, 2017, thecut.com/2017/05/self-esteem-grit-do-they-really-help.html.

[27]   California State Department of Education, *Toward a State of Esteem: The Final Report of the California Task Force to Promote Self-Esteem and Personal and Social Responsibility* (Sacramento: California State Department of Education, 1990), files.eric.ed.gov/fulltext/ ED321170.pdf.

[28]   Storr, *Selfie*, 202.

[29]   United Press International, "Self-Esteem Task Force Comes on Strong," March 25, 1987.

[30]   Ellen Uzelac, "The I'm-OK, You're-OK Task Force," *Baltimore Sun*, March 20, 1989.

[31]   "The Market for Self-Improvement Products and Services," PR Newswire, January 20, 2015, prnewswire .com/news-releases/the-market-for-self-improvement-products— services-289121641.html.

[32]   Lena Williams, "Using Self-Esteem to Fix Society's Ills," *The New York Times*, March 28, 1990.

[33]   Vivian Smith, "California Magic," *Globe and Mail*, June 15, 1990.

[34]   John Rosemond, "Kids Aren't Special; Their Actions Are," *Buffalo News,* October 4, 1999, buffalonews .com/1999/10/04/kids-arent-special-their-actions-are.

[35]   Will Storr, "The Man Who Destroyed America's Ego," *Matter* (blog), *Medium*, February 25, 2014, medium.com/matter/the-man-who-destroyed-americas-ego-94d214257b5.

[36]   Roy F. Baumeister, Dianne M. Tice, and Debra G. Hutton, "Self-Presentational Motivations and Personality Differences in Self-Esteem," *Journal of Personality* 57, no. 3 (September

1989): 547–79, doi.org/10.1111/j.1467–6494.1989.tb02384.x.

[37]   Roy F. Baumeister et al., "Exploding the Self-Esteem Myth," *Scientific American*, December 2005, scientificamerican .com/article/exploding-the-self-esteem-2005–12.

[38]   Roy F. Baumeister et al., "Does High Self-Esteem Cause Better Performance, Interpersonal Success, Happiness, or Healthier Lifestyles?," *Psychological Science in the Public Interest* 4, no. 1 (2003): 1–44, doi.org/10.1111/1529–1006.01431.

[39]   "~에 의해 설명되는 변동"은 두 변수가 얼마나 밀접하게 연관된 듯이 보이는지를 나타낸다. 여기서 논의되는 모델들에서는 매력도와 관련되지 않은 요인들이 사람의 자존감 정도에서 98퍼센트의 편차를 설명함으로써, 사람의 자존감 편차를 설명하는 요인으로서 신체적 매력도의 중요성을 감소시킨다. 이 개념을 완전히 직관적이고 비전문적인 방식으로 설명할 방법은 정말로 없지만, 명심해야 할 핵심은 백분율이 높게 나올수록 한 변수가 다른 변수를 설명하는 듯이 보인다는 점이다. 예를 들어, 센티미터 단위로 잰 사람들 키의 변동은 인치 단위로 잰 사람들 키의 편차를 100퍼센트 설명한다. 두 변수가 그저 동일한 것을 다른 방식으로 잰 결괏값이기 때문이다. 즉, 어떤 사람의 키를 인치로 재면, 그 값은 정확하게 그 사람의 키가 센티미터 단위로 얼마인지를 알려주지만, 그 사람의 매력도를 잰다면, 그 값은 그 사람의 자존감 수준이 어떠할지에 관련해 유용한 정보를 거의 전혀 주지 않는다. 일반적으로 이런 개념을 채용하는 통계 모델은 2개 이상의 변수를 포함하는데, 예컨대, 이 책의 뒷부분에서 우리는 사관생도들이 엄격한 훈련 과정을 성공적으로 통과할 가능성을 관찰했을 때, 지능과 끈기, 신체적 건강, 그 외의 변수들이 각기 다른 양의 편차를 설명한다는 사실을 볼 수 있다.

[40]   농수선수들의 평균 신장 정보는 probasketballtroops.com/average–nba–height에서, 미국인 남성들의 평균 신장 정보는 halls.md/average–height–men–height–weight에서 얻었다.

[41]   Baumeister et al., "Does High Self-Esteem Cause Better Performance?," 12; E. M. Skaalvik and K. A. Hagtvet, "Academic Achievement and Self-Concept: An Analysis of Causal Predominance in a Developmental Perspective," *Journal of Personality and Social Psychology* 58, no. 2 (February 1990): 292–307, doi.org/10.1037/0022–3514.58.2.292.

[42]   Baumeister et al., "Does High Self-Esteem Cause Better Performance?," 11. See also J. G. Bachman and P. M. O'Malley, "Self-Esteem in Young Men: A Longitudinal Analysis of the Impact of Educational and Occupational Attainment," *Journal of Personality and Social Psychology* 35, no. 6 (1977): 365–80, doi.org/10.1037//0022–3514.35.6.365.

[43]   Baumeister et al., "Does High Self-Esteem Cause Better Performance?," 11.

[44]   Baumeister et al., "Does High Self-Esteem Cause Better Performance?," 11.

[45]   Baumeister et al., "Does High Self-Esteem Cause Better Performance?," 13.

[46]   Baumeister et al., "Does High Self-Esteem Cause Better Performance?," 4.

[47]   로라 슐레징어의 아카이브는 그녀 자신이 자존감 운동의 팬이 아님을 분명히 보여준
       다. See drlaurablog.com/tag/self-esteem.

[48]   Carol S. Dweck, *Mindset: The New Psychology of Success* (New York: Ballantine Books, 2016),
       ix.

[49]   David S. Yeager et al., "A National Experiment Reveals Where a Growth Mindset Improves
       Achievement," *Nature* 573 (September 2019): 364, doi.org/10.1038/s41586-019-1466-y.

[50]   Yeager, "A National Experiment Reveals Where a Growth Mindset Improves Achievement."

[51]   Stefan G. Hofmann et al., "The Efficacy of Cognitive Behavioral Therapy: A Review of
       Meta-analyses," *Cognitive Therapy and Research* 36, no. 5 (October 2012): 427–440, doi.
       org/10.1007/s10608-012-9476-1.

[52]   Storr, *Selfie*, 204.

[53]   Mass. Gen. Laws ch. 69, § 1.

[54]   Robert Salladay, "In Sacramento, a Revival of the Self-Esteem Movement," *San Francisco
       Chronicle*, September 7, 2001, sfgate.com/news/article/In-Sacramento-a-revival-of-the-self-
       esteem-2880073.php

[55]   Chronicle Staff Report, "County Guaranteed Voice on SFO Expansion Plans / Davis OKs
       Bill Pushed by Peninsula Officials," *San Francisco Chronicle*, October 6, 2001, sfgate.com/
       politics/article/County-guaranteed-voice-on-SFO-expansion-plans-2872719.php.

[56]   D. Tambo and David C. Gartrell, "Preliminary Guide to the John Vasconcellos Papers,"
       Department of Special Collections, Davidson Library, University of California, Santa
       Barbara, June 15, 2004, oac.cdlib.org/findaid/ark:/13030/kt3c601926/entire_text.

[57]   Eric Bailey, "Giving New Meaning to 'Youth Vote,'" *Los Angeles Times*, March 9,
       2004, latimes.com/archives/la-xpm-2004-mar-09-me-voteage9-story.html; Rio Bauce,
       "Transferring Teen Clout to the Voting Booth," *San Francisco Chronicle*, April 17, 2015,
       sfgate.com/opinion/article/YOUTH-PERSPECTIVE-Transferring-teen-clout-
       to-2679610.php.

2장   청소년 슈퍼 범죄자 설

[1]   Ashley Nellis, *A Return to Justice: Rethinking Our Approach to Juveniles in the System*
       (Lanham, Md.: Rowman & Littlefield, 2015), 33–36.

[2]   James Alan Fox, *Trends in Juvenile Violence: A Report to the United States Attorney General
       on Current and Future Rates of Juvenile Offending*, Bureau of Justice Statistics (1996), bjs.
       gov/content/pub/pdf/tjvfox2.pdf.

[3]   James Alan Fox and Marianne W. Zawitz, "Homicide Trends in the United States," Bureau of Justice Statistics, bjs.gov/content/pub/pdf/htius.pdf.

[4]   Jon Jeter, "Youth Gets 2 Life Terms in Baby Killing," *The Washington Post*, October 27, 1993, washingtonpost.com/archive/local/1993/10/27/youth-gets-2-life-terms-in-baby-killing/1d4c8306-f889-4387-bbe9-28aa7d28fa41.

[5]   Evelyn Nieves, "3 Teen-Agers Are Sentenced in Strangling," *The New York Times*, June 9, 1992, nytimes.com/1992/06/09/nyregion/3-teen-agers-are-sentenced-in-strangling.html.

[6]   Associated Press, "Boy, 5, Is Killed for Refusing to Steal Candy," *The New York Times*, October 15, 1994, nytimes.com/1994/10/15/us/boy-5-is-killed-for-refusing-to-steal-candy.html.

[7]   "Yummy Sandifer's Revenge," *Chicago Tribune*, August 31, 2004, chicago tribune.com/news/ct-xpm-2004-08-31-0408310094-story.html.

[8]   Nancy R. Gibbs, "Murder in Miniature," *Time*, June 24, 2001, content.time.com/time/magazine/article/0,9171,165100,00.html.

[9]   Don Terry, "Boy Sought in Teen-Ager's Death Is Latest Victim of Chicago Guns," *The New York Times*, September 2, 1994, nytimes.com/1994/09/02/us/boy-sought-in-teen-ager-s-death-is-latest-victim-of-chicago-guns.html.

[10]   Craig Perkins and Patsy Klaus, *Criminal Victimization 1994*, U.S. Department of Justice Bureau of Justice Statistics (Washington, D.C.: U.S. Department of Justice, 1996), bjs.gov/content/pub/pdf/Cv94.pdf.

[11]   David E. Pitt, "Jogger's Attackers Terrorized at Least 9 in 2 Hours," *The New York Times*, April 22, 1989, nytimes.com/1989/04/22/nyregion/jogger-s-attackers-terrorized-at-least-9-in-2-hours.html.

[12]   Leonard Greene, "Trump Called for Death Penalty After Central Park Jogger Attack, and Still Has No Sympathy for Accused Despite Convictions Overturned," *New York Daily News*, July 19, 2018, nydailynews.com/new-york/ny-news-trump-death-penalty-central-park-five-20180713-story.html.

[13]   Pitt, "Jogger's Attackers Terrorized at Least 9 in 2 Hours."

[14]   Michael Welch, Eric A. Price, and Nana Yankey, "Moral Panic over Youth Violence: Wilding and the Manufacture of Menace in the Media," *Youth and Society* 34, no. 1 (September 2002): 3–30, doi.org/10.1177/0044118X02034001001.

[15]   J. Anthony Lukas, "Wilding—as American as Tom Sawyer," *The New York Times*, May 28, 1989, nytimes.com/1989/05/28/opinion/wilding-as-american-as-tom-sawyer.html.

[16]   James Traub, "The Criminals of Tomorrow," *The New Yorker*, November 4, 1996, 50. (emphasis in original)

[17] Mary Ann Meyers, "John DiIulio Gets Religion," *Pennsylvania Gazette*, September 29, 1997, upenn.edu/gazette/1097/dool.html.

[18] John J. DiIulio Jr., *Governing Prisons: A Comparative Study of Correctional Management* (New York: Free Press, 1987).

[19] National Center for Juvenile Justice, *Juvenile Offenders and Victims: 2014 National Report*, ed. Melissa Sickmund and Charles Puzzanchera (Pittsburgh: National Center for Juvenile Justice, 2014), ojjdp.gov/ojstatbb/nr2014/downloads/chapter1.pdf.

[20] Jeffery T. Ulmer and Darrell Steffensmeier, "The Age and Crime Relationship: Social Variation, Social Explanations," in *The Nurture Versus Biosocial Debate in Criminology: On the Origins of Criminal Behavior and Criminality*, ed. Kevin M. Beaver, James C. Barnes, and Brian B. Boutwell (London: SAGE, 2014), 377–96, dx.doi.org/10.4135/9781483349114. n24.

[21] Central Intelligence Agency, Directorate of Intelligence, *The Youth Bulge: A Link Between Demography and Instability* (Washington, D.C., 1986), cia.gov/library/readingroom/docs/ CIA-RDP97R00694R000500680001–1.pdf.

[22] Eli Lehrer, "The Real John DiIulio," Heritage Foundation, February 7, 2001, heritage.org/ crime-and-justice/commentary/ed020701b-the-real-john-dilulio.

[23] John DiIulio, "The Coming of the Super-Predators," *Weekly Standard,* November 27, 1995, washingtonexaminer.com/weekly-standard/the-coming-of-the-super-predators.

[24] Carole Marks, "The Urban Underclass," *Annual Review of Sociology* 17, no. 1 (August 1991): 445–66, doi.org/10.1146/annurev.so.17.080191.002305.

[25] John J. DiIulio Jr., "My Black Crime Problem, and Ours," *City Journal* (Spring 1996): 14–28, city-journal.org/html/my-black-crime-problem-and-ours-11773.html.

[26] William J. Bennett, John J. DiIulio, and John P. Walters, *Body Count: Moral Poverty . . . and How to Win America's War Against Crime and Drugs* (New York: Simon & Schuster, 1996), 21.

[27] Jacques Steinberg, "The Coming Crime Wave Is Washed Up," *The New York Times,* January 3, 1999, nytimes.com/1999/01/03/weekinreview/ideas-trends-storm-warning-the-coming-crime-wave-is-washed-up.html.

[28] *Newsweek* Staff, " 'Superpredators' Arrive," *Newsweek*, January 21, 1996, newsweek.com/ superpredators-arrive-176848.

[29] Richard Zoglin, "Now for the Bad News: A Teenage Time Bomb," *Time*, January 15, 1996, content.time.com/time/magazine/article/0,9171,983959,00.html.

[30] DiIulio, "The Coming of the Super-Predators"; Richard B. Freeman, "Who Escapes? The Relation of Churchgoing and Other Background Factors to the Socioeconomic Performance

of Black Male Youths from Inner-City Tracts," in *The Black Youth Employment Crisis*, ed. Richard B. Freeman and Harry J. Holzer (Chicago: University of Chicago Press, 1986), 373.

[31]   John J. DiIulio, Jr., "Supporting Black Churches: Faith, Outreach, and the Inner-City Poor," *Brookings Review* (Spring 1999), 44.

[32]   "Youth Perpetrators of Serious Violent Crime," ChildStats.gov, www.childstats.gov/americaschildren/beh5.asp.

[33]   예를 들어, 다음을 참고하라. Jeff Grogger and Michael Willis, "The Emergence of Crack Cocaine and the Rise in Urban Crime Rates," *The Review of Economics and Statistics* 82, no. 4 (November 2000): 519–29, doi.org/10.1162/003465300558957; Alfred Blumstein, "Youth Violence, Guns, and the Illicit-Drug Industry," *Journal of Criminal Law and Criminology* 86, no. 1 (Fall 1995): 10–36.

[34]   James Q. Wilson, *Crime*, ed. Joan Petersilia (San Francisco: ICS Press, 1995).

[35]   James C. Howell, *Preventing and Reducing Juvenile Delinquency: A Comprehensive Framework* (Thousand Oaks, Calif.: SAGE, 2009), 6, dx.doi.org/10.4135/9781452274980.

[36]   E. G. M. Weitekamp et al., "On the 'Dangerousness' of Chronic/Habitual Offenders: A Re-Analysis of the 1945 Philadelphia Birth Cohort," *Studies on Crime and Crime Prevention* 4, no. 2 (1995): 159–75, ncjrs.gov/App/publications/abstract.aspx?ID=158807.

[37]   Thomas Nagel, *Mortal Questions* (Cambridge, UK: Cambridge University Press, 1979), 34.

[38]   Daniel W. Drezner, *The Ideas Industry: How Pessimists, Partisans, and Plutocrats Are Transforming the Marketplace of Ideas* (New York: Oxford University Press, 2017).

[39]   Nellis, *Return to Justice*, 42–43.

[40]   *Hearings on the Juvenile Justice and Delinquency Act, Before the Subcommittee on Early Childhood, Youth, and Families*, 104th Cong. (1996).

[41]   Richard Sisk, "N.Y. Faces Teen Crime 'Time Bomb'—Study," New York *Daily News*, February 25, 1996, nydailynews.com/archives/news/n-y-faces-teen-crime-time-bomb-study-article-1.719954.

[42]   Hillary Rodham Clinton, "1996: Hillary Clinton on 'Superpredators,'" C-SPAN, February 25, 2016, YouTube, youtu.be/j0uCrA7ePno.

[43]   Andrew Kaczynski, "Biden in 1993 Speech Pushing Crime Bill Warned of 'Predators on Our Streets' Who Were 'Beyond the Pale,'" *CNN*, March 7, 2019, cnn.com/2019/03/07/politics/biden-1993-speech-predators/index.html.

[44]   Mark Kleiman, "The Current Crime Debate Isn't Doing Hillary Justice," *Washington Monthly*, February 17, 2016, washingtonmonthly.com/2016/02/17/the-current-crime-debate-isnt-doing-hillary-justice. Thanks to Nathan J. Robinson for pulling together these examples in his book *Superpredator: Bill Clinton's Use and Abuse of Black America* (West Somerville,

Mass.: Current Affairs Press, 2016).

[45] Michael Bochenek, "Trying Children in Adult Courts," in *No Minor Matter: Children in Maryland's Jails* (New York: Human Rights Watch, 1999).

[46] Nellis, *Return to Justice*, 39.

[47] Nellis, *Return to Justice*, 39.

[48] Franklin E. Zimring, "American Youth Violence: A Cautionary Tale," ed. Michael Tonry, *Crime and Justice in America 1975–2015*, 42, no. 1 (2013): 265–98.

[49] Mary Gibson, *Born to Crime: Cesare Lombroso and the Origins of Biological Criminology* (Westport, Conn.: Praeger, 2002), 19–20.

[50] Gibson, *Born to Crime*, 100.

[51] Gibson, *Born to Crime*, 101.

[52] Michael T. Light and Jeffery T. Ulmer, "Explaining the Gaps in White, Black, and Hispanic Violence Since 1990: Accounting for Immigration, Incarceration, and Inequality," *American Sociological Review* 81, no. 2 (April 2016): 290, doi:10.1177/0003122416635667.

[53] Dionissi Aliprantis, "Human Capital in the Inner City," *Empirical Economics 53,* no. 3 (November 2017): 1125–69, doi.org/10.1007/s00181–016–1160-y.

[54] Khalil Gibran Muhammad, *The Condemnation of Blackness: Race, Crime, and the Making of Modern Urban America* (Cambridge, Mass.: Harvard University Press, 2010), 23.

[55] N. S. Shaler, "Science and the African Problem," *The Atlantic*, July 1890, theatlantic.com / magazine/archive/1890/07/science-and-the-african-problem/523647.

[56] Muhammad, *The Condemnation of Blackness*, 18.

[57] Frederick L. Hoffman, *Race Traits and Tendencies of the American Negro* (New York: Macmillan, 1896), 17.

[58] 예를 들어, 다음을 참고하라. Geoff K. Ward, *The Black Child-Savers: Racial Democracy and Juvenile Justice* (Chicago: University of Chicago Press, 2012).

[59] Peter Wallsten, Tom Hamburger, and Nicholas Riccardi, "Bush Rewarded by Black Pastors' Faith," *Los Angeles Times*, January 18, 2005, latimes.com /archives/la-xpm-2005-jan-18-na-faith18-story.html.

[60] Gustav Niebuhr, "A Point Man for the Bush Church-State Collaboration," *The New York Times*, April 7, 2001, nytimes.com/2001/04/07/us/public-lives-a-point-man-for-the-bush-church-state-collaboration.html.

[61] Remedies Brief of Amici Curiae Jeffrey Fagan et al., *Kuntrell Jackson v. State of Arkansas*, Civil Action no. 10–9647 (DDC filed January 17, 2012), eji.org/files/miller-amicus-jeffrey-fagan.pdf.

[62] Adam Liptak and Ethan Bronner, "Justices Bar Mandatory Life Terms for Juveniles," *The*

New York Times, June 25, 2012, nytimes.com/2012/06/26/us/justices-bar-mandatory-life-sentences-for-juveniles.html; "United States Supreme Court Juvenile Justice Jurisprudence," National Juvenile Defender Center, njdc.info/practice-policy-resources/united-states-supreme-court-juvenile-justice-jurisprudence.

[63] Elizabeth Becker, "As Ex-theorist on Young 'Superpredators,' Bush Aide Has Regrets," *The New York Times,* February 9, 2001, nytimes.com/2001/02/09/us/as-ex-theorist-on-young-superpredators-bush-aide-has-regrets.html.

3장 전장으로 간 긍정심리학

[1] Daniel Kahneman, *Thinking, Fast and Slow* (New York: Farrar, Straus and Giroux, 2011), 12.

[2] '미숙한 직관'이라는 표현은 대니얼 카너먼과 게리 클라인의 2009년 논문에 나오지만, 여기서는 그 뜻으로 쓰고 있지 않은 듯하다. Daniel Kahneman and Gary Klein, "Conditions for Intuitive Expertise: A Failure to Disagree," *American Psychologist* 64, no. 6 (September 2009): 515–26, doi.org/10.1037/a0016755, 다음을 참고하라. Matthew J. Grawitch and David W. Ballard, "Pseudoscience Won't Create a Psychologically Healthy Workplace," in *Creating Psychologically Healthy Workplaces*, ed. Ronald J. Burke and Astrid M. Richardsen (Cheltenham, UK: Edward Elgar, 2019), 44.

[3] Gregory Mitchell, "Jumping to Conclusions: Advocacy and Application of Psychological Research," Virginia Public Law and Legal Theory Research Paper, no. 2017–31 (May 2017): 139, ssrn.com/abstract=2973892.

[4] Martin E. P. Seligman and Mihaly Csikszentmihalyi, "Positive Psychology: An Introduction," *American Psychologist* 55, no. 1 (January 2000): 5–14, doi.org/10.1037/0003–066X.55.1.5.

[5] Rob Hirtz, "Martin Seligman's Journey from Learned Helplessness to Learned Happiness," *Pennsylvania Gazette* 97, no. 3 (January/February 1999), upenn.edu/gazette/0199/hirtz.html.

[6] Martin E. P. Seligman, *Helplessness: On Depression, Development, and Death* (New York: W. H. Freeman, 1975).

[7] Seligman, interview by Joshua Freedman, November 10, 1999, *EQ Life, Six Seconds*.

[8] Seligman's faculty page: ppc.sas.upenn.edu/people/martin-ep-seligman.

[9] Barbara Ehrenreich, *Bright-Sided: How the Relentless Promotion of Positive Thinking Has Undermined America* (New York: Metropolitan Books, 2009), 149–50.

[10] Daniel Horowitz, *Happier? The History of a Cultural Movement That Aspired to Transform America* (New York: Oxford University Press, 2018), 5.

[11] Ehrenreich, *Bright-Sided*, 165.

[12] Harris L. Friedman and Nicholas J. L. Brown, "Implications of Debunking the 'Critical Positivity Ratio' for Humanistic Psychology: Introduction to Special Issue," *Journal of Humanistic Psychology* 58, no. 3 (May 2018): 239, doi.org/10.1177/0022167818762227.

[13] "Praise for Positivity," *Positivity Ratio* (blog), n.d., positivityratio.com/praise.php.

[14] Sonja Lyubomirsky, Kennon M. Sheldon, and David Schkade, "Pursuing Happiness: The Architecture of Sustainable Change," *Review of General Psychology* 9, no. 2 (June 2005): 111–31, doi.org/10.1037/1089–2680.9.2.111.

[15] Nicholas J. L. Brown and Julia M. Rohrer, "Easy as (Happiness) Pie? A Critical Evaluation of a Popular Model of the Determinants of Well-Being," *Journal of Happiness Studies* 21, no. 4 (April 2020): 1285–301, doi.org/10.1007/s10902–019–00128–4.

[16] Ruth Whippman, *America the Anxious: How to Calm Down, Stop Worrying, and Find Happiness* (New York: Macmillan, 2016), 195.

[17] Todd B. Kashdan and Michael F. Steger, "Challenges, Pitfalls, and Aspirations for Positive Psychology," in *Designing Positive Psychology: Taking Stock and Moving Forward*, ed. Kennon Marshall Sheldon et al. (New York: Oxford University Press, 2011).

[18] Horowitz, *Happier?*, 219.

[19] Seph Fontane Pennock, "Positive Psychology 1504: Harvard's Groundbreaking Course," *Positive Psychology* (blog), February 18, 2020, positive psychology.com/harvard-positive-psychology-course-1504/.

[20] Martin Seligman and Peter Schulman, *Penn Positive Psychology Center Annual Report*, University of Pennsylvania, May 22, 2018, 1.

[21] Martin E. P. Seligman et al., "Positive Education: Positive Psychology and Classroom Interventions," *Oxford Review of Education* 35, no. 3 (June 2009): 300–1, doi.org/10.1080/03054980902934563.

[22] Seligman, "Positive Education," 300.

[23] Seligman, "Positive Education," 302: "비우등 과정 학생들 사이에서 긍정심리학 프로그램(즉, 스트라스 헤이븐)은 11학년 전체에 걸쳐 언어예술 성취도를 높였다." 이 부분에서 그 개선의 크기나 다른 하위집단들에서는 어느 정도의 학업 성과가 측정되었는지에 관해 아무런 정보를 제공하지 않는데, 이는 그 결과의 강도를 측정하기가 불가능했음을 의미한다. 그러나 저자들에게 성적에 관해 보고할 만한 다른 긍정적인 결과들이 있었다면, 여기서 언급했을 거라고 보는 것이 합리적이다.

[24] Seligman, "Positive Education," 302.

[25] Jane E. Gillham et al., "Preventing Depression in Early Adolescent Girls: The Penn Resiliency and Girls in Transition Programs," in *Handbook of Prevention and Intervention Programs*

for Adolescent Girls, ed. Craig W. LeCroy and Joyce Mann (Hoboken, N.J.: John Wiley & Sons, 2008), 128.

[26] Gillham, "Preventing Depression in Early Adolescent Girls," 128.

[27] Gillham, "Preventing Depression in Early Adolescent Girls," 136.

[28] Jesse Singal, "For 80 Years, Young Americans Have Been Getting More Anxious and Depressed, and No One Is Quite Sure Why," *The Cut*, March 13, 2016, thecut.com/2016/03/for-80-years-young-americans-have-been-getting-more-anxious-and-depressed.html.

[29] "Penn Resilience Program and Perma™ Workshops," Trustees of the University of Pennsylvania, ppc.sas.upenn.edu/services/penn-resilience-training.

[30] "Teaching Resilience, Sense of Purpose in Schools Can Prevent Depression, Anxiety and Improve Grades, According to Research," American Psychological Association, August 2009, apa.org/news/press/releases/2009/08/positive-educate.

[31] Steven M. Brunwasser, Jane E. Gillham, and Eric S. Kim, "A Meta-analytic Review of the Penn Resiliency Program's Effect on Depressive Symptoms," *Journal of Consulting and Clinical Psychology* 77, no. 6 (December 2009): 1042–54, doi:10.1037/a0017671.

[32] Anastasios Bastounis et al., "The Effectiveness of the Penn Resiliency Program (PRP) and Its Adapted Versions in Reducing Depression and Anxiety and Improving Explanatory Style: A Systematic Review and Meta-Analysis," *Journal of Adolescence* 52 (October 2016): 37, doi.org/10.1016/j.adolescence.2016.07.004.

[33] Sarah E. Hetrick, Georgina R. Cox, and Sally N. Merry, "Where to Go from Here? An Exploratory Meta-analysis of the Most Promising Approaches to Depression Prevention Programs for Children and Adolescents," *International Journal of Environmental Research and Public Health* 12, no. 5 (May 2015): 4758–95, doi:10.3390/ijerph120504758. PRP와 아동 및 청소년 우울 예방에 맞춰진 다른 프로그램들을 동시에 다루는 다른 이 메타분석 연구는 PRP가 "개입 이후와 1년간의 추적 관찰에서 개입을 받지 않은 이들과 비교했을 때 청소년 우울 증상 감소에서 약한 긍정적 효과"와 연계됨을 보여주었다. 그러나 저자들이 언급했듯이, 그들이 연구한 응용형 PRP의 많은 수가 보편형이 아니라 목적형이었는데, 이는 실험 참여자들이 이미 정신건강 문제의 징후들을 갖고 있었고, 따라서 건강한 대상자들에 비해 개선될 여지가 더 많음을 의미했으며, 이는 더 큰 결과가 기대될 수 있었음을 의미한다. 아나나 다를까, 저자들은 그 목적형 우울방지 프로그램들(PRP와 다른 것들)이 일 년 후에 일반형들의 거의 두 배에 이르는 우울 증상 감소 효과를 보였음을 발견했다. 게다가, 이 메타분석에서 평가한 연구의 많은 수에서 촉진자들은 (선생님들 같은) 훈련받은 일반인이 아니라 정신건강 전문가들이었다. 사실, 연구자들이 정신건강 비전문가들에 의해 개입이 전달되고 있는 평가 대상 연구들을 종합했을 때, 일 년 후에 참가자들의 정신건강에는 통계적으로 유의한 개선이 없

었다. 셀리그먼이 긍정심리학 센터를 통해 판매하는 PRP 버전은 짧은 시간 안에 훈련받은 일반인들을 PRP 촉진자로 활용하여 학생이나 군인이나 전문직들 같은 일반적인 대상들에게 전달할 수 있다는 아이디어에서 막대한 돈을 끌어냈다. 이 메타분석 연구는 그런 환경에서 그 프로그램의 효용성에 대해 많은 증거를 제시하지 않는다. 그건 그렇고 결과들이 제시되는 방식, 특히 PRP와 비PRP 개입의 결과들을 뭉뚱그리는 방식 때문에 일부 핵심적인 질문들에 대한 답이 나오지 않았고, 저자들은 특정 논점들을 정리해달라는 여러 번의 전자우편에도 응답하지 않았다.

[34]   Ethan Watters, "We Aren't the World," *Pacific Standard*, February 25, 2013, psmag.com/social-justice/joe-henrich-weird-ultimatum-game-shaking-up-psychology-economics-53135.

[35]   Seligman and Schulman, *Penn Positive Psychology Center Annual Report*, 1.

[36]   David S. Cloud, "Military Eases Its Rules for Mobilizing Reserves," *The New York Times*, January 12, 2007, nytimes.com/2007/01/12/washington/12guard.html.

[37]   예를 들어 다음을 참고하라. Mark Wasson, "One Weekend a Month, Two Weeks a Year Is a Lie," *U.S. Patriot* (blog), n.d., blog.uspatriottactical.com/one-weekend-a-month-two-weeks-a-year-is-a-lie.

[38]   U.S. Department of Veterans Affairs, *Health Study for a New Generation of U.S. Veterans* (Washington, D.C., 2010), publichealth.va.gov/epidemiology/studies/new-generation/index.asp.

[39]   Jaimie L. Gradus, "PTSD: National Center for PTSD," U.S. Department of Veterans Affairs, October 14, 2019, ptsd.va.gov/professional/treat/essentials/epidemiology.asp#:~:text=U.S.%20National%20Comorbidity%20Survey%20Replication&text=The%20NCS%2DR%20estimated%20the, be%206.8%25%20(1.

[40]   "What is Posttraumatic Stress Disorder?," *American Psychiatric Association*, n.d., psychiatry.org/patients-families/ptsd/what-is-ptsd.

[41]   Kander, interview by Hayes, NBC News, September 11, 2019.

[42]   Deborah Sontag and Lizette Alvarez, "Iraq Veterans Leave a Trail of Death and Heartbreak in U.S.," *The New York Times*, January 13, 2008, nytimes.com/2008/01/13/world/americas/13iht-vets.1.9171147.html.

[43]   Veterans Administration, "Military Sexual Trauma," 2015, www.mentalhealth.va.gov/docs/mst_general_factsheet.pdf.

[44]   Martin E. P. Seligman, *Flourish: A Visionary New Understanding of Happiness and Well-Being* (New York: Free Press, 2011), 163.

[45]   Department of Defense Appropriations for Fiscal Year 2011: Subcommittee of the Committee on Appropriations, 112th Cong. (2010) (statement of John M. McHugh, Secretary of the U.S. Army, and George W. Casey, Chief of Staff of the U.S. Army), gpo.gov/fdsys/pkg/

CHRG-111shrg89104380/html/CHRG-111shrg89104380.htm.

[46]   Department of Defense Appropriations for Fiscal Year 2011: Subcommittee of the Committee on Appropriations, 112th Cong. (2010) (statement of John M. McHugh, Secretary of the U.S. Army, and George W. Casey, Chief of Staff of the U.S. Army), gpo.gov/fdsys/pkg/ CHRG-111shrg89104380/html/CHRG-111shrg89104380.htm.

[47]   Karen J. Reivich, Martin E. P. Seligman, and Sharon McBride, "Master Resilience Training in the U.S. Army," *American Psychologist* 66, no. 1 (2011): 25–34, doi.org/10.1037/a0021897.

[48]   Nicholas J. L. Brown, "A Critical Examination of the U.S. Army's Comprehensive Soldier Fitness Program," *Winnower* (July 2015), doi:10.15200/winn.143751.17496.

[49]   Lisa M. Najavits, "The Problem of Dropout from 'Gold Standard' PTSD Therapies," *F1000Prime Reports* 7, no. 43 (April 2015): doi.org/10.12703/p7-43.

[50]   Emily M. Johnson et al., "Veterans' Thoughts About PTSD Treatment and Subsequent Treatment Utilization," *International Journal of Cognitive Therapy* 10, no. 2 (June 2017): 138–60, doi.org/10.1521/ijct_2017_10_02.

[51]   Heidi M. Zinzow et al., "Connecting Active Duty and Returning Veterans to Mental Health Treatment: Interventions and Treatment Adaptations that May Reduce Barriers to Care," *Clinical Psychology Review* 32, no. 8 (2012): 741–53, doi: 10.1016/j.cpr.2012.09.002.

[52]   Charles Tilly, *Why? What Happens When People Give Reasons . . . and Why* (Princeton, N.J.: Princeton University Press, 2006), 60.

[53]   Daniel DeFraia, "The Unknown Legacy of Military Mental Health Programs," *The War Horse*, October 2, 2019, thewarhorse.org/newsroom-archive/the-unknown-legacy-of-military-mental-health-programs.

[54]   Seligman, *Flourish*, 163.

[55]   David Vergun, "Study Concludes Master Resilience Training Effective," U.S. Army, January 25, 2012, army.mil/article/72431/Study_concludes_Master_Resilience_Training_effective.

[56]   Roy Eidelson and Stephen Soldz, "Does Comprehensive Soldier Fitness Work? CSF Research Fails the Test," Coalition for an Ethical Psychology, Working Paper no. 1 (2012), royeidelson.com/wp-content/uploads/2017/05/Eidelson-Soldz-CSF_Research_Fails_the_ Test.pdf.

[57]   Amy Novotney, "Strong in Mind and Body," *Monitor on Psychology* 40, no. 11 (December 2009): 40, web.archive.org/web/20180306055502/http://apa.org/monitor/2009/12/army-program.aspx.

[58]   Eidelson and Soldz, "Does Comprehensive Soldier Fitness Work?," 1.

[59]   Colonel Richard Franklin Timmons II, "The United States Army Comprehensive Soldier Fitness: A Critical Look" (master's thesis, United States Army War College, 2013), apps.dtic.

mil/dtic/tr/fulltext/u2/a590241.pdf.

[60] CSF 온라인에 관해서 더 알고자 하는 독자들을 위해 부가 설명을 하자면, 그 프로그램이 해를 거듭하며 여러 번 업데이트되었다는 사실을 지적해야 할 것이다. 예를 들어, CSF(포괄적 군인 건강, Comprehensive Soldier Fitness)는 이름에서 알 수 있듯이 군인 가족들을 위한 프로그램까지 포함한 CSF2(포괄적 군인 및 가족 건강)가 되었다. GAT는 GAT 2.0으로 대체되었고, 이어서 2020년 8월에 지금 이름인 '애지머스 체크(Azimuth Check)'로 바뀌었다.(CSF가 존속한 대부분의 기간에 이 도구는 GAT로 불렸고, 솔직하게 말하자면, 입에 더 잘 붙어서 이 장에서는 GAT라는 이름을 고수했다.) 하지만 이 장에서 내가 제시하는 설명과 비판이 여러 배포판에 그대로 적용될 정도로 프로그램의 연속성은 충분했다. 예컨대, 어느 출처에서 GAT 2.0과 애지머스 체크 완전판을 받은 적이 있는데, 애지머스 체크에 들어간 모든 심리 관련 질문이 이전 판본과 동일했다. 2020년 8월 현재, 그 프로그램의 다른 콘텐츠에 관해서는, 한 육군 대변인이 여전히 CSF의 한 부분인 PRP에서 변용한 콘텐츠라고 알려주었다.

[61] Institute of Medicine, *Preventing Psychological Disorders in Service Members and Their Families: An Assessment of Programs* (Washington, D.C.: National Academies Press, 2014), doi. org/10.17226/18597.

[62] Gregg Zoroya, "Army Morale Low Despite 6-Year, $287M Optimism Program," *USA Today*, April 16, 2015, usatoday.com/story/news/nation/2015/04/16/army-survey-morale/24897455/.

[63] "Comprehensive Airman Fitness on the Go," pressrelease, July 16, 2015, af.mil/News/Article-Display/Article/608910/comprehensive-airman-fitness-on-the-go/.

[64] Dick Donovan, "The Tragic Life of an American Hero," *Weekly World News*, July 9, 1985.

4장 누가 '그릿'을 가졌는가

[1] Angela Lee Duckworth, "Grit: The Power of Passion and Perseverance," *TED,* April 2013, ted.com/talks/angela_lee_duckworth_grit_the_power_of_passion_and_perseverance.

[2] Julie Scelfo, "Angela Duckworth on Passion, Grit and Success," *The New York Times*, April 8, 2016, nytimes.com/2016/04/10/education/edlife/passion-grit-success.html.

[3] Anya Kamenetz, "MacArthur 'Genius' Angela Duckworth Responds to a New Critique of Grit," *All Things Considered*, NPR, May 25, 2016, npr.org/sections/ed/2016/05/25/479172868/angela-duckworth-responds-to-a-new-critique-of-grit.

[4] "Grit Scale," Angela Duckworth (blog), n.d., angeladuckworth.com/grit-scale.

[5] Angela Lee Duckworth et al., "Deliberate Practice Spells Success: Why Grittier Competitors

Triumph at the National Spelling Bee," *Social Psychological and Personality Science* 2, no. 2 (March 2011): 174–81, doi:10.1177/1948550610385872.

[6]   Lauren Eskreis-Winkler et al., "The Grit Effect: Predicting Retention in the Military, the Workplace, School and Marriage," *Frontiers in Psychology* 5, no. 36 (2014): doi.org/10.3389/fpsyg.2014.00036.

[7]   Kate Zernike, "Testing for Joy and Grit? Schools Nationwide Push to Measure Students' Emotional Skills," *The New York Times*, February 29, 2016, nytimes.com/2016/03/01/us/testing-for-joy-and-grit-schools-nationwide-push-to-measure-students-emotional-skills.html.

[8]   Tovia Smith, "Does Teaching Kids to Get 'Gritty' Help Them Get Ahead?," *Morning Edition*, NPR, March 17, 2014, npr.org/sections/ed/2014/03/17/290089998/does-teaching-kids-to-get-gritty-help-them-get-ahead.

[9]   Loretta Kalb, "Grit and Gratitude Join Reading, Writing, and Arithmetic on Report Cards," *Sacramento Bee*, January 26, 2015, sacbee.com/news/local/education/article8217330.html.

[10]   "Character," KIPP, n.d., kipp.org/approach/character.

[11]   Martin E. P. Seligman, *Flourish: A Visionary New Understanding of Happiness and Well-Being* (New York: Free Press, 2011), 103.

[12]   Ethan W. Ris, "Grit: A Short History of a Useful Concept," *Journal of Educational Controversy* 10, no. 1 (2015), cedar.wwu.edu/jec/vol10/iss1/3.

[13]   Ris, "Grit," 3.

[14]   Ris, "Grit," 4.

[15]   Ris, "Grit," 5.

[16]   Angela Duckworth, *Grit: The Power of Passion and Perseverance* (New York: Scribner, 2016), 10.

[17]   Tena Vukasović and Denis Bratko, "Heritability of Personality: A Meta-analysis of Behavior Genetic Studies," *Psychological Bulletin* 141, no. 4 (July 2015): 769–85, doi.org/10.1037/bul0000017.

[18]   Angela L. Duckworth et al., "Grit: Perseverance and Passion for Long-Term Goals," *Journal of Personality and Social Psychology* 92, no. 6 (2007): 1087–101, doi.org/10.1037/0022–3514.92.6.1087.

[19]   Angela Lee Duckworth, "Grit: The Power of Passion and Perseverance," April 2013, TED video, ted.com/talks/angela_lee_duckworth_grit_the_power_of_passion_and_perseverance.

[20]   Angela Lee Duckworth and Patrick D. Quinn, "Development and Validation of the Short Grit Scale (Grit-S)," *Journal of Personality Assessment* 91, no. 2 (February 2009): 166–74, doi:10.1080/00223890802634290.

[21]   Angela Duckworth, Patrick D. Quinn, and Martin E. P. Seligman, "Positive Predictors of Teacher Effectiveness," *Journal of Positive Psychology* 4, no. 6 (November 2009): 540–47, doi:10.1080/17439760903157232.

[22]   The 2014 study in question is Claire Robertson-Kraft and Angela LeeDuckworth, "True Grit: Trait-Level Perseverance and Passion for Long-Term Goals Predicts Effectiveness and Retention Among Novice Teachers," *Teachers College Record* 116, no. 3 (2014). 문제의 2014년 연구는 그릿 척도를 사용하지조차 않았다. 저자들은 그릿 척도 대신 완전히 다른 도구, 즉 1985년에 개발된, 학생들의 커리큘럼 외 활동들을 측정하는 미 대학위원회 척도를 썼고, 그를 통해 학생들이 활동에 참가한 기간과 활동에서 얻은 성과 수준에 근거한 세부내용들을 얻었다. 그 5점짜리 척도는 일 년이 넘는 활동 참가에는 1점을 주고, 그 활동에서 주장을 맡거나 하는 '고성과'에는 2점을 준다. 그 도구는 성공적인 대학 생활에 대한 효과적인 예측 인자임이 미 대학위원회에 의해 이미 알려져 있었다.

액면 그대로 봤을 때, 그 척도는 다소 근본적인 방식으로 그릿 정신에 위배되는 듯하다. 두 고등학교 수영선수가 정확하게 같은 양을 연습하고, 2년 동안 학교 수영팀에서 활동하지만, 선천적으로 운동신경이 더 뛰어난 한 명이 주챔피언 타이틀을 얻고 덜 타고난 다른 한 명이 타이틀을 얻지 못하면, 챔피언은 수영 항목에서 3점을 받는 반면, 고만고만한 수영선수는 1점을 받을 것이다. 이는 분명 성과가 아니라 노력과 관심의 일관성을 표현하는 '그릿'에서의 차이를 반영하지 않는다.

이런 상당히 중대한 차이에도 불구하고 더크워스와 로버트슨-크래프트는 단순하게 미 대학위원회 척도를 그릿의 대용품으로 간주하여 그렇게(점수 체계에 사소한 조정을 가한 것 외에는) 적용했다. 그들은 연구 보조원들이 '미국을 위한 교육' 초임 선생님들의 이력서에 기재된 대학 활동에 근거하여 점수를 부여하는 데 그 척도를 사용하게 했고, 이 도구가 선생님들의 대학 평점이나 대학입학자격시험 점수보다 교직 근속과 (TFA로 측정된) 교수 품질을 더 잘 예측한다는 사실을 발견했다. 하지만 이것은 사실 그릿 연구가 아니며, 이 연구는 더크워스의 다른 유명한 일부 연구와 마찬가지로 성실성 요소를 통제하지 않는다.(더 명확하게 하자면, 연구자들이 원래의 그릿 척도와 미 대학위원회 척도가 강하게 상관돼 있음을 보여줬더라면, 이런 비판을 대부분 피할 수 있었을 테지만, 그들은 확인조차 하지 않았다.)

[23]   Eskreis-Winkler, "The Grit Effect."

[24]   Marcus Crede, Michael C. Tynan, and Peter D. Harms, "Much Ado About Grit: A Meta-Analytic Synthesis of the Grit Literature," *Journal of Personality and Social Psychology* 113, no. 3 (2017): 492–511, doi.org/10.1037/pspp0000102.

[25]   Crede, "Much Ado About Grit," 495.

[26]   Crede, "Much Ado About Grit," 495.

[27]   Kamenetz, "MacArthur 'Genius' Angela Duckworth Responds to a New Critique of Grit."

[28]   Arthur E. Poropat, "A Meta-analysis of the Five-Factor Model of Personality and Academic Performance," *Psychological Bulletin* 135, no. 2 (2009): 322–38, doi.org/10.1037/a0014996.

[29]   Barbara Dumfart and Aljoscha C. Neubauer, "Conscientiousness Is the Most Powerful Noncognitive Predictor of School Achievement in Adolescents," *Journal of Individual Differences* 37, no. 1 (February 2016): 8–15, doi:10.1027/1614-0001/a000182. And a good layperson-friendly rundown is here: Brian Resnick, "IQ, Explained in 9 Charts," *Vox*, May 24, 2016, vox.com/2016/5/24/11723182/iq-test-intelligence.

[30]   Ian J. Deary et al., "Intelligence and Educational Achievement," *Intelligence* 35, no. 1 (February 2007): 13–21, doi.org/10.1016/j.intell.2006.02.001.

[31]   Duckworth et al., "Grit: Perseverance and Passion for Long-Term Goals."

[32]   Brent W. Roberts et al., "A Systematic Review of Personality Trait Change Through Intervention," *Psychological Bulletin* 143, no. 2 (January 2017): 117–41, doi.org/10.1037/bul0000088.

[33]   Sue Martin, Lindsay G. Oades, and Peter Caputi, "A Step-Wise Process of Intentional Personality Change Coaching," *International Coaching Psychology Review*, 9, no. 2 (2014): 181–95; Sue Martin, Lindsay G. Oades, and Peter Caputi, "Intentional Personality Change Coaching: A Randomised Controlled Trial of Participant Selected Personality Facet Change Using the Five-Factor Model of Personality," *International Coaching Psychology Review* 9, no. 2 (2014): 196–209.

[34]   Daniel Engber, "Is 'Grit' Really the Key to Success?," *Slate*, May 8, 2016, slate.com/articles/health_and_science/cover_story/2016/05/angela_duckworth_says_grit_is_the_key_to_success_in_work_and_life_is_this.html.

[35]   David J. Disabato, Fallon R. Goodman, and Todd B. Kashdan, "Is Grit Relevant to Well-Being and Strengths? Evidence Across the Globe for Separating Perseverance of Effort and Consistency of Interests," *Journal of Personality* 87, no. 2 (April 2018): 1, doi.org/10.1111/jopy.12382.

[36]   Chen Zissman and Yoav Ganzach, "In a Representative Sample Grit Has a Negligible Effect on Educational and Economic Success Compared to Intelligence," *Social Psychological and Personality Science* (original manuscript, 2020): 1–8, doi.org/10.1177/1948550620920531.

[37]   Angela Duckworth, "Don't Grade Schools on Grit," *The New York Times*, March 26, 2016, nytimes.com/2016/03/27/opinion/sunday/dont-grade-schools-on-grit.html.

[38]   Melissa Dahl, "Don't Believe the Hype About Grit, Pleads the Scientist Behind the Concept," *The Cut*, May 9, 2016, thecut.com/2016/05/dont-believe-the-hype-about-grit-pleads-the-scientist-behind-the-concept.html.

[39] Crede, "Much Ado About Grit," 503.

[40] Thomas L. Dynneson, *City-State Civism in Ancient Athens: Its Real and Ideal Expressions* (New York: Peter Lang, 2008), 1.

[41] David F. Labaree, *Someone Has to Fail: The Zero-Sum Game of Public Schooling* (Cambridge, Mass.: Harvard University Press, 2012), 19–20.

[42] David Casalaspi, "The Day Education Failed," *Green & Write*, November 11, 2016, education.msu.edu/green-and-write/2016/the-day-education-failed.

[43] Associated Press, "Urges Return to Schools of McGuffey's Readers," *The New York Times*, May 9, 1935, timesmachine.nytimes.com/timesmachine/1935/05/09/94604752. html?auth=login-email&pageNumber=19.

[44] Charles E. Greenawalt, II, *Character Education in America* (Harrisburg, Penn.: Commonwealth Foundation for Public Policy Alternatives, 1996), 4, files.eric.ed.gov/fulltext/ ED398327.pdf.

[45] "Education Chief Lauds Religion at School Parley," *Los Angeles Times*, November 9, 1985, articles.latimes.com/1985-11-09/local/me-3591_1_bennett.

[46] Michael Watz, "An Historical Analysis of Character Education," *Journal of Inquiry and Action in Education* 4, no. 2 (2011): 34–53, files.eric.ed.gov/fulltext/EJ1134548.pdf.

[47] President William Jefferson Clinton, "State of the Union Address," Washington, D.C., January 23, 1996, clintonwhitehouse2.archives.gov/WH/New/other/sotu.html.

[48] Associated Press, "President Clinton's Message to Congress on the State of the Union," *The New York Times*, February 5, 1997, nytimes.com/1997/02/05/us/president-clinton-s-message-to-congress-on-the-state-of-the-union.html.

[49] James S. Leming, "Whither Goes Character Education? Objectives, Pedagogy, and Research in Education Programs," *Journal of Education* 179, no. 2 (1997): 17, eric. ed.gov/?id=EJ562093.

[50] Leming, "Whither Goes Character Education?," 17.

[51] Leming, "Whither Goes Character Education?," 17, 28.

[52] Paul Tough, *How Children Succeed: Grit, Curiosity, and the Hidden Power of Character* (Boston: Mariner Books, 2012), 60.

[53] *Efficacy of Schoolwide Programs to Promote Social and Character Development and Reduce Problem Behavior in Elementary School Children*, prepared by the Social and Character Development Research Consortium in cooperation with the U.S. Department of Education (Washington, D.C., 2010), ies.ed.gov/ncer/pubs/20112001/pdf/20112001a.pdf.

[54] Michael B. Katz, "Public Education as Welfare," *Dissent*, Summer 2010, dissentmagazine.org/ article/public-education-as-welfare.

[55] Paul Tough, "How Kids Learn Resilience," *The Atlantic*, June 2016, the atlantic.com/magazine/archive/2016/06/how-kids-really-succeed/480744.

[56] Corey DeAngelis, Heidi Holmes Erickson, and Gary Ritter, "Is Pre-kindergarten an Educational Panacea? A Systematic Review and Meta-analysis of Scaled-Up Pre-kindergarten in the United States," Working Paper 2017–08, University of Arkansas Department of Education Reform Research Paper Series, February 16, 2017, papers.ssrn.com/sol3/papers.cfm?abstractid=2920635. One disappointing result, though, was a study of children in Tennessee: Mark W. Lipsey, Dale C. Farran, and Kelley Durkin, "Effects of the Tennessee Prekindergarten Program on Children's Achievement and Behavior Through Third Grade," *Early Child Research Quarterly* 45, no. 4 (2018): 155–76, sciencedirect.com/science/article/pii/S0885200618300279; Charles Murray, "Response: Weighing the Evidence," *Boston Review*, September/October 2012, bostonreview.net/archives/BR37.5/ndf_charles_murray_social_mobility.php.

[57] 유엔 보고서에 따르면 2013년 기준으로 미국 아동의 거의 4분의 1이 중위소득 50퍼센트 이하 분위에 드는 가정에서 생활한다(OECD 전체에서 루마니아 다음으로 높다). 미국은 또한 식량 부족 문제에서도 다른 부유한 산업국가에 비해 성적이 나쁜데, 이는 모든 종류의 건강 및 행동 문제들을 대표한다. 유니세프 보고서에 따르면, 아동이 있는 미국 가정의 19.6퍼센트가 중간 정도 또는 심각한 수준의 식량 부족을 겪고 있는데, 캐나다의 경우는 12퍼센트이고 프랑스는 6퍼센트, 독일은 4.9퍼센트를 기록한다(여기서 영국은 약간 특이값인데, 미국보다 약간 나쁜 수치를 보인다). 이런 종류의 국가 간 비교는 여러 이유로 위험이 따르지만, 연구자들 사이에서는 미국이 경제적으로 동급인 다른 국가들에 비해 가장 폐해가 큰 빈곤과 방임의 효과로부터 아동들을 보호하는 데서 잘 기능하지 못하고 있다는 전반적인 공감대가 형성돼 있다.

[58] David F. Labaree, *Someone Has to Fail: The Zero-Sum Game of Public Schooling* (Cambridge, Mass.: Harvard University Press, 2010), 171.

[59] Duckworth, *Grit*, 187.

[60] Linda F. Nathan, *When Grit Isn't Enough: A High School Principal Examines How Poverty and Inequality Thwart the College-for-All Promise* (Boston: Beacon Press, 2017).

[61] Nathan, *When Grit Isn't Enough*, 4.

[62] Nathan, *When Grit Isn't Enough,* 20–21.

[63] Nathan, *When Grit Isn't Enough*, 76.

[64] Nathan, *When Grit Isn't Enough*, 23.

[65] Duckworth, *Grit*, 408–409, Kindle edition.

[66] Tough, *How Children Succeed*, 194.

[67] Ris, "Grit," 7–8.

[68]   Darrin Donnelly, *Old School Grit: Times May Change, But the Rules for Success Never Do*, *Sports for the Soul*, vol. 2 (Lenexa, Kans.: Shamrock New Media, 2016).

[69]   Jung Choi et al., *Millennial Homeownership: Why Is It So Low, and How Can We Increase It?* (Washington, D.C.: Urban Institute, 2018), v.

[70]   Lucinda Shen, "Millennials Are Worth Half as Much as Their Parents Were at the Same Age," *Fortune*, January 13, 2017, fortune.com/2017/01/13/millennial-boomer-worth-income-study.

5장 '넛지' 열풍

[1]   "District Attorney Vance, Commissioner Bratton, Mayor de Blasio Announce New Structural Changes to Criminal Summonses Issued in Manhattan," Manhattan District Attorney's Office, March 1, 2016, manhattanda.org/district-attorney-vance-commissioner-bratton-mayor-de-blasio-announce-new-structural-c.

[2]   Brice Cooke et al., "Using Behavioral Science to Improve Criminal Justice Outcomes: Preventing Failures to Appear in Court," ideas42 and UChicago Urban Labs (January 2018): 4, ideas42.org/wp-content/uploads/2018/03/Using-Behavioral-Science-to-Improve-Criminal-Justice-Outcomes.pdf.

[3]   "NYC Summons Redesign," ideas42.org, ideas42.org/wp-content/uploads/2018/01/I42–954_SummonsForm_exp_3-1.pdf.

[4]   Cooke et al., "Using Behavioral Science to Improve Criminal Justice Outcomes: Preventing Failures to Appear in Court."

[5]   Gina Martinez, "Summons Recipients to Receive Text Reminders," *QNS*, February 3, 2018, qns.com/story/2018/02/03/summons-recipients-to-receive-text-reminders/.

[6]   Richard H. Thaler and Cass R. Sunstein, *Nudge: Improving Decisions About Health, Wealth, and Happiness*, 2nd ed. (New York: Penguin Books, 2009), 6.

[7]   Katrin Bennhold, "Britain's Ministry of Nudges," *The New York Times*, December 7, 2013, nytimes.com/2013/12/08/business/international/britains-ministry-of-nudges.html.

[8]   Thaler, interview by Stephen J. Dubner, July 11, 2018, freakonomics.com/podcast/richard-thaler/; Alain Samson, "An Introduction to BehavioralEconomics," BehavioralEconomics. com, behavioraleconomics.com/resources/introduction-behavioral-economics/.

[9]   Royal Swedish Academy of Sciences, "The Prize in Economic Sciences 2017," press release, October 9, 2017, nobelprize.org/prizes/economic-sciences/2017/press-release.

[10]   Thaler and Sunstein, *Nudge*, 6.

[11]   Michael Lewis, *The Undoing Project: A Friendship That Changed Our Minds*(New York: W. W. Norton, 2016), 147.

[12]   Lewis, *The Undoing Project*, 148.

[13]   Lewis, *The Undoing Project*, 157, 177, 177–78.

[14]   "Amos Tversky, Leading Decision Researcher, Dies at 59," Stanford News Service, June 5, 1996, news.stanford.edu/pr/96/960605tversky.html.

[15]   "The Sveriges Riksbank Prize in Economic Sciences in Memory of Alfred Nobel 2002," press release, October 9, 2002, nobelprize.org/prizes/economic-sciences/2002/press-release/.

[16]   Amos Tversky and Daniel Kahneman, "Extensional versus Intuitive Reasoning: The Conjunction Fallacy in Probability Judgment," *Psychological Review* 90, no. 4 (October 1983): 297, doi.org/10.1037/0033-295X.90.4.293.

[17]   Amos Tversky and Daniel Kahneman, "The Framing of Decisions and the Psychology of Choice," *Science* 211, no. 4481 (January 1981): 453, doi.org/10.1126/science.7455683.

[18]   Cooke et al., "Using Behavioral Science to Improve Criminal Justice Outcomes: Preventing Failures to Appear in Court," 5.

[19]   Cass R. Sunstein, *Simpler: The Future of Government* (New York: Simon & Schuster, 2013), 51.

[20]   Sunstein, *Simpler*, 52.

[21]   "Richard H. Thaler: Facts," Nobel Prize, nobelprize.org/prizes/economic-sciences/2017/thaler/facts.

[22]   Michael Lewis, "Obama's Way," *Vanity Fair*, October 2012, vanityfair.com/news/2012/10/michael-lewis-profile-barack-obama.

[23]   James Surowiecki, "A Smarter Stimulus," *The New Yorker*, January 26, 2009, newyorker.com/magazine/2009/01/26/a-smarter-stimulus.

[24]   Jonathan Weisman and Jess Bravin, "Obama's Regulatory Czar Likely to Set a New Tone," *The Wall Street Journal*, January 8, 2009, wsj.com/articles/SB123138051682263203.

[25]   Office of the Press Secretary, the White House, "Executive Order—sing Behavioral Science Insights to Better Serve the American People," press release, September 15, 2015, obamawhitehouse.archives.gov/the-press-office/2015/09/15/executive-order-using-behavioral-science-insights-better-serve-american.

[26]   Press Secretary, the White House, "Executive Order—sing Behavioral Science Insights to Better Serve the American People."

[27]   U.S. Executive Office of the President–National Science and Technology Council, *Social and Behavioral Sciences Team: Annual Report* (Washington, D.C.: U.S. Executive Office of the President–National Science and Technology Council, 2015), obamawhitehouse.archives.gov/

sites/default/files/microsites/ostp/sbst_2015_annual_report_final_9_14_15.pdf.

[28]   Danny Vinik, "Obama's Effort to 'Nudge' America," *Politico*, October 15, 2015, politico. com/agenda/story/2015/10/obamas-effort-to-nudge-america-000276/.

[29]   Rosa Li, "The Other Essential Pandemic Office Trump Eliminated," *Slate*, March 18, 2020, slate.com/technology/2020/03/coronavirus-social-behavior-trump-white-house.html.

[30]   Economist Staff, "Nudge Comes to Shove," *Economist*, May 18, 2017, economist.com/international/2017/05/18/policymakers-around-the-world-are-embracing-behavioural-science.

[31]   Julia Kagan, "Pension Protection Act of 2006," *Investopedia*, last modified April 3, 2019, investopedia.com/terms/p/pensionprotectionact2006.asp.

[32]   Jeffrey W. Clark, Stephen P. Utkus, and Jean A. Young, *Automatic Enrollment: The Power of the Default*, Vanguard Research, February 2018, 4.

[33]   Robert M. Bond et al., "A 61-Million-Person Experiment in Social Influence and Political Mobilization," *Nature* 489, no. 7415 (September 2012): 295–98, doi:10.1038/nature11421.

[34]   Romain Cadario and Pierre Chandon, "Which Healthy Eating Nudges Work Best? A Meta-analysis of Field Experiments," *Marketing Science* 39, no. 3 (2020): 465–86, doi.org/10.1287/mksc.2018.1128.

[35]   Richard A. Klein et al., "Investigating Variation in Replicability," *Social Psychology* 45, no. 3 (January 2014): pp. 142–152, https://doi.org/10.1027/1864-9335/a000178,147.

[36]   Adam Arshad, Benjamin Anderson, and Adnan Sharif, "Comparison of Organ Donation and Transplantation Rates between Opt-Out and Opt-In Systems," *Clinical Investigation* 95, no. 6 (June 2019): 1453, doi.org/10.1016/j.kint.2019.01.036.

[37]   Brian H. Willis and Muireann Quigley, "Opt-Out Organ Donation: On Evidence and Public Policy," *Journal of the Royal Society of Medicine* 107, no.2 (February 2014): 56–60, doi:10.1177/0141076813507707.

[38]   Wokje Abrahamse and Rachael Shwom, "Domestic Energy Consumption and Climate Change Mitigation," *WIREs Climate Change* 9, no. 4 (July/August 2018), doi.org/10.1002/wcc.525.

[39]   Philip Oreopoulos and Uros Petronijevic, "The Remarkable Unresponsiveness of College Students to Nudging and What We Can Learn from It," National Bureau of Economic Research Working Papers, no. 26059 (July 2019), nber.org/papers/w26059.

[40]   Kelli A. Bird et al., "Nudging at Scale: Experimental Evidence from FAFSA Completion Campaigns," National Bureau of Economic Research Working Papers, no. 26158 (August 2019), nber.org/papers/w26158.

[41]   *Check in the Mail or More in the Paycheck: Does the Effectiveness of Fiscal Stimulus De-*

pend on How It Is Delivered?, prepared by Claudia R. Sahm, Matthew D. Shapiro, and Joel Slemrod in cooperation with the Federal Reserve Board (Washington, D.C., 2010), federalreserve.gov/pubs/feds/2010/201040/201040pap.pdf.

[42] Leigh Giangreco, "How Behavioral Science Solved Chicago's Plastic Bag Problem," Politico, November 2019, politico.com/news/magazine/2019/11/21/plastic-bag-environment-policy-067879.

[43] Robert Kuttner, "The Radical Minimalist: Obama's New Regulatory Czar Likes Market Incentives. Will They Work?," *The American Prospect*, April 2009: pp. 28–30, prospect.org/features/radical-minimalist.

[44] Tom Slee, *No One Makes You Shop at Wal-Mart: The Surprising Deceptions of Individual Choice* (Toronto: Between the Lines, 2006).

[45] Samuel Moyn, "The Nudgeocrat," *The Nation*, June 17–24, 2019, thenation.com/article/archive/cass-sunstein-on-freedom-book-review.

[46] William H. Simon, "The Republic of Choosing," *Boston Review,* July 8, 2013, bostonreview.net/us-books-ideas/cass-sunstein-simpler-future-government-republic-choosing.

[47] "CFPB Finalizes 'Know Before You Owe' Mortgage Forms," Consumer Financial Protection Bureau, November 20, 2013, consumerfinance.gov/about-us/newsroom/cfpb-finalizes-know-before-you-owe-mortgage-forms/.

[48] Simon, "The Republic of Choosing."

[49] Robert H. Frank, *Under the Influence: Putting Peer Pressure to Work* (Princeton, N.J.: Princeton University Press, 2020), 215.

[50] David V. Johnson, "Twilight of the Nudges," *New Republic*, October 27, 2016, newrepublic.com/article/138175/twilight-nudges.

[51] "The Criminal Justice Reform Act: One Year Later," New York City Council, 2017, council.nyc.gov/the-criminal-justice-reform-act-one-year-later.

[52] For the truly, obsessively inquisitive reader, this would be NYPD summons number 0196 441 594, issued August 17, 2019.

6장 파워 포즈와 권력감의 관계

[1] Spencer Johnson, *Who Moved My Cheese? An Amazing Way to Deal with Change in Your Work and in Your Life* (New York: G. P. Putnam's Sons, 1998).

[2] Dana R. Carney, Amy J. C. Cuddy, and Andy J. Yap, "Power Posing: Brief Nonverbal Displays Affect Neuroendocrine Levels and Risk Tolerance," *Psychological Science* 21, no. 10

(2010): 1363–68, doi.org/10.1177/0956797610383437.

[3] Amy Cuddy, "Amy Cuddy: Passing as Myself," Facebook, February 11, 2017, facebook.com/amycuddycommunity/posts/705005856338544.

[4] Amy Cuddy, "The Story Collider," SoundCloud, 2014, soundcloud.com/the-story-collider/amy-cuddy-passing-as-myself.

[5] David Hochman, "Amy Cuddy Takes a Stand," *The New York Times*, September 19, 2014, nytimes.com/2014/09/21/fashion/amy-cuddy-takes-a-stand-TED-talk.html.

[6] "Amy Cuddy Strikes a Power Pose," CBS News, December 13, 2015, cbsnews.com/news/amy-cuddy-strikes-a-power-pose.

[7] Chen-Bo Zhong and Katie Liljenquist, "Washing Away Your Sins: Threatened Morality and Physical Cleansing," *Science* 313, no. 5792 (September 2006): 1451–52, doi.org/10.1126/science.1130726.

[8] Brian D. Earp et al., "Out, Damned Spot: Can the 'Macbeth Effect' Be Replicated?," *Basic and Applied Social Psychology* 36, no. 1 (2014): 91–98, doi.org/10.1080/01973533.2013.85 6792.

[9] Daniel Engber, "Sad Face," *Slate*, August 28, 2016, slate.com/articles/health_and_science/cover_story/2016/08/can_smiling_make_you_happier_maybe_maybe_not_we_have_no_idea.html.

[10] Keith M. Welker, "Upright and Left Out: Posture Moderates the Effects of Social Exclusion on Mood and Threats to Basic Needs," *European Journal of Social Psychology* 43, no. 5 (May 2013): 355–61, doi.org/10.1002/ejsp.1944.

[11] Vanessa K. Bohns and Scott Wiltermuth, "It Hurts When I Do This (or You Do That): Posture and Pain Tolerance," *Journal of Experimental Social Psychology* 48, no. 1 (2012): 341–45, digitalcommons.ilr.cornell.edu/articles/1077.

[12] Eva Ranehill et al., "Assessing the Robustness of Power Posing," *Psychological Science* 26, no. 5 (2015): 653–56, doi.org/10.1177/0956797614553946.

[13] Andrew Gelman and Kaiser Fung, "The Power of the 'Power Pose,'" *Slate*, January 19, 2016, slate.com/articles/healthandscience/science/2016/01/amy_cuddy_s_power_pose_research_is_the_latest_example__of_scientific_overreach.html.

[14] Dana Carney, "My Position on 'Power Poses,'" University of California, Berkeley, faculty.haas.berkeley.edu/dana_carney/pdf_my%20position%20on%20power%20poses.pdf.

[15] Andrew Gelman and Deborah Nolan, "You Can Load a Die, But You Can't Bias a Coin," *The American Statistician* 56, no. 4 (2002): pp. 308–311, https://doi.org/10.1198/000313002605.

[16] Joseph P. Simmons and Uri Simonsohn, "Power Posing: P-Curving the Evidence," *Psycholog-*

ical Science 28, no. 5 (2017): 687–93, doi.org/10.1177/0956797616658563.

[17]   Quentin F. Gronau et al., "A Bayesian Model–veraged Meta-analysis of the Power Pose Effect with Informed and Default Priors: The Case of Felt Power," *Comprehensive Results in Social Psychology* 2, no. 1 (June 2017): 123–38, doi.org/10.1080/23743603.2017.1326760.

[18]   Amy J. C. Cuddy, S. Jack Schultz, and Nathan E. Fosse, "*P*-Curving a More Comprehensive Body of Research on Postural Feedback Reveals Clear Evidential Value for Power-Posing Effects: Reply to Simmons and Simonsohn (2017)," *Psychological Science* 29, no. 4 (April 2018): 656, doi.org/10.1177/0956797617746749.(emphasis in original)

[19]   Joe Simmons, Leif Nelson, and Uri Simonsohn, "Outliers: Evaluating a New P-Curve of Power Poses," *Data Colada* (blog), December 6, 2017, datacolada.org/66.

[20]   Marcus Crede, "A Negative Effect of a Contractive Pose Is Not Evidence for the Positive Effect of an Expansive Pose: Comment on Cuddy, Schultz, and Fosse (2018)," *Meta-psychology* 3 (2019), doi.org/10.15626/mp.2019.1723.

[21]   "Jaylen Brown Full Game 6 Highlights vs Cavaliers 2018 Playoffs ECF-27 Points!," House of Highlights, May 25, 2018, YouTube, youtube.com/watch?v=-qylB2qUKKU.

[22]   Erving Goffman, *The Presentation of Self in Everyday Life* (Edinburgh, UK: University of Edinburgh, 1956), 34.

[23]   Jesse Singal, "The 5-Step Approach to Not Being Misunderstood Anymore," *The Cut*, April 20, 2015, thecut.com/2015/04/what-to-do-when-someone-doesnt-get-you.html.

[24]   Malcolm Gladwell, *Blink: The Power of Thinking Without Thinking* (New York: Back Bay, 2007), 50, Kindle edition.

[25]   Amy Cuddy, *Presence: Bringing Your Boldest Self to Your Biggest Challenges* (New York: Little, Brown and Company, 2015), 106.

[26]   Cuddy, *Presence*, 163.

[27]   Sheryl Sandberg, *Lean In: Women, Work, and the Will to Lead* (New York: Alfred A. Knopf, 2013), 42.

[28]   Sandberg, *Lean In*, 62.

[29]   Suzette Caleo and Madeline E. Heilman, "What Could Go Wrong? Some Unintended Consequences of Gender Bias Interventions," *Archives of Scientific Psychology* 7, no. 1 (November 2019): 71–80, dx.doi.org/10.1037/arc0000063.

[30]   Laura Guillen, "Is the Confidence Gap Between Men and Women a Myth?," *Harvard Business Review*, March 26, 2018, hbr.org/2018/03/is-the-confidence-gap-between-men-and-women-a-myth.

[31]   Claudia Goldin and Cecilia Rouse, "Orchestrating Impartiality: The Impact of 'Blind' Auditions on Female Musicians," *American Economic Review* 90, no. 4 (September 2000):

738, doi.org/10.1257/aer.90.4.715.

[32] Jonatan Pallesen, "Blind Auditions and Gender Discrimination," *jsmp* (blog), May 11, 2019, jsmp.dk/posts/2019–05–12-blindauditions.

[33] Andrew Gelman, "Did Blind Orchestra Auditions Really Benefit Women?," *Statistical Modeling, Causal Inference, and Social Science* (blog), May 11, 2019, statmodeling.stat.columbia.edu/2019/05/11/did-blind-orchestra-auditions-really-benefit-women.

[34] Jason Dana, "The Utter Uselessness of Job Interviews," *The New York Times*, April 8, 2017, nytimes.com/2017/04/08/opinion/sunday/the-utter-uselessness-of-job-interviews.html.

[35] Danielle Kurtzleben, "Why Your Pharmacist Has the Key to Shrinking the Gender Wage Gap," *Vox*, August 19, 2014, vox.com/2014/8/19/6029371/claudia-goldin-gender-wage-gap-temporal-flexibility.

7장   "당신의 편견을 측정해드립니다"

[1] Matt Stevens, "Starbucks C.E.O. Apologizes After Arrests of 2 Black Men," *The New York Times*, April 15, 2018, nytimes.com/2018/04/15/us/starbucks-philadelphia-black-men-arrest.html; Elisha Fieldstadt, "White Starbucks Manager Claims Racial Bias in Her Firing After Arrests of 2 Black Men," *NBC News*, October 21, 2019, nbcnews.com/news/us-news/white-starbucks-manager-claims-racial-bias-her-firing-after-arrests-n1074431.

[2] Joel Schwarz, "Roots of Unconscious Prejudice Affect 90 to 95 Percent of People, Psychologists Demonstrate at Press Conference," *University of Washington News*, September 29, 1998, washington.edu/news/1998/09/29/roots-of-unconscious-prejudice-affect-90-to-95-percent-of-people-psychologists-demonstrate-at-press-conference.

[3] Jill D. Kester, "A Revolution in Social Psychology," *APS Observer* 14, no. 6 (July/August 2001), psychologicalscience.org/observer/0701/family.html.

[4] Malcolm Gladwell, *Blink: The Power of Thinking Without Thinking* (New York: Back Bay, 2007), 85, Kindle edition.

[5] Nicholas Kristof, "Our Biased Brains," *The New York Times*, May 7, 2015, nytimes.com/2015/05/07/opinion/nicholas-kristof-our-biased-brains.html.

[6] Mahzarin R. Banaji and Anthony G. Greenwald, *Blindspot: Hidden Biases of Good People* (New York: Delacorte Press, 2013), 47.

[7] NBC, "Pride and Prejudice: Prejudice in America," *Dateline*, March 19, 2000.

[8] Banaji, *Blindspot*, 209.

[9] B. A. Nosek, M. R. Banaji, and A. G. Greenwald, "Harvesting Implicit Group Attitudes and

Beliefs from a Demonstration Web Site," *Group Dynamics: Theory, Research, and Practice* 6, no. 1 (2002): 101–15, psycnet.apa.org/record/2002-10827-009.

[10]   Shankar Vedantam, "See No Bias," *The Washington Post*, January 23, 2005, washingtonpost. com/archive/lifestyle/magazine/2005/01/23/see-no-bias/a548dee4-4047-4397 -a253-f7f780fae575.

[11]   Banaji and Greenwald, *Blindspot*, 45.

[12]   John Tierney, "A Shocking Test of Bias," *The New York Times*, November 18, 2008, tierneylab.blogs.nytimes.com/2008/11/18/a-shocking-test-of-bias.

[13]   Gladwell, *Blink*, 84.

[14]   April Dembosky, "UCSF Doctors, Students Confront Their Own Unconscious Bias," KQED, August 4, 2015, kqed.org/stateofhealth/56311/ucsf-doctors-students-confront-their-own-unconscious-bias.

[15]   "Exposing Bias at Google," *The New York Times*, September 24, 2014.

[16]   "Facebook's Gender Bias Goes So Deep It's in the Code," *ThinkProgress*, May 2, 2017.

[17]   "Clients and Testimonials," Fair and Impartial Policing, fipolicing.com/clients-and-testimonials.

[18]   Kristin A. Lane et al., "Understanding and Using the Implicit Association Test: IV," in *Implicit Measures of Attitudes,* ed. Bernd Wittenbrink and Norbert Schwarz (New York: Guilford Press, 2007), 59–102, faculty.washington.edu/agg/pdf/Lane%20et%20al.UUI-AT4.2007.pdf. 이 장에는 출판된 인종 IAT의 검사-재검사 신뢰도가 2주의 간격을 두고 실행된 네 번의 인종 IAT 검사로 구성된 한 연구에서 r=0.32, 24시간 간격을 두고 두 번 검사를 실행한 한 연구에서 r=0.65, 동일한 시점에 두 검사(하나는 이름을 썼고 다른 하나는 그림을 썼다)를 실행한 한 연구에서 r=0.39로 기재된 표가 포함된다. 2014년에 연구자 요아브 바-아난과 노섹이 대규모 표본을 이용한 인종 IAT의 검사-재검사 신뢰도가 r=0.4라고 보고했다.

[19]   C. K. Lai and M. E. Wilson, "Measuring Implicit Intergroup Biases," unpublished manuscript (2020); Anthony G. Greenwald and Calvin K. Lai, "Implicit Social Cognition," *Annual Review of Psychology* 71, no. 1 (2020): 419–45, doi.org/10.1146/annurev-psych-010419-050837.

[20]   Mahzarin R. Banaji and Anthony G. Greenwald, *Blindspot: Hidden Biases of Good People* (New York: Delacorte Press, 2013).

[21]   Allan W. Wicker, "Attitudes Versus Actions: The Relationship of Verbal and Overt Behavioral Responses to Attitude Objects," *Journal of Social Issues* 25, no. 4 (October 1969): 41–78, doi.org/10.1111/j.1540-4560.1969.tb00619.x.

[22]   Anthony G. Greenwald et al., "Understanding and Using the Implicit Association Test: III.

Meta-analysis of Predictive Validity," *Journal of Personality and Social Psychology* 97, no. 1 (2009): 17–41.

[23] Frederick L. Oswald et al., "Predicting Ethnic and Racial Discrimination: A Meta-analysis of IAT Criterion Studies," *Journal of Personality and Social Psychology* 105, no. 2 (2013): 171–92.

[24] Anthony G. Greenwald, Mahzarin Banaji, and Brian Nosek, "Statistically Small Effects of the Implicit Association Test Can Have Societally Large Effects," *Journal of Personality and Social Psychology* 108, no. 4 (2015): 553–61.

[25] 문제는 현존하는 연구들이 통계 측면에서 봤을 때 심각하게 허약하다는 점도 있다. 적어도 2016년 『스칸디나비아 심리학 저널』에 독자적인 메타분석 연구를 출판한 연구자 리카르드 칼손과 옌스 아예르스트룀이 발견한 결과로는 그렇다. 그들은 "IAT와 차별 간 상관관계를 메타분석적으로 시험하려는 시도는 그러므로 헛수고인 듯이 보인다. 우리는 근본적으로 소음을 쫓고 있으며, 현존하는 문헌에 기반해서는 어떠한 강력한, 심지어 온건한 상관관계도 기대할 수 없다"라고 주장했다.

[26] Patrick S. Forscher et al., "A Meta-analysis of Procedures to Change Implicit Measures," *Journal of Personality and Social Psychology* 117, no. 3 (2019): 522–59, psycnet.apa.org/record/2019-31306-001.

[27] Olivia Goldhill, "The World Is Relying on a Flawed Psychological Test to Fight Racism," *Quartz*, December 3, 2017, qz.com/1144504/the-world-is-relying-on-a-flawed-psychological-test-to-fight-racism.

[28] Chloë FitzGerald et al., "Interventions Designed to Reduce Implicit Prejudices and Implicit Stereotypes in Real World Contexts: A Systematic Review," *BMC Psychology* 7, no. 29 (2019), doi.org/10.1186/s40359-019-0299-7.

[29] Forscher, "Meta-analysis of Procedures to Change Implicit Measures."

[30] Hal R. Arkes and Philip E. Tetlock, "Attributions of Implicit Prejudice, or 'Would Jesse Jackson "Fail" the Implicit Association Test?,' " *Psychological Inquiry* 15, no. 4 (2004): 257–78.

[31] Eric Luis Uhlmann, Victoria L. Brescoll, and Elizabeth Levy Paluck, "Are Members of Low Status Groups Perceived as Bad, or Badly Off? Egalitarian Negative Associations and Automatic Prejudice," *Journal of Experimental Social Psychology* 42, no. 4 (2006): 491–99.

[32] Cynthia M. Frantz et al., "A Threat in the Computer: The Race Implicit Association Test as a Stereotype Threat Experience," *Personality and Social Psychology Bulletin* 30, no. 12 (2004): 1611–24.

[33] Sam G. McFarland and Zachary Crouch, "A Cognitive Skill Confound on the Implicit Association Test," *Social Cognition* 20, no. 6 (2002): 483–510.

[34]   Hart Blanton and Elif G. Ikizer, "The Bullet-Point Bias: How Diluted Science Communications Can Impede Social Progress," in *Politics of Social Psychology*, ed. Jarret T. Crawford and Lee Jussim (New York: Routledge, 2018).

[35]   Eduardo Bonilla-Silva, "Rethinking Racism: Toward a Structural Interpretation," *American Sociological Review* 62, no. 3 (1997): 467, doi.org/10.2307/2657316.

[36]   William B. Johnston et al., *Workforce 2000: Work and Workers for the 21st Century* (Indianapolis: Hudson Institute, 1987), 14, files.eric.ed.gov/fulltext/ED290887.pdf.

[37]   Rohini Anand and Mary-Frances Winters, "A Retrospective View of Corporate Diversity Training from 1964 to the Present," *Academy of Management Learning and Education* 7, no. 3 (2008): 359.

[38]   George B. Leonard, *Education and Ecstasy* (New York: Delta, 1968), 197–98.

[39]   Lisette Voytko, "74% of Americans Support George Floyd Protests, Majority Disapprove of Trump's Handling, Poll Says," *Forbes*, June 9, 2020, forbes.com/sites/lisettevoytko/2020/06/09/74-of-americans-support-george-floyd-protests-majority-disapprove-of-trumps-handling.

[40]   Elisabeth Lasch-Quinn, *Race Experts: How Racial Etiquette, Sensitivity Training, and New Age Therapy Hijacked the Civil Rights Revolution* (Lanham, Md.: Rowman and Littlefield, 2001), 7.

[41]   Lasch-Quinn, *Race Experts*, 125.

[42]   Frantz Fanon, *Toward the African Revolution: Political Essays,* trans. Haakon Chevalier (New York: Grove Press, 1964), 34.

[43]   Robin DiAngelo, *White Fragility: Why It's So Hard for White People to Talk About Racism* (Boston: Beacon, 2018), 33.

[44]   DiAngelo, *White Fragility*, 132.

[45]   DiAngelo, *White Fragility*, 136.

[46]   DiAngelo, *White Fragility*, 82.

[47]   Google Dictionary, s.v. "Microaggression."

[48]   Scott O. Lilienfeld, "Microaggressions: Strong Claims, Inadequate Evidence," *Perspectives on Psychological Science* 12, no. 1 (January 2017): 138–69, doi. org/10.1177/1745691616659391.

[49]   Emily Ekins, *The State of Free Speech and Tolerance in America* (Washington, D.C.: Cato Institute, 2017).

[50]   Susan Edelman, Selim Algar, and Aaron Feis, "Richard Carranza Held 'White-Supremacy Culture' Training for School Admins," *New York Post*, May 20, 2019, nypost. com/2019/05/20/richard-carranza-held-doe-white-supremacy-culture-training.

[51]   John McWhorter, "Antiracism, Our Flawed New Religion," *The Daily Beast*, July 27, 2015, thedailybeast.com/antiracism-our-flawed-new-religion.

[52]   Jonathan Kahn, *Race on the Brain: What Implicit Bias Gets Wrong About the Struggle for Racial Justice* (New York: Columbia University Press, 2017), 153.

[53]   Jesse Singal, "Psychology's Favorite Tool for Measuring Racism Isn't Up to the Job," *The Cut*, January 11, 2017, thecut.com/2017/01/psychologys-racism-measuring-tool-isnt-up-to-the-job.html.(Originally published on the Science of Us vertical, which was later folded into *The Cut*.)

[54]   Banaji and Greenwald, *Blindspot*, 209.

[55]   Mahzarin R. Banaji and Anthony G. Greenwald, "Appendix 1: Are Americans Racist?," in *Blindspot: Hidden Biases of Good People*, 2nd ed. (New York: Bantam Books, 2016), 184.

[56]   Kriston McIntosh et al., "Examining the Black-White Wealth Gap," Brookings, February 27, 2020, brookings.edu/blog/up-front/2020/02/27/examining-the-black-white-wealth-gap.

[57]   *Report to the United Nations on Racial Disparities in the U.S. Criminal Justice System* (Washington, D.C.: Sentencing Project, 2018), 1.

[58]   Marianne Bertrand and Sendhil Mullainathan, "Are Emily and Greg More Employable than Lakisha and Jamal? A Field Experiment on Labor Market Discrimination," *American Economic Review* 94, no. 4 (September 2004): 991–1013, doi:10.1257/0002828042002561.

[59]   Michael Selmi, "The Paradox of Implicit Bias and a Plea for a New Narrative" (George Washington University Law School Public Law Research Paper, 2017), 3–4, ssrn.com/abstract=3026381.

[60]   Nicolas Jacquemet and Constantine Yannelis, "Indiscriminate Discrimination: A Correspondence Test for Ethnic Homophily in the Chicago Labor Market," *Labour Economics* 19, no. 6 (December 2012): 824–32, doi.org/10.1016/j.labeco.2012.08.004.

[61]   David J. Deming et al., "The Value of Postsecondary Credentials in the Labor Market: An Experimental Study," *American Economic Review* 106, no. 3 (March 2016): 778–806, doi:10.1257/aer.20141757.

[62]   Uri Simonsohn, "Greg vs. Jamal: Why Didn't Bertrand and Mullainathan (2004) Replicate?," *Data Colada* (blog), September 6, 2016, datacolada.org/51.

[63]   Lincoln Quillian et al., "Meta-analysis of Field Experiments Shows No Change in Racial Discrimination in Hiring over Time," *Proceedings of the National Academy of Sciences of the United States of America* 114, no. 41 (October 2017): 10870–75, doi.org/10.1073/pnas.1706255114.

[64]   Office of Public Affairs, U.S. Department of Justice, "Justice Department Announces Findings of Two Civil Rights Investigations in Ferguson, Missouri," press release, March 4, 2015, emphasis added, justice.gov/opa/pr/justice-department-announces-findings-two-civil-

rights-investigations-ferguson-missouri.

[65] U.S. Department of Justice, Civil Rights Division, and U.S. Attorney's Office, Northern District of Illinois, *Investigation of the Chicago Police Department* (Washington, D.C., 2017), 144, justice.gov/opa/file/925846/download.

[66] Ann Choi, Keith Herbert, and Olivia Winslow, "Long Island Divided," *Newsday*, November 17, 2019.

[67] Margery Austin Turner et al., *Housing Discrimination Against Racial and Ethnic Minorities 2012*, prepared by the Urban Institute in cooperation with the U.S. Department of Housing and Urban Development (Washington, D.C., 2013), huduser.gov/portal/Publications/pdf/HUD-514_HDS2012.pdf.

[68] Jennifer Lynn Eberhardt, *Biased: Uncovering the Hidden Prejudice That Shapes What We See, Think, and Do* (New York: Viking, 2019), 80.

[69] New York State Assembly Speaker Carl E. Heastie, "Assembly Passes Eric Garner Anti-Chokehold Act," press release, June 8, 2020, nyassembly.gov/Press/files/20200608a.php.

[70] Kahn, *Race on the Brain*, 141; Jim Murdoch and Ralph Roche, "The European Convention on Human Rights and Policing: A Handbook for Police Officers and Other Law Enforcement Officials," *Council of Europe* (December 2013), 24.

[71] Conrad G. Brunk, "Public Knowledge, Public Trust: Understanding the 'Knowledge Deficit,'" *Community Genetics* 9, no. 3 (2006): 178–83, doi:10.1159/000092654.

8장 잠재의식 효과와 심리학의 재현성 위기

[1] Neuroskeptic, "Social Priming—Does It Work After All?," *Discover*, October 13, 2016, discovermagazine.com/mind/social-priming-does-it-work-after-all.

[2] "Republic," in *A Plato Reader: Eight Essential Dialogues*, ed. C. D. C. Reeve (Indianapolis: Hackett, 2012), 541–2.

[3] Anthony Pratkanis, "The Cargo-Cult Science of Subliminal Persuasion," *Skeptical Inquirer* 16, no. 3 (Spring 1992): 260–72, skepticalinquirer.org/1992/04/the-cargo-cult-science-of-subliminal-persuasion.

[4] Norman Cousins, "Smudging the Subconscious," *Saturday Review*, October 5, 1957, 20.

[5] Pratkanis, "The Cargo-Cult Science of Subliminal Persuasion," 261.

[6] Maarten Derksen, *Histories of Human Engineering: Tact and Technology* (Cambridge, UK: Cambridge University Press, 2017), 150–51.

[7] Wilson Bryan Key, *Subliminal Seduction: Ad Media's Manipulation of a Not So Innocent*

America (Englewood Cliffs, N.J.: Prentice-Hall, 1973).

[8]   "Band Is Held Not Liable in Suicides of Two Fans," *The New York Times*, August 25, 1990, nytimes.com/1990/08/25/arts/band-is-held-not-liable-in-suicides-of-two-fans.html.

[9]   Charles Trappey, "A Meta-analysis of Consumer Choice and Subliminal Advertising," *Psychology and Marketing* 13, no. 5 (August 1996): 517–30, ir.nctu.edu.tw/bitstream/11536/14246/1/A1996UZ40600005.pdf.

[10]   Harold H. Kelley, "The Warm-Cold Variable in First Impressions of Persons," *Journal of Personality* 18, no. 4 (June 1950): 431–39, doi.org/10.1111/j.1467-6494.1950.tb01260.x.

[11]   K. S. Lashley, "The Problem of Serial Order in Behavior," in *Cerebral Mechanisms in Behavior: The Hixon Symposium,* ed. Lloyd A. Jeffress (New York: Wiley, 1951): 112–46.

[12]   Lowell H. Storms, "Apparent Backward Association: A Situational Effect," *Journal of Experimental Psychology* 55, no. 4 (April 1958): 390–95, doi:10.1037/h0044258.

[13]   S. J. Segal and C. N. Cofer, "The Effect of Recency and Recall on Word Association," *American Psychologist* 15, no. 7 (1960): 451.

[14]   The rundown of the key experiments in this paragraph comes from John A. Bargh and Tanya L. Chartrand, "The Mind in the Middle: A Practical Guide to Priming and Automaticity Research," in *Handbook of Research Methods in Social and Personality Psychology*, ed. Harry T. Reis and Charles M. Judd (New York: Cambridge University Press, 2000), 253–85, faculty.fuqua.duke.edu/~tlc10/bio/TLC_articles/2000/Bargh_Chartrand_2000.pdf.

[15]   A. N. Whitehead, *An Introduction to Mathematics* (London: Williams and Norgate, 1911), 45–6, Kindle edition (2012).

[16]   E. Tory Higgins, William S. Rholes, and Carl R. Jones, "Category Accessibility and Impression Formation," *Journal of Experimental Social Psychology* 13 (1977): 141-54, uni-muenster.de/imperia/md/content/psyifp/aeechterhoff/wintersemester2011-12 / attitudesandsocialjudgment/higginsrholesjones_cataccessimpressform_jesp_1977.pdf.

[17]   Bargh and Chartrand, "Mind in the Middle," 256.

[18]   J. A. Bargh, M. Chen, and L. Burrows, "Automaticity of Social Behavior: Direct Effects of Trait Construct and Stereotype Activation on Action," *Journal of Personality and Social Psychology* 71, no. 2 (1996): 237, doi.org/10.1037/0022-3514.71.2.230.

[19]   Eugene M. Caruso et al., "Mere Exposure to Money Increases Endorsement of Free-Market Systems and Social Inequality," *Journal of Experimental Psychology: General* 142, no. 2 (2013), scholars .northwestern.edu/en/publications/mere-exposure-to-money-increases-endorsement-of-free-market-syste.

[20]   Ap Dijksterhuis and Ad van Knippenberg, "The Relation Between Perception and Behavior, or How to Win a Game of Trivial Pursuit," *Journal of Personality and Social Psychology* 74,

no. 4 (1998): 865–77, psycnet.apa.org/record/1998-01060-003.

[21]   Johan C. Karremans, Wolfgang Stroebe, and Jasper Claus, "Beyond Vicary's Fantasies: The Impact of Subliminal Priming and Brand Choice," *Journal of Experimental Social Psychology* 42, no. 6 (November 2006): 792–98, sciencedirect.com/science/article/abs/pii/S0022103105001496.

[22]   Travis J. Carter, Melissa J. Ferguson, and Ran R. Hassin, "A Single Exposure to the American Flag Shifts Support Toward Republicanism up to 8 Months Later," *Psychological Science* 22, no. 8 (2011): 1011–18, doi.org/10.1177/0956797611414726.

[23]   Will M. Gervais and Ara Norenzayan, "Analytic Thinking Promotes Religious Disbelief," *Science* 336, no. 6080 (2012): 493–96, doi:10.1126/science.1215647.

[24]   Daniel Kahneman, *Thinking, Fast and Slow* (New York: Farrar, Straus and Giroux, 2011), 57.

[25]   Ran R. Hassin et al., "Subliminal Exposure to National Flags Affects Political Thought and Behavior," *Proceedings of the National Academy of Sciences of the United States of America* 104, no. 50 (December 2007): 19757–61, doi.org/10.1073/pnas.0704679104.

[26]   Jerry Kang, "Trojan Horses of Race," *Harvard Law Review* 118, no. 5 (March 2005): 1537, jstor.org/stable/4093447.

[27]   Kiju Jung et al., "Female Hurricanes Are Deadlier than Male Hurricanes," *Proceedings of the National Academy of Sciences of the United States of America*, June 2, 2014, doi:10.1073/pnas.1402786111.

[28]   Holly Yan, "Female Hurricanes Are Deadlier than Male Hurricanes, Study Says," CNN, September 1, 2016, cnn.com/2016/09/01/health/female-hurricanes-deadlier-than-male-hurricanes-trnd/index.html.

[29]   John Bargh, *Before You Know It: The Unconscious Reasons We Do What We Do* (New York: Atria Books, 2017), 108.

[30]   Bargh, *Before You Know It*, 105.

[31]   Lisa Zaval et al., "How Warm Days Increase Belief in Global Warming," *Nature Climate Change* 4 (February 2014): 143–47, doi.org/10.1038/nclimate2093.

[32]   다섯 편의 연구 중 두 편만이 사회적 프라이밍과 관련돼 있다. 한 편에서 연구자들은 응답자들에게 때로는 더위와 관련된 프라임이, 때로는 추위와 관련된 프라임이 포함되거나 때로는 아무것도 포함되지 않은 낱말맞히기 게임을 하게 했다. 더위와 관련된 프라임에 노출된 응답자들은 추위 프라임에 노출된 대조군보다 지구온난화를 믿을 가능성이 약간(통계적으로 유의하게) 컸고, 관심도 더 보였다. 하지만 추위 프라이밍은 아무 효과가 없었다. 그 집단에 참여한 사람들은 대조군과 통계적으로 구별되지 않는 방식으로 응답했다. 논문에 나오는 다른 연구에서 연구자들은 (더위와 관련된 인지를 프라이밍할지도 모르는) '지구온난화'를 사용하는 것과 '기후변화'를 사용한 것이 응답자

의 시각에서 아무 차이가 없다는 사실을 발견했다. 이 결과는 최근에 다른 연구에서 재현되었다.

[33]   예를 들어, 다음을 참고하라. Kahan's remarks in Umair Irfan, "People Furthest Apart on Climate Views Are Often the Most Educated," *Scientific American*, August 22, 2017, scientificamerican.com/article/people-furthest-apart-on-climate-views-are-often-the-most-educated.

[34]   Bargh, *Before You Know It*, 199.

[35]   Matt DeLisi, "Broken Windows Works," *City Journal*, May 29, 2019, city-journal.org/broken-windows-policing-works.

[36]   Bernard E. Harcourt and Jens Ludwig, "Broken Windows: New Evidence from New York City and a Five-City Social Experiment," *Public Law and Legal Theory*, no. 93 (2005), chicagounbound.uchicago.edu/public_law_and_legal_theory/48.

[37]   See David Kennedy's work, for example, which suggests that small groups of young men are responsible for much of the gunplay in violent neighborhoods. David M. Kennedy, *Don't Shoot: One Man, a Street Fellowship, and the End of Violence in Inner-City America* (New York: Bloomsbury USA, 2011).

[38]   Matthew Desmond, Andrew V. Papachristos, and David S. Kirk, "Police Violence and Citizen Crime Reporting in the Black Community," *American Sociological Review* 81, no. 5 (October 2016): 857–76, doi.org/10.1177/0003122416663494.

[39]   Bargh, *Before You Know It*, 208.

[40]   Tom Stafford, "The Perspectival Shift: How Experiments on Unconscious Processing Don't Justify the Claims Made for Them," *Frontiers in Psychology*, September 19, 2014, frontiersin.org/articles/10.3389/fpsyg.2014.01067/full.

[41]   Daryl J. Bem, "Feeling the Future: Experimental Evidence for Anomalous Retroactive Influences on Cognition and Affect," *Journal of Personality and Social Psychology* 100, no. 3 (2011): 407–25, ncbi.nlm.nih.gov/pubmed/21280961.

[42]   Paul Jump, "A Star's Collapse," *Inside Higher Ed*, November 28, 2011, insidehighered.com/news/2011/11/28/scholars-analyze-case-massive-research-fraud.

[43]   Mieke Verfaellie and Jenna McGwin, "The Case of Diederik Stapel," *Psychological Science Agenda*, December 2011, apa.org/science/about/psa/2011/12/diederik-stapel.aspx.

[44]   Shannon Palus, "Diederik Stapel Now Has 58 Retractions," Retraction Watch, last modified December 8, 2015, retractionwatch.com/2015/12/08/diederik-stapel-now-has-58-retractions.

[45]   Tal Yarkoni, "The Psychology of Parapsychology, or Why Good Researchers Publishing Good Articles in Good Journals Can Still Get It Totally Wrong," TalYarkoni.org, talyarkoni.

org/blog/2011/01/10/the-psychology-of-parapsychology-or-why-good-researchers-publishing-good-articles-in-good-journals-can-still-get-it-totally-wrong.

[46]   Chris Chambers, *The Seven Deadly Sins of Psychology: A Manifesto for Reforming the Culture of Scientific Practice* (Princeton, N.J.: Princeton University Press, 2017), 23.

[47]   Leslie K. John, George Loewenstein, and Drazen Prelec, "Measuring the Prevalence of Questionable Research Practices with Incentives for Truth Telling," *Psychological Science* 23, no. 5 (2012): 524–32, doi:10.1177/0956797611430953.

[48]   Chambers, *The Seven Deadly Sins of Psychology*, 3.

[49]   Joseph P. Simmons, Leif D. Nelson, and Uri Simonsohn, "False-Positive Psychology: Undisclosed Flexibility in Data Collection and Analysis Allows Presenting Anything as Significant," *Psychological Science* 22, no. 11 (November 2011): 1359–66, doi.org/10.1177/0956797611417632.

[50]   Tom Chivers, "What's Next for Psychology's Embattled Field of Social Priming," *Nature*, December 11, 2019, nature.com/articles/d41586-019-03755-2.

[51]   Kahneman, *Thinking, Fast and Slow*, 57.

[52]   Dan Goldstein, "Kahneman on the Storm of Doubts Surrounding Social Priming Research," *Decision Science News*, October 5, 2012, decisionsciencenews.com/2012/10/05/kahneman-on-the-storm-of-doubts-surrounding-social-priming-research.

[53]   Stéphane Doyen et al., "Behavioral Priming: It's All in the Mind, but Whose Mind?," *Plos One* 7, no. 1 (January 2012), doi.org/10.1371/journal.pone.0029081.

[54]   Colin F. Camerer et al., "Evaluating the Replicability of Social Science Experiments in *Nature* and *Science* between 2010 and 2015," *Nature Human Behaviour* 2, no. 9 (2018): 637–44, doi.org/10.1038/s41562-018-0399-z; Brian Resnick, "More Social Science Studies Just Failed to Replicate. Here's Why This is Good," *Vox*, August 27, 2018, vox.com/science-and-health/2018/8/27/17761466/psychology-replication-crisis-nature-social-science.

[55]   Michael O'Donnell et al., "Registered Replication Report: Dijksterhuis and van Knippenberg (1998)," *Perspectives on Psychological Science* 13, no. 2 (March 2018): 268–94, doi:10.1177/1745691618755704.

[56]   Richard A. Klein et al., "Investigating Variation in Replicability," *Social Psychology* 45, no. 3 (January 2014): pp. 142–152, https://doi.org/10.1027/1864-9335 /a000178,149.

[57]   Gary Smith, "Hurricane Names: A Bunch of Hot Air?," *Weather and Climate Extremes* 12 (June 2016): 80–84, doi.org/10.1016/j.wace.2015.11.006.

[58]   Brian Nosek et al., "Estimating the Reproducibility of Psychological Science," *Science* 349, no. 6251 (August 2015), science.sciencemag.org/content/349/6251/aac4716.

[59]   Richard A. Klein et al., "Many Labs 2: Investigating Variation in Replicability Across Sample

and Setting," *Advances in Methods and Practices in Psychological Science* 1, no. 4 (2018): 443–90, osf.io/8cd4r/.

[60]   Chivers, "What's Next for Psychology's Embattled Field of Social Priming."

[61]   Alexander A. Aarts et al., "Estimating the Reproducibility of Psychological Science," *Science* 349, no. 6251 (August 2015), science.sciencemag.org/content/349/6251/aac4716/tab-pdf.

[62]   Ulrich Schimmack and Jerry Brunner, "Z-Curve: A Method for the Estimating Replicability Based on Test Statistics in Original Studies," OSF Preprints, November 17, 2017, doi:10 .31219/osf.io/wr93f.

[63]   Ulrich Schimmack, " 'Before You Know It' by John A. Bargh: A Quantitative Book Review," *Replicability-Index* (blog), November 28, 2017, replicationindex.com/2017/11/28/before-you-know-it-by-john-a-bargh-a-quantitative-book-review.

[64]   Daniel T. Gilbert et al., "Comment on 'Estimating the Reproducibility of Psychological Science,'" *Science* 351, no. 6277 (March 2016): 1037, doi.org/10.1126/science.aad7243.

[65]   Jonathon Keats, "Debating Psychology's Replication Crisis," *Discover*, August 25, 2016, discovermagazine.com/mind/debating-psychologys-replication-crisis.

[66]   "28 Classic and Contemporary Psychology Findings Replicated in More than 60 Laboratories Each Across Three Dozen Nations and Territories," *Center for Open Science*, November 19, 2018, cos.io/about/news/28-classic-and-contemporary-psychology-findings-replicated-more-60-laboratories-each-across-three-dozen-nations-and-territories.

[67]   "Preregistration," *Center for Open Science*, n.d., cos.io/our-services/prereg.

[68]   I ran down some of the issues with IRBs here: Jesse Singal, "Is a Portland Professor Being Railroaded by His University for Criticizing Social-Justice Research?," *New York*, January 11, 2019, nymag.com/intelligencer/2019/01/is-peter-boghossian-getting-railroaded-for-his-hoax.html.

[69]   "Registered Reports: Peer Review Before Results Are Known to Align Scientific Values and Practices," Center for Open Science, cos.io/rr/.

[70]   Aubrey Clayton, "The Flawed Reasoning Behind the Replication Crisis," *Nautilus* 74 (August 2019), nautil.us/issue/74/networks/the-flawed-reasoning-behind-the-replication-crisis.

[71] $P(A/B) = (P[B/A] \text{''} \sim P[A]) / P(B)$, where A, B = events; $P(A|B)$ = probability of A given B is true; $P(B|A)$ = probability of B given A is true; $P(A)$, $P(B)$=independent probabilities of A and B.

[72]   Clayton, "Flawed Reasoning Behind the Replication Crisis."

[73]   For the record, the full calculation, Clayton writes, is $(12p) \times (1/1,000)$ v. $(p) \times (999/1,000)$.

[74]   Eric-Jan Wagenmakers et al., "Why Psychologists Must Change the Way They Analyze Their Data: The Case of Psi: Comment on Bem (2011)," *Journal of Personality and Social Psychol-*

ogy 100, no. 3 (2011): 426–32, doi:10.1037/a0022790.

[75]   Lee Billings, *Scientific American*, June 15, 2017, scientificamerican.com /article/china-shatters-ldquo-spooky-action-at-a-distance-rdquo-record-preps-for-quantum-internet.

[76]   Chivers, "What's Next for Psychology's Embattled Field of Social Priming."

결론 누가 손쉬운 해결책을 원하는가

[1]   Charles Tilly, *Why? What Happens When People Give Reasons . . . and Why* (Princeton, N.J.: Princeton University Press, 2006), 64, 65.

[2]   Nina Strohminger, "Author Reply: Grasping the Nebula: Inelegant Theories for Messy Phenomena," *Emotion Review* 6, no. 3 (July 2014): 226, doi. org/10.1177/1754073914524455.

[3]   Hart Blanton and Elif G. Ikizer, "The Bullet-Point Bias: How Diluted Science Communications Can Impede Social Progress," in *The Politics of Social Psychology,* ed. Jarret T. Crawford and Lee Jussim (New York: Routledge, 2018), 169.

[4]   Blanton, "Bullet-Point Bias," 169.

[5]   Anand Giridharadas, *Winners Take All: The Elite Charade of Changing the World* (New York: Knopf, 2018), 30.

[6]   Gregory M. Walton, "The New Science of Wise Psychological Interventions," *Current Directions in Psychological Science* 23, no. 1 (2014): 73–82, doi:10.1177/0963721413512856.

[7]   Blanton, "Bullet-Point Bias," 180.

[8]   Blanton, "Bullet-Point Bias," 180–1.

[9]   Natalie M. Daumeyer et al., "Consequences of Attributing Discrimination to Implicit vs. Explicit Bias," *Journal of Experimental Social Psychology* 84 (September 2019): 1–10, doi. org/10.1016/j.jesp.2019.04.010.

[10]   Hans IJzerman et al., "Is Social and Behavioural Science Evidence Ready for Application and Dissemination?," preprint, 2020, doi.org/10.31234/osf.io/whds4.

손쉬운 해결책

자기계발 심리학은 왜 당신의 문제를 해결하지 못하는가

초판 1쇄 발행 2023년 6월 21일

지은이 제시 싱걸   펴낸이 박숙희
옮긴이 신해경   펴낸곳 메멘토
교정 박숙희 박기효   신고 2012년 2월 8일 제25100-2012-32호
통계 자문 김한결   주소 서울시 은평구 연서로26길 9-3(대조동) 301호
디자인 위드텍스트 이지선   전화 070-8256-1543 팩스 0505-330-1543
                                전자우편 mementopub@gmail.com

ISBN 979-11-92099-23-1 (03180)

· 파본은 구입하신 서점에서 바꿔 드립니다.
· 책값은 뒤표지에 있습니다.